U0099875

晚清史要

楊天石 著

目

錄

Contents

楊天石先生著《晚清史要》序　黃克武

第一部分 ——
鴉片戰爭前後 001

第二部分 ——
戊戌變法前後   077

楊天石先生著《晚清史要》序

　　楊天石先生來信告知香港三聯書店將出版他有關晚清研究的論文集《晚清史要》，希望我撰一序言，"以紀念你我多年之友誼"。我不敢推辭，只得應命。

　　楊先生是我十分敬佩的前輩學者，以民國政治史研究聞名於世。他也是我的老師張朋園先生、汪榮祖先生和墨子刻先生的好友。楊先生最令人敬佩的是他博聞強記、思慮敏捷、口才辨給，聽他在席間縱論民國掌故乃是人間一大快事。

　　1990 年代中後期，我多次受邀於張海鵬與耿雲志教授，陪同張朋園先生與墨子刻先生去位於北京王府井的中國社會科學院近代史研究所訪問。每次去訪，楊先生與夫人均熱情招待。我也多次去他在書海中的研究室暢談。他告訴我有關《百年潮》與"烏有之鄉"等等的各種學術動態。後來我在台北"中央研究院"近代史研究所所長任內（2009—2015），與呂芳上教授、黃自進教授共同推動蔣介石日記的出版與蔣介石研究，楊先生在這方面用力甚勤，他以"突破內戰思維"的研究角度，對蔣氏功過有十分中肯的評論。我們也多次邀請楊先生來台交流講學。有關楊先生與台灣學者之間深厚的友誼，請參考他所寫的〈最重要的是面對史實、忠於史實：回顧我的民國史研究以及和台灣同行的交流〉，載呂芳上主編，《春江水暖：三十年來兩岸近代史學交流的回顧與展望（1980s—2010s）》，台北：世界大同，2017 年。

　　我也有幸在香港、法國與美國等地與楊先生見面，或是開會、或是論學。其中印象最深刻的是 1995 年 12 月巴斯蒂教授（Marianne Bastid-Bruguière）在法國中部羅亞爾河畔的加爾希（Garchy）召開"歐洲思想與二十世紀初年中國精英文化研討會"，我們共同應邀出席。我發表嚴復翻譯的《群己權界論》，楊先生撰寫蘇曼殊、陳獨秀翻譯的雨果的《悲慘世界》。兩者分別代表清末民初英國的自由主義改良思潮與法國社會主義革命思想進入中國的重要文本。會後還去巴黎羅浮宮博物館等地遊覽。蔣介石日記開放之後，楊先生多次去我的母校斯坦福大學胡佛研究院看日記。我也去過幾次。墨子刻先生當時仍擔任胡佛研究院的高級研究員，曾邀請大家一起餐敘。我被楊先生以七十高齡還認真抄寫檔案的精神所感動。楊先生的大量著作都是奠基於這種非常扎實的史料工夫。

英國學者柏林在分析托爾斯泰時曾分辨出兩種類型的學術性格，一種是刺蝟型，他們喜歡把所有的事情都貫穿在一個明確的系統之內，一切細節都必須通過單一的系統才有意義。另外一種是狐狸型，他們從事多方面的追逐而不必有一個一貫的中心系統。狐狸型的作者對各種經驗採取一種嚴肅的就事論事的認真態度，而不企圖把零散的史實納入一個無所不包的統一論點。用這種分析概念來看，楊先生應該屬於"狐狸型"學者，與我的老師墨子刻教授的風格截然不同。

我常想這可能與楊先生所處的大環境有關，在他所寫作文章的時期，要做一個刺蝟型的學者，可能必須得呼應主流的立場（官方觀點），而少有批評討論的空間。相反地，作為狐狸型的學者，則可以游擊戰的方式對主流想法提出反省。

楊先生的做法是從史料開始。他在國內外，致力於訪求各種未刊的檔案、日記、函電、筆談一手資料，"在此基礎上考辨探微，鉤沉索引，揭示鮮為人知的歷史奧秘"，一方面揭露虛假，一方面彰顯事實，反映出歷史的複雜面貌。這是使歷史學能不斷地推陳出新的重要方法，楊先生在這個方面無疑是數一數二的高手。

本書蒐集了楊先生有關晚清歷史的重要論著，分為鴉片戰爭前後、戊戌變法前後與辛亥革命前後三個部分。這些文章或為報章上的精簡論述，或為學術刊物上的扎實大作，共同展現出楊先生除了在大家所熟知的民國史研究之外，對於晚清史事與人物也下過很深的功夫，展現出高度的狐狸式的技巧。各篇著作都從一個關鍵問題著手，再引證新史料層層解析，引人入勝。我相信讀者一定和我一樣，讀時會感到津津有味而手不釋卷。謹以此序恭祝先生健康長壽。

黃克武

台北"中央研究院"近代史研究所特聘研究員

*《南京條約》簽訂場景油畫

第一部分

鴉片戰爭前後

林清起義攻入皇宮之後的思考 *
——龔自珍的《明良》四論

一、寫作於嘉慶十八年天理教攻入皇宮之後

　　《明良論》是龔自珍政治思想的代表作之一，歷來為龔自珍的研究者所注意。但是，關於它的寫作年代，卻一直沒有正確的考訂。1908 年刊行的吳昌綬《定庵先生年譜》，據文後段玉裁評記所署 "甲戌秋日" 字樣，定為嘉慶十九年（1814 年）所作，時作者 23 歲。自此以後，許多研究者都採取這一說法。黃守恆的《龔自珍年譜》是如此，1959 年中華書局上海編輯所出版的《龔自珍全集》前言是如此，1961 年 11 月 3 日《光明日報》吳松齡《龔自珍的政治、經濟思想有資本主義傾向嗎？》一文，也是如此。其實，這一說法是沒有確切根據的。段玉裁所署年月，只是自記他看到這幾篇文章的日期，並不就是龔自

*　本文錄自楊天石《哲人與文士》，中國人民大學出版社 2007 年版；原題《龔自珍的〈明良〉四論》，載《光明日報》，1962 年 1 月 12 日。

珍的寫作日期。只有侯外盧先生的說法比較穩妥，他根據作者文後自記"四論乃弱歲後所作"一語及段玉裁評記，定為作者 20 歲至 23 歲之間的作品。[1] 但是，究竟是哪一年寫的，卻沒有明確地說出來。

我的意見是：《明良》四論始作於嘉慶十八年（1813 年）9 月 24 日以後的若干日內，時作者 22 歲（寫定的時間不可考），較現在通行的說法雖只一年之差，看來關係不大，但其中卻包含著一個很重大的歷史事件。

查《明良論》（二）有云："昨者上諭至，引臥薪嘗膽事自況比，其閱之而肅然動於中歟？抑弗敢知；其竟憺然而無所動於中歟？抑更弗敢知。"這篇上諭是我們考證《明良論》寫作年代的線索。檢《嘉慶實錄》，它保存在第二五七卷中，節錄如下：

> 嘉慶十八年癸酉九月丁亥（二十四日）諭諸王大臣："逆匪突入禁城，實非常之大變，今雖首逆伏誅，餘黨就殲，閭閻安輯，城市如常，此正我君臣臥薪嘗膽之日，永懷安不忘危之念，勵精圖治，夙夜在公，庶幾補救前非，仰承天眷。"[2]

按：嘉慶十八年 9 月，天理教徒於直隸長垣、河南滑縣、山東定陶、曹縣等地起事。15 日，天理教首領林清等聯絡宮內太監，攻入禁城，後被逮捕，犧牲。"上諭"所說的"逆匪突入禁城"事，即指此。《明良論》（二）既云"昨者上諭至"，則必作於 9 月 24 日以後不久。

二、批駁和反對嘉慶皇帝的上諭

《明良論》是在林清事件後不久寫的，為林清事件而發，搞清楚這點，對於研究龔自珍的思想很重要。首先，《明良論》更好讀了；其次，龔自珍是在農民暴動的威脅下開始對封建社會的反思和批判的，於此也是一個明證。

1　《中國早期啟蒙思想史》，人民出版社 1956 年版，第 650 頁。
2　《大清歷朝實錄》，第 653 冊。

林清事件曾經給封建統治集團以很大震動，被認為是"變生肘腋，禍起蕭牆"，是"漢、唐、宋、明未有之事"。統治集團曾經採取了若干無關痛癢的措施，嘉慶皇帝（顒琰）也曾發了不少諭旨，企圖挽救通過這件事所表現出來的封建社會的危機。一時熱鬧異常，頗有一點"改革"的樣子。《明良論》（四）所云"聖天子赫然有意於千載一時之治"，即係對此而言。9月16日，嘉慶頒《罪己詔》。20日，召集諸皇子、諸王、文武大臣訓話，下詔求言："如能洞見致患之原，官常吏治有亟須整飭修明者，各據所知，剴切直陳。"[1]同日，免去年老多病、不能視事的大學士慶桂、劉權之職務，宣稱現在是"整飭紀綱之時"。27日，頒《盡心竭力仰報天恩諭》。10月3日，頒《報天恩、肅吏治、修武備諭》。11月10日，定順天府屬州縣官考察升調例。12月24日，頒《致變之原說》、《原教》、《行實政論》。此外，還有一些通飭各衙門甄別衰庸、各大臣"博舉賢能"之類的諭旨，不備舉。龔自珍的《明良論》正是在這種情況下向統治階級的進言和議政之作。研究顒琰的上述諭旨，不僅可以勾勒出四論的思想背景，有助於對它們作出切實的評價，同時，值得注意的是，在它們之間以及龔自珍以後所寫的一些文章間，還存在著若干觀點上的聯繫。不避繁冗，作一比較。

（一）龔自珍直接批駁諭旨的觀點。例如嘉慶在《盡心竭力仰報天恩諭》中痛罵群臣："只知私家為重，國事為輕，誠昏愚之極矣！有國然後有家，國破家豈能存？"[2]又在《報天恩、肅吏治、修武備諭》中指斥山東、直隸、河南的督撫州縣官"私心太重，以致吏治不肅……良知泯而利心深，戀人爵而輕天爵"[3]。而龔自珍則對此提出異議，在《明良論》（一）中指出，統治者對臣下太苛刻了，俸祿過薄，群臣"廩告無粟，廄告無芻，索屋租者且至相逐家人嗷嗷然呼。當是時，猶有如賈誼言國忘家、公忘私者，則非特立獨行忠誠之士不能，能以概責乎三院、百有司否也？內外大小之臣，具思全軀保室家，不復有所作為，以負聖天子之知遇，抑豈無心，或者貧累之也"。後來，更有《論私》一文，鼓吹"私"以反對封建統治集團的"公"。

1 《嘉慶實錄》，第274卷，《大清歷朝實錄》，第653冊。
2 《嘉慶實錄》，第275卷，《大清歷朝實錄》，第653冊。
3 《嘉慶實錄》，第276卷，《大清歷朝實錄》，第654冊。

（二）和嘉慶指出的某些現象類似，但出發點不同，找的根源不同。如嘉慶在諭旨中把林清事件的責任都推給了奴才們，指斥群臣"自甘卑鄙"[1]、"頑鈍無恥，名節有虧"[2]，罵他們是"寡廉鮮恥之徒"[3]。原因呢？"皆君不正群臣之咎，而內外臣工亦各有不能正己之處。"[4]實際上是把自己開脫得一點責任也沒有。在《明良論》（二）中，龔自珍也指出了官僚集團上下無恥的現象，但是卻指出，這是最高統治者威逼過甚，奴僕視臣下的結果："主上之遇大臣如遇犬馬，彼將犬馬自為也。"把賬算到了嘉慶頭上。後來，在《古史鉤沉論》（一）中，他更說："（霸天下之氏）大都積百年之力，以震盪摧鋤天下之廉恥，既殄，既獮，既夷，顧乃席虎視之餘蔭，一旦責有氣於臣，豈不暮乎！""一旦責有氣於臣"的歷史內容，原來指的就是嘉慶這一時期對群臣的責罵。又如，嘉慶也承認當時"中外已成痼疾"[5]，但是原因呢？卻認為是由於官僚們"因循怠玩"，"遇一公務，彼此推諉"[6]，"文不能辦事，武不能操戈"[7]。一句話，都是奴才們不好："吏治之壞，至今極矣！"在《明良論》（四）中，龔自珍把封建社會的危機比作"人有疥癬之疾"，但是，其責任卻在於最高統治者專權過甚，臣下無權，"縛之以長繩，俾四肢不可以屈伸"的結果，鮮明地反對嘉慶的看法。

（三）提出的某些改良措施的語言形式相同，而內容不盡相同。如嘉慶也準備"改例"、"破例"，他曾要各督撫保舉賢能之員，專摺具奏，表示："即與例未合，朕自能鑒別，加恩允准。"[8]表面上，他甚至也反對只作某些細枝末節的改動，對官僚們說："若瑣瑣焉摘一事，改一例，博建言之名……朕甚無取焉。"[9]但是，嘉慶所準備改的不過是"順天府屬州縣官考察升調例"一類的東西。而龔自珍則賦予這個"例"以更深廣的內容："天下無巨細，一束於不可破之例，則雖以總督之尊，而不能行一謀，專一事。夫乾綱貴裁斷，不貴端拱無

1　《罪己詔》，《嘉慶實錄》，第 274 卷，《大清歷朝實錄》，第 653 冊。
2　《原教》，《嘉慶實錄》，第 281 卷，《大清歷朝實錄》，第 655 冊。
3　《原教》，《嘉慶實錄》，第 281 卷，《大清歷朝實錄》，第 655 冊。
4　《原教》，《嘉慶實錄》，第 281 卷，《大清歷朝實錄》，第 655 冊。
5　《原教》，《嘉慶實錄》，第 281 卷，《大清歷朝實錄》，第 655 冊。
6　《嘉慶實錄》，第 276 卷，《大清歷朝實錄》，第 654 冊。
7　《原教》，《嘉慶實錄》，第 281 卷，《大清歷朝實錄》，第 655 冊。
8　《原教》，《嘉慶實錄》，第 279 卷，《大清歷朝實錄》，第 655 冊。
9　《嘉慶實錄》，第 274 卷，《大清歷朝實錄》，第 653 冊。

為，亦論之似者也；然聖天子亦總其大端而已矣。"這裏，接觸到了封建主義專制極權制度問題，要求皇帝讓出一點權力來了。龔自珍要求更法，從更徹底的意義上警告統治者，不要只作"瑣瑣焉屑屑焉"的改革。當然，龔自珍這裏所要破的例，也還只是上層建築的某些環節，並不如一些論者所說，似乎就是封建主義制度。我們不能把古人理想化。

根據這些比較，我們有理由相信，《明良論》的許多觀點是針對嘉慶這一時期的論旨而發的，或反對，或引申，或作了不同的解釋，有其具體的戰鬥內容。我們必須聯繫當時的政治背景和思想背景來加以考察。

鴉片戰爭期間的龔自珍

　　龔自珍一直主張嚴禁鴉片，反對外國資本主義勢力入侵。道光十五年（1835年），梁章鉅調任廣西巡撫，龔自珍曾邀約程恩澤、徐松、吳葆晉等人為之餞行，並作序贈他。文中說："廣西近廣東，淫巧易至，食妖、服妖易至，公必杜其習以豐其聚矣。"食妖，指的就是鴉片。道光十六年（1836年），在代阮元寫的盧坤神道碑銘中，他又指出了鴉片輸入、白銀大量外溢的嚴重危機，主張積極修整武備，準備對付英國資本主義勢力的侵略。道光十八年（1838年），林則徐去廣東禁煙，龔自珍曾向林獻三種決定義，一種歸墟義，積極支持林則徐的計劃，並準備隨他南下。這些事實，具見今本龔自珍集中，不難考知。道光十九年（1839年），龔自珍因"才高動觸時忌"，懷著難言之隱，辭官南歸。不久，鴉片戰爭爆發，東南一帶戰火橫飛，中國人民掀起了轟轟烈烈的反侵略鬥爭。這一時期，龔自珍有無什麼表現呢？是否真像他在《己亥雜詩》中所說的"溫柔不住住何鄉"，"重禮天台七卷經"，從此消極下去了呢？這是研究者所關心的。

　　在梁章鉅的《師友集》卷六中，有一條題為《仁和龔定庵主事》的材料，中云：

> 　　君為闇齋觀察之子，季思尚書之從子，抱負恢奇，才筆橫姿，不為家學所囿……君之歸也，掌丹陽講席，適余在上海防堵，郵書論時事，並約即日解館來訪，稍助籌筆。余方掃榻以待，數日而凶問遽至，為之泫然。

> 　　渤海佳公子，奇情屬老成。文章忘忌諱，才氣極縱橫。正約風雲會，何緣露電驚！舊時過庭地，忠孝兩難成（上海為君父闇齋觀察舊治，士民有公立祠堂之議，君欲來助成之）。

闇齋，指龔自珍的父親龔麗正，號闇齋。仁和（今浙江杭州）人。麗正幼從岳父段玉裁受文字學訓練。嘉慶元年（1796 年）中進士，授內閣中書。嘉慶十四年（1809 年），入軍機處，任軍機章京。嘉慶十七年（1812 年），調任徽州知府。嘉慶二十年（1815 年），改任安慶知府。下一年，擢升江南蘇松太兵備道，署江蘇按察使，駐上海，所以梁章鉅說上海是龔自珍父親麗正先生的"舊治"。道光五年（1825 年），龔麗正辭官返里，已年近花甲，返杭州後主講杭州紫陽書院十餘年。

季思，指龔自珍的叔父龔守正，號季思，嘉慶七年（1802 年）進士，歷任光祿寺卿、湖北學政、侍郎，官至禮部尚書，所以梁章鉅稱之為"季思尚書"。

道光二十一年（1841 年），江浙一帶戰事緊急。7 月，梁章鉅調任江蘇巡撫，帶兵到上海參加防堵工作，與陳化成等將領協力練兵練炮，防守吳淞。同月，龔自珍抵丹陽，任雲陽書院講席。據梁書，可知這時龔自珍與梁有書信往來，討論時事，準備到上海梁章鉅幕中做參謀、文書工作，同時助成上海人民為父親建立祠堂一事。梁認為龔自珍"抱負恢奇，才筆橫姿"，已經遠遠超出了段玉裁的文字學和經學範圍，對龔的希望很大。可惜沒過幾天，在 8 月 12 日即暴疾而卒，死得很突然，終於未能成行。

龔自珍與梁章鉅的這些"討論時事"的"書信往來"不知道保存下來沒有？倘有，定有關於鴉片戰爭的重要史料。

馬桶陣、面具兵與"五虎"制敵 *

鴉片戰爭時期有幾則故事，堪稱戰爭史上的奇談。

其一為楊芳大擺馬桶陣。那是 1841 年春，道光皇帝派楊芳為參贊大臣，隨靖逆將軍奕山赴廣州，防剿英國侵略軍。說起這位楊芳，原是清朝嘉慶、道光年間的一位名將，在鎮壓川、楚白蓮教及河南天理教起義中，屢立戰功，官也從把總一直升到提督，成為省一級的高級將領。當他初到廣東之際，人們耳聞他過去的事蹟，"所到歡呼不絕，官亦群倚為長城"。不想在他進入廣州之後，卻突發奇論，說是：我在實地，夷在海上，風波搖盪，然而夷炮卻能經常打中我，我炮卻不能打中夷，肯定夷人有邪術。於是傳令保甲大量收集婦女使用的馬桶，載在木筏上，派一副將率領，自己帶兵埋伏在岸上。約定當侵略軍來犯時，一聲炮響，所有木筏一字排開，馬桶口一齊指向敵人，他自己則從旁抄出夾擊。令下之後，保甲當然照辦，副將也遵命佈陣。其結果當然可想而知。

其二為宋國經驅遣面具兵出戰。侵略軍打到浙江了，杭、嘉、湖地區的行政長官、道台宋國經想以奇兵制勝。他想到了宋朝名將狄青披髮、戴銅面具作戰的前例，便派人向市上購買紙糊面具數百個，召募了 342 個鄉勇，裝成鬼怪，在衙門內晝夜演習。操練純熟之後，再派都司一人、千總一人率領這支"特種部隊"出戰。那天是個大白天，三百四十多個鄉勇，人人帶著假面具，"跳舞而前"。其結果，當然也可想而知。

其三為奕經據籤語決定反攻時間。奕經是道光皇帝的姪子，位居吏部尚書。1841 年 10 月，道光皇帝任命他為揚威將軍，帶兵馳赴浙江，反攻英軍。途經杭州時，在關帝廟求得一籤，籤語中有"不遇虎頭人一喚，全家誰保汝平安"之句。奕經大喜，決定以"虎"制敵。按舊時說法，寅屬虎，於是奕經便選擇壬寅年、壬寅月、戊寅日、甲寅時作為反攻之期。這樣便把時間定在道

---

* 原題《愚昧焉能抗敵》，載《光明日報》，1987 年 12 月 7 日。

光二十二年正月二十九日（1842 年 3 月 10 日）夜四更，共四虎。為了增加一"虎"，奕經又特命生年屬虎的安義總兵段永福統率西路兵馬。根據這樣的原則確定的反攻，其結果當然更可想而知。

上述三事，第一事見於梁廷枏《夷氛聞記》與佚名的《夷匪犯境聞見錄》，第二事、第三事見於貝青喬的《咄咄吟》，都是當時人記當時事之作，所述自當可信。特別是《咄咄吟》，它的作者原是蘇州的一介書生，激於愛國義憤自動投到奕經麾下，"始命入寧波城偵探夷情，繼命監造火器，尋又帶領鄉勇派赴前敵，終命幫辦文案"，"內外機密，十能言之七八"，因此，他的著述就更加可靠。

鴉片戰爭中，堂堂的"天朝上國"居然敗在"蕞爾島夷"的手下，人們讀了這三段故事，也許可以恍然於其原因了。

中國的封建統治者歷來重道輕器，把人倫、義理看得高於一切，視科學為雕蟲小技，再加上長期實行閉關鎖國政策，上上下下形成了一種異乎尋常的昏庸和愚昧。龔自珍曾經慨歎，當時不僅沒有才相、才史、才將、才士、才民、才工、才商，甚至連才偷、才盜也沒有。楊芳、宋國經、奕經的事例雖是個別的，但又是有代表性的。其他人的知識水準並不見得比他們高明多少。官僚如此，百姓們又何嘗相反。以後來的義和團為例，相信一道靈符下肚便可以刀槍不入，其實和楊芳的馬桶陣之類並無多大差距。

愚昧不能抗敵，自然也不能興邦裕民。中國要奮飛，就必須於剷除舊制度根基的同時，剷除滋生於這一土壤上的形形色色的愚昧。"五四"時期的先驅者於呼喊民主之外，又呼喊科學；今之國家領導人既提倡決策的民主化，又提倡科學化，都實在是對症的良方。

《天朝田畝制度》與 "割尾巴" *

不知怎的，近來讀《天朝田畝制度》，常常想起那些年頭的 "割尾巴"。

《天朝田畝制度》規定："凡天下田，豐荒相通，此處荒則移彼豐處，以賑此荒處，彼處荒則移此豐處，以賑彼荒處。務使天下共用天父上主皇上帝大福，有田同耕，有飯同食，有衣同穿，有錢同使，無處不均勻，無人不飽暖也。" 這是我們的史學著作競相引用的名言，一向被認為是農民革命的偉大理想。這誠然是不錯的。對於缺少土地、啼飢號寒的廣大被剝削、被壓迫的農民來說，無異是向他們展示了一個誘人的美麗的天堂，會激勵他們去推翻現存的只給他們帶來貧窮和痛苦的社會。但是，未來社會果真是那麼誘人嗎？《天朝田畝制度》接著寫道："凡天下，樹牆下以桑。凡婦蠶績縫衣裳。凡天下每家，五母雞，二母彘，無失其時。"

這就是說，每家都束縛在土地上，除種地外，還要植桑、養蠶、縫衣，可以養五隻母雞，兩頭母豬。這裏就產生了兩個問題：第一，家家只養母，不養公，如何交配、繁殖？不能交配、繁殖，如何能生生不已地養下去？第二，如果有一家想多養幾隻雞、幾頭豬怎麼辦？對於第一個問題，《天朝田畝制度》沒有回答，筆者無從揣想；那第二個問題倒是好解決的。《天朝田畝制度》接著說："凡當收成時，兩司馬督伍長，除足其二十五家每人所食可接新穀外，餘則歸國庫。凡麥、豆、苧麻、布帛、雞、犬各物及銀錢亦然。" 這裏說得很清楚，每家只能留足自己的使用部分，其超額部分，則要無償 "平調"，"歸國庫" 了。自然，你要是多養了一隻雞、一頭豬，也是要 "歸國庫" 的。這就是為什麼會使筆者想起那些年頭的 "割尾巴" 的原因。雖屬比擬不倫，但總不是匪夷所思吧？

史書上說，太平天國地區，農民生產積極性很高，太平軍所到之處，地主

---

* 原載《光明日報》，1989 年 1 月 22 日。

不是被殺，就是逃亡，無地、少地的農民也就有了土地，自然積極生產。然而史書上又說，《天朝田畝制度》似乎從未實行過，因為它根本行不通。先不論它那煩瑣的平分土地的辦法，即以規定每家"五母雞，二母彘"而論，也不足以調動廣大農民的生產積極性，更不足以造成強大的社會生產力。動不動就"餘則歸國庫"，誰還肯多幹呢？

　　太平天國以"處處平勻"相標榜，它之所以規定"餘則歸國庫"，看來也是為了保證"處處平勻"，不至於造成貧富分化的"不勻"現象。但是，"處處平勻"從來都只是一種幻想，即使在太平天國也沒有嚴格實行過。就拿吃肉來說吧，太平天國規定：天王每日給肉十斤（天哪！我不知道洪秀全的肚子如何吃得下？），依次遞減，至總制（相當於知府），每日半斤，總制以下則不給肉。至於魚，有材料說，只有諸王才可食用。所以，凡是平均主義盛行的地方，總是伴生著森嚴的等級制度，同時也伴生著普遍的貧窮和匱乏。

太平天國的 "太陽" *

　　偶翻史書，發現太平天國竟也有一位 "太陽"，那就是洪秀全。據說，那是
在 1837 年，洪秀全應試失敗，正是十分落魄的時候，忽然造夢上天，見到 "天
父上主皇上帝"，蒙賜金璽、金劍，封為 "太平天子"，醒來時，"太陽照身"，
於是，吟詩一首：

> 烏向曉兮必如我，太平天子事事可。
> 身照金烏滅盡消，天將天兵都輔佐。

這裏，洪秀全還只是 "身照金烏"，金烏者，太陽也。但不久，洪秀全就逐漸與
"太陽" 合二而一了。他的《真日詩》云：

> 五百年臨真日忠，那般燼火敢爭光？
> 高懸碧落煙雲捲，遠照塵寰鬼蜮藏。
> 東北西南群獻曝，蠻夷戎狄盡傾陽。
> 重輪赫赫遮星月，獨擅貞盟耀萬方。

戰國時，孟老夫子有過 "五百年必有王者興" 的說法，此詩則稱 "五百年臨真
日出"，這個 "真日"，普照大千，光焰萬丈，它溫暖 "東北西南"，傾倒 "蠻
夷戎狄"。"真日" 指誰，詩中沒有明言，但洪秀全以之自喻是無疑的。果然，
這一層意思很快就點明了。他另有一詩云：

---

*　原載香港《21 世紀》，1992 年 2 月號。

爺立永約現天虹，天虹彎彎似把弓。

彎彎一點是洪日，朕是日頭故姓洪。

這裏，洪秀全乾脆自稱："朕是日頭"，把自己等同於太陽了。

太平天國實行嚴格的禁欲主義，雖夫婦不得自由同宿，違者處以極刑。當然，領袖們是不在此限的。洪秀全的《多妻詔》規定：東王、西王十一妻，南王、豫王六妻，高級官員三妻，中級官員二妻。至於他自己有多少老婆，恐怕最精明的歷史家也考證不清，據《洪大泉自述》，洪秀全"有三十六個女人"。據幼天王自述，"他有八十八個母后"。這麼多后妃集中在一起，管理教育自然是個大問題。於是洪秀全又以"天父"的名義作詩曉諭：

一心對日是娘娘，心不對日罪難當。

果然心正邪難入，萬載千秋配天王。

狗子一條腸，就是真娘娘。

若是多鬼計，何能配太陽？

曉照本心是娘娘，不照本心罪難當。

不照本心就是鬼，速照本心對太陽。

草木接日得菲芳，臣下接日得榮光。

智者踴躍接為福，因何草不接太陽？

這裏的"太陽"都是洪秀全自稱。詩中，洪秀全要求他的后妃們"一心對日"，不搞"鬼計"。此類《天父詩》共五百首，其中四百多首都是對后妃的"詩教"。它們細緻地規定了服侍天王的各種要求，以致娘娘們的姿勢、聲調、眼神、頭頸、口形、動作等，都有明確的闡述，如：

悠然定疊莫慌忙，細氣嬌聲配太陽。

月亮不同星宿伴，各煉長久做娘娘。

這是在告誡"娘娘"們行動文雅，談吐柔媚了。蒙昧社會裏不會有近代文明。
洪秀全自稱"太陽"，以之作為號召群眾、推翻清政府的手段，對此，不應過多
地非議，但用以管理他的"娘娘"，則實在蒙昧之至。在太平天國時代，並不只
是洪秀全自稱"太陽"，別人也是這麼稱呼他的。某次，楊秀清審問叛徒，其詞
為"皇上帝有無所不知之能，又知得日頭能照得普天下，今天父皇上帝在此，
爾主天王日頭又在此"。可見，在楊秀清的嘴裏，天王和"日頭"已經緊密相連
而不可分。

古書上說："天無二日，土無二王。"又說："聖王在上，則日光明而五色
備。"還說："日者，太陽之精，人君之象。"可見，在我們民族的古老文獻中，
太陽從來是和"王"、"君"一類人聯繫在一起的。這種現象出現於封建社會，
自無足怪。洪秀全雖然是太平天國的革命領袖，但他是小生產者的代表。小生
產者總是皇權主義者，他自稱"太陽"，也無足怪。然而，在號稱"史無前例"
的年代，"紅太陽"，"心中最紅最紅的紅太陽"一類呼聲響徹神州大地，這倒
是一個值得深思的現象。

附：

《馮婉貞》的真相與史學家的困惑 *

徐珂的《清稗類抄》中有一篇文章，題為《馮婉貞勝英人於謝莊》，說的
是英法聯軍入侵，火燒圓明園時，有一位女英雄馮婉貞英勇殺敵的故事，梗概
如下：

---

* 原載《北京日報》，1995 年 11 月 9 日。

距圓明園十里處，有一謝莊，居民均為獵戶。其中山東人馮三保精於技擊，其女婉貞，年方十九，也身手不凡。一日中午，英兵百餘人來犯，馮三保率眾潛伏於寨牆後。待敵軍接近時，獵戶們眾槍齊發，敵兵紛紛倒下。正當眾人興高采烈之際，馮婉貞卻憂慮地說：「小敵退，大敵將到。如果敵人攜炮來攻，咱村就將變成齏粉了！」馮三保瞿然醒悟，忙問有什麼辦法。於是馮婉貞講了一通道理：「西人長於火器，短於技擊。火器的長處在攻遠，技擊的長處在巷戰。咱村是十里平原，與敵人比火器，如何能勝？不如操刀持盾，以我所長，攻敵所短，與敵人進行近身的搏鬥。」於是，婉貞即將全村會武術的年輕人召集起來，一律黑衣白刃，埋伏在村邊的森林裏。不久，果然有敵兵五六百人抬著大炮來攻，馮婉貞率眾奮起，持刀猛劈。英兵倉皇失措，以槍上刺刀迎擊。自然，洋鬼子的刺殺比不上中國的武術。馮婉貞刀鋒所至之處，敵人非死即傷，紛紛退卻。馮婉貞大喊道：「快追！快追！不要讓鬼子開槍開炮！」於是，謝莊的年輕好漢們死死纏住敵人，在交互錯雜中展開白刃戰。直殺到天暮日落，敵兵死了百餘人，棄炮而逃，謝莊得以保全。

第二次鴉片戰爭是讓中國人感到特別窩囊和憋氣的戰爭。1860 年 10 月初，英法聯軍由北京東郊繞至北郊，闖入圓明園大肆搶掠，文物珠寶，劫奪一空。18日，英軍又出動大批士兵，焚燒圓明園，致使這一中國古典園林的傑作付之一炬。當時，咸豐皇帝是逃到熱河去了，似乎也沒有清兵奮起抗爭，殺敵復仇的記載。然而，就在圓明園的近側，卻有一位小女子，率領一批熱血男兒狠狠地懲罰了侵略者。雖然只是小勝，但總可以讓一切有愛國心的炎黃子孫略舒一口氣。因此，這篇文章逐漸受到人們的重視，並被選入中學語文課本，馮婉貞的知名度也就大為提高了。

前些年，北京的幾位歷史學家對馮婉貞發生興趣，想查清這位女英雄的身世和事蹟。於是，組織起調查隊，從文獻和實地兩方面進行調查。自然，這是極為應該的。為了宏揚愛國主義傳統，人們對這位女英雄的了解多多益善。然而，萬事就怕認真，一調查，問題就來了。不僅找不到馮婉貞其人的記載，而且，圓明園附近也沒有謝莊其地，《清稗類抄》所云，完全是子虛烏有。

史學的生命是真實，《馮婉貞勝英人於謝莊》的記載既然完全失實，對於歷史科學來說，自然沒有任何價值。因此，有次討論一部書稿的選材時，有些史學家就主張將該文刪去。

我很早就讀過關於馮婉貞的這一篇文章，很遺憾，雖然身居北京多年，卻從不曾想到過去調查。聽了有關史學家的介紹後，除了敬佩其科學精神外，我就想，這也許是一篇小說。作為史學，該文沒有任何價值；作為文學，其價值就不低了。

研究工作中常常有這樣的經驗，有時候，你花了大量時間和精力，要查找一項資料，卻怎樣也找不到；有時候，它卻不請自來，躍入你的眼簾。某日，我在查閱 1915 年 3 月 19 日的《申報》時，突然發現，它有一個專門欄目，名為"愛國叢談"，其中一篇就正是《馮婉貞》。它的作者是陸士諤，徐珂只是將它收入了自己所編的書。"類抄"者，正說明了徐珂是編者，而不是作者。

陸士諤是何許人呢？再查。原來此人名守先，江蘇青浦人。自幼習醫。後在上海以出租小說為生。久而久之，自己便也寫起小說來。由短篇而中篇，由中篇而長篇，先後出版了《三劍客》、《白俠》、《黑俠》、《紅俠》、《八大劍俠》、《北派劍俠全書》、《南派劍俠全書》、《新三國俠義傳》、《新梁山英雄傳》等大量武俠小說。他有時也寫清代歷史或宮闈小說，如《順治太后外紀》、《清朝開國演義》、《清史演義》等。他大概做夢也不曾想到，他的那麼多長篇小說都淹沒在歷史的長河裏了，一篇小小的《馮婉貞》卻在新中國受到重視。

《馮婉貞》在《申報》發表時，篇幅稍長。徐珂收入《清稗類抄》時不僅改了題目，而且對描寫人物和作戰氣氛的部分細節作了刪節。末尾作者有一段議論：

> 救亡之道，捨武力又有奚策！謝莊一區區小村落，婉貞一纖弱女子，投袂奮起，而抗歐洲兩大國雄師，竟得無恙。矧什百於謝莊，什百於婉貞者，嗚呼可以興矣！

這是對《馮婉貞》一文主題的最好說明。作者寫這篇小說的時候，日本帝國主義者正壓迫袁世凱接受旨在獨佔中國的二十一條。當時，全國人民的愛國熱潮洶湧澎湃。作者塑造馮婉貞這樣一位女英雄，也是有寓意的吧！

何如璋、黃遵憲初到日本時的筆談

1878 年（光緒四年），清朝政府向日本派出以廣東人何如璋為公使的外交使團，這是中日關係史上的第一次，因此，迅速受到日本朝野的注意。7 月 2 日（六月三日），日本修史館史官宮島誠一郎到清朝駐日公使館訪問。那時，中日兩國剛剛建立邦交不久，中國使團還沒有使館，暫時借住在東京的一座僧院裏。參加座談的除公使何如璋外，還有同是廣東人的參贊黃遵憲以及沈文熒二人。主客雙方語言不通，但都認識漢字，便以筆代舌，縱談天下。

20 世紀 80 年代，我多次訪問日本，注意訪尋何如璋、黃遵憲等人當時留下的與日本人士的筆談記錄，收穫頗豐。下面介紹的是其中之一。

一、談日本的盧梭 —— 板垣退助，談與政府 "異議"

何如璋、黃遵憲與宮島誠一郎的話題從日本的維新史談起，漸次談到西方的 "民權"、"自由" 學說，談到日本社會正在流行的 "歐化運動"，以至歐洲的共產國際，可以看出這幾位剛剛走出 "黑屋子" 的中國知識分子對世界的認識。

首先談到的是日本維新名人、政治家板垣退助。板垣出生於 1837 年。出身土佐藩，曾率兵勤王倒幕，參加明治政府。1875 年創立愛國公黨，建議成立民選議院，創辦教授民權學說的學校，被稱為日本的盧梭。黃遵憲問道：

> 有板垣退助者，亦維新功臣，聞已退居，其為人何如？君知其人否？[1]

板垣是宮島誠一郎的好朋友，共同參加維新運動，因此誠一郎回答說：

1　《光緒四年六月三日筆談》，《黃遵憲全集》（上），第 724 頁。以下所引，語氣略有改動，不一一注明。

其為人忠實，頗有憂世之慨，尤多軍功。今與政府異議。

"異議？"當時，黃遵憲正在準備編寫《日本國志》，聽說板垣退助和日本明治政府意見不一，很關心，便問："其與政府異議者如何？"

黃遵憲的問題引起誠一郎的興趣，立即回答：

板垣認為，維新之初，天子下詔說：萬機決於公論，因此，現在應該讓國民參與政務，但政府不同意。政府方面認為，全國士民智識未開，還不能參與政務，朝廷應該先立國憲而後施行政治。這就是板垣與政府的異議之點。

"看來板垣為人，忠實果斷，大可兼收並用！"黃遵憲很開明，不認為與政府的意見不一致是大逆不道的事情。

"兼收並用何義？"誠一郎不太明白黃遵憲的意思，進一步問道。

"雖與政府不合，但必定有可以補偏救弊之處。朝廷用人，不必專以一格也。"黃遵憲闡明他的主張。

"無為權首，必受其咎，此公之謂也。"另一個參贊沈文熒認為板垣退助當一派領袖，將來一定出事兒。

"此人現在何處，又何所作為？"黃遵憲對板垣充滿興趣。

"現在土佐國高知縣，新結一社，名曰立志社，聽說此社主張擴張民權。"

黃遵憲雖然開明，但囿於中國傳統，聽說板垣在當地結社，就不贊成了，立即表示：

士大夫退居，最好理亂不知，黜陟不聞。自立一社，往往多事。明季士大夫喜歡立社，其弊至於亂國，可以作為殷鑒。

明朝末年，東南文人成立東林黨、復社等社團，引發朝野紛爭，黃遵憲以此為鑒，表達了對板垣的不滿。

"敝人所見大略相同,也替板垣擔憂。" 誠一郎贊成黃遵憲的意見。

"為板垣擔憂的豈止先生一人!" 黃遵憲附和誠一郎說。

"極是!極是!不過,板垣主張廢藩為縣,解除武士常職,擴大庶民權利,廢刀劍以建設新式海陸軍,解除各藩之軍備以歸朝廷,這些事,以板垣之力居多。" 誠一郎不願意完全否定自己的老朋友,為板垣評功擺好起來。

對板垣的 "擺好",黃遵憲有點擔心:

> 板垣的作為都對,但他現在主張民權,近於美國人的自由之說。這不妥。大邦二千餘年,一姓相承,為君主之國,民權說豈可流行!

中國傳統學說中有 "民本" 說,意為 "民為邦本,本固邦寧",又有 "水能載舟,亦能覆舟" 之說,勸告統治者認識人民在維護天下、社稷安定中的重大作用,但是,從來沒有明確主張 "民權" 與 "民主" 者,黃遵憲剛到日本,初次聽到 "民權" 二字,覺得不能接受。

誠一郎同樣反對 "民權" 說,他表示:"崇尊帝室,則吾邦固有之習風,乃國民固有之良習,萬世不易之國體。" 不過,他還算開明,對日本 "武士" 專政七百年,因而 "全國士民氣風大屈" 的情況表示不滿。

二、談教育,談 "議論紛紛"

黃遵憲主張先從教育入手。他表示:

> 是事萬不可求急效。當先多設學校以教之,復定取士之法以用之,則平民之智識漸開而權亦暫伸矣!

黃遵宪主張,在 "民智" 未開之前不可使其驟然有 "權",而只能在 "民智漸開" 之後,才能讓 "民權" 得到 "暫伸"。

誠一郎慨歎，當時的日本"議論紛紜"。

黃遵憲不了解，"議論紛紜"有時是好事，可以促進思想解放，而鴉雀無聲則肯定是壞事。他擔心"議論紛紜"的狀況影響社會穩定，表示說：

> 若以素日不學無術之人，遽煽自由之說，又大國武風俠氣漸染日久，其不為亂者幾希！故僕私謂教士、取士為今日莫急之務；如鐵道等事，其次焉者也。

"教士"，培養人才；"取士"，選拔人才。黃遵憲認為，這比建設鐵路還重要，誠一郎表示，願意聽取黃遵憲所稱"教士、取士之法"。

黃遵憲答道：

> 教士之法，須使知忠義大節，則尊君愛上，風俗歸厚；若教之以趨利、求利之法而不知大義，則作亂者多矣！

在黃遵憲看來，首先必須使知識分子懂得"尊君愛上"的倫理道德。

沈文熒同意黃遵憲的意見，對當時日本提倡"歐化"的做法不滿。他說：

> 貴國近尚西法，西人言，利與民權，皆致亂之道也。人皆爭利，不奪不饜。民苟有權，君於何有？

何如璋到達日本後，正值明治維新之後，各階層意見不一。他說：

> 貴國維新之治已逾十年，上下之際，議論不一，情意不通，是宜亟定取士、任官之法，不妨多分科目，以收羅通國之英俊，則彼為平民者，知進身有階，氣憤自平。此制與倡民權自由之說者有其利而無其弊，次第行之，國本始固，否則上下不一心，其害有不可勝言者，卓見以為然否？

何如璋認為"民權自由之說"會影響社會穩定，所以贊成從"取士、任官"入手，慢慢改革。

三、談歐洲共產主義運動，談"第一國際"

談著談著，何如璋就談到了歐洲的共產主義運動。他說：

> 頃聞歐美有所謂貧富貴賤一致之教，入其會者不論何國人皆同志同心，此將來皆各大亂之道也，不出三五十年矣！

19 世紀中葉，歐洲工人運動日漸發展。1847 年，世界第一個共產主義政黨——共產主義者同盟成立。1848 年 2 月，《共產黨宣言》以單行本的形式問世。在鬥爭中，各國工人階級逐漸認識到，分散的鬥爭必然失敗，無產階級必須在國際範圍內聯合起來，用無產階級的國際團結去對抗資產階級的國際聯合。1864 年，英、法、德、意四國的工人代表在倫敦成立國際工人聯合會，簡稱國際，後來通稱第一國際。何如璋所說"貧富貴賤一致之教，入其會者不論何國人皆同志同心"，可能指的就是"共產主義者同盟"或"第一國際"。

何如璋，廣東大埔人。早年關心時政，常往返天津、上海之間，與中外人士接談，向各國傳教士詢問西方國情政務等。進入翰林院後，留心外事，通曉洋務，受到李鴻章的賞識。光緒三年（1877 年），何如璋 39 歲，得到李鴻章推薦，充當出使日本大臣，成為中國首任駐日公使。因此，他一星半點地得知歐洲共產主義運動的發展歷史是可能的。何如璋既然對"民權自由之說"都表示不滿，自然反對"貧富貴賤一致之教"，視為"大亂之道"。

何如璋雖然比較開明，但他是清朝官吏，自然要維護封建統治階級的既定利益，其認識和立場有其必然性。不過，應該指出的是，何如璋這裏的"貧富貴賤一致"說，可能是中國人對"共產主義"的最初認識，也可能是中國人對"第一國際"的最早議論。

何如璋沒有想到的是，"三五十年"之後，即 1905 年至 1925 年之際，不僅"民權"、"自由"之說，早已喧騰於中國，連被他認為提倡"大亂之道"的"貧富貴賤一致之教"也已經攪動了世界。

黃遵憲的《朝鮮策略》及其風波 *
——韓國漢城大學奎章閣讀書記

　　黃遵憲任駐日參贊期間，曾和朝鮮訪日使臣有過來往，寫過《朝鮮策略》一文，在朝鮮朝野激起了一場軒然大波。

　　我最初接觸這一方面的資料，還是在 20 世紀 60 年代。那時，我正準備為黃遵憲寫一本傳記，承黃遵庚先生惠示黃遵憲文抄本一冊，其中有《朝鮮策略》一篇。1991 年我訪問日本，在宮島吉亮先生家中讀到了大量黃遵憲未刊筆談遺稿，其中保存有黃遵憲等和朝鮮派赴日本的修信使金宏集等來往的記錄。1993年 11 月，我應漢城大學金容德、閔斗基教授之邀，赴該校亞洲史系講學，又在該校奎章閣見到了何如璋、黃遵憲等和金宏集的筆談記錄。這樣，黃遵憲寫作《朝鮮策略》的前前後後就比較清晰了。

一、黃遵憲拜會金宏集

　　朝鮮長期實行閉關鎖國政策。1876 年（光緒二年），日本以武力迫使朝鮮李朝政府訂立不平等的《江華條約》，從而敲開了朝鮮的大門。自此，日本商人利用條約所賦予的特權，迅速擴大對朝鮮的出口，控制金融，擴張勢力。為了解決兩國間若干懸而未決的問題，李朝政府於 1880 年（光緒六年）7 月派禮曹參議金宏集為修信使訪日。8 月上旬，金宏集到達日本，就通商、定稅等問題開始與日本政府會談。當時，中國駐日公使何如璋非常關心日、朝之間會談的情況，但金宏集又遲遲不來拜會。何如璋便於 8 月 20 日（七月十五日）派黃遵憲和翻譯楊樞去拜會金宏集。見面後，首由黃表示歡迎和慰問：

---

* 　原載《近代史研究》1993 年第 3 期。

今日初見，春風藹然，使人起敬。第不知滯留此間，為多少日？欽使何公，亟欲圖晤，從容半日，暢彼此懷抱。不審何日乃得暇？使僕敬請命。[1]

金宏集當即表示，第二天就準備夫中國使館拜見何如璋。黃遵憲接著陳述了他對中朝關係及國際形勢的看法：

朝廷與貴國，休戚相關，憂樂與共。近來時勢，泰西諸國，日見凌逼，我兩國尤宜亦加親密。

他並說：

方今大勢，實為四千年來之所未有，堯、舜、禹、湯之所未及料。執古人之方，以藥今日之疾，未見其可。

黃遵憲表示，希望金宏集常駐東京，同時讚美金的"聰明"和"聞見日拓"，預言他將來主持國是之後，必將為亞細亞造福。

金宏集同意黃遵憲對時勢的看法，表示希望得到中國的保護，抵禦外國勢力。金稱：

宇內大勢，高論誠然。敝國僻在一隅，從古不與外國毗連。今則海舶迭來，應接嘎嘎，而國少力弱，未易使彼知畏而退，甚切憂悶。然所恃者，惟中朝庇護之力。

黃遵憲欣賞金宏集對中國的態度，但不贊同金宏集依賴中國"庇護"的意見，他說：

---

1 《大清欽使筆談》，金宏集：《修信使日記》，《金宏集遺稿》。下同。

請〔得〕此數語，足見忠愛之忱，溢於言表。朝廷之於貴國，恩義甚固，為天下萬國之所無。然思所以保此恩義，使萬世無疆者，今日之急務，在力圖自強而已。

金宏集贊同黃遵憲關於"自強"的建議，連忙表示："自強二字，至矣盡矣，敢不敬服！"

二人當即約定，第二天金宏集訪問中國駐日使館。

二、金宏集拜會何如璋

8 月 21 日（七月十六日），金宏集應約到中國駐日使館拜會何如璋。二人在互致寒暄後，何如璋表示："我朝與貴國，義同一家。今日海外相逢，尤為親密。"接著，何如璋打聽金宏集集此行的目的：

使節之來，聞有大事三，不知既與日本外務言之否？唐突敢問。

對此，金宏集僅作了簡單的回答：

使事，概為報聘書契中，有定稅一事而已。

黃遵憲見此，動員說：

欽使何公於商務能悉其利弊；於日本事，能知其情偽。有所疑難，望一切與商。我兩國如同一家，閣下必能鑒此。

金宏集則解釋說：

僕來此，大小事，專仰欽使指導，而形跡亦不能不存嫌，所以稍遲遲，庶諒此意。

話說到這份兒上，黃遵憲就開門見山了。他說：

> 貴國與日本所締條約，僕未見漢文稿，能飭人抄惠一份，感謝不已。

對此，金宏集表示同意。此後，三人間的談話再次轉入寒暄。金宏集表示，非常仰慕黃遵憲的《日本雜事詩》和《日本國志》，希望一見，黃遵憲答應贈送《日本雜事詩》數部給金宏集，同時告以《日本國志》係與何如璋同著，篇幅龐大，達三十卷之多，尚未完稿。

初次見面，何如璋不能深談，只稱，改日將回訪金宏集。

三、何如璋與金宏集之間的會談

8月23日（七月十八日），何如璋與中國駐日副使張斯桂到金宏集寓所回訪，詢問金宏集謁見日本天皇的日期及與日方會談、訂約等情況。日本在明治維新前，曾被迫與西方列強簽訂了一系列不平等條約；明治維新後，日本政府積極與西方列強談判，企圖修改不平等條約。何如璋向金宏集介紹道：

> 近日此間，方擬與泰西各國議改條約。其議改之意，在管理寓商及通商稅則各事。其稿極詳細，亦極公平，大約係西洋各國通行之章程。若各國通商，均照此行，固無所損也。

他建議，朝鮮仿此與日本訂立"妥善章程"。但是，朝鮮當時還完全沒有和列強打交道、做生意的經驗，因此，金宏集答稱：

> 敝邦全不諳商務利害，極悶悶。

何如璋當即表示，將設法取得日本與西方列強議改的約稿，提供給金宏集參考。

自 19 世紀中葉起，沙俄即積極侵略中國，圖謀向遠東和太平洋地區擴張，因此，中、日、朝三國都面臨沙俄侵略的威脅。談話中，何如璋向金宏集詢問道：

> 頃俄人在貴國圖們江口一帶經營佈置，究竟情形如何？

對此，金宏集毫無所知，向何請教應付的辦法。何稱：

> 近日西洋各國，有均勢之法。若一國與強國鄰，懼有後患，則聯各國，以圖牽制，此亦自〔目〕前不得已之一法。

"均勢"二字，金宏集到日本前後剛剛見到過。他覺得，這是個辦法，但一想到本國的情況，又發愁起來。他告訴何如璋說：

> 本國凜守舊規，視外國如洪水猛獸，自來斥異教甚峻故也。大教如此，第當歸告朝廷。

話說到這地步，只能暫告段落了。何如璋邀金宏集及隨行人等改日到中國公使館一敘。

8 月 26 日（七月二十一日），金宏集第二次到中國使館與何如璋會談。

此前，金宏集已經閱讀了何如璋提供的日本與西方列強議改的約稿，因此，談話仍然從"通商"開始。何如璋力勸朝鮮對外"通商"，說明只要關稅能自主，此乃有益無損之事，同時，何並詳細地介紹了西方的關稅保護辦法：

> 西例通商，惟欲己國有益，故兩國往來稅則，無論出入口，均由本國自定。凡進口稅則，以值百抽三十為率；更有所謂保護稅，則不欲此貨進，令便加重稅以阻之。至出口之貨，則或輕或重，均由自己酌定，告知

通商之國照行。如此貨欲其多出口，即免稅，以便本國商民，亦無不可。總之，權由自主，則利益自歸本國，不致為他國佔盡便宜。

自《江華條約》簽訂之日起，朝鮮與日本通商已經四五年，還不懂得應該設關收稅，保護本國權益。對何如璋的熱情介紹，金宏集頗為感動，回答說：“開諭至此纖悉，雖甚愚魯，豈不曉得！”

這次談話的中心議題仍然是防俄問題。何如璋說：

> 現西人競言功利，而俄人橫暴，如戰國虎狼之秦。聞其近年於圖們江口一帶，極意經營；且本年又增設水師於東海。此事大為可慮，遲則變生。我朝與貴國，誼同手足一家，殊難漠然也。

金宏集由於對此無所了解，不願多談，便轉而詢問中俄伊犁談判情況：“俄事最為目下急切之憂，不知伊犁一事，如何究竟？”何如璋不願岔開話題，回答道：

> 中土西邊之事，以近情觀之，與俄人不致構釁，但觀其兵舶絡繹東來，悉舶於圖們江口，恐其心懷叵測也。

1879 年（光緒五年）8 月，李鴻章曾致書朝鮮政府，建議朝鮮“秘修武備，慎固封守，與英、法、德、美諸邦逐漸立約，藉以牽制日本，即可備禦俄羅斯”[1]。何如璋向金宏集打聽朝鮮輿論對此的反應，並稱：“昨言均勢之法，亦不得已之事。”

朝鮮雖已和日本通商，但對其他西方國家，仍然緊閉大門。1880 年春，俄國曾派使者到朝鮮元山津，要求開闢口岸通商，被朝方斥退。同年，美艦開抵釜山，向朝鮮政府投書，也被拒絕。其後，美國政府通過日本外務省的介紹，

---

1 《中日交涉史料》，第 1 卷，第 32 頁；第 2 卷，第 6 頁。

再次企圖投書，朝鮮政府以格式不合為理由退還。對於朝鮮政府的這些舉措，何如璋都不以為然。他說：

> 愚見，俄事頗急。現海內各國，惟美係民主之國，又國勢富實，其與列國通好，尚講信義，不甚圖佔便宜。此時彼來，善求通商，若能仿此間議改之約稿，與之締立條規，彼必欣願。如此則他國欲來通商者，亦必照美國之約，不能獨賣〔？〕，則一切通商之權利，均操在我，雖與萬國交涉，亦有益無損之事。此萬世一時之機會，不可失也。若必欲深閉固拒，致他日別生波瀾，事急時所結條規，必受損無疑惑，卓見以為然否？

要改變閉關鎖國政策，不是一件容易的事，金宏集表示："敝國事勢，未可遽議交涉。"何如璋不以金宏集的猶豫為然，鼓勵說：

> 不相往來之氣，今日屈指數之，宇內已無幾國。此事有決難終拒之勢，固不如先一著為之。

在何如璋的剴切陳述後，金宏集終於表示："所教切當。"

會談之後，何如璋擔心雙方言語不通，靠筆談不能盡意，便命黃遵憲起草《朝鮮策略》一文。

四、中日朝三國文士的歡聚

8月29日（七月二十三日），日本駐朝鮮代理公使花房義質邀請金宏集、李祖淵、姜瑋及何如璋、黃遵憲等在東京飛鳥山暖依村莊聚會。當時，日本宮島誠一郎等與何如璋、黃遵憲等正在組織興亞會，宮島誠一郎興奮地說：

> 今日之會，係三國集一堂，曠古所稀，是為興亞之始。唯恐路遠天雨，諸公或不能來，忽得此佳契，何喜如之！

他表示，希望"自今以後永好，圖三國之益"。[1]

何如璋同意宮島誠一郎的意見，他說："栗香先生深重同洲之誼，所慮深且遠。今日之會，素非偶然。"

宮島誠一郎補充說："僕自何公使之東來，相交尤厚且久矣！其意專在聯絡三大國而興起亞洲。今先生之來，若同此志，則可謂快極！"

面對二人的熱情話語，金宏集不知該怎樣回答，只說了一句："盛意猥不敢當！"

當日盡歡，宮島誠一郎要黃遵憲寫一首詩來紀念這次有意義的聚會。黃遵憲帶著醉意揮毫寫道：

> 滿堂賓客，三國之產。更無一人，紅髯碧眼。紙筆雲飛，笙歌雨沸。皆我亞洲，自為風氣。人生難得，對酒當歌。今我不樂，復當何如！縱橫戰國，此樂難得。奚怪有人，閉關謝客。

在西方列強日漸東侵的形勢下，中、日、朝三國聯合，共同振興亞洲，這自然是一種十分良好的願望。遺憾的是，日本政府卻走上了一條侵略中國和朝鮮的道路。

五、黃遵憲起草《朝鮮策略》

其間，黃遵憲根據何如璋的指示，迅速寫出《朝鮮策略》一文，對朝鮮的外交政策提出了具體而詳盡的建議。

《朝鮮策略》的核心思想是防俄。文章一開頭就宣稱：

> 地球之上，有莫大之國焉，曰俄羅斯……自先世彼得王以來，新拓疆土既逾十倍，至於今王，更有囊括四海，併吞八荒之心。[2]

1　《黃遵憲與宮島誠一郎筆談遺稿》，宮島吉亮先生家藏。
2　《日本外交文書》，第 13 卷，第 389—396 頁。下同，不一一註明。

文章接著敘述了沙俄向西發展受阻，轉而將侵略矛頭東指，朝鮮岌岌可危的情況：

> 十餘年來，得樺太洲於日本，得黑龍江之東於中國，又屯戍圖們江口，據高屋建瓴之勢，其經營之不遺餘力者，欲得志於亞細亞耳！朝鮮一土實居亞細亞要衝，為形勢之所必爭。朝鮮危則中東之勢日亟，俄欲掠地，必自朝鮮始矣！

文章認為，朝鮮當時的急務是防俄，而要防俄，就必須"親中國，結日本，聯美國，以圖自強"。

黃遵憲從歷史與地理等角度分析，說明朝鮮與中國有著休戚相關、患難與共的密切關係：

> 朝鮮有事，則中國必糜天下之餉，竭天下之力以爭之……今日朝鮮之事，中國當益加於舊，務使天下之人，曉然於朝鮮與我，誼同一家。大義既明，聲援自壯。

文章接著提出，面對沙俄咄咄逼人的態勢，日本、朝鮮有著共同的利益，應該結為唇齒之交：

> 為朝鮮者，自當捐小嫌而圖大計，修舊好而結外援。苟使他日兩國之輪舶、鐵船縱橫於日本海中，外侮自無由而入。

黃遵憲像何如璋一樣，對美國懷有好感，認為美國以"民主立國，共和為政""常能扶助弱小，維持公義"，因此，文章說：

> 即使其使節不來，為朝鮮者，尚當遠泛萬里之重洋而與之結好，而況其迭遣使臣，既有意以維繫朝鮮乎！引之為友邦之國，可以結援，可以

紓禍。

文章接著設為問答，解釋對"結日本，聯美國"的種種疑慮，然後，建議朝鮮政府講求通商、富國、練兵之計，奠定自強之基。文末，黃遵憲警告說：

> 嗟乎！時勢之逼，危乎其危；機會之乘，微乎其微。過此以往，未知或知。舉五大部或親或疏之族，咸為朝鮮危，而朝鮮切膚之災，乃反無聞知，是何異處堂之燕雀，遨遊以嬉乎！

文章呼籲，朝鮮志士把握機緣，奮起圖強："惟智慧能乘時，惟君子能識微，惟豪傑能安危，是所望於朝鮮之有人，急起而圖之而已。"

　　一面力圖自強，一面利用錯綜複雜的國際矛盾，聯合或接近部分國家，藉以抗禦沙俄的威脅，黃遵憲的基本策略思想自然是正確的。但是，明治維新後的日本正積極圖謀侵略朝鮮，進而侵略中國，黃遵憲對此顯然還缺乏足夠的警惕。

六、黃遵憲再訪金宏集

　　9月6日（八月二日），黃遵憲聽說金宏集即將歸國，匆匆來到金宏集寓所，將《朝鮮策略》一文贈給金宏集。黃稱：

> 僕平素與何公使，商略貴國急務，非一朝一夕，今輒以其意見，書之於策，凡數千言。知閣下行期逼促，恐一二見面，不達其意，故遄來費數日之力，草雖謹，冒瀆尊嚴上呈。其中過激之言，千萬乞恕，鑒其愚而憐其誠，是禱！

黃並稱：

關於"禁輸出米"和"定稅則"二事,何如璋尚有一二條意見,未及在《策略》中提出,不知此兩事是否已和日方議妥?

當時,日本所屬對馬島須從朝鮮進口大米,朝鮮則擔心本國饑荒,不願輸出,準備課以重稅,因此,"禁輸出米"和"定稅則"是金宏集和日方談判的內容之一。日本外務省認為金宏集不懂商務,沒有談妥。金宏集對黃遵憲稱:

本國從未識外國事情,此等處,極是難辦。甚悶!甚悶!

黃遵憲答稱:

何公使每見日人,常勸其事事務持大體,且告之曰:既欲兩國之交,以防俄而多所要脅,益滋朝鮮疑懼,恐大局亦壞,彼亦深以為然,故不甚堅執也。

黃遵憲建議:"必欲防其輸出太多,則惟有稅則由我之一法,加稅而防之。"他進一步解釋說:

萬國公法,不禁輸米;若遇凶年,亦何以禁?英、德之米麥,常仰於俄,而今年不熟,亦禁輸,他國亦不得有後言,故曰不如聲明稅則由我自主之一語為善也。切記!切記!與他人立約,必聲明細則由我自主之一語,以待他日。不然,則如日本需十數年,乃能議改而尚未定矣!

主張"稅則由我",實際上是主張關稅自主,對此,金宏集極為讚賞,他說:

節節精到,稅入多寡不足計,遲速不足論,惟自〔主〕不被人牽制為今日最急切之要務,敢不敬服!

黃遵憲覺得碰到了知音，便滔滔不絕地講了起來：

> 稅之多寡，於國關係不重，惟輸出之金銀多於輸入，則民生窘而國計危矣！財為生人養命之源，拱手而致之他人，民貧而亂作矣！日本通十數年，輸出金銀，至於十二千萬之多，朝野上下，半不聊生，此稅則由他人商定之害也。苟能重課進口貨，則外貨來源不多，即金銀輸出不多，何至於此？故稅則自定之語，一乃全國安危之所繫，不可以不謹也。

聽了黃遵憲的話，金宏集感到，要使輸出大於輸入，必須發展生產和商務。但是，朝鮮當時還是一個自給自足的小農經濟社會，不可能大規模地發展商品經濟。他說：

> 敝處輸入，想亦不多，而輸出則國貧無產，尤當少少矣……欲救其弊，不得不師彼之所為，務農與商，使我之出品，亦足以取人之金錢而後可耶！敝國朝野，只有凜遵成憲，安於儉嗇而已，萬不可議此也。

一想到這裏，金宏集感到兩難起來。他接著表示：

> 通商雖無顯害，日後應接極難，以是為苦；閉關亦不足為無上善策。我國讀書人，皆以通商為不可。此論於時務何如？竊想中朝，亦多有主持正大之論者矣！

黃遵憲堅決反對閉關政策，他果斷地說：

> 今日尚欲閉關，可謂不達時務之甚！僕策中既詳及之，請歸而與當局有力者力主持之，扶危正傾，是在君子！

金宏集欣然接受黃遵憲的意見。他覺得，黃遵憲是個有眼光、有見識的外交家，願意和黃建立長久的聯繫，便詢問今後的通訊辦法："歸國之後，他日欲通音訊，當從何處寄，乃不得浮沉？"這說明，金宏集對黃遵憲已經有了相當的信任感。

9月7日（八月初三日），金宏集到中國駐日本大使館辭行。何如璋特意提起黃遵憲的《朝鮮策略》，希望聽到金的意見："昨日黃君所呈，係揣度今日情形如此，慮閣下恕其狂直而辱教之。"金宏集不好輕易表態，答稱："忙未一披，容得暇細讀而揣度籌劃矣。所不用其極，萬萬感服，敢不存心！"

臨別之際，何如璋握著金宏集的手，告訴他：俄國海軍大臣率領的十五艘軍艦已屯泊琿春，形勢緊張，再次建議朝鮮聯合日本、美國以抵禦俄國。何同時提出，如俄國要求通商，也不可拒絕。他說："萬一俄人叩關請議通商，不如勉強許之。第俄人素橫，與之結約，恐多周折也。"何並稱："近日情形甚急，如閣下歸國，眾論稍通，請飛函告我，當相謀一善法也。"金宏集一一答應。[1]

9月8日（八月初四日），金宏集離日返國。

七、朝鮮政府討論黃遵憲的建議

金宏集回國後，將與何如璋的談話情況以及黃遵憲起草的《朝鮮策略》上陳國王李熙。10月2日（八月二十八日），二人之間有如下問答：

> 金：清使亦以自強相勉矣。
>
> 國王：自強是富強之謂乎？
>
> 金：非但富強為自強，修我政教，保我民國，使外釁無從以生，此實自強之第一先務也。
>
> 國王：清使亦以俄羅斯為憂，而於我國事多有相助之意否？
>
> 金：臣見清使，幾次所言，皆此事，為我國懇懇不已也。[2]

1　金宏集：《大清欽使筆談》，參見何如璋：《上李鴻章函》，《清季中日韓關係史料》，第2卷，第438頁。
2　《李朝實錄·高宗》，第17卷，第128頁。

其後，朝鮮國王將《朝鮮策略》交給大臣們傳閱、討論。10月10日（九月初八日），他和領相（首相）李最應之間有下列對話：

國王：見其策子，則果何如乎？

領相：臣果見之，而彼人之諸條論辯，相符我之心算，不可一見而束閣者也。大抵俄國僻在深北，性又忌寒，每欲向南，而他國之事，則不過興利而已。俄人所欲，則在於土地人民，而我國白頭山北，即俄境也。……方今俄人聚兵船十六隻，而每船可容三千人云矣。若寒後則其勢必將向南矣！其意固不可測，則豈非殆哉岌岌乎？

國王：防備之策何如乎？

領相：防備之策，自我豈無所講磨，而清人策中，論說若是備盡。既給於他，我國，則甚有所見而然也。其中可信者信之，而可以採用。[1]

討論結果，朝鮮政府的結論是：

俄羅斯國處在北，虎視眈眈，天下畏之如虎，厭惟久矣。近年以來，每因中國及各外國文字，常以是國為憂。朝鮮壤界相接，安知不受其弊乎？今前修信使回還，齎來中國人黃君冊子，其言所謂《朝鮮策略》，自問自答，設疑設難，憂深慮遠者，比前日所見各國文字，益加詳密。雖未知其言言皆當，亦安知非大加講究於安不忘危之義乎！[2]

可以看出，黃遵憲的《朝鮮策略》得到了朝鮮君臣的積極評價。

10月19日（九月十六日）金宏集自朝鮮致函何如璋，中稱：

黃公所贈《策略》一通，代為籌劃，靡不用極，謹已一一歸橐。敝廷

---

1 《李朝實錄‧高宗》，第17卷，第135—136頁。
2 《清季中日韓關係史料》，第2卷，第445—446頁。

莫不感誦大德，異聲同歎。現眾論雖未可日通悟，殊不比往時矣！[1]

顯然，黃遵憲的《朝鮮策略》發生了作用。又過了一個月，黃遵憲在使館接見了朝鮮國王特派的密使李東仁。李向黃報告說："朝鮮朝議現今一變。"[2] 次年 2 月（光緒七年正月）朝鮮中樞府知事李容肅向李鴻章報告說："敝邦壞僻人拙，常多歧貳之論。曩者獲見何侍講《筆談》，黃參贊《策略》，節節竅要，於是乎廷議回悟。"[3] 凡此種種，都說明了《朝鮮策略》促進了朝鮮政府思想觀念的變化。

1880 年 11 月 3 日，金宏集被升為吏曹參議。次年 2 月（正月），仿照中國制度，設立統理機務衙門，下設交鄰、軍事、邊政、通商、機械、船艦、語學各司，邁出了內政改革的第一步。同月。金宏集被任命為統理機務衙門經理。

八、軒然大波

在獲得朝鮮君臣的積極評價時，黃遵憲的《朝鮮策略》也受到了朝鮮守舊派的強烈反對。

朱子學曾被朝鮮定為國教，朱熹的地位也因而極為崇高。《策略》在說明美國宗教狀況時曾稱："美國所行乃耶穌教，與天主教源雖同，黨派各異，猶吾教之有朱、陸也。" 這下就捅了婁子。1880 年 11 月 3 日（十月一日），在金宏集升任吏曹參議的同一天，兵曹正郎劉元植上疏說：

> 朱夫子上接孔、孟，親炙周、程，道炳千載，師表百世，雖蠻貊之邦，莫不遵奉為大賢。夫黃遵憲中國人，必無不知朱子之為斯文尊師。今於遣詞之際，何患無證，乃以如彼耶穌、天主之穢，肆然憑據乎？[4]

劉元植聲稱：金宏集當初見到這種"兇慘之句"時，應該當面斥責，不應該安

---

1 《清季中日韓關係史料》，第 2 卷，第 452 頁。
2 《清季中日韓關係史料》，第 2 卷，第 437 頁。
3 《清季中日韓關係史料》，第 2 卷，第 462 頁。
4 《李朝實錄》，第 17 卷，第 144 頁。

然接受。據他估計，此事之所以發生，一定是朝鮮的"邪孽餘種"，偷偷地勾結"異類"，才做出這等"騷擾人心，蔑染邪道"的事。他要求國王採取斷然措施，將潛伏的"兇徒"徹底消滅乾淨。國王見了這通奏文後，只簡單地批了"省疏具悉"四字。第二天，朝鮮政府宣稱：劉元植"陽託衛正之說，陰懷逞邪之計，摘出他國人文字，誹訕朝廷，污蔑士林"，決定將其發配邊遠地區。11月4日，金宏集上疏，說明黃遵憲的《朝鮮策略》用意深切，代畫詳密，言論可採，但其中的個別句子受到劉元植的指責，自己滿心惶愧，不料卻升了官。他要求朝廷收回任命，治以誤事之罪。疏上，國王批稱，人言本不恰當，勸他不要辭職。[1]

1881年3月25日（光緒七年二月二十六日），李晚孫等一萬多名儒生聚會京城，向國王伏闕請願，上書說："伏見修信使金宏集所齎來黃遵憲私擬一冊之流傳者，不覺髮豎膽掉，繼之以痛哭流涕也。"請願書繼續攻擊金宏集將《朝鮮策略》帶回國內，同時攻擊黃遵憲從事西學，盡力於"致財"、"勸農"、"通工"等主張。請願書稱："財用農工，自有先王之良法美規"，"何嘗捨先王之道，而從事於別樣妙術耶"！請願書並稱：

> 彼遵憲者，自稱中國之產，而為日本說客，為耶穌善神，甘作亂賊之嚆矢，自歸禽獸之同科。古今天下，寧有是理！[2]

請願書要求國王發配一切傳播西學的人，銷毀一切有關西學的書籍，"益明周、孔、程、朱之教"。朝鮮國王堅決地批駁了李晚孫等人的意見，認為李等斷章取義，誤解了黃遵憲的用意。國王並給李等扣了一頂"謗訕朝廷"的帽子，聲稱要從嚴懲處，勸他們退去。一部分儒生聽從國王的勸告離開了京城，但還有部分人堅持不散，第二次上疏請願，於是，國王不得不下令，限期逮捕"作頭主論"的人，"嚴刑遠配"，同時派"禁隸"（警察）將儒生們押出城外。

朝鮮政府的鎮壓措施並沒有消弭《朝鮮策略》所引起的風波。4月7日（三

---

1 《李朝實錄·高宗》，第17卷，第146頁。
2 《李朝實錄·高宗》，第18卷，第183—184頁。

月十九日），又有黃載顯、洪時中二人上疏，攻擊《朝鮮策略》只是"疑似之信息"，要求將《中西聞見》、《萬國公法》、《申報》以及《朝鮮策略》等著作一一搜出，付之一炬。國王將二人的奏章發交朝廷討論。[1]領議政李最應等一批大臣要求嚴厲懲辦。結果，二人都被發配遠惡島嶼。其後，李晚孫也被捕，被減死發配遠惡島嶼，"圍籬安置"。一部分大臣仍然不依不饒，一定要將李晚孫等處死，國王不願做得太過，否定了大臣們的意見。

關於黃遵憲《朝鮮策略》以及金宏集是否應該接受《策略》的爭論，實際上是朝鮮開放與閉關的爭論。其後，儒生們仍然一批批地到京城上書，朝廷中的兩派也辯論不休。同年 8 月 30 日（閏七月初六日），儒生洪在鶴、申𤫊等上疏，對當時朝鮮人穿西裝、用洋貨的情況表示憂心忡忡，繼而攻擊將黃遵憲的《策略》"達之天陛，揚之朝班"的金宏集與領相李最應，牽連而及退休太師李裕元，要求在全國收繳洋貨，將金、李等斬首示眾。奏疏並嚴厲地指責國王：

> （殿下）漠然不悟，無他，由不事學問，故知不足以燭理，心不足以勝私，甘於宴安之毒，悅於讒佞之誘也。[2]

在儒生們的壓力下，李裕元上疏，聲稱自己當初即認為《朝鮮策略》"挾雜不足取信"，沒有說過贊成的話。結果，大臣們又批評李裕元忙於自辯，對儒生們的上疏沒有嚴正"聲討"，態度曖昧。最後，洪在鶴被處死並被抄沒家產，李裕元被"遠竄"。

在日本的黃遵憲聽到李晚孫被處分的消息，並且讀到了李晚孫等人的上書，他表現得異常的寬容和通達。

> 宮島誠一郎：曾聞李萬〔晚〕孫為激昂之論，頃揮縛之，不知果真否？
>
> 黃遵憲：僕嘗讀李萬〔晚〕孫論，既賞其文章，復歎其人，殊有忠愛之氣，以為可惜在不達時變耳！前見韓人議論文，此僕勸韓廷拔用此人。

---

1 《李朝實錄·高宗》，第 18 卷，第 190—197 頁。
2 《李朝實錄·高宗》，第 18 卷，第 227—236 頁。

自來倡鎖港之論者，一變即為用夷之人。[1]

其實，黃遵憲不了解，有些人可以轉變，有些人是固守舊章，寧死不肯改弦易轍的。

九、尾聲

1891 年（光緒十七年），黃遵憲自駐英參贊調任駐新加坡總領事，作有《續懷人詩》，其一云：

> 繞朝贈策送君歸，魏絳和戎眾共疑。
> 罵我倭奴兼漢賊，函關難閉一丸泥。

這裏所說的"策"，即指《朝鮮策略》；所說的"君"，即指金宏集；"罵我倭奴兼漢賊"云云，即指李晚孫等人的上書。黃遵憲說得對："函關難閉一丸泥"，歷史已經進入世界各國廣泛交往的年代，閉關自守再也不可能了。

附記：1993 年，筆者在漢城期間，得到漢城大學金容德、閔斗基、吳金城、朴漢濟、金浩東、梨花女子大學金稔子等教授以及姜明喜女士、車雄煥、崔熙在、羅弦珠、裴京漢、李升輝、金培喆、朴德俊等先生的熱情接待，謹此致謝。

---

1 《黃遵憲與宮島誠一郎筆談遺稿》，宮島吉亮先生家藏。

黃遵憲與宮島誠一郎 *
—— 宮島吉亮先生家藏資料研究之一

1877 年（光緒三年，明治十年）11 月，黃遵憲隨中國首任公使何如璋赴日，任參贊，至 1882 年（光緒八年，明治十五年）3 月，調任駐美國舊金山總領事，共在日本生活四年多，和許多人士結下了深厚友誼。其中，最為相契的則是宮島誠一郎。

一、熱愛中國文化的一生

宮島誠一郎，號栗香，1838 年（道光十八年，天保九年）生於日本米澤，為米澤藩士宮島一郎左衛門吉利的長男。自幼熱愛中國文化。四歲時能誦唐詩。十三歲時熟讀《左傳》。壯年時隨父遊歷東西兩都，與藤井竹外、宮原潛庵、賴復次郎等訂文學之交。這些遊歷擴大了宮島誠一郎的眼界和見識。1870 年（同治九年，明治三年）任職於待詔院。1872 年（同治十一年，明治五年）任左院少議官，多次提出重要建議，受到內務卿大久保利通的器重。1875 年（光緒元年，明治八年）任少內史。次年，任修史局（後改修史館）長官（御用掛）。

宮島誠一郎研究東亞形勢，深感和鄰國友好親善的重要。1877 年（光緒三年，明治十年），何如璋、張斯桂被任命為首任駐日公使、副使，黃遵憲、沈文熒等被任命為參贊。宮島誠一郎與何如璋、黃遵憲等公使團成員建立了深厚友誼。他曾提議，在東京設立日中兩國語學校，招收兩國學生，學習彼此的語言。1880 年（光緒六年，明治十三年），與海軍大尉曾根俊虎等成立興亞會。3 月 9 日，他在成立會上發表演講，認為日中兩國唇齒相依，互派使臣，結交

---

* 本文原載《近代中國史事鉤沉 —— 海外訪談錄》，社會科學文獻出版社 1998 年版。

歡之情，乃是亞洲的幸福。該會會員迅速發展至 153 人。此會後改名亞細亞協會。1900 年（光緒二十六年，明治三十三年），與東亞同文會合併。

1882 年（光緒八年，明治十五年），黎庶昌繼任駐日公使。宮島誠一郎與黎再次成為好友。1887 年（光緒十三年，明治二十年），宮島誠一郎的長子宮島大八經黎庶昌介紹，入保定蓮池書院，受教於張裕釗。大八後來成為著名的書法家。

1897 年（光緒二十三年，明治三十年），宮島誠一郎以多年功勞被敕選為議員，入貴族院。

宮島誠一郎長於漢詩，著有《養浩堂詩集》。

宮島誠一郎的一生是熱愛中國文化的一生。1911 年（宣統三年，明治四十四年）逝世。

二、相見恨晚

1877 年（光緒三年，明治十年）12 月末，中國公使團到達東京，宮島誠一郎迅速成為使館的座上客。次年 4 月 17 日，宮島誠一郎到使館訪問，在和黃遵憲的談話中高度讚揚了中國文化在日本歷史上的作用。他說：

> 敝國與貴國結盟，以今為始，而學漢文，蓋自隋唐以來連綿不絕，則雖孤立於海中，其制度文物亦得僅備者，乃是漢文之德居多，可謂文字增國光。今日始得拜晤於君，而後相共討論是非，以謀兩國幸福，僕之願也。

黃遵憲則對兩國建交之晚表示遺憾，他說：

> 敝國《三國志》既稱貴邦文物之勝，風俗之美，隋唐以來往來較密，深惜當時未及結盟耳！

談話很融洽，話題迅速轉換：從漢學、西學談到孔孟之道，又從孔孟之道談到日本的櫻花、中國的櫻桃。黃遵憲盛讚櫻花："此花可謂奇絕，蓋中土所無，朱舜水盛稱之，無怪其然也。"他並慨歎，中國歷代沒有人到過日本，歌詠這"爛漫奇觀"。

宮島誠一郎隨即將自己的一首賞花詩書請黃遵憲指正，詩云：

> 萬樹堤櫻齊放葩，春風十里最紛華。
> 香雲一白茫無際，人在花中不見花。

黃遵憲對這首詩很讚賞，譽為"風調絕倫"，並依韻和了一首。

初次見面，二人都有相見恨晚之意。

6月14日，宮島誠一郎在自宅養浩堂開宴，招待何如璋、張斯桂、黃遵憲、沈文熒等，日本人士參加者有重野成齋、三浦安、青山延壽和宮島誠一郎的弟弟小森澤長政等人。席上，宮島誠一郎出示唐代著名書法家張旭的書軸，請求鑒定。張旭擅長草書，與李白詩、裴旻的劍舞共稱為"三絕"。沈文熒興奮地表示："唐代墨跡存人間者少，得見此至寶，眼福應不淺。"黃遵憲由於對書法缺乏研究，沒有發表意見。

當日的宴會很成功。儘管語言不通，但大家都有著共同的文化心態和素養，因此，彼此間有一種非語言所能表達的親切感，宮島誠一郎賦詩說：

> 自有靈犀一點通，舌難傳語意何窮。
> 交情猶幸深如海，滿室德薰君子風。

黃遵憲與宮島誠一郎有相同的感受，和詩云：

> 舌難傳語筆能通，筆舌瀾翻意未窮。
> 不作佉盧蟹行字，一堂酬唱喜同風。

自此，黃遵憲與宮島誠一郎的交往就日益密切了。

三、詩文切磋

宮島誠一郎喜寫漢詩，黃遵憲等來了，自然是學習的好機會。1878 年 6 月，他將自己的詩集送請黃遵憲評閱。黃遵憲讀後，復函宮島誠一郎稱："捧讀數過，如陳琳能愈頭風，大暑中更如服清涼散也。"陳琳是漢末著名文學家，相傳曹操讀他的檄文，頭風病霍然而癒。這裏，黃遵憲給了宮島誠一郎的詩以很高的評價，但是，他也同時委婉地陳述了意見，認為上卷不如下卷。8 月 9 日，黃遵憲訪問宮島誠一郎，進一步提出："足下七古，似稍遜一籌，揣足下未及多讀耳！"宮島誠一郎很虛心，立刻承認自己讀書不多，他說：

> 果如黃君言，僕不多讀，故識見淺薄。若欲作古詩，則當師何人而可？作詩又必要讀歷代史書否？

黃遵憲見宮島誠一郎很虛心，也就坦誠相告。他說：

> 喜學某家，則多讀某家。至於歷代書籍，多讀則氣味自知，才力自富，與詩若相關，若不相關。足下此刻學古詩，且多讀李、杜、蘇三家。

宮島誠一郎喜歡杜甫的詩，他說："僕平生喜讀杜詩，但未至其域耳！"

此後，黃遵憲、宮島誠一郎二人不斷地談詩、評詩。宮島誠一郎經常將整卷詩交給黃遵憲，請他痛刪，不必留情；他並表示，希望黃遵憲能協助振興日本的詩風："今敝邦詩道大衰，因閣下挽正，興起此風，所以有寸心也。"黃遵憲不負委託，對宮島誠一郎的詩提出了許多意見。1880 年 1 月，宮島誠一郎訪問黃遵憲，表示感謝，並再次向黃請教。黃遵憲發表了一大通議論：

> 詩之為道，性情欲厚，根柢欲深，此其事似在詩外，而其實卻在詩先，與文章同之者也。至詩中之事有應講求者，曰家法，曰句調，曰格律，曰風骨，是皆可學而至焉者。若夫興象之深微，神韻之高渾，不可學

而至焉者。優而來之，泳而游之，或不期而至焉，或積久而後至焉，或終身而不能一至焉。嚴滄浪謂詩有別材，余謂譬如飲酒，其一斗而醉，一石而醉，多得之於天，而非人所能為。足下之詩，得之於天莫能究者，然其蓄積於詩之先，講求於詩之中，有所未逮也。謬論請詳思之！

所謂"詩之先"，指的是詩人進入創作之前的準備。根據黃遵憲的看法，一是"性情"，指的是詩人的個性與情感；一是"根柢"，指的是詩人的學識與藝術素養。所謂"詩之中"，指的是詩歌的藝術要求，黃遵憲認為有家法、句調、格律、風骨、興象、神韻等多方面的問題。黃遵憲並進一步指出，宮島誠一郎的詩"出於性情，唯到其根柢，則有未足者"。他建議宮島誠一郎多讀《漢書》及《文選》。同月 29 日，黃遵憲又致函宮島誠一郎，勸他作詩要少而精，函稱：

> 大著拜讀一過，此卷尚少名篇。以工部詩聖，亦以中年以後為佳，可知少作未易存耳！《四庫目》論陸放翁，譏其作詩太多，故傷冗濫。通人當知其意，無俟僕喋喋也。

有一次，宮島誠一郎拿了兩卷詩交給黃遵憲，黃遵憲居然認為都可刪。他直率地致函說：

> 大稿經一再讀過。此二本殊少佳作，披沙揀金，偶一見寶耳！謬以鄙見，輒為刪棄。其餘未動筆者僕皆以為可刪，然未敢自信，冀吾子更請他人閱之耳！狂妄之罪，不敢求諒，惟恃至愛，乃敢出此也。

論文貴嚴格，論交貴真誠，黃遵憲的這封信，既嚴格，又真誠，因此，宮島誠一郎不以為忤。當時，宮島誠一郎的詩分五卷，六百八十餘首。他表示，即使刪成三卷也可以。1880 年 7 月，黃遵憲曾為該集寫過一篇序言，頗得宮島誠一郎的喜愛。同年 10 月，又大刀闊斧地為該集刪定例言。在和宮島誠一郎切磋詩學方面，黃遵憲盡心盡力，是個嚴格而又真誠的朋友。

宮島誠一郎也給了黃遵憲以熱情的幫助。黃遵憲到日本後不久，即致力於寫作《日本雜事詩》。這是記述日本歷史，歌詠日本山川風物的大型組詩，黃遵憲很重視，要求宮島誠一郎嚴格批評。1879 年 4 月 26 日，黃遵憲對宮島誠一郎說：

> 僕是詩恐貽方家之笑，然意在記事，故拙亦不辭。僕居此，多有知其不工文者。若執此種詩以律敝國人，以為大概如此，則敝國文士便當攘臂而起，罵僕不置也。

又說：

> 望痛改之，極斥之。僕讀君詩，尚謬評如此，況君施於僕乎！僕生平無他長，唯樂聞道，能服善，區區所竊自許者。再俟一月，當別抄一冊存尊處，有友來都可請正。

《日本雜事詩》的寫作很順利。5 月 6 日，黃遵憲致函宮島誠一郎，邀他於次日見面小飲。函中，黃遵憲對宮島誠一郎的詩作再次表示讚賞，同時對宮島誠一郎審閱《日本雜事詩》表示感謝。他說：“《栗香詩稿》既再校一本，回顧己詩，自慚形穢，幾欲拉雜摧燒之耳！今再送上一本，乞盡一夕工夫削之。明日相見，兩以相易。”第二天，宮島誠一郎熱情地讚美《日本雜事詩》：“流麗而清新者似唐劉禹錫，有氣骨而峭勁者似東坡，又似明李獻吉。”但黃遵憲則表示：“僕自覺於古人，不唯不及，亦殊不似，僕自為僕之詩而已。”黃遵憲從青年時代起，就反對模擬古人，主張“我手寫我口，古豈能拘牽”，“僕自為僕之詩”，正是黃遵憲的一貫創作思想。

在相互評審詩作外，二人也經常評論古人。1879 年 4 月，宮島誠一郎向黃遵憲借閱清初詩人黃仲則的詩集，他說：

> 其詩奇俊雄渾，磊落飄逸，以僕見之，頗似李太白。此人與足下同

姓，鳴於乾隆時乎？

黃遵憲答道：

> 黃仲則詩天才卓越似太白。僕謂太白死後，能學其詩，今古一人而
> 已。顧其名不甚著，沒時年僅三十五耳，惜哉！

宮島誠一郎認為黃仲則的詩超過清初名重一時的詩人王士禛，他說：“余閱貴朝
諸家詩集太少，但如此名家，亦未多見，以僕視之，勝王漁洋遠矣。”黃遵憲
同意宮島誠一郎的看法，他說：“其詩似在王漁洋上。漁洋一生處順境，仲則不
得志，又早夭，然所造就，已卓然可傳。乾隆中人材鼎盛，如此種人，名磨滅
而不彰，此外更不知多少也。”

宮島誠一郎還曾從黃遵憲處借過紀昀的《鏡煙堂集》，將紀昀對唐代詩人李
商隱的評語一一過錄。他對黃遵憲說：“余讀曉嵐評詩，始於《鏡煙堂集》，可
謂前無古人矣！”黃遵憲也很同意宮島誠一郎的這一看法，他說：

> 古人論詩，各有偏嗜，嘗甘忌辛，是丹非素，文通既言之矣。紀宗
> 伯一出以公心，其多見古人書，又悉能知其所以然，而表而出之，真良書
> 也。紀宗伯所評，尚有《文心雕龍》一書，抉發精微，尤為佳絕。古人論
> 文，謂譬如枰局，父不能喻子，師不能喻弟，紀公所評，乃真言人所不能
> 言者矣！

紀昀以編纂《四庫全書總目提要》著稱於世，對他的詩評，在黃遵憲、宮島誠
一郎之前，似乎還不曾有人作過如此高度的評價。

宮島誠一郎除要求黃遵憲為自己刪定詩集外，還曾委託黃遵憲審閱其他日
本文人的作品，黃遵憲均一一滿足，表現了高度的熱忱。

四、從討論明治維新到編輯《日本國志》

黃遵憲踏上東瀛三島的時候，日本的維新運動正在廣泛地展開。自然，黃遵憲對一切都充滿了興趣。

1878 年 7 月 2 日，宮島誠一郎訪問清國公使館。黃遵憲問："有板垣退助者，亦維新功臣，聞已退居，其為人何如？君知其人否？"正好，板垣是宮島維新初期的好友，當時正在宣導民權運動，主張建立民選議院。宮島誠一郎向黃遵憲介紹了板垣的情況，並告訴黃遵憲，板垣現在和政府有"異議"，板垣主張"今之時宜使國民參與政務"，而政府則認為"全國士民智識未開，未可以參政務"。黃遵憲雖然還不詳細知道板垣退助的主張，但他認為和政府有"異議"的情況可以允許。他說：

> 然其為人忠實，則大可兼收並用也。雖偶與政府不合，亦必有可補偏救弊者，朝廷用人不必專以一格也。

從板垣起，話題自然進入明治維新，黃遵憲聽了宮島誠一郎的介紹後表示："若以素日不學無術之人，遽煽自由之說，又大國武風俠氣漸染日久，其不為亂者幾希！"因此，他主張，不可過於急躁，關鍵在教育。他說：

> 是事萬不可求急效，當先多設學校以教之，後定取士之法以用之，則平民之智識漸開而權亦漸伸矣！

又說："教士、取士為今日莫急之務；如鐵道等事，其次焉者也。"宮島誠一郎贊同黃遵憲的意見，他對中國的"取士之法"感興趣，向黃遵憲請教，於是，話題又轉到中國方面。

為了研究日本明治維新的經驗，以便作為中國的借鑒，黃遵憲開始收集資料，編寫《日本國志》一書。1879 年 3 月 31 日黃遵憲致函宮島誠一郎："德行自藤惺窩，文章自物徂徠以下諸公，乞條其名字、籍貫、所著之書，一一以告，漢學、宋學，又當分別，文與詩亦分舉為妙也。"顯然，這是在為編寫《學術志》作準備。

1880 年 5 月，黃遵憲告訴宮島誠一郎，他正在編寫《日本國志》，共 13 目，30 卷，年底脫稿，其中《禮俗志》一篇，關於朝會祭祀部分，請宮島誠一郎幫助。黃遵憲草擬了一份調查提綱，要求宮島誠一郎逐一回答。宮島誠一郎熱情地給了黃遵憲以幫助，他將明治時期的現行儀式編纂了一份資料，並譯成漢文交給黃遵憲，黃遵憲閱後，認為 "詳富整贍"，非常滿意。次年 7 月，黃遵憲因編寫《日本國志》中的海軍一門，再次致函宮島誠一郎，請他轉詢在海軍服役的弟弟小森澤長政，同函並附調查提綱一份：

一、今送到海軍船艦表共四紙，中有錯誤，祈為改正；有疏漏者，祈為補入。

一、問海軍兵學校規則。明治四年正月十日太政官佈告者，今猶用否？若有新規則，可以借示否？

一、海軍新設規程局，敢問所司何事？

一、海軍兵卒（專指下卒）規則，可借示否？兵卒每月俸給一圓七十錢，有等第否？

一、問海軍每歲經費，何項用多少，可示其大概否？

由這份提綱可見黃遵憲調查的細緻和深入。在宮島誠一郎的熱情幫助下，黃遵憲終於獲得了所需資料。

《日本國志》得以成書，包含著宮島誠一郎的友誼和勞績。

五、琉球交涉

黃遵憲與宮島誠一郎的友誼也曾蒙上過陰影，這就是琉球交涉。

1879 年 2 月，日本政府準備將琉球廢藩改縣。何如璋等從報紙看到了有關消息，決定採取強硬對策。但是，在行動之前，想先試探一下日本政府的態度。3月1日，黃遵憲、沈文熒二人訪問宮島誠一郎。談話是從天氣開始的，沈文熒說：

> 春光明媚，天氣溫和，正是豔陽時候，惜乎將作歸計，心緒悵悵，故偕公度兄來訪，與閣下暢談破悶耳！

宮島誠一郎很奇怪，忙問："有何事故，忽作歸計？"於是，話題引到琉球交涉上。沈文熒答道："近因貴邦必欲郡縣琉球，故公使與弟輩皆將返國也。"黃遵憲接著說：

> 郡縣之說，新聞紙所言，不足盡憑。然貴政府若有事於球，非蔑球也，是輕我也。我兩國修好條規第一條即言，兩國所屬邦土，務各以禮相待，不可互有侵越。條規可廢，何必修好，故必絕聘問，罷互市，吾輩不得不歸。

宮島誠一郎一向主張對華友好，聽了沈、黃二人的話，很吃驚，也很遺憾，忙說：

> 吾輩於琉球之事，未無所見，但非職務之所關，不敢言。然此事若有關涉兩國，以破交歡，則慨歎之至。想必有理論明白之議，不知可得聞乎？

宮島誠一郎願意聽取"理論明白之議"，黃遵憲便說：

> 凡事須彼此計較。若吾為此事，貴政府寧默爾乎？不能默爾，而又不從吾言，尚何理論！吾輩且歸，至於後事，未可知，或當執鞭弭與君周旋也。

又說：

> 我國近始遣使交鄰，此事而遂置之，何以為國！足下試為吾輩籌劃，
> 豈有遇此事狀，腆顏在此，與貴國及他邦往來者乎？

黃遵憲態度強硬，宮島誠一郎憂心忡忡，他說：

> 歐洲爭亂之氣，今將波及亞洲，抑亦是氣運乎？如貴國與敝國最可親
> 睦者，而談及此等之事，僕輩深憾之。

當時，中國與日本都把俄國看成亞洲的主要威脅，李鴻章等不少人主張中、
日、朝鮮等國聯合，共同抵禦俄國勢力向東方的擴張。黃遵憲告訴宮島誠一郎
說：“近日李爵相且馳書朝鮮，告以日本之可親，俄人之可畏，且欲合縱而驅遣
諸小，勿受歐人之辱也。今貴國必欲絕好，吾亦無可奈何，不得已而應之、言
及此，實痛哭流涕之事也。”
　　中、日、朝鮮三國聯合，共同抵禦俄國擴張，也正是宮島誠一郎的主張，
他說：

> 前日竊與何公使論亞洲之大局，頗有益於敝國，想亦有益於貴邦。今
> 俄國之勢，隱然併吞亞州。（黃曰：朝鮮亦在其中。）貴邦危則敝邦亦危，
> 敝國危則貴邦亦危。今日大勢，唇齒相依，即維持亞洲也，可不遠慮乎！

他表示，琉球問題，應當找尋一個“兩便之法”。
　　中國政府當時並不願和日本決裂，如果有“兩便之法”，黃遵憲當然是願意
聽的。因此，黃遵憲表示：

> 有兩便之法，我政府固願之。但若如近聞，則我弱小如此，何以為
> 國？即不復能聯絡也。

事後，宮島誠一郎將沈文熒、黃遵憲的來訪及態度報告了日本政府。

在日本政府中，宮島誠一郎只是個史官，當然起不了多大作用。4 月 4 日，日本政府下令將琉球廢藩置縣。次日，宮島誠一郎應黃遵憲之召，赴清國公使館，發現黃遵憲怏怏不樂，有"郭璞絕筆"之語。顯然，黃遵憲的主張也沒有被採納。他只是個參贊，同樣也起不了多大作用。

其後，黃遵憲和宮島誠一郎之間仍然保持著親密的友誼關係。

六、真誠的祝願

在近代，中日兩國同受西方侵略。因此，在兩國先進人士中，萌生相互扶助，共同振興亞洲的願望是很自然的。

1879 年 5 月，宮島誠一郎對黃遵憲表示："今亞洲掃地，皆受歐人之侮笑，而貴邦與我國，首當外難，將來兩國宜相維持也。"基於此，宮島誠一郎真誠地希望中國富強。1871 年（同治十年，明治四年），沙俄侵佔我國領土伊犁。1879 年，清政府派崇厚赴俄談判，索還伊犁。當年 10 月 11 日，宮島誠一郎訪問黃遵憲，打聽有關消息，並就此表示，希望中國加強國防，改革、進步。他說："特願貴國此際益嚴兵備，以禦外侮，一變舊習，以擴張國權，我國亦敬重貴國也。"對此，黃遵憲表示：

> 吾國之事，非入局中者不知其艱辛，不如貴國之易於作事，易於收效也。譬如以手舉二三斤物則從容，舉數十斤則竭蹶矣。此理易明。請期之十數年後，君觀其效。

宮島誠一郎同意黃遵憲的估計，他說：

> 可知貴邦有強兵之日。數年之後，果能熟海外之情，一朝奮起，則東洋必一變，日本大得力，僕輩企望之耳。

宮島誠一郎不僅相信中國會崛起，而且認為中國的崛起會使日本"大得力"，表現了異乎尋常的智慧和遠見。黃遵憲為宮島誠一郎熱情的話語所感動，表示說：

> 誓奏效。前十年，船廠、兵艦皆無之，今皆有矣。十年之內，必有電
> 線，可卜也。

歷史總像大河東去一樣，滾滾滔滔，不可阻抑，但是，黃遵憲怎樣也不會想到，中國的變革會經歷那樣漫長的時期，遭遇那樣複雜的曲折。

黃遵憲也為日本的發展和進步高興。

1881年9月，宮島誠一郎隨明治天皇巡視米澤，發現故鄉的絲織業已經很發達。宮島誠一郎返京後，在黃遵憲面前吟誦了一首歌詠故鄉的詩：

> 十年為客故鄉歸，城郭半非人未非。
> 桑柘蔭中三萬戶，家家無處不鳴機。

黃遵憲充分理解工業化的巨大利益，他說："將來可成金穴，讀之欣喜。"當時，明治天皇宣佈將於明治二十三年（1890年）開設國會，黃遵憲說："僕輩捧讀詔書，亦誠歡忭蹈舞不已。君民共治之政體實勝於寡人政治，況閭閻勳舊之所組織者！"

如果說，對於中國文化，特別是中國詩的愛好是黃遵憲、宮島誠一郎友誼的契機，那麼，這種和鄰邦永久友好，祝鄰邦強大、進步的願望就更為這種友誼打下了堅實的基礎。

七、依依惜別

1882年（光緒八年，明治十五年）初，何如璋任期屆滿，奉調回國；黃遵憲被任命為駐美國三藩市總領事，準備遠行。中國古代作家江淹在他的名

作《別賦》中寫道："黯然銷魂者，唯別而已矣！"何如璋、黃遵憲、宮島誠一郎等相交四年餘，友誼已深，臨別之際，自然會有和江淹相同的感受。2月4日，宮島誠一郎為何如璋、黃遵憲餞別，勝海舟、吉井三峰等出席。黃遵憲即席作詩云：

> 天下英雄君操耳，高談雄辯四筵驚。
> 紅髯碧眼正橫甚，要與諸君為弟兄。

詩中，既有與宮島誠一郎等人的惜別之情，也有中日永遠修好，共同抵禦西方侵略的願望，博得在坐諸人的擊節稱歡。2月17日，宮島誠一郎送了一份禮物給黃遵憲，作為臨別紀念，函稱："五載辱交，殊領匡教，乃今之別，唯有黯然魂消耳！"2月18日，黃遵憲致函宮島誠一郎，邀其於同月20日至上野參加告別宴，函云："敝人首途在即，念此邦賢士大夫辱與交遊，實有拳拳惜別之意。"2月26日，宮島誠一郎等在中村樓再次設宴為何如璋、黃遵憲送別。黃遵憲有《奉命為美國三富蘭西士果總領事留別日本諸君子》詩五首，詩中，黃遵憲回憶在日本的出使生活，流露出對日本友人和山水的依依惜別的深情。其一云：

> 滄溟此去浩無垠，回首江城意更親。
> 昔日同舟多敵國，而今四海總比鄰。
> 更行二萬三千里，等是東西南北人。
> 獨有興亞一腔血，為君戶戶染紅輪。

宮島誠一郎也和了五首，詩題為《黃參贊公度君將辭京，有留別作五篇，余與公度交最厚，臨別不能無黯然消魂，和其韻敘平生以充贈言》，其一讚美黃遵憲的才華：

> 夙以文章呼俊豪，連城有價格尤高。

老成方見波瀾妙，結構須知根柢牢。

勁比穿岩李廣鏃，快如剪水并州刀。

駑駘難及追風駿，把筆逡巡鬢獨搔。

其一回憶和黃遵憲的詩酒唱酬，以及黃遵憲作品受到熱烈歡迎的情況：

幸然文字結奇緣，衣鉢偏宜際此傳。

霞館秋吟明月夜，麴街春酌早櫻天。

佳篇上梓人爭誦，新史盈箱手自編。

恰愛過江名士好，翩翩裙屐若神仙。

其一與黃遵憲詩呼應，表達日中友好，振興亞洲的美好願望：

莫說天涯與地垠，電機通信意相親。

連衡劃策希興亞，唇齒論交貴善鄰。

十室由來猶有士，中原到處豈無人！

期君早遂經時志，海陸兼營兩火輪。

黃遵憲非常欣賞宮島誠一郎的這幾首詩，譽為"雍容大雅，情豪意真"，又云：
"此行得此佳作，雖袞袞之榮，無以倫比。"

中村樓的餞別宴給黃遵憲留下了深刻的印象。2月27日，黃遵憲在橫濱致
函宮島誠一郎，函云："昨日盛宴，為歐米交際所無，敝人無似，亦辱附末座，
感幸不已，當作一長歌紀之，得史家大書特書，比於齊桓冠裳之會也。"

3月9日，宮島誠一郎偕愛子大八至橫濱送別黃遵憲，年僅16歲的大八寫
了一首頗得唐人風韻的七絕：

此去明朝到北京，海天西望暮雲平。

多情惟有墨堤月，為照行人萬里程。

大八曾跟黃遵憲學習中國語文。他大概不知道黃遵憲是直接赴美，並不返國一行，故有"明朝到北京"之語。詩雖短，卻出色地勾勒了一幅海天送別圖。

八、別後相思

黃遵憲於就任駐美國三藩市總領事後，又於 1890 年（光緒十六年，明治二十三年）出任駐英使館參贊。次年初，井上子德自東京來，給黃遵憲帶來了宮島誠一郎的信。1 月 11 日（十二月二十日）黃遵憲復函宮島誠一郎。信中，黃遵憲告訴老朋友說，《日本國志》早已編輯完成，自覺"翔實有體"，超出《海國圖志》、《瀛寰志略》等書之上，遺憾的是，不能和老朋友們共同討論，聽取意見了。信中，黃遵憲同時抒寫了他對日本和日本友人的深刻思念，函稱：

> 僕居麴町者四載，夢魂來往，時復戀戀。雖其後遊美利駕，客英吉利、法蘭西，此皆四部洲中所推為表海雄風，泱泱大國者，然以論朋友遊宴之樂，山川風物之美，蓋不逮日本遠甚，僕竟認并州作故鄉矣。春秋佳日，舉頭東望，墨江之櫻，木下川之松，龜井戶之藤，小西湖之柳，蒲田之梅，瀧川之楓，一若裙屐雜遝，隨諸君子觴詠於其間，風流可味。

此前，日本已開設國會，舉行大選，選舉眾議院議員，建立了包括內閣、憲法、國會在內的完整的君主立憲制度。黃遵憲對此表示讚美，信中說：

> 維新以來，廟堂諸公，洞究時變，步武西法，二十年來遂臻美善，僕於《日本國志》中極稱道之。至於今年遂開國會，一洗從前東方諸國封建政體。僕於三萬餘里海外聞之，丞舉觴遙賀，況其國人乎，喜可知也。

宮島誠一郎是日本憲政運動的早期宣導者之一。還在 1872 年（同治十一年，明治五年）任職左院期間，宮島誠一郎就曾寫作《立國憲議》，主張建立立憲制度。現在，老朋友的理想實現了，兄弟之邦在民主化的進程上跨進了一大步，黃遵憲是多麼高興啊！

　　橫濱分別後，黃遵憲始終懷念宮島誠一郎。1892 年，黃遵憲在新加坡任總領事時，寫過一組《續懷人詩》，其一云："一龕燈火最相親，日日車聲碾麴塵。"這個住在麴町，經常來訪的"最相親"的朋友，就是宮島誠一郎。同樣，宮島誠一郎也始終懷念黃遵憲。他精心整理筆談遺稿，即使是片紙隻字，也都珍藏著。宮島誠一郎逝世後，他的遺志為宮島大八等所繼承。一直到今天，宮島吉亮先生還在主持善鄰書院，為傳播中國文化，發展日中友好而奮鬥！

附記：作者在收集資料過程中，承日本慶應大學山田辰雄教授、日本大學小島淑男教授等幫助，並承宮島吉亮先生惠允閱覽家藏珍貴資料，謹此致謝。

黃遵憲與蘇州開埠交涉 *

多年前，承黃遵憲的曾孫敬昌先生賜寄黃遵憲與日本談判時親擬的《蘇州通商場章程》影本一份，上有黃遵憲親筆修改文字。從該件追溯談判經過，可以反映出《馬關條約》簽訂後，黃遵憲為維護國家主權所作的艱難努力。茲為紀念黃遵憲逝世 100 週年，特為檢出，略加考訂，並闡述前後因果，來龍去脈。

一、章程文本

敬昌先生所贈文獻全名《酌擬蘇州通商場與日本國會訂章程》，共五條：

　　一、中國允將蘇州盤門外圖中標明之地作為新開通商場。此通商場西界商務公司連界馬路，北界運糧河河沿馬路，東界水漯涇河沿馬路，南界陸家橋小河，所畫紅色線以內作為日本人住居之界。

　　二、此住居界內，任許日本人僑寓貿易，所有日本商民開設行棧，建造住宅，某商某人需地多少，自向業主隨時租賃，中國官場許為襄助。

　　三、此居住界內，除東西北以官路為界外，圖中標明縱橫交錯中，有井溝各項之官路，係本國官道，留作該地方公用，不得租賃，以後遇有道路、橋渠一切地方公用之物，應行添□移改之處，日本人亦應讓出。

　　四、此居住界內應納中國地租，另有定章；應納地方稅及巡捕費等項，隨時由工務局、巡捕局設立章程，所有租稅事務及管理事宜，除查照中國舊章酌定外，應兼用日本國橫濱、神戶、長崎各通商口岸現行章程商辦。

---

* 本文錄自楊天石《晚清史事》，中國人民大學出版社 2007 年版。2005 年 3 月，為紀念黃遵憲逝世 100 週年而作，同年 12 月校訂於於台北，原載《學術研究》2006 年第 1 期，2007 年 3 月據在日本外務省檔案中發現的新資料，略加增補修訂。

五、此居住界內日本人，照約應歸日本人管理，如有無約之國及內地華人居住其中，自應由中國官管轄。

以上第四條末句中的"現行"二字，為黃遵憲親筆，第五條全款為黃遵憲親筆。右側有黃遵憲批注："此五條廿八日交，作為第一〈案〉"等字。原件已漫漶，個別字無法辨認。

據黃敬昌先生函告，此件原藏其姊夫張佳恩處，後歸黃敬昌先生保存。

光緒二十一年（1895 年）三月二十三日，日本強迫清政府訂立《馬關條約》，除割讓台灣、澎湖，賠款軍費 2 萬萬兩以外，其第六條規定開放沙市、重慶、蘇州、杭州為商埠。當時，黃遵憲被兩江總督劉坤一委派，專辦蘇州商埠談判事宜。上述文獻應是當時遺物。

二、廣州、上海、寧波三種"租界"模式與張之洞、黃遵憲的選擇

鴉片戰爭後，中國被迫向列強開放，設立通商口岸，有廣州、上海與寧波三種模式。

廣州模式的特點是由中國方面在通商口岸劃出部分土地，交由洋人租用，華人不得雜居。在此區域內，列強有行政、司法、徵稅等權利，獨立於中國行政、法律系統之外，成為"國中之國"。上海模式除允許華人居住外，大致與廣州相同。以上兩種當時統稱為"租界"。第三種是寧波模式。其特點是，雖仍劃出部分土地由洋人租用，但各項權力均歸中國自主，稱為"通商場"。光緒二十一年五月，日本派林董任駐華公使，其任務之一為商訂中日通商行船條約，指導日本領事在沙市、蘇州等新開口岸建立租界，落實《馬關條約》第六條的有關規定。

根據《馬關條約》第六款，日本侵略勢力即將深入中國內地。為了儘量減少該款給中國"國家稅厙，華民生計"帶來的巨大衝擊，同年六月，光緒皇帝命江蘇、浙江、四川、湖北四省總督"預籌善策"。同月十六日，光緒皇帝諭令李鴻章、王文韶二人為議約全權大臣，研究"補救"辦法。在與日方談判時

"先持定見"，"力與磋磨"。上諭稱："凡此次所許利益，皆不使溢出泰西各國章程之外，庶可保我利權。諒該大臣等已將應議各條，熟思審處。李鴻章為原定新約之人，尤當懲前毖後，力圖補救。總期爭得一分，即有一分之益。"[1]

同年七月九日，張之洞向光緒皇帝提出十九條補救辦法，要求在新增的通商門岸採取"寧波模式"。內稱："寧波口岸並無租界名目，洋商所居地名江北岸，即名曰洋人居之地，其巡捕一切由浙海關道出資，僱募洋人充當。今日本新開蘇、杭、沙市三處口岸，係在內地，與海口不同，應照寧波章程，不設租界名目，但指定地段縱橫四至，名為通商場。其地方人民管轄之權，仍歸中國。其巡捕、緝匪、修路，一切俱由該地方出資募人辦理。中國官須力任諸事，必為妥辦，不准日本人自設巡捕，以免侵我轄地之權。"[2] 八月二十一日，總理各國事務衙門接受張之洞的意見，通知各有關地區督撫："日本將派送上海領事往蘇、杭、沙市等處選擇租界，宜預為籌劃，照寧波通商章程最妥。"[3] 九月五日，張之洞又致電總理各國事務衙門，說明廣州模式與寧波模式的差異。電稱："查租界洋文有二義，一曰寬塞甚（Concession），譯其文義曰讓與之地，乃全段由官租給，統歸外國管轄之租界，華人不得雜居。""一曰塞特門特（Settlement），譯其文義曰居住之地，乃口岸之內，限定地界，准洋人自向民間租買地基建房居住，橋樑道路仍歸中國管轄之租界。華洋可以雜居，官可自設公堂，拿犯斷案，此則只可名為通商場，如寧波口岸是也。"[4] 張之洞特別提出："二者大有區別，中國統名之曰租界，易於相混。內地必照寧波通商場辦法，方能相安。"他表示，在日本人到蘇州開議時，當命派出人員"與之磋磨"。此後，張之洞又調查日本向西方開放情況，說明日本在本國境內的"租界"，"凡土地乃係日本政府所轄，是以街市、道路並碼頭，皆應歸日本政府常行修理"。[5]

根據上述分析，可見黃遵憲所擬《酌擬蘇州通商場與日本國會訂章程》採取的是寧波模式，並且參考了日本橫濱、神戶、長崎等地的"租界"經驗。

1　《清季外交史料》，第116卷，第18—19頁。
2　《清季外交史料》，第117卷，第7頁。
3　《致成都鹿制台、武昌譚制台、蘇州趙撫台、杭州廖撫台》，《張文襄公全集》，第148卷，第8—9頁。
4　《致總署》，《張文襄公全集》，第148卷，第11—12頁。
5　《致總署、蘇州趙撫台、杭州廖撫台、武昌譚制台、成都鹿制台》，《張文襄公全集》，第150卷，第16頁。

光緒二十二年（1896 年）三月二十日，黃遵憲致朱之榛（竹寶）函云：

> 國勢如此，空言何補！弟輩惟自盡人力，以冀少救時艱，毀譽得失，
> 不必論也。去年奉旨垂詢補救新約，弟有上香帥條陳十條，雖不免策士蹈
> 空之習，然比之今之論時務者，猶覺卑近而易行。[1]

"去年"，指光緒二十一年；"奉旨垂詢補救新約"，指上述光緒皇帝徵求補救《馬
關條約》第六款的有關上諭。當時，劉坤一因在甲午戰爭中調往前線，指揮軍
隊與日軍作戰，尚未回本任，兩江總督一職由湖廣總督張之洞署理。黃遵憲由
於主持江寧洋務局，成為張之洞的下屬。據黃遵憲此函，可知光緒皇帝有關上
諭發佈後，黃遵憲曾向張之洞提出十條補救意見。

又，光緒二十一年十月十一日黃遵憲致梁鼎芬函云：

> 內地通商一事，昨上廣雅尚書一函，詳陳其利害，此事惟廣雅能主持
> 之，將來或在金陵會議。憲歸自海外，碌碌無所短長，或藉此一端，少報
> 知遇也。[2]

據此函可知，黃遵憲極為關心"內地通商"事務，除"十條"之外，還有一通
致張之洞的長函。由於黃遵憲的"十條"尚未發現，其提出的確切時間也無法
考定，因此難以釐清黃遵憲的"十條"和張之洞的"十九條"之間的先後關係。
但從情理上推論，其過程應該是：光緒皇帝發出"補救"上諭後，張之洞向下
屬及幕僚徵詢意見，黃遵憲向張之洞提出"十條"，張之洞加以綜合，向光緒皇
帝提出"十九條"。正因為黃遵憲的"十條"深合張之洞之意，又積極關心此
事，張後來才命黃遵憲主持蘇州開埠交涉。

《馬關條約》簽字後，黃遵憲有過一段非常沉痛、鬱悶的時期。光緒二十一
年五月，黃致王秉恩（雪澄）函云："時局日棘，有蹙國萬里之勢，無填海一木

1　《黃遵憲手札》，上海圖書館藏。
2　《黃遵憲手札》，首都博物館藏。

之人。竟如一部十七史，不知從何說起，亦只好緘口已矣。"[1] 黃遵憲向張之洞提出 "十條"，說明他並未 "緘口"，而是盡心盡智，力謀為國家效力。

三、黃遵憲主持談判與六條新章的制訂

中日蘇州開埠交涉開始於光緒二十一年九月。日方代表為駐上海總領事珍田舍己，中方代表為蘇松督糧道陸元鼎及羅嘉傑、楊樞、朱之榛、劉慶汾等人。

最初，日方要求將蘇州閶門或胥門等繁華地區闢為租界，中方則堅持須在離城較遠地區。幾經交涉，不能定議。十月二十九日，中方照會日本駐華公使林董，建議將租界設於盤門外，相王廟對岸，自華商公司以東地帶，但必須保留沿河十丈土地，作為 "中國國家建設電杆、路燈、馬路及船隻縴路、小民負販往來之用"。[2] 十一月初二日，林董復照總理各國事務衙門，表示新改地段，如於商務極為便利，未必不可遷就，但沿河十丈土地必須劃入租界，歸日本管理。照會稱，"沿河地方之於租界，猶室之有堂，堂之有門，船隻往來焉，百貨起落焉。" 如中國扣除此項土地，將使日本商民 "坐失舟楫之便"，[3] "不啻咫尺階前不得自由"。[4] 直到十二月初十日，林董才復照中方，表示該問題 "暫且作為懸案"。[5]

租界的地段及沿河十丈土地的管理權解決了，更大的問題是，是否允許日本在蘇州設立專管租界。日方堅持："在新開港頭開設日本租界一節，《馬關條約》第六款載有明文，是素屬帝國政府之當討求之權，而貴政府毫無可有異議之權。"[6] 這一問題事關租界的性質和國家主權，張之洞將解決這一難題的希望寄託在黃遵憲身上。

談判伊始，張之洞就要求黃遵憲到蘇州主持，不過，當時黃遵憲正因 "教

---

1 《黃遵憲手札》，上海圖書館藏。
2 《十一月初八日給日本公使林董照會》，見《江蘇蘇州日本租界案》，《總理各國事務衙門清檔》，台北 "中研院" 近史所藏，以下簡稱《總理各國事務衙門清檔》。
3 《日本郭公使林董照會》，《總理各國事務衙門清檔》。
4 《十一月十五日日本國公使林董照會》，《總理各國事務衙門清檔》。
5 《十二月初十日日本國公使林董照會》，《總理各國事務衙門清檔》。
6 《照抄告知外部節略》，《總理各國事務衙門清檔》。

案問題"與法國駐上海領事談判,無法分身。光緒二十一年(1895年)九月
十九日,黃遵憲致電張之洞云:

> 鈞論敬悉,應即往蘇。惟教案業經開議,立告法領事,渠謂兩國政府
> 委辦之事,未便開議即停。電詢蘇局,復稱:倭領日內回滬。職道竊思邀
> 索不允,停議亦事理之常,但求總署堅持,將來可再將寶帶橋再續議,此
> 事彼因而我應,似可坐以待之。如何辦法,候示遵行。[1]

從電中可見,珍田以"回滬"相脅,談判已陷入僵局,但黃遵憲不以為意,主
張暫時停議,"坐以待之"。同月二十一日,黃遵憲再電張之洞,建議聽任日本
領事離開,"稍挫其氣"。電云:

> 蘇局函電言倭領即回滬,似不必挽留,聽令回滬,稍挫其氣,再告
> 以黃道在滬,可以續議。如邀俯允,職即約楊道來,當稟承鈞命,力任艱
> 難。[2]

可見,黃遵憲身上完全沒有當時官場中已經出現的媚外、懼外風氣。

黃遵憲接受任務後,即深入研究鴉片戰爭以來的通商條約、各類租界和日
本的外國人"居留地章程"。光緒二十一年(1895年)十一月,黃遵憲和日本
翻譯官楢原長談,對當時中國出現的幾種租界模式分別作出評論。黃遵憲批評
上海租界使外國人享有過分的治外法權,廣州租界使外國人享有界內的統治之
權。他表示傾向於寧波模式:建立"各國共同通商場",華洋雜處,自由營業,
清政府負責建造道路、橋樑,掌握警察權,管理街衢道路。黃遵憲要求楢原將
上述意見轉告珍田。[3]

---

1 《黃道來電》,光緒二十一年九月十九日,《張之洞存各處來電》,未刊稿,中國社會科學院近代史研究
　所藏。
2 《黃道來電》,光緒二十一年九月二十一日,《張之洞存各處來電》,未刊稿,中國社會科學院近代史研究
　所藏。
3 《黃遵憲氏ノ談話》,日本外務省檔案,3-12-2-32-2。

張之洞十分重視關於蘇州開埠的談判。光緒二十二年（1896年）正月十二日，張之洞致總署電云：“江、浙、鄂、蜀新開各口，若逐處派員辯論，必延時日。不如請其派日領事在滬，予以議定章程之權，由南洋派黃道遵憲與議，或在蘇議，或在滬議。”[1] 張之洞設想，十天即可定議，然後江、浙、鄂、蜀各口，一律照辦。這樣，黃遵憲的談判成果就不僅關係蘇州一地，而是關係到四個省區了。張之洞將這一任務交給黃遵憲，可見其託付之重。十四日，總理各國事務衙門指示江蘇巡撫趙舒翹，談判中要盡力爭取較寧波模式更為有利的條件。電稱：“租界權歸我管，寧波章程尚不足，應以內地通商非沿海、沿江之比，中國應善保自主之權，握定‘內地’二字設措。”[2] 趙舒翹當即電催黃遵憲先期到蘇州商量。同月十七日，劉坤一回兩江總督本任，按照張之洞的成議，委派黃遵憲主持對日談判。

　　黃遵憲的談判對手是到任不久的駐蘇州一等領事荒川巳次。二月二十六日下午，談判在日本駐蘇州領事館的鄰地滄浪亭開始，至二月二十九日暫告段落。二十八日，黃遵憲提出上引《酌擬蘇州通商場與日本國會訂章程》作為“第一案”。談判中的最大困難仍然是日方以《馬關條約》為據，堅決要求在蘇州設立“專管租界”，特別要求取得租界內的警察權和道路管理權，而黃遵憲則“終始抗辯”，聲稱《馬關條約》並無相關規定。[3] 談判進行得艱難。其原因，一是中國是戰敗國，《馬關條約》已簽，黃遵憲無法改變總體上的外交劣勢；一是談判對手是戰勝國，蠻悍狡猾。關於這一方面的情況，江蘇巡撫趙舒翹曾向總理各國事務衙門訴苦說：“日人狡譎多變，早知其絕不能順理成章，從速定議。然蘇省首當其衝，使持議過於高堅，則必至決裂，貽朝廷憂；若塞責求其速了，則必致失體，招彼族侮，不得不與之濃淡相參，剛柔互用，始磋磨延至今日。”[4] 弱國無外交。中方過於強硬，談判必然破裂；過於軟弱，又將損傷國體。黃遵憲在談判桌前的困窘處境是可想而知的。

1　《致總署》（光緒二十二年正月十二日），《張文襄公全集》，第150卷，第32頁。
2　《趙撫台來電》，《張文襄公電稿甲編》，第51冊，未刊稿，中國社會科學院近代史研究所藏。
3　荒川巳次：《蘇州日本人居留用地指定濟並ニ取極書案裁可ス成度件具申》，機密第一號，日本外務省檔案，3-12-2-32-2；參見黃遵楷：《先兄公度先生事實述略》，《人境廬集外詩輯》，中華書局1960年版，第128頁。
4　《致總署》，《慎齋文集》。

談判至三月初一日，黃遵憲照會荒川巳次，提出六條新章程：

　　一、清國允將蘇州盤門外，西界商務公司地，東界水漿涇，北界運河沿官路，南界綿長涇，圖中所畫紅色線以內，暫時擬作日本人可以居住之界。

　　二、此住界內，日本某商某人需地多少，可以隨時向業主租賃，官為襄助。

　　三、此住居界內，圖中標明中有井溝各項之道路，係公用之物，不得歸一家租賃，亦無須居民輸納國稅。

　　四、此界內、道路、橋樑、溝渠、馬頭各項建築之費，現由中國國家自辦，將來商務日盛，歲修各費，再隨時商立章程，向各居住戶捐收。

　　五、此界內如有華人雜居其中，仍歸中國官管轄。如日本商人日見繁盛，將來若經兩國政府商定允許，由某處至某處，劃作日本人專管之界，並將該管道路編入界內，此日本專管界內，即不許華人雜居其中。

　　六、此係暫時擬作可以居住之界，十年之內任聽日本人隨時租賃。如過十年後，即可任憑業主隨便租給各華人及別國人居住。[1]

　　從表面看，它對日方要求似乎有所讓步，但處處暗藏機關。黃遵憲提出的這"六條"，據黃遵楷稱，該章程的特點是：

　　日商需地幾何，許其隨時分賃，則專管之界，暗為取消；道路各項，許其不納地租，而實則為公共之物；租期十年以內留給日人，實則還我業主之權；雜居華人，歸我自管，則巡捕之權在我。道路公地，歸我自築，則工務局之權在我。凡所以暗破專界，撇開向章，補救《新約》（即《馬關條約》——筆者注）之所窮，挽回自主之權利者，無孔不鑽，無微不至。[2]

1　黃遵憲：《致荒川巳次照會》，《支那各地帝國專管居留地設定一件》，日本外務省檔案，3-12-2-32-2。
2　黃遵楷：《先兄公度先生事實述略》，《人境廬集外詩輯》，第128頁。

由於日方始終堅持設立"專界"，由日本"專管"，黃遵憲不得不虛與委蛇，在第五條提出：將來如日本商人日見繁盛，經兩國政府商定，可以劃出"專管之界，並將該管道路編入界內"。黃遵憲意在將當時僵持不下的問題，推到"將來"再議。對此，黃遵楷分析說："其緊要關鍵，不過將事實變作虛辭，由現在推之他日；亦出負債者約退後期，別立新單，謂他日家業興隆再行設法償還云爾。"這是無可奈何之事。外交是國與國之間的智慧、策略和手段的鬥爭。黃遵憲身處弱國，因此特別講究外交策略，提出和對手談判時有所謂"挪展之法"、"漸摩之法"、"抵制之法"等等。他說："言語有時而互駁，而詞氣終不憤激；詞色有時而受拒，而請謁終不憚煩；議論有時而改易，而主意終不遊移。"黃遵憲與日本議訂蘇州開埠條款的過程，是他施展外交鬥爭策略和手段的具體表現。

四、張之洞的尖銳批評與黃遵憲退出談判

六條章程初稿擬訂後，黃遵憲即與日本領事荒川交換照會，同時向各方請示，徵求意見。

黃遵憲對六條新章程很滿意，自認為"此事必能辦到，可為四省造福"。[1]北京的總理各國事務衙門對黃遵憲所擬章程給了極高評價，評為"用意微妙，深合機宜"。直隸總督、北洋大臣、議約全權大臣王文韶評為"保我固有之權，不蹈各處租界之流弊"。"委曲從權，仍操縱在我。"[2]但是，此時已經回到湖廣總督本任的張之洞卻很不滿意。

光緒二十二年（1896年）三月初六日，張之洞分別致電總理各國事務衙門和江蘇巡撫趙舒翹，肯定黃遵憲所擬章程"具見苦心力辯，先為其難"，但是，張之洞激烈批評其中的"道路公地，歸為自築"一條，認為此前上海租界的馬路、捕房建築費用，均採取"收捐"辦法，無須中方出資，較黃遵憲的方案為優。對第五條，張之洞認為與中國方面歷來的主張相背。他說："歷次所爭，原

---

1 黃遵憲：《致王雪澄手札》，上海圖書館藏。
2 轉引自黃遵憲：《致梁鼎芬手札》（光緒二十二年四月二十二日），首都博物館藏。

欲除專管之弊，今許日後可以商令專管，各國亦必援例，是與原意大殊。""且馬路、溝渠已費大功鉅款，盡付他人，似乎無此情理。"[1] 對於章程中的第一、第三、第六各條，張之洞也有批評意見。同日，張之洞又親自致電黃遵憲，在說了一句"想見為難情形"之後，即批評他："未稟請督撫詳酌，遽換照會，未免急率。"[2] 他從電文中得知，總理各國事務衙門已經批准黃遵憲所擬章程，在致趙舒翹和浙江巡撫廖壽豐的電文中特別表示，"總署雖許可，或一時未及深思，大利害所關，似仍應力爭也"[3]。為了挽救黃遵憲所擬章程的消極影響，張之洞建議趙舒翹，命曾經參加早期會談的道台朱之榛繼續參與，又命蘇州劉慶汾在談判中"按切時勢，設法補救"[4]。四月初九日，張之洞致電趙舒翹，肯定劉慶汾在談判中的作用，電稱："劉守慶汾所議地價八條，均有裨益。所惜者黃道六條中'專管'一層，不知能否更正耳？"[5]

對於張之洞的批評，黃遵憲很委屈。光緒二十二年三月十一日致參加談判的同僚朱之榛函云：

> 香帥來電，昨奉中丞抄示，於"允許將來"一節，極力翻騰，不知此係就現在推到將來，乃疑為弟所擅許。

對此，黃遵憲解釋道："弟此議即係請示之稿，所以先換照會者，不能據口說為憑以請示。弟並非議約大臣，不得以往時約已簽押設法補救比論，此亦不達外交之語也。"信中，黃遵憲尖銳地批評張之洞的辦事風格"能發而不能收，計利而不計敗"，"當其發慮，若事在必成，未幾而化為烏有"。他強硬地提出，如張之洞"確有定見，應請其徑電總署，以備參核"。他說："此議准駁之權在各大憲，一經駁斥，弟敢決彼國之必能允行。"[6]

劉坤一理解黃遵憲的用意，於三月十四日致函，既表示同情，又要他在進

1　《致總署》，《張文襄公全集》，第 151 卷，第 8—9 頁。

2　《致蘇州黃道台公度》，《張文襄公全集》，第 151 卷，第 9 頁。

3　《張文襄公電稿乙編》，第 49 冊，未刊稿，中國社會科學院近代史研究所藏。

4　《致蘇州劉守慶汾》，《張文襄公全集》，第 150 卷，第 6 頁。

5　《張文襄公電稿乙編》，第 49 冊，未刊稿，中國社會科學院近代史研究所藏。

6　《致竹實先生函》，黃遵憲手札，上海圖書館藏。

一步討論"地價、地租"時，"設法彌縫"。函稱：

> 大凡言易行難，動輒從旁指摘，安知當局磋磨！執事會議蘇省埠務，何嘗不知第五條將來准作專界，編入橋道，不無語病，顧無此鬆動之筆，恐其不能就範，幸是後文兼系活著，未始不可挽回補救。續接台示云："但期不至辦到專界，便無大礙。"亦可見左右之用意矣。今香帥既不謂然，眾論並多附和，仍仗鼎力，於續議地價地租時，設法彌縫，更為妥善。高明酌之。[1]

黃遵憲所擬六條章程未能滿足日本設立"專界"的要求，提交荒川後，荒川表示，已超出本國訓令之外，不能接受。黃遵憲則告以如日方堅持自立專界，則中國政府將嚴禁華人雜居，同時重索界內租價。荒川表示，將向政府報告，等候訓令。

此後的一段時期，黃遵憲是在焦急的等待中度過的。他既為自己能不辱使命自豪，又為張之洞等人的不埋解苦惱。光緒二十二年（1896年）四月二十二日，黃遵憲致梁鼎芬函云：

> 議約大臣指為萬做不到之事，方竊其不辱。而廣雅尚書，不考本末，橫生議論，殊為可惜。此事彼國尚未批准，允否實不可知，未敢遽將曲折宣告外人。[2]

此間，總理各國事務衙門已經批准了黃遵憲所擬章程，認為日本之後，西方國家必將跟進，"六條爭回之利，藉後議證成；六條未盡之事，藉後議補救"[3]。五月四日，黃遵憲再致朱之榛函云：

---

1 《致黃公度觀察》（光緒二十二年三月十四日），《劉坤一遺集》，第 5 冊，第 2173 頁。
2 《黃遵憲手札》，首都博物館藏。
3 《致竹實先生函》（光緒二十二年五月四日），黃遵憲手札，上海圖書館藏。

蘇州所議，總署復函已允照行，此刻惟有坐待……弟商辦蘇州開埠事宜，收回本國轄地之權，不蹈各處租界流弊，撫衷自問，至幸無負。然議成之後，條約具在，參觀互勘，不難知其得失，而局外口說沸騰，尚不悉其用意所在。

不過，黃遵憲表示，在得到日本答覆後，將自上海再到蘇州，最終完成談判。函稱："弟於倭議，必始終其事，如月內得有復音，必撥冗前來，再聆雅教乎！"[1] 過了幾天，黃遵憲又得到小道消息，有一位四川的吳姓官員認為"蘇州開埠，所議極善，請飭川督一律照行，已奉旨依議"。[2] 這樣，黃遵憲就更感到欣慰了。

五月二十二日，黃遵憲、劉慶汾等連續在滄浪亭與荒川會談。荒川面交日本外務省所擬《蘇州租界章程》八條，要求"將界內一切行政歸日本政府辦理"，同時要求將"租界"向北擴張至運河。荒川並稱：日方要求有《馬關條約》作為依據。二十四日，雙方繼續會談，黃遵憲等面交《備忘錄》一份，聲稱《馬關條約》"只許通商"，"遍查華文、日本文、英文，均無在蘇州讓給一地，准令日本管理之文"。《備忘錄》強硬表示："外務所擬，實難照行。"對於日方所提將日本人居留地擴張到運河邊的要求，黃遵憲等表示："亦難改議。"[3]

黃遵憲的六條章程頂住了日本在蘇州設立"專界"的要求，日本政府自然不會同意。同年六月，日本政府將荒川巳次撤調回國，明確拒絕黃遵憲的六條新章。七月三日，黃遵憲致陳寶箴函云：

惟蘇州開埠一事，經與領事訂定，繕換照會，而彼國政府盡行翻棄，橫肆要求，不審何日乃得就範也？前議六條，施政之權在華官，管業之權在華民。夔帥稱為保我固有之權，不蹈租界流弊。遵憲區區之愚，亦竊幸得保政權，而外間議者未悉其命意所在，反挑剔字句，橫加口語，誠使國

---

1 《致王雪澄函》（光緒二十二年五月七日）亦有同樣表示。該函稱："弟近辦教案，易於就緒。惟蘇州開埠，彼國尚無復音，得復後仍須往蘇一行耳。"上海圖書館藏。
2 《致竹實先生函》（光緒二十二年五月二十一日），黃遵憲手札，上海圖書館藏。
3 荒川巳次：《帝國居留地設置案清國委員卜商議不調／件具報》，《日本外務省檔案》，3-12-2-32-2。

家受其利而一身被謗，亦復何害。何意彼族狡譎，堅執約中照向開口岸一體辦結之言，雖欲依樣葫蘆，自劃一界，歸彼專管也。

函中充滿了不被理解的痛苦和對日本談判對手的憤鬱。七月二十五日，黃遵憲再次致函陳寶箴之子陳三立稱："奔走半年，舉嘔盡心血之六條善章，彼族概行翻棄，實可痛惜。"黃遵憲絞盡心力，希望以巧妙辦法爭回國家部分主權，一旦被拒，自然極為痛心。

當時，除張之洞外，浙江巡撫廖壽豐也不以黃遵憲的六條新章為然，認為"日人狡展，毋受其欺。許以將來，即遺後患"。[1]有人甚至散佈謠言，誣衊黃遵憲接受日本人的賄賂，為日本人求方便。[2]黃遵憲一度很灰心，說過很喪氣的話，五月二十一日致朱之榛函云："時事實不可為，觀於蘇議，亦灰心短氣，當擯棄萬事，從事於空文耳。"但是，這不過是他一時的憤激之詞，致陳寶箴函所稱"誠使國家受其利而一身被謗，亦復何害"，才是黃遵憲思想感情的真實反映。鴉片戰爭時期，林則徐堅決抵抗英國侵略者，但戰後卻被清廷加以"辦理殊未妥善"的罪名遣戍伊犁，登程時賦詩明志："苟利國家生死以，豈因禍福避趨之。"黃遵憲致陳寶箴函所言，和林詩精神完全一致。

黃遵憲的六條章程受到張之洞等人的嚴厲批評，但總理各國事務衙門仍然希望黃遵憲能堅持重任，繼續與日方談判，指示他"一手經理，力任其難"。不過，黃遵憲已覺事情難為，又正值王文韶要調黃遵憲去天津海關任職，黃遵憲遂萌去志。七月十四日致王雪澄函云：

> 弟所議蘇州開埠六條，彼族全行翻棄，意謂前議並非照向開口岸章程辦理，又非比各國優待，聲明劃一專界，歸彼管轄。凡議中所有微妙之意，婉約之辭（總署云爾），直抉其閫奧而破其藩籬，總署仍有一手經理之電，然弟則何能為力矣。……半年以來，又蘇又滬，奔走鮮暇，一事無成，苟使國家受其利，我受其咎，亦復何害，況議者第未悉其本末耳。參

1　《先兄公度先生事實述略》，《人境廬集外詩輯》，第 129 頁。
2　梁啟超：《嘉應黃先生墓誌銘》，見錢仲聯：《人境廬詩草箋注》。

觀互較，久亦論定，今則但託空言，此弟所為繞床而行撫肩長歎者也。

其間，黃遵憲曾去江寧拜見劉坤一，要求"銷差"，劉坤一在多方挽留之後，覺得不便阻礙黃遵憲的前程，要他去蘇州，會見趙舒翹。趙舒翹也表示挽留，但黃遵憲去志已決。這一過程，劉坤一在七月十九日致趙舒翹函中曾說：

> 黃公度因聞北洋相需甚殷，將以津海關為之位置，故丞欲修謁。弟以該道既抱奢願，默計此間無力相償，朋友相與有成，不敢苦為維縶。

函中，劉坤一稱，黃遵憲係"奏留"辦理埠務人員，現在事尚未完，難以用"銷差"名義同意其離職，要趙舒翹衡量，如可行，請巡撫衙門發給諮文。八月初三日，劉坤一再次致函趙舒翹，勸趙尊重黃遵憲的意見，"聽其自審"。[1] 劉坤一既一再發話，趙舒翹自然不能不准，但趙也因黃遵憲"經手未完"，"不好措詞"，不能發給黃遵憲諮文。最後，黃遵憲以"請假"代"銷差"，離開了蘇州。[2]

黃遵憲離蘇之前，留函朱之榛稱："教案一概辦結，商務事敗垂成，甚以為恨，兩省馳驅，半年奔走，而一事無成，慚無以對我知己。"[3] 可見，他是帶著深深的遺憾離開的。八月十六日，黃遵憲抵達天津，向王文韶報到。

五、清廷妥協，日本全勝

日本政府拒絕黃遵憲所擬六條章程之後，繼續向清政府施加壓力。九月初五日，林董到總理各國事務衙門，指責清廷沒有認真履行《馬關條約》。林董稱："馬關新約准新開蘇、杭、沙市、重慶四口租界，應照向章辦理，現中國自定行船章程，日本又不得專界專管及威海衛、山東駐兵之地，均與《馬關條約》

1　《復趙展如》（光緒二十二年八月初三日），《劉坤一遺集》，第 5 冊，第 2179—2180 頁。
2　黃遵憲《致梁鼎芬函》（光緒二十二年八月六日）云："前謁新寧，以蘇州商務，總署有仍飭黃道一手經理，力任其難之電，故一再縶維。既知其不可，囑往蘇，蘇亦同此意。然決計北行，遂變銷差而為請假。"首都博物館藏。
3　黃遵憲手札，上海圖書館藏。

不符，商催逾年，各省迄不遵守。”初九日，總理各國事務衙門致電王文韶，飭調黃遵憲進京商量，黃遵憲定於十二日進京。[1] 十一日，林董照會總理各國事務衙門，措辭更為嚴厲，要求清政府“以明日正子時為定”。[2] 在林董的壓力下，奕訢、奕劻等總理各國事務衙門大臣於九月十三日向光緒皇帝上奏稱：

> 現各該口通商已久，別國本有租界，原難獨拒日本，我雖全許，諒彼力亦尚不能同開。此次新約議定，日本武臣議士，以未得格外利益，頗多不滿林董之詞。林董來署，自言政府責其顢頇，撤調回國。刻當外部易人，意存反復，利害之間，不能不略權輕重，相應請旨，飭下南洋大臣、湖廣總督、四川總督、山東、江蘇、浙江各巡撫，遵照《馬關條約》，飭屬奉行，毋令啟釁。[3]

奏上，光緒皇帝批示：“依議，欽此。”不久，清政府與林董議定，“照上海章程辦理”。[4]

清政府既決定屈服，劉坤一等即不再堅持。十月二十九日，劉坤一、趙舒翹致電總理各國事務衙門稱：“蘇埠事自日領珍田會議以來，多方要脅，辦理較難。現正商辦專界。”[5] 光緒二十三年二月，清政府江蘇當局與珍田舍己議定《蘇州日本租界》十四條，決定在蘇州盤門外、相王廟對岸一帶豎立“界石”，作為日本租界；界內橋樑道路以及巡捕之權，由日本領事官管理。[6] 這樣，黃遵憲所精心設計的六條章程遂付之東流，而日方則得到完全的勝利。

1　袁英光等整理：《王文韶日記》，中華書局 1989 年版，第 966—967 頁。
2　《總理各國事務衙門奏日本催行馬關新約請互立文憑並商訂製造稅抵換利益摺》（光緒二十二年九月十三日），《光緒朝中日交涉史料》，第 50 卷，第 4 頁。
3　《總理各國事務衙門奏日本催行馬關新約請互立文憑並商訂製造稅抵換利益摺》（光緒二十二年九月十三日），《光緒朝中日交涉史料》，第 50 卷，第 4 頁。
4　《三月二十二日南洋大臣劉坤一等文》，《總理各國事務衙門清檔》。
5　《兩江總督劉坤一來電》（光緒二十二年十月二十九日到），《光緒朝中日交涉史料》，第 50 卷，第 9 頁。
6　《總理各國事務衙門清檔》。

第二部分
戊戌變法前後

梁啟超為康有為弭禍 *
——近世名人未刊函電過眼錄

《梁啟超年譜長編》輯錄梁啟超與友人往來函札多通,一向為研究近代史者所珍視,但是,該書所輯梁札仍然多所遺漏,有廣事收羅增補的必要。我曾見過梁啟超致康有為函抄件一通,為《長編》所未收,諸種研究梁啟超的著作也均未提及。函云:

> 讀七月廿九書,具悉一是。大軍以八月十八日失利於平壤,全軍盡殲,豐伸泰、左寶貴死之,葉、聶諸人不知何往。二十日又在營口喪戰艦五隻,出我不意,彼水師曾不一毫用力也。平壤軍心之潰、器械之缺。餉道之斷,敵焰之雄,前於慧廣帶歸一信已略言之。今之覆沒,實意中事矣。
>
> 重白呈請自募湘軍,其摺甚可觀,然上必不能用也。重伯亦非真辦事才,只成一篇好文字而已。想數日間倭人陸兵必達東三省,陪京之亡,在

* 原載《光明日報》(史學版),2003 年 7 月 8 日。

於瞬息,水師亦且搗大沽矣。此間人民咸有愁慘之色。嗟乎!城闕煙塵,鄉關風鶴,百感交會,一事無成,奈何奈何!

慧儒極稱孫,某固亦疑之,曼宣亦謂其人不足言也。此皆由未嘗見人,動為所懾,其在此間亦然,凡時流與之相見者,皆退而輕薄之。蓋慧儒有時太自尊大,然所見實皆未瑩,故每發論,動遭揶揄,此其所蔽。弟子輩欲規之,然彼甚自張而好上人,故無從進言,望長者之有以裁之也。

來論又言,兵事雖殷,講和亦速,十年內盡可從容。某則慮其不然。日本之來,與他國異。彼亦當岌岌之勢,出死力以爭此土。度其勢更非英、法圓明園可比。且狡焉思啟,何國蔑有?英、法忌俄實甚,若聯為掎角,鼎足而立之,即謂事在旦夕可也。即外患稍緩,會匪能勿動乎!自此以往,無寧歲必矣!

某以為行道亦不在治亂。與亂世之人言,其一切富貴利欲之心早已打斷,則下手潔淨田地功夫可以不勞而成,人人打入自己安身立命處一想,茫茫四海,捨此罔歸,則從之者亦眾矣。弟子每日作如是思惟,某與長者,不知尚能相見否?但求堅定此心,令雖歷千劫,皆能自立,此區區之意耳!

禮吉病復加重,益增遠念。病情若何,望告。局事如此,某人言也,當以告之。來言者,事雖無大小之異,然猶恐因小失大,亦復無謂。即如辦同人之事,而戕通父之生,其得失輕重當可見,又況更有甚於此者乎!雖樂天知命,正不必爾也。

某以為天地所恃以立者,固在於仁之一字,然愛質太多,不加割捨,則於事必多窒礙。某自驗,頗以此為累,亟欲破除之,苦不能也。墨氏之道美矣,而不可行,欲行事者,非老學無由也。長者其許之乎?

前參案已屢發粵電,近更有事否?同學咸言進呈,某已言其不可,有公函復諸君矣。即駁奏,覓人亦不易易,非肝膽交及深明此道者,安肯為力!且政府向無交情,曲折更數人乃始達之,未有能盡心者也。頃欲俟楊副憲出關商之,惟太遲耳!原奏語甚辣,若有人從而媒蘗,亦可招大禍,故某以為事若逼迫,則板勿愛惜也。一片江山,已近黃昏時候,縱為無道，亦只若贏秦之於六藝耳，何足芥蒂，但在粵稍窒耳！其實已經此事，此後若有來遊者，必皆命世之才也，所缺者亦不過風流沾被之人，多寡不關輕重，聽之而已。

某決意欲移家就陝。某不白行，仍在此與孺博作伴。第究能如願與否，尚未可知。此間事，林、麥二事〔君〕想述甚悉。不一一，敬請夫子大人道安！

弟子

名心叩

八月廿四日

季直來云：常熟已允周旋一切，惟日來軍務倥傯，常熟又病劇，已請假十日矣，恐未必能十分盡力也（季直亦往三次，始見之）。頃慶典已停。聞廿四日召見高陽，君臣對泣竟日，頃高陽亦無日不哭泣云。初翁、李二人主戰，今見一敗塗地，翁乃自翻前議，而蔽罪於李，兩人優劣可見矣。召見恭邸廿次，惟老太太不欲見此人云。然事至今日，雖有善者，亦無如何矣！倭奴有書佈告，地球中有華夏文物之邦，為北方獷悍遊牧種族所佔據，荼毒生民等語，實屬橫謬可恨。

先生有書來，可以善言謝佛山。

本文由於是抄件，無可校核，個別文字可能不準確，故在〔 〕號之內注明正字。

本函未繫年，僅署八月廿四日。據函中所言“大軍以八月十八日失利於平壤”等語，知此函為 1894 年（光緒二十年）9 月 23 日之作，時當中日甲午戰爭，平壤潰敗，黃海大東溝海戰失利之後。又附言稱，“頃慶典已停”。按，當年為慈禧太后六十壽辰，9 月 25 日（八月二十六日），慈禧以“倭人肇釁”，決定不在頤和園受賀。據此，知此函寫好後，並未立即寄發，幾天後又添加了一段附言。

當年，康有為與梁啟超共同入京會試。6 月 9 日（五月六日），康有為因下車時傷足南歸，梁啟超留京。8 月 3 日（七月三日），給事中余聯沅（晉珊）上書彈劾康有為所著《新學偽經考》，"荒謬絕倫"，"非聖無法，惑世誣民"，"誠聖人之蟊賊，古今之巨蠹"。余聯沅不僅要求焚毀該書，禁止粵士從學，而且聲稱"如此人者，豈可容於聖明之世"，暗示清廷應該像孔子誅少正卯一樣對康採取斷然措施。書上，清廷命兩廣總督李瀚章查復："如康祖詒所刊《新學偽經考》一書，實係離經叛道，即行銷毀。"這樣，康有為的維新活動一開始就可能受到毀滅性的打擊。上引梁函云："原奏語甚辣，若有人從而媒孽，亦可招大禍。"所述"原奏"，即指余聯沅所上彈劾《新學偽經考》的奏章；"可招大禍"云云，足見梁啟超對此事的嚴重性作了充分的估計。

《新學偽經考》是康有為的重要著作，刊行於 1891 年（光緒十七年）。該書認為：東漢以來的古文經學，多為劉歆偽造，目的是為了協助王莽篡奪漢朝，建立新朝，因此，歷來為古文家所尊崇的傳世儒學經典並非孔學"真傳"，而是"偽經"。此說一出，傳統儒學中的古文經書的神聖地位立即受到挑戰，但是，此說並無充分根據，主觀臆測成分較多，因此，不能為人所信服。6 月 5 日，翁同龢日記云："看康長素《新學偽經考》，以為劉歆古文無一不偽，竄亂六經，而鄭康成以下皆為所惑云云，真說經家一野狐也。驚詫不已。"翁同龢尚且如此，其他儒學維護者就更加不能容忍了。余聯沅的上書，正反映了這一部分人的情緒和態度。

據梁函可知，余聯沅上書彈劾後，在廣東的康門弟子中有不少人主張將《新學偽經考》直接"進呈"清廷，請光緒皇帝裁決，但梁啟超不同意，"某已言其不可，有公函覆諸君矣。"又有一種意見，主張找人上奏，駁斥余聯沅，梁啟超也不同意，函稱："即駁奏，覓人亦不易易，非肝膽交及深明此道者，安肯為力！且政府向無交情，曲折更數人乃始達之，未有能盡心者也。"梁啟超權衡再三，決定拜會權貴，疏通關節，致電廣東方面，以圖緩和此事。

當時，為梁啟超出面奔走的是張謇（季直）。上函附言稱，張謇曾經三次拜訪翁同龢。翁同意出面"周旋"。又據梁啟超致夏曾佑函："前僕已面託通州君，若相見時可再託之。但得常熟允致電（待此間自行電去），其電語或由本人自定，或僕處代擬亦可耳。"（《梁啟超年譜長編》）可知，張謇之所以出面，乃是梁啟超一再"面託"的結果。

兩廣總督李瀚章雖奉旨查復，但當時管理廣東文教的是學政徐琪（花農）。除張蕙外，梁啟超又動員沈曾植（子培）、盛昱（伯熙）、黃紹箕（仲弢）、文廷式（芸閣）等人致電徐琪疏通。同時，梁啟超又運動曾廣鈞（重伯）致電李鴻章說情。經過如此一番活動之後，李瀚章決定大事化小。同年 12 月 17 日（十一月二十一日），李瀚章復奏，對康有為小加批評：“揆諸立言之體，未免乖違，原其好學之心，尚非叛離。”又稱：“該舉人意在尊崇孔子，似不能責以非聖無法，擬請無庸置議。”這樣，就將康有為保護下來。但是，李瀚章又不能完全不加處理，其辦法是讓地方官諭令康有為“自行銷毀，以免物議”。對於這一處理辦法，光緒皇帝表示滿意，當日即朱筆御批：“知道了。”

其實，“自行銷毀”本是梁的主張，上引梁函云：“故某以為事若逼迫，則板勿愛惜也。”梁啟超估計到，此事會給維新派在廣東的活動帶來一定困難，但有志之士必將繼起，一時附庸風雅的人可能少一點，但此類人無關輕重，不必掛心。函稱：“一片江山，已近黃昏時候，縱為無道，亦只若嬴秦之於六藝耳，何足芥蒂，但在粵稍窒耳！其實已經此事，此後若有來遊者，必皆命世之才也，所缺者亦不過風流沾被之人，多寡不關輕重，聽之而已。”

本函涉及的人物較多。豐伸泰，疑為豐升阿之誤，滿洲正白旗人，1894 年率奉天盛字練軍入朝，守平壤，戰敗後退守鴨綠江大東溝，1909 年卒。左寶貴，高州鎮總兵，入朝將領，1894 年 9 月 15 日在平壤玄武門中炮犧牲。葉，指葉志超，直隸提督，入朝清軍總統（總指揮），平壤之戰中下令豎白旗停止抵抗，全軍撤退。聶，指聶士成，太原鎮總兵，入朝將領之一。慧廣，亦作慧庵，指康有為的弟子林奎，字慧儒，廣東新會人。1891 年入萬木草堂求學。據本函，林奎 1894 年曾隨康有為入京。重白、重伯，均指曾廣鈞，曾國藩長孫，時任翰林院編修。孫，疑指孫中山。曼宣，指麥仲華，康有為弟子。禮吉，指康有為的另一個弟子陳千秋，亦字通父，與康有為同鄉，為萬木草堂學長。孺博，指麥孟華，亦為康有為弟子。常熟，指翁同龢，時為戶部尚書。高陽，指李鴻藻，時為禮部尚書。李，指李鴻章。恭邸，指恭親王奕訢。老太太，指慈禧太后。楊副憲、佛山，未知何指。

本函寫於中日甲午戰爭的危急時期，所述前線戰況，得自傳聞，所以不很

準確，例如，將豐升阿訛為豐伸泰，並訛傳其戰死；將大東溝海戰訛為營口海
戰等。所述光緒帝與李鴻藻"對泣"、翁同龢與李鴻章、慈禧太后與恭親王奕訢
之間的矛盾等情，當亦得自傳聞，可備一說。但是，所述平壤潰敗及黃海海戰
失利以後北京震動的情況以及梁啟超既憂"外患"，又憂內亂，立志救世的心
態，則具有高度真實性。《梁啟超年譜長編》稱："關於先生在中日戰事起後的
奔走情形，《三十自述》以外很少材料。"本函發現，可以彌補這一遺憾。

附帶應該說明的是，函中所言"局事"、"同人"事，均指南海康、張兩族
爭奪同人團練局的糾紛。該局原為康有為的伯祖父康國熹所創，目的在抵禦太
平軍。其後，同人局為罷職官僚張嵩芬所踞，陳千秋（禮吉）起而對抗，集合
三十餘人攻張，迫其交出局戳。雙方武力對峙，幾乎發生械鬥。康有為支持陳
禮吉，張嵩芬則結託言官彈劾康有為。陳千秋有肺病，故梁函問其病情，擔心
他操勞局事過甚，將不久於世。果然，次年夏曆正月，陳即吐血而死。

翁同龢罷官問題考察 *

維新運動剛開始，光緒皇帝頒佈《明定國是詔》後的第四天，翁同龢即被罷官，開缺回籍。多年來，絕大部分學者都認為，這是西太后反對變法的重要安排，光緒皇帝出於被迫，但是，也有蕭公權、孔祥吉等幾位學者認為，是光緒皇帝主動罷了翁同龢的官。本人研究相關資料、反復思考之後，覺得前說無據，後說有理。由於這一問題牽涉到對戊戌維新史和西太后、光緒皇帝等歷史人物的認識，因作本文，進一步加以論證。

一、西太后最初同意變法，不會在維新伊始時就處心積慮地加以反對

維新運動中，西太后發動政變，下令捉拿康有為弟兄，殺害譚嗣同等六君子，軟禁光緒皇帝，盡罷新法。西太后的這些舉措，鑄就了一個鐵桿頑固派的形象，也將自己永遠釘在歷史恥辱柱上。人們想像，西太后一開始就反對變法，老謀深算，之所以從光緒皇帝身邊趕走翁同龢，目的在於削弱維新派的力量，警告光緒。人們的這種想像是合理的。然而，問題的關鍵是，西太后是否一開始就堅決反對變法？

翁同龢日記 1898 年 6 月 11 日（四月廿三日）條云：

> 是日上奉慈諭，以前日御史楊深秀、學士徐致靖言國是未定，良是，今宜專講西學，明白宣示等因，並御書某某官應准入學，聖意堅定。臣對西法不可不講，聖賢義理之學尤不可忘。退擬旨一道。[1]

* 本文錄自楊天石《晚清史事》，中國人民大學出版社 2007 年版；原載《近代史研究》2005 年第 3 期。
1 陳義杰整理：《翁同龢日記》，第 6 冊，中華書局 1998 年版，第 3132 頁。

"慈諭"，就是西太后的"諭旨"。當年 6 月 1 日，楊深秀上《請定國是，明賞罰，以正趨向而振國祚摺》，陳述"台灣既割，膠變旋生"的危急形勢，要求光緒皇帝"明降諭旨，著定國是，宣佈維新之意，痛斥守舊之弊"。[1] 6 月 8 日，徐致靖上《請明定國是摺》，要求光緒皇帝立即施行新政，"求可求成，風行雷動，其有舊習仍沿，阻撓觀望者，亦罪無赦"。[2] 根據光緒皇帝所言，西太后不僅讀過這兩份摺子，而且給了積極評價："良是。" 至於變法方向，西太后指示，"今宜專講西學"，以至於老成持重的翁同龢都覺得"過頭"，要說一句，"西法不可不講，聖賢義理之學尤不可忘"，在所擬詔書中特別強調，變法必須"以聖賢義理之學植其根本，又須博採西學之切於時務者"。[3]

《明定國是詔》是頒示天下的文件，光緒皇帝不會也不可能假傳"懿旨"，翁同龢的日記也不會誤記，因而，這一則資料的真實性應該無可懷疑。然而，活躍在其中的西太后形象實在和我們多年來的印象相差太遠了。

又《康有為自編年譜》記載云：

> 五月初五日，奉明旨廢八股矣。先是二十九日芝棟摺上，上即令樞臣擬旨。是日，京師譁然，傳廢八股，喜色動人，連數日寂然。聞上得芝棟摺，即令降旨，剛毅請下部議，上曰："若下禮部議，彼等必駁我矣。" 剛又曰："此事重大，行之數百年，不可遽廢，請上細思。" 上厲聲曰："汝欲阻撓我耶？" 剛乃不敢言。及將散，剛毅又曰："此事重大，願皇上請懿旨。" 上乃不作聲，既而曰："可請知。" 故待初二日詣頤和園請太后懿旨，而至初五日乃降旨也。[4]

6 月 16 日（四月二十九日），宋伯魯（芝棟）上《請改八股為策略摺》，痛斥八股文的空疏無用，要求光緒皇帝特別下詔，在科舉考試中"改試策論"。[5] 接著，

1　孔祥吉：《救亡圖存的藍圖——康有為變法奏議輯證》，台北聯合報系文化基金會 1998 年版，第 71 頁。

2　孔祥吉：《救亡圖存的藍圖——康有為變法奏議輯證》，台北聯合報系文化基金會 1998 年版，第 96 頁。

3　《翁同龢日記》，第 6 冊，第 3132 頁；中國史學會編：《戊戌變法》（二），上海人民出版社、上海書店出版社 2000 年版，第 37 頁。

4　《戊戌變法》（四），第 147—148 頁。

5　孔祥吉：《救亡圖存的藍圖——康有為變法奏議輯證》，第 113—114 頁。

光緒皇帝和頑固派大臣剛毅之間激烈辯論：皇帝要立即降旨，而剛毅則堅決反對，惹得皇帝動怒，但是剛毅仍不屈服，抬出"請懿旨"相抗。6月20日（五月初二日），光緒皇帝到頤和園請示。23日，頒佈詔書，自下科始，"一律改試策論"，維新派取得了一次重要勝利。

《康有為自編年譜》的上述記載本意是想說明光緒皇帝"上扼於西后，下扼於頑臣"的情況，但是，恰恰是這條材料，說明了在"廢八股，改策論"這一問題上，西太后支持的是光緒皇帝，而不是頑固派剛毅。[1]

關於西太后一開始並不反對變法的情況，近人筆記中多有記載。蘇繼祖《清廷戊戌朝變記》記載："正月，康初上之書，上呈於太后，太后亦為之動，命總署王大臣詳詢補救之方，變法條理，曾有懿旨焉。"[2] "康初上之書"，指1898年1月29日（正月初八日）康有為所上《請大誓臣工，開制度新政局摺》。在該摺中，康有為陳述埃及、土耳其、高麗、安南、波蘭、馬達加斯加等國被侵略、受欺侮，以至被宰割、瓜分的慘狀，警告光緒皇帝，"恐自爾之後，皇上與諸臣雖欲苟安旦夕而不可得矣"！[3] 列強侵略、欺侮清王朝，西太后與清王朝共命運，康有為的這段話打動西太后是完全可能的；甲午戰後，中國割地賠款，西太后從維護滿洲貴族和自身利益出發，在一定程度上同情或支持變法也是合理的。費行簡《慈禧傳信錄》稱：適德人假細故，擾我膠澳，舉朝無一策、帝復泣告后，謂不欲為亡國之主。后曰："苟可致富強者，兒自為之，吾不內制也。"[4]《清廷戊戌朝變記》還記載：西太后曾對光緒皇帝面稱："汝但留祖宗神主不燒，辮髮不剪，我便不管。"又曾對慶親王奕劻等表示："由他（指光緒皇帝——筆者注）去辦，俟辦不出模樣再說。"[5] 這些資料都說明，西太后最初曾經給予光緒以一定程度內的變法自由。

蘇繼祖自稱，他的書"採之都中上下口吻，證之京津先後見聞"，但是，戊戌政變屬於宮闈高層機密，人們所知甚少，蘇著所述大多來自"訪詢"，必然真

1　西太后支援部分改革的情況參見《翁同龢日記》第6冊，光緒二十三年正月廿三日條。當時翁"論及兵須精練，借款之難，節省之難"，西太后當即表示："綠營可盡裁，局員當盡撤。"見該書第3081頁。
2　《戊戌變法》（一），第331頁。
3　孔祥吉：《救亡圖存的藍圖——康有為變法奏議輯證》，第5頁。
4　《戊戌變法》（一），第464頁。
5　《戊戌變法》（一），第331、342頁。

偽雜糅。《慈禧傳信錄》的性質與之大體相同。二書所載上述各事，需要利用其他可靠資料驗證，才能使用。

　　西太后主張"講西學"由來已久。1862 年（同治元年），清政府在北京設立同文館，培養外語人才。1866 年（同治五年）12 月，奕訢上摺，要求在同文館內添設天文算學館，以官方姿態邁開了向西方學習的第一步。摺中，奕訢提出，以滿漢舉人等正途出身的五品以下、年齡在二十歲以上的京外各官入學學習，西太后批示："依議，欽此。"當時，同治帝僅十歲。這一批示顯然反映西太后的態度。不久，奕訢再次上摺，提出"識時務者，莫不以學西學、製洋器為自強之道"，要求將招生範圍擴展到翰林院編修、檢討、庶吉士等高級文官。[1] 該摺再次得到西太后批准。1867 年（同治六年）2 月，奕訢提議以徐繼畬為同文館事務大臣，當天就又得到批准。3 月，御史張盛藻、大學士倭仁先後上摺，反對設立天文算學館，認為"根本之圖，在人心而不在技藝"，從而形成中國近代史上一次著名的改革與反改革論爭。在這場論證中，西太后支持奕訢，"上諭"稱："同文館招考天文算學，既經左宗棠等歷次陳奏，該管王大臣悉心計議，意見相同，不可再涉遊移，即著就現在投考人員，認真考試，送館攻習。"[2] 其後，頑固派仍不肯甘休，通政使于凌等人繼續上摺反對，楊廷熙更利用旱災，要求兩宮皇太后收回成命，撤銷同文館。6 月 30 日，西太后命軍機處起草上諭，指斥楊奏"呶呶數千言，甚屬荒謬"，一場爭論得以平息。[3] 與此同時，一場以軍事現代化為主，包括興辦民用工業和新式文化教育在內的"洋務運動"興起，當時稱為"自強新政"。應該承認，這場運動為古老的中國引入西方的先進生產力和近代科學文化，於中國的發展、進步有益。

　　有意思的是，西太后不僅要求部分文官和知識分子學習西學，而且也要求光緒皇帝學。自 1891 年（光緒十七年）12 月 1 日起，光緒皇帝即奉西太后"懿旨"，每日上午在勤政殿學習英文，由同文館的兩位洋教習授讀。[4] 這項學習，一直堅持到 1894 年（光緒二十年）11 月，才由西太后下令，與"滿書房"同時停

1　中國史學會主編：《洋務運動》（二），第 24 頁。
2　《穆宗實錄》，第 199 卷，《清實錄》，第 49 冊，中華書局 1987 年版，第 560 頁。
3　《穆宗實錄》，第 204 卷，第 640 頁。
4　《翁同龢日記》，第 5 冊，第 2482 頁。

止。讓皇帝學英文，今天看來平常，但在當時，卻是曠古未有、驚世駭俗之事。

西太后既然支持同治年間的"自強新政"，她在甲午戰後，國家蒙受奇恥大辱之際，自然有可能同意一定程度上的"維新"。《慈禧傳信錄》記載，西太后曾對光緒皇帝說："變法乃素志，同治初即納曾國藩議，派子弟出洋留學，造船製械，凡以圖富強也。若師日人之更衣冠，易正朔，則是得罪祖宗，斷不可行。"[1] 既給光緒皇帝以一定變法自由，同時又給光緒皇帝劃定不可逾越的界限。這是符合西太后在變法伊始時的心態的。該書載，光緒皇帝曾向西太后表示，"徒練兵製械，不足以圖強，治國之道，宜重根本"，並向西太后推薦馮桂芬的《校邠廬抗議》，都得到西太后的肯定。[2] 這也是符合西太后的性格和思想發展邏輯的。辛丑條約之後，西太后下詔實行新政，甚至預備立憲，雖是形勢所逼，畢竟和她此前的思想性格相關。

維新派的重要人物張蔭桓在和日本駐華公使矢野文雄密談時曾稱："太后具有開新之見。"[3] 此說用以論衡"洋務運動"至維新初期的西太后，不為無見。歷史事實表明，西太后與倭仁、徐桐、剛毅等頑固派畢竟有別，因此，當光緒皇帝開始維新時，她能表示同意，並且提出"專講西學"的主張。在這一情況下，她自然沒有急於從皇帝身邊趕跑翁同龢的必要。至於她後來鎮壓維新派，那是由於維新活動超越了她許可的底線，觸犯了滿洲貴族集團的利益和她個人的權力，並不能證明她一開始就處心積慮地反對變法。

梁啟超《戊戌政變記》稱："自四月初十以後，皇上日與翁同龢謀改革之事，西太后日與榮祿謀廢立之事。四月廿三日皇上下詔誓行改革，廿五日下詔命康有為等於廿八日觀見，而廿七日西后忽將出一朱諭強令皇上宣佈……皇上見此詔，戰慄變色，無可如何！"[4] 《戊戌政變記》以西太后和袁世凱為主要攻擊目標，政治和個人感情色彩濃烈，科學性不足。此段說"西太后日與榮祿謀廢立之事"，梁啟超並非榮祿營壘中人，何所據而云然？又說"西后忽將出一朱

1　《戊戌變法》（一），第 464 頁。
2　《戊戌變法》（一），第 464 頁。
3　日本外務省檔案：《各國內政關係雜纂》，1-6-2-4，日本外交史料館藏。參見孔祥吉、村田雄二郎：《罕為人知的中日結盟及其他》，巴蜀書社 2004 年版，第 252—253 頁。
4　《戊戌變法》（一），第 260 頁。

諭"，光緒皇帝"戰慄變色"，梁啟超當時並不在光緒皇帝身邊，何從知道？清制，只有皇帝才可用"朱諭"，慈禧雖貴為太后，也絕不能"犯禁"。光緒皇帝罷免翁同龢的"朱諭"現存中國第一歷史檔案館，確為光緒親筆，足證梁啟超之誤。

蘇繼祖的《清廷戊戌朝變記》有一條記載與梁著近似，為史學家們廣為引用。該書稱："太后已許不禁皇上辦事，未便即行鉗制，故於未見康時，先去翁以警之。是日諭旨三道，皆奉太后交下勒令上宣佈者。皇上奉此諭後，驚魂萬里，涕淚千行，竟日不食。"[1] 這段文字寫得歷歷如繪，似乎無可懷疑，然而，問題是，蘇繼祖並非朝廷重要人物，宮闈秘事，他何緣得見？得知？

《清廷戊戌朝變記》還有一條記載，被視為西太后在變法伊始就有意破壞的鐵證。該書稱：6月8日（四月二十日）之後，翁同龢罷官之前，西太后曾召見奕劻、榮祿、剛毅等人，聲稱"皇上近日任性亂為，要緊處汝等當阻之"。奕劻等同答："皇上天性，無人敢攔"，剛毅則伏地痛哭，聲稱"奴才婉諫，屢遭斥責"。西太后又問："難道他自己一人籌劃，也不商之你等？"榮祿、剛毅答稱："一切只有翁同龢能承皇上意旨。"剛毅並哭求太后勸阻。西太后稱："俟到時候，我自有法。"[2] 其實，這段記載的謬誤是很明顯的。當時，變法尚未開始，或者剛剛開始，光緒皇帝還幾乎什麼都沒有做，西太后何來"皇上近日任性胡為"之憤？如果是這樣，她怎麼可能在差不多同時又肯定楊深秀、徐致靖要求變法的奏摺，訓示光緒皇帝："今宜專講西學？"

仔細考察晚清文獻，關於翁同龢被罷官出於西太后意旨的各類記載，不是出於傳聞，就是出於猜測，無一可以視為確鑿有據的信史。

歷史家治史，有時難免受到既定觀念的制約。人們之所以易於認定"罷翁"之意出於西太后，其原因蓋在於認定西太后是鐵杆頑固派，而又不很了解翁同龢與光緒皇帝這一對師徒之間關係的發展與變化。

1　《戊戌變法》（一），第 464 頁。
2　《戊戌變法》（一），第 332 頁。

二、罷免翁同龢出於光緒皇帝本意

　　研究是誰罷了翁同龢的官，首先要研究翁被罷前後的朝局和人事安排。

　　維新運動進入高潮前，翁同龢身兼任軍機大臣、總理各國事務衙門大臣、協辦大學士、戶部尚書等職，權極一時。這一時期，翁同龢做了兩件"吃力不討好"的事情：（一）舉借外債、內債。《馬關條約》規定，清政府須向日本賠款兩億三千萬兩白銀。翁同龢身為戶部尚書，籌款還債是其職責。《條約》簽字後不久，翁同龢即開始向俄、法、英、德等國借款。1898 年 2 月，翁同龢派張蔭桓為代表，與英商滙豐銀行簽訂條約，借款 1600 萬英鎊。此外翁同龢又發行國債，以昭信股票為名向國內官民各界借貸，同時加徵舖稅、房捐等稅。（二）處理膠州事件。1897 年 11 月，德國以兩名傳教士被殺為由，派遣軍隊搶佔膠州灣，向清政府提出六項照會。交涉中，翁同龢擔心事態擴大，採取"低顏俯就"的軟弱態度，所擬答覆德方的"照會稿"不僅奕訢不以為然，連西太后都覺得"甚屈"。12 月 11 日，翁同龢在上朝時為自己的主張辯護，語氣激烈，引起同僚驚愕。翁同龢日記云："詞多憤激，同列訝之，余實不能不傾吐也。"[1]

　　上述二事都受到言官和個別地方官僚的批評。1898 年 3 月，御史何乃瑩、徐道焜、高燮曾等人陸續上奏，批評發行昭信股票過程中的弊端。同年 4 月，安徽藩司于蔭霖上奏，指責翁同龢辦理膠州灣事件之不當，"外則徇德人之請，內惑於張蔭桓之言，以至於今日無所措手"，同時指責翁同龢以江蘇、江西等四省釐金作抵向英、德借債的失策，批評翁"獨任私智，釀成巨禍"，要求他與李鴻章、張蔭桓共同"讓賢"。[2] 5 月 29 日，御史王鵬運上奏，指責翁同龢與張蔭桓："辦理洋務，偏執私見，不顧大局，既欲遇事把持，又復性成畏葸。"該摺並指責二人在借洋債過程中有私納回扣行為，要求將二人"聲罪罷斥"。[3]

　　上述言官彈劾對光緒皇帝和西太后有影響。6 月 10 日（四月二十二日），光緒發佈上諭云：榮祿著補授大學士，管理戶部事務；剛毅著調補兵部尚書、

1　《翁同龢日記》，第 6 冊，第 3067 頁。
2　《請簡用賢能大臣並陳五事以救時局摺》，《于中丞奏議》，台北文海出版社影印本，第 136—141 頁。
3　《權奸誤國請予罷斥摺》，光緒朝軍機錄副奏摺，內政類，職官項，縮微膠捲第 405 卷，中國第一歷史檔案館藏。

協辦大學士，刑部尚書著崇禮補授。這是光緒皇帝宣佈變法前的人事安排，必然經過西太后同意，或者竟是西太后的意旨。它的要點是，在翁戶部尚書一職之上加了一個"管部大臣"榮祿，顯然與言官對翁舉借外債、內債的批評有關，但"上諭"並不曾免去翁的任何職務，更不曾觸動翁的其他權力，可見光緒皇帝和西太后對言官的彈劾並不過分重視，還不想對翁採取大動作。只是在五天後，情況才突然發生變化。6 月 15 日（四月二十七日），光緒皇帝再次發佈上諭，將翁同龢"開缺回籍"，同時命王文韶迅即來京陛見，直隸總督著榮祿暫行署理。這兩道上諭相距時間極近，可見罷免翁同龢是突然起意，而非早有預謀，因此，不得不採取緊急措施：調王文韶來京以填補翁同龢的空缺，以榮祿署理直隸總督，填補王文韶入京後留下的空缺。倘使 6 月 10 日發佈第一道上諭時就有罷翁之意，就沒有必要分成兩步，更沒有必要命榮祿"管理戶部事務"，過幾天再挪到"署理直隸總督"的位置上。

如果上述分析可以成立，那麼，罷免翁同龢的直接原因就要從光緒皇帝發佈 6 月 10 日的上諭以後找，而據翁同龢日記，這以後幾天發生的事情又確實大有關係。6 月 12 日，翁同龢與光緒皇帝之間發生嚴重衝突。翁同龢日記云："上欲於宮內見外使，臣以為不可，頗被詰責。又以張蔭桓被劾，疑臣與彼有隙，欲臣推重力保之，臣據理力陳，不敢阿附也。語特長，不悉記，三刻退。觸几有聲，足益弱矣，到館小憩。"[1] 可見，翁同龢和光緒皇帝當日的衝突有兩方面內容：一是接見外國使節的禮儀，一是推薦、提拔張蔭桓問題。

清初以來，清朝皇帝會見外國使節的禮儀一直是重大爭論，雖不斷改進，但始終沒有將"洋人"平等相待。光緒皇帝久有進一步改革的願望，但屢屢受到翁同龢的反對。1898 年春，光緒皇帝批准外國使臣的車馬可以直入禁門，但翁同龢反對。同年 4 月，德國亨利親王訪問北京，光緒皇帝準備在毓慶宮接見，同時批准其乘轎進入東華門，仍然受到翁同龢反對，以致惹得光緒皇帝"盛怒"，逐條駁斥翁同龢意見，並且借指斥剛毅為名發泄了一通對翁的不滿。[2] 6 月初，光緒皇帝擬在乾清宮接見外國使臣，翁同龢再次反對。12 日，光緒皇帝

---

1 《翁同龢日記》，第 6 冊，第 3133 頁。
2 《翁同龢日記》，第 6 冊，第 3109 頁。

重申此意，遭到翁的又一次反對，因而"頗被詰責"。[1] 從翁自己記下的這短短四個字，不難想見當年君臣互相辯駁以及光緒皇帝動怒的情況。

張蔭桓是康有為同鄉，長期在總理各國事務衙門任職，又曾出使美、日、秘三國，見識開通，支持維新，是光緒皇帝企圖重用的人物之一。5 月 17 日，徐桐參劾張蔭桓"居心鄙險，唯利是圖"。[2] 同月末，王鵬運繼續參劾翁同龢與張蔭桓，"奸庸誤國，狼狽相依"，但光緒皇帝不為所動，他一面表示要將王"交部議處"，一面要翁同龢"推重力保"，意在為重用張蔭桓掃除障礙。不料翁同龢很倔強，就是不肯推薦張蔭桓，以致和光緒皇帝長時間頂撞，"臣據理力陳，不敢阿附也。語特長，不悉記。"從這短短的幾句話中也不難想像翁頂撞光緒皇帝的激烈程度。

不幸的是，第二天又發生翁同龢阻擋光緒皇帝召見維新派人員之事。據《翁同龢自訂年譜》記載：6 月 13 日（四月二十五日）徐致靖奏保康有為、張元濟、黃遵憲、譚嗣同、梁啟超為"通達時務人材"，求才若渴的光緒皇帝意欲即日召見，但翁同龢卻主張"宜稍緩"。[3] 14 日早朝，翁在是否賞給張蔭桓"寶星"獎章問題上又和光緒皇帝鬧起彆扭，他聲明"只代奏不敢代請"，意在說明他本人不贊成嘉獎張蔭桓，但是，光緒皇帝卻馬上決定，"張某可賞一等第三寶星"，當面否定了翁的意見。[4]

翁同龢推薦過康有為等維新黨人，但是，翁同龢的維新理念、學術觀點和康有為等始終存有差距。1898 年 2 月，光緒皇帝向翁同龢索閱黃遵憲的《日本國志》，翁的回答不合光緒皇帝的心意，很受光緒皇帝"詰難"。[5] 康有為的《新學偽經考》早就被翁視為"說經家一野狐"，[6] 及至翁讀到康的《孔子改制考》，更有意拉開和康的距離。5 月 26 日（四月初七），光緒皇帝命翁同龢傳諭康有為，命其將此前進呈的書籍再抄一份，但翁同龢居然回答："與康不往來。"這

---

1 《翁同龢日記》，第 6 冊，第 3133 頁。
2 《參張蔭桓貪奸誤國摺》，光緒朝軍機錄副奏摺，內政類，職官項，縮微膠捲第 405 卷，中國第一歷史檔案館藏。
3 《近代史資料》第 86 號。
4 《翁同龢日記》，第 6 冊，第 3133 頁。
5 《翁同龢自訂年譜》，《近代史資料》第 86 號。
6 《翁同龢日記》，第 5 冊，第 2696 頁。

自然引起光緒皇帝的驚訝，追問緣故，翁答："此人居心叵測"。第二天，光緒皇帝再次索要康書，翁同龢回答如前。兩個人都很執拗，在光緒皇帝"發怒詰責"的情況下，翁同龢將此事推給總理各國事務衙門，但光緒皇帝仍然寸步不讓，要翁親自傳知張蔭桓，不料翁仍然拒絕，反問皇帝："張某日日進見，何不面諭？"[1] 光緒皇帝貴為天子，何能忍受翁同龢的這種執拗和搶白！[2]

翁同龢頂撞光緒皇帝的事件非僅上述數例，也非僅一時。1898 年 2 月，光緒皇帝為解決膠州灣事件，命翁同龢前往德國駐華公使館談判，但翁始終堅拒。第一次，翁稱："此舉無益"；第二次，翁稱："未敢奉詔。"當時，翁為抗辯講了許多話，其固執態度使在場的人都感到驚訝。翁在日記中自云："同人訝余之憨。"又過了幾天，皇帝再次催促，翁仍然"頓首力辭"。在場的恭親王奕訢不以翁的態度為然，但也拿翁沒有辦法，只好改派李鴻章和張蔭桓前往。[3] 對此類事件，光緒皇帝都容忍了。

光緒皇帝不可能事事忍耐，長久忍耐。頒佈《明定國是詔》後，光緒皇帝急於任用新人，迅速推行變法，卻一再受到翁同龢的阻撓和反對，這樣，儘管翁同龢與光緒之間有多年的"師生之誼"，甚至有過"情同父子"的經歷，然而在翁同龢一次又一次地頂撞之後，他已被光緒皇帝視為維新變法的障礙，其被"開缺"的命運就是必然的了。

"開缺"上諭寫道："協辦大學士翁同龢近來辦事多不允協，以致眾論不服，屢經有人參奏，且每於召對時，諮詢事件任意可否，喜怒見於詞色，漸露攬權狂悖情狀，斷難勝樞機之任。"研究該上諭，可知將翁同龢"開缺"理由有二：一是"近來辦事多不允協"，其內容當即上述舉借內外債及處理膠州灣事件，但是，前文已述，光緒皇帝對有關彈劾並不十分重視，寫在這裏，不過是順手牽來的一條理由，而其真正原因則顯然是，"每於召對時，諮詢事件任意可否，

1　《翁同龢日記》，第 6 冊，第 3128 頁。

2　有學者可能認為，上述各事，均出於翁同龢日記所載，戊戌政變後，翁為了避禍，曾對日記作了修改，因此不能完全相信。不錯，翁在政變後確實修改過日記，但僅限於少數幾處，今人已作過考證。參見孔祥吉、村田雄二郎：《翁文恭公日記稿本與刊本之比較 —— 兼論翁同龢對日記的刪改》，《歷史研究》2004年第 3 期。更重要的是，翁去世的時候，光緒皇帝還健在，翁不會也決不敢修改日記中和光緒皇帝有關的部分。這是因為，第一，翁忠於光緒；第二，修改如有不實，將是欺君大罪。

3　《翁同龢日記》，第 6 冊，第 3089—3090 頁。

喜怒見於詞色，漸露攬權狂悖情狀"，其所指，當即上述翁同龢與光緒皇帝的一系列衝突。這些衝突都發生於君臣"召對"之間，光緒皇帝如冬日飲冰，點滴在心，而西太后則不會很清楚。即此一點，亦可以證明，"開缺"上諭為光緒親筆，出自本意。

筆者的這一判斷還可以從光緒皇帝頒發"開缺"上諭及其後幾天內對翁同龢的態度得到證明。

人們熟知，戊戌政變前夕，當光緒皇帝感到大事不妙，危險在即時，曾通過楊銳、林旭帶出密詔，要"諸同志"妥籌"良策"，並向康有為解釋要他迅速離京，"將來更效馳驅"的意思。如果罷免翁同龢出於西太后意旨，而光緒皇帝只是被迫，他一定會盡一切可能，尋找機會，向翁有所說明，至少，要作出某種暗示，然而，種種事實說明，光緒皇帝表現得很嚴酷。

首先，頒發"開缺"上諭當天，光緒皇帝就不讓翁同龢有和自己見面的機會。《翁同龢日記》載，當日晨，翁入朝後，"看摺治事如常。起下，中官傳翁某勿入，同人入，余獨坐看雨。"[1] 只是在"同人"退朝之後，翁才"恭讀"到那道決定自己命運的"上諭"。其次，第二天，翁照例要向皇帝謝恩。《翁同龢日記》載："午正二駕出，余急趨赴宮門，在道右叩頭。上回顧無言，臣亦黯然如夢。"[2] 此時，翁同龢可謂傷心至極，而光緒皇帝卻"回顧無言"，任何表示也沒有。當日傍晚，光緒皇帝命南書房王太監給翁送去紗葛，但這是端陽節的"例賞"，此外仍然"無言"。以上種種，說明光緒皇帝在竭力避免當面向"師傅"宣佈這一出自己意的殘酷決定時所必然會有的尷尬，也說明，光緒皇帝除了"開缺"上諭所列舉的理由之外，沒有其他"隱情"須向"師傅"表白。

也許有學者認為，這種情況乃是由於光緒皇帝害怕西太后的淫威，所以不敢有任何表示。其實，這完全是一種沒有根據的猜想。翁同龢被"開缺"之後，光緒皇帝第二天就召見康有為，命其在總理衙門章京上行走，許其專摺奏事，接著，一連串地頒發"新政"詔書，完全是一種放手大幹的心態。倘使西太后強迫光緒皇帝罷免翁同龢，而光緒皇帝又膽小到不敢向親愛的"師傅"做任何

---

1 《翁同龢日記》，第 6 冊，第 3134 頁。
2 《翁同龢日記》，第 6 冊，第 3134 頁。

表示，他必然瞻顧、徘徊，小心翼翼，何敢如此雷厲風行地迅速推動變法！

凡此都說明，翁同龢被"開缺"出於光緒皇帝本意，而非西太后干預。

光緒皇帝銳意改革，求治心切，是其優點，但年輕氣盛，操之過急，遇事衝動，是其缺點。翁同龢縱有不當，但總不應該輕率地將其趕出朝廷，自毀股肱。不久之後，罷免禮部六堂官事件再一次暴露了光緒皇帝性格中的這一缺點，感情用事，懲罰過重，打擊面過大，又破例沒有向西太后請示，在自身準備不足的情況下挑戰西太后長期掌握的權力，從而引起西太后和頑固派的強烈反彈。限於本文主題，這裏就不論了。

三、西太后批准罷免翁同龢

那麼，西太后是否和"開缺"翁同龢毫無關係呢？也不，她是此事的批准者。理由很簡單，西太后長期掌握最高權力，罷免翁同龢這樣的大臣可以說是當時的頭等大事，光緒皇帝不可能不和西太后商量。如果西太后不同意，光緒皇帝決不可能一意孤行。翁同龢被罷後，光緒皇帝曾告訴康有為，黜革高級官員的權力"握在太后自己手中"。[1] 根據《清代起居注冊》和《德宗實錄》等史料，6 月 11 日《明定國是詔》頒佈後，12 日、13 日，光緒皇帝和西太后分居紫禁城和頤和園兩處，未曾見面，14 日，光緒皇帝早朝之後，返回頤和園。當日正午，翁同龢也趕到頤和園，向西太后請安，西太后還關心地問了一句："遠來飯否？"要翁"且下去飯"。[2] 次日，光緒皇帝即頒發將翁"開缺"回籍的上諭。顯然，正是 14 日下午光緒皇帝和西太后的會晤，決定了翁被趕出朝廷的命運。

西太后之所以批准光緒皇帝的要求，而未提出異議，原因複雜。

西太后是個自私自利、嗜權如命的人。同治皇帝去世，她選擇年幼的載湉，就是為了便於繼續控制國家權力。因此，在光緒皇帝成年之後，仍遲遲不肯歸政，而且對任何危及她的權力的人都堅決打擊。

翁同龢受到過西太后的寵信。1865 年（同治五年），被任命為弘德殿行走，

1　《中國的危機》，《戊戌變法》（三），第 509 頁。
2　《翁同龢日記》，第 6 冊，第 3133 頁。

教讀同治帝。1876 年（光緒二年），被任命為毓慶宮行走，教讀光緒皇帝。此後，歷任刑部尚書、工部尚書、戶部尚書、軍機大臣、會辦軍務大臣、總辦皇太后萬壽慶典大臣等要職，多次受到西太后召見，所受恩寵，一時少見。但是，自1894 年（光緒二十年）珍、瑾二妃事件後，寵信漸衰。當年 11 月，西太后藉口"有祈請干預種種劣跡"，將光緒皇帝寵愛的珍妃、瑾妃降為"貴人"。此事是西太后打擊光緒皇帝親信的開端。事件中，翁同龢再三要求西太后"緩辦"，並且抬出光緒皇帝相抗，當面詢問西太后："上知之否？"[1] 事後，御史高燮曾上摺，直斥"懿旨"，西太后召見翁同龢等人，指令批駁，但翁同龢卻主張"以靜攝之，毋為所動。"[2] 12 月，安維峻上奏，請殺對日妥協的權臣李鴻章，聲稱和議為"皇太后旨意"，尖銳地提出："皇太后歸政久，若遇事牽制，何以對祖宗天下？"光緒皇帝指示拿交刑部治罪，但翁同龢卻以安維峻"究係言官"為理由要求從寬處理。[3] 這些，都會引起西太后對翁的不滿。當時對西太后專權不滿的還有侍郎汪鳴鑾與長麟，他們在光緒皇帝面前指責西太后只是咸豐皇帝的"遺妾"，與光緒皇帝"本非母子"，勸光緒皇帝"收攬大權"。1895 年 12 月，光緒皇帝被迫將江、長二人革職，永不敘用。次年 2 月，西太后為減少光緒皇帝與翁同龢等人接觸的機會，決定裁撤漢書房，翁同龢的多年授讀生涯自此結束。[4] 一個月之後，御史楊崇伊參劾珍妃之師、翰林院侍讀學士文廷式"遇事生風"，"議論時政"，結果，文被革職，永不敘用。一時間，北京氣氛沉悶，翁同龢也"惶惶自危"。[5]

翁同龢是漢臣，他與光緒皇帝關係親密，滿洲親貴早就不滿。1896 年 2 月，傳教士李提摩太向大學士剛毅陳述，中國應該研究其他國家，西太后應該有兩個外國女教師，光緒皇帝應該有兩個外國導師，要求剛毅設法讓他見到皇帝，剛毅的回答是："他對於皇帝沒有影響，翁同龢最有力量，在內閣裏漢人按照自己的意思實行一切，甚至恭親王、禮親王（都）是無足輕重的人，他宣稱翁同龢蒙蔽了皇帝的視聽。"[6] 4 月 3 日，在北京的維新派成員吳樵致函汪康年

1 《翁同龢日記》，第 5 冊，第 2754 頁。
2 《翁同龢日記》，第 5 冊，第 2756 頁。
3 《翁同龢日記》，第 5 冊，第 2765 頁。
4 《翁同龢日記》，第 5 冊，第 2878 頁。
5 吳樵：《致汪康年》，《汪康年師友手札》，第 1 冊，第 481 頁。
6 《中國的維新運動》，《戊戌變法》（三），第 558 頁。

報告："自毓慶宮撤後，盤遊無度，太上每謂之曰：咱們天下自做乎？抑叫姓翁的做？"[1] 這裏所說的"太上"，應指西太后或另一位身份極高的貴族；"每謂之曰"的對象應是光緒皇帝。兩份材料都說明，滿洲親貴對翁同龢日益增長的權力及其對光緒皇帝的影響深懷不安。但是，這以後的一段時期內，西太后與翁同龢之間還維持著既不算好也不算壞的關係。1897 年（光緒二十三年）9 月，翁同龢還被加任為協辦大學士，在官階上再次上升。西太后的特點是敢於重用漢臣，曾國藩、李鴻章、左宗棠都受到她的信任。沒有充分必要，她不會輕易甩棄翁同龢。這種情況，一直維持到 1898 年 5 月底，恭親王奕訢去世。

據金梁的《四朝佚聞》記載，奕訢去世前，曾對臨視的西太后"泣奏翁心叵測，並及怙權"。[2] 又據光緒時期的御史趙炳麟稱："恭王卒，大事決同龢，剛毅腹誹觖望，時京中為之語曰：自言自語剛樞密，獨斷獨行翁相公。剛毅、蓮英合構同龢於太后，遂開缺回籍。"[3]

剛毅與翁同龢素不相合，某次二人論事，意見衝突，幾乎當面翻臉。[4] 奕訢去世後，剛毅為防止翁的權力繼續上升，向西太后"進讒"是可能的。當翁同龢仍然受到西太后寵信時，剛毅等人的讒言不會有多大作用，但是，當翁同龢寵信漸衰時，剛毅之流的讒言就會產生影響。不過，6 月 10 日的上諭僅任命榮祿為大學士，管理戶部事務，並未解除翁同龢的戶部尚書、協辦大學士職務，說明西太后也還沒有決定甩棄翁同龢。但是，這以後幾天光緒皇帝和翁同龢之間連續發生的衝突使情況急劇變化。張謇的兒子張孝若寫道：

> 等到恭王一死，小人漸漸出頭擅起權來，在太后那一方面，就要排斥翁公，使帝黨孤立；在帝這一方面，此時已經懷了變政的決心，覺得翁公過於持重，常常掣他的肘，心上也不願意。所以太后既要去翁，他也無可無不可。[5]

---

1 《汪康年師友手札》，第 1 冊，第 480 頁。
2 《戊戌變法》（四），第 222 頁。
3 《光緒大事彙錄》，第 9 卷，《趙柏巖集》。
4 《翁同龢日記》，第 6 冊，第 3068 頁。
5 《南通張季直先生傳記》，《戊戌變法》（四），第 245—246 頁。

這裏所說的"小人"，仍指剛毅。張謇是翁同龢的門生，與翁相知甚深。戊戌政變後，翁同龢曾將他和光緒皇帝關係的部分情況告訴張謇，張謇又告訴了張孝若。上述光緒皇帝覺得翁"過於持重"，苦於被"掣肘"等情，非局外人所能知，當亦出自翁同龢本人。張孝若敘述此段歷史時，不採光緒皇帝被迫之說，而從西太后和光緒皇帝兩方面分析翁同龢被罷官的原因，是有道理的。但是，揆諸史實，光緒皇帝與翁同龢之間關係的惡化應是主因，而西太后方面，則是次因。

光緒皇帝的新聞思想 *

光緒皇帝給人的印象是"窩囊廢"，是個一見西太后，就心慌意亂、兩腿發軟的人物。人們的這一印象當然不錯，筆者絲毫沒有為他"翻案"之意。對於光緒皇帝的優點，例如，他主張抗擊日本侵略，支持康有為等人維新變法，史家們已經說得不算少，筆者也不擬在此囉嗦。本文想說的是，在上述兩項優點之外，他還很有點見地，例如，他的新聞思想就很進步，領先於當時的時代潮流，對後世也不無借鑒意義。關於這一點，此前似乎還沒有歷史學家談過。

據說，中國人自己辦的第一份中文報紙是 1858 年（咸豐八年）創刊的《中外新報》，地點在香港，當時是英國的殖民地，內地人見不到。三年以後，傳教士伍德等在上海創辦《上海新報》，這是上海最早的中文報紙，不過，那其實是一種七天出版一次的週刊，半年後才改為三日刊。直到 1872 年（同治十一年），英國商人美查等人在上海創辦《申報》，中國內地才出現了第一份嚴格意義上的中文報紙。該報既登商業新聞，也登政治新聞，並且破天荒地發表"論說"。此後，中文報紙就一天天多了起來。

對《申報》的出現，中國統治者並不高興。早些年，我在倫敦檔案館裏查到過一份照會。遞送者是清廷總理各國事務衙門的恭親王奕訢殿下，受件人是英國駐華公使威妥瑪。其中引用了一段上海道台給英國駐上海領事的公文：

> 查上海英國租界有英商美渣於上年創設申報館，所刊之報，皆係漢文，並無洋字，其初原為貿易起見，迨後將無關貿易之事逐漸列入，妄論是非，謬加毀譽，甚至捏造謠言，煽惑人心，又復縱談官事，橫加謗議，即經職道函致英領事飭禁，未允照辦。

* 本文錄自楊天石《晚清史事》，中國人民大學出版社 2007 年版；原載《炎黃春秋》2003 年第 8 期。

照會要求威妥瑪飭令英國駐上海領事："凡不關貿易之事，不准列入《申報》。"

這是一份典型地表現了清朝統治者專制、橫蠻、愚昧的照會，也典型地表現了清朝統治者的新聞思想。在奕訢等人看來，報紙只能談"貿易"，其他新聞，均在不准之列；至於"妄論是非"，"縱談官事"，那就更加不准。1895 年（光緒二十一年），康有為在北京創立強學會，發行《萬國公報》（後改名《中外紀聞》），但不久就被清朝統治者下令封閉，強學會改為官書局，報紙也被改為《官書局彙報》。清廷規定："皆譯外國之事"，"不准議論時政，不准臧否人物"。

光緒皇帝也糊塗過，封強學會，封《中外紀聞》，都經過他同意，但是，他很快就後悔，很快就進步。1898 年（光緒二十四年）7 月，光緒皇帝派康有為去上海督辦《時務報》時發佈過一道"上諭"。"上諭"者，那個時期的"最高指示"也。中云：

> 報館之設，所以宣國是而達民情，必應官為倡辦。該大臣所擬章程三條均尚周妥，著照所請，將《時務報》改為官報，派康有為督辦其事，所出之報，隨時呈進。
>
> 各報體例，自應以臚陳利弊，開拓見聞為主，中外時事均許據實昌言，不必意存忌諱，用副朝廷明目達聰、勤求治理之至意。

《時務報》原是維新派在上海創辦的一份報紙，以梁啟超為主筆。創刊之後，倡言"民權"，再加上梁啟超那支通俗而又飽含感情的文筆，於是，受到廣泛歡迎。然而，世間事常常是，受到的歡迎愈熱烈，受到的反對也就愈強勁。有人揚言，要打"民權"屁股一萬板。張之洞雖然在一定程度上支持維新派，但是，也不喜歡"民權"之說，指令在《時務報》擔任經理的親信汪康年設法"收斂"，其後，《時務報》遂為汪康年掌握，光芒大失。百日維新中，康有為企圖借官方力量收回《時務報》，指使御史宋伯魯向光緒皇帝上奏，要求將《時務報》改為《時務官報》，仍派梁啟超辦理。光緒皇帝將這一道奏章批給當時掌管文化教育的"管學大臣"孫家鼐。孫家鼐於 7 月 26 日復奏，認為梁啟超正在奉旨"辦理譯書事務"，太忙了，建議派康有為到上海督辦《時務報》。當時，北京的頑固派正在攻擊康有為，光緒皇帝想讓康避避風頭，就同意了，因此就有了上面引述的那道"最高指示"。

為什麼說光緒皇帝的上述"最高指示"在當時領先於時代潮流，於後世也不無借鑒意義呢？

第一，光緒皇帝認為報紙有兩重任務。一是報導國家的政策、法令，即所謂"宣國是"；一是反映社會動態，表達百姓的願望與意志，即所謂"達民情"。中國古代的邸報，清代的宮門抄，其內容都是皇帝詔令，官家意旨，光緒皇帝要求報紙"達民情"，反映人民的心聲，顯然是個大進步。

第二，光緒皇帝要求報紙"臚陳利弊"，這就是說，報紙的言論要全面，既要報"喜"，也要報"憂"。朝廷的政策、法令、興革、舉措，要允許人們議論，有"利"言"利"，有"弊"言"弊"，報紙上不能只有"睿智"、"聖明"、"萬歲"一類的恭維話，頌揚話。

第三，光緒皇帝要求報紙"開拓見聞"，這就是說，報紙不僅是一種宣傳工具，而且應該傳播知識，擴大、增進人們對世界和社會的了解。

第四，光緒皇帝表示："中外時事均許據實昌言，不必意存忌諱。"這就是說，報紙取捨稿件的標準是客觀實際，只要"實"，就可以"據實昌言"，而不必"意存忌諱"，顧慮這，顧慮那，這也不敢寫，那也不許登，也不必吞吞吐吐，說半句，留半句。"許"者，許可也，對於此類文章，此類辦報方針，光緒皇帝採取"均許"態度，一律批准。

第五，光緒皇帝認為，這樣做的目的是為了使朝廷"明目達聰"，找到治理國家的正確辦法。正確的決策源於對情況的正確、全面掌握。只有報紙說真話，說實話，才能幫助"朝廷"了解實際，了解民情，作出正確的決策。

我想，不必再多解釋了。光緒皇帝的這道"最高指示"發佈於一百多年前，是否過時了呢？我想，也許不會有人認為過時了吧！

康有為謀圍頤和園捕殺西太后確證 *

戊戌政變時期，清朝政府曾指責康有為"謀圍頤和園，劫制皇太后"，以之作為維新派大逆不道的罪狀。當時道路傳言，議論紛紛，史籍、筆記中多有記載。但是，由於這一消息過於聳人聽聞，康有為對此又一直矢口否認，多年來，歷史學家們大都不予置信。實際上，它確有其事。康有為不僅曾準備"劫制"西太后，而且曾準備乘機捕殺。筆者於日本外務省檔案中獲得了可靠的證據。

1898 年 9 月 28 日，清政府將譚嗣同、楊深秀等六人處決。次日，以光緒皇帝的口氣發佈上諭說：

> 主事康有為首倡邪說，惑世誣民，而宵小之徒，群相附和，乘變法之際，隱行其亂法之謀，包藏禍心，潛圖不軌，前日竟有糾約亂黨，謀圍頤和園，劫制皇太后，陷害朕躬之事，幸經察覺，立破奸謀。又聞該亂黨私立保國會，言保中國不保大清，其悖逆情形，實堪髮指。朕恭奉慈闈，力崇孝治，此中外臣民之所共知。康有為學術乖僻，其平日著作，無非離經叛道，非聖無法之言。茲因其素講時務，令在總理各國事務衙門章京上行走，旋令赴上海辦官報局，乃竟逗留輦下，構煽陰謀，若非仰賴祖宗默佑，洞燭機先，其事何堪設想！[1]

中國並不是一個法治傳統很盛的國家，單憑"惑世誣民"，"離經叛道"、"非聖無法"一類字眼，清政府完全可以下令捉拿康有為，處決譚嗣同等人，"上諭"特別提出"謀圍頤和園，劫制皇太后"，顯然事出有因。

據惲毓鼎《崇陵傳信錄》一書記載：政變前夕，當西太后盛怒還宮時，曾指責光緒皇帝說："我撫養汝二十餘年，乃聽小人之言謀我乎？"又說："癡

---

* 原載《光明日報》，1985 年 9 月 4 日。

1 《德宗實錄》，第 427 卷。

兒，今日無我，明日安有汝乎？"[1] 惲毓鼎曾隨侍光緒多年，上述記載自非無根之談。費行簡的《慈禧傳信錄》一書所記與惲書大體相同，但更明確。它記西太后大罵光緒說："汝以旁支，吾特授以大統，自四歲入宮，調護教誨，耗盡心力，爾始得成婚親政。試問何負爾，爾竟欲囚我頤和園，爾真禽獸不若矣！"[2]《清廷戊戌朝變記》所載亦同。西太后責問光緒說："康有為叛逆，圖謀於我，汝不知乎？尚敢回護也！"[3] 綜觀上述材料，可以確定：西太后認為，光緒皇帝和康有為串通，準備將她囚禁於頤和園，因而才有前述二十九日的上諭。

對清政府的指責，康有為多次矢口否認，反說是袁世凱的離間計。1908年，他在《上攝政王書》中說：

> 戊戌春夏之交，先帝發憤於中國之積弱，強鄰之侵凌，毅然維新變法以易天下。其時慈宮意旨所在，雖非外廷所能窺伺，就令兩宮政見小有異同，而慈孝感召之誠，終未嘗因此而稍殺。自逆臣世凱無端造出謀圍頤和園一語，陰行離間，遂使兩宮之間常有介介，而後此事變遂日出而不窮，先帝所以備歷艱險以迄今日，實維此之故。[4]

康有為這封信的主旨在於說明光緒 "仁孝" 而西太后 "慈"，因此說了許多違心的話，如所謂 "慈孝感召之誠" 云云，即是自欺欺人的謊言。康有為進一步聲稱："推袁世凱所以造出此無根浮言之故，全由世凱受先帝不次之擢，其事頗為廷臣所屬目，而盈廷洶洶，方與新政為難，世凱忽生自危之心，乃幻出此至狠極毒之惡謀，如俗諺所謂苦肉計者以自求解免，此戊戌冤獄之所由起也。" 康有為的這段話實在沒有多少說服力。袁世凱為了自求解免，向榮祿、西太后邀寵，出面告密就可以了，何必一定要造出 "謀圍頤和園" 一類的謠言來呢？須知，一經查實沒有此事，袁世凱的欺誑之罪也不會很小。老奸巨滑的袁世凱不會這麼幹的。

1　《戊戌變法》（中國近代史資料叢刊），第 1 冊，第 476 頁。
2　《戊戌變法》（中國近代史資料叢刊），第 1 冊，第 466 頁。
3　《戊戌變法》（中國近代史資料叢刊），第 1 冊，第 347 頁。
4　《戊戌變法》（中國近代史資料叢刊），第 2 冊，第 518 頁。

然而，"謀圍頤和園"一說確實出於袁世凱。他的《戊戌紀略》對譚嗣同夜訪有詳細的記載，內稱：

（譚）因出一草稿，如名片式，內開榮某謀廢立弒君，大逆不道，若不速除，上位不能保，即性命亦不能保。袁世凱初五請訓，請面付朱諭一道，令其帶本部兵赴津，見榮某，出朱諭宣讀，立即正法。即以袁某代為直督，傳諭僚屬，張掛告示，佈告榮某大逆罪狀，即封禁電局鐵路，迅速載袁某部兵入京，派一半圍頤和園，一半守宮，大事可定。如不聽臣策，即死在上前各等語。予聞之魂飛天外，因詰以"圍頤和園欲何為？"譚云："不除此老朽，國不能保，此事在我，公不必問。"[1]

袁世凱自認，是他向榮祿告密的。袁在日記書後中稱，他寫這篇日記，是為了"交諸子密藏"，"以征事實"。[2]當然，袁世凱為人陰險奸詐，他的話不能輕信，必須以其他材料驗證。

王照逃亡日本後在與犬養毅的筆談中說：

梁啟超、譚嗣同於初三夜往見袁，勸其圍太后，袁不允。[3]

在維新運動中，王照與康有為關係密切。當新舊兩派鬥爭日益尖銳的時候，康有為曾動員他遊說聶士成率軍保衛光緒。[4]譚嗣同夜訪袁世凱之際，康有為又曾和他一起商議，"令請調袁軍入勤王"。[5]因此，他的話不會沒有根據。

李提摩太在《留華四十五年記》中說：

在頒佈維新諭旨時，守舊派怨恨皇帝荒唐的計劃，可能很快地使中國

---

1 《戊戌變法》，第 1 冊，第 550—551 頁。有關情節袁世凱生前也曾對人說過，張一麐任袁世凱幕僚時也有所聞，見《心太平室集》第 8 卷。
2 《戊戌變法》，第 1 冊，第 555 頁。
3 《戊戌變法》，第 4 冊，第 322—333 頁。
4 《戊戌變法》，第 4 冊，第 322—333 頁。
5 《戊戌變法》，第 4 冊，第 161 頁。

毀滅，他們懇求慈禧將一切的政權都掌握在她自己手裏。她下諭秋天要在天津閱兵。皇帝恐怕在檢閱的藉口之下，慈禧將要奪取所有權柄，而把他放在一邊。維新黨催著他要先發制人，把她監禁在頤和園，這樣才可以制止反對派對於維新的一切障礙。皇帝即根據此點召見榮祿部下的將領袁世凱，計算在他的支援下，帶兵至京看守她住的宮殿。

又說：

> 維新黨都同意要終止反動派的阻力，唯一的辦法就是把慈禧關閉起來。[1]

李提摩太是康有為替光緒皇帝聘請的顧問，參與維新機密。光緒求救的密詔傳出之後，康有為、譚嗣同曾分別拜訪他，和他一起商討“保護皇帝”的辦法。因此，李提摩太的上述回憶自然也不是捕風捉影之談。

許世英在回憶錄裏說：戊戌那一年，他在北京，聽到“圍園”的有關傳說，曾經跑去問劉光第，劉說：“確曾有此一議”。[2] 許世英的回憶錄寫於晚年，他沒有說謊的必要。

梁啟超記譚嗣同夜訪袁世凱時說：

> 榮祿密謀，全在天津閱兵之舉。足下及董、聶三軍，皆受榮所節制，將挾兵力以行大事，雖然，董、聶不足道也，天下健者，惟有足下，若變起，足下以一軍敵彼二軍，保護聖主，復大權，清君側，肅宮廷，指揮若定，不世之業也。[3]

史家們千萬不能忽略這“肅宮廷”三字，如果不對西太后採取措施的話，宮廷又如何能“肅”呢？

1　《戊戌變法》，第 4 冊，第 562—564 頁。
2　《人間世台北》半月刊，第 5 卷第 4 期，第 26 頁（1961 年 4 月）。
3　《戊戌變法》，第 4 冊，第 52 頁。

西太后是維新運動的最大障礙。殺一個榮祿，並不能完全解決問題。由殺榮祿而包圍頤和園，處置西太后，這是順理成章的事。事實上，維新派早就有過類似想法。康有為聲稱，如果要"尊君權"，"非去太后不可"。[1]楊深秀也曾向文悌透露："此時若有人帶兵八千人，即可圍頤和園，逼脅皇太后"。[2]

最可靠的確證是畢永年的《詭謀直紀》。畢永年，湖南長沙人，會黨首領，譚嗣同、唐才常的好友。戊戌政變前夕到達北京，被引見康有為，受命在包圍頤和園時，乘機捕殺西太后。《詭謀直紀》是他關於此事的日記，節錄如下：

二十九日……夜九時，（康）召僕至其室，謂僕曰："汝知今日之危急乎？太后欲於九月天津大閱時弒皇上，將奈之何？吾欲效唐朝張柬之廢武后之舉，然天子手無寸兵，殊難舉事。吾已奏請皇上，召袁世凱入京，欲令其為李多祚也。"

八月初一日，僕見譚君，與商此事，譚云："此事甚不可，而康先生必欲為之，且使皇上面諭，我將奈之何！我亦決矣。兄能在此助我，其善，但不知康欲如何用兄也。"午後一時，譚又病劇，不能久談而出。夜八時，忽傳上諭，袁以侍郎候補。康與梁正在晚餐，乃拍案叫絕曰："天子真聖明，較我等所獻之計尤覺隆重，袁必更喜而圖報矣。"康即起身命僕隨至其室，詢僕如何辦法。僕曰："事已至此，無可奈何，但當定計而行耳，然僕終疑袁不可用也。"康曰："袁極可用，吾已得其允據矣。"乃於几間取袁所上康書示僕，其書中極謝康之薦引拔擢，並云赴湯蹈火，亦所不辭。康謂僕曰："汝觀袁有如此語，尚不可用乎？"僕曰："袁可用矣，然先生欲令僕為何事？"康曰："吾欲令汝往袁幕中為參謀，以監督之何如？"僕曰："僕一人在袁幕中何用，且袁一人如有異志，非僕一人所能制也。"康曰："或以百人交汝率之，何如？至袁統兵圍頤和園時，汝則率百人奉詔往執西后而廢之可也。"

初三日，但見康氏兄弟及梁氏等紛紛奔走，意甚忙迫。午膳時錢君告僕曰："康先生欲弒太后奈何？"僕曰："兄何知之？"錢曰："頃梁君謂我

1　《戊戌變法》，第 4 冊，第 331 頁。
2　日本外務省檔案 1.6.1.4.2-2.491183。

云：先生之意，其奏知皇上時，只言廢之，兄何不一探之等語。然則此事顯然矣，將奈之何？"僕曰："我久知之，彼欲使我為成濟也，兄且俟之。"[1]

成濟，三國時人，司馬昭黨羽，曾以劍刺殺魏帝曹髦。此件大約寫作於 1899 年初。當時，畢永年和康有為矛盾已深，寫成後交給了日人平山周，平山周交給了日本駐上海代理總領事小田切萬壽之助。同年 2 月 8 日，小田切萬壽之助將它上報給日本外務次官都築馨六。[2] 它為了解康有為謀圍頤和園，捕殺西太后的有關活動提供了最確鑿的材料[3]，它所記載的某些情節也可與其他材料互相印證。例如捕殺西太后的人選，除畢永年外，還曾急催唐才常入京，這正與袁世凱《戊戌日記》所載譚嗣同稱 "電湖南招集好將多人" 相合。又如它記載康有為告訴畢永年，已派人往袁處離間袁世凱與榮祿之間的關係，這同《康南海自編年譜》的說法一致。當然，也有個別情節不準確，例如它記夜訪袁世凱的為康有為、譚嗣同、梁啟超三人，這是因為譚嗣同沒有將全部真實情況告訴畢永年，出於猜測之故。

在《上攝政王書》中，康有為說："今者兩宮皆棄臣民而長逝矣，臣子哀痛有所終極，過去陳跡漸如煙雲。雖然，千秋以後之史家，於戊戌之事豈能闕焉而弗為記載，使長留謀頤和園之一疑案不得表白，則天下後世非有疑於先帝之孝，則有疑於先帝之明，而不然者又將有疑於大行太皇太后之慈。"[4] 為了維護封建倫理，康有為力圖否認有關事實。他沒有想到，這一 "疑案" 終於得出了違反他的意志的 "表白"。歷史是糊弄不得的。

附記：承日本立命館大學副教授松本英紀惠借日本外務省檔案縮微膠捲，特此致謝。

1　日本外務省檔案 1.6.1.4-2-2，491315-491318。
2　日本外務省檔案 1.6.1.4-2-2，491312-491314。
3　馮自由在《畢永年削髮記》一文中有簡略記載，但未說明資料來源，見《革命逸史》初集，第 74 頁。
4　《戊戌變法》，第 2 冊，第 519 頁。

康有為 "戊戌密謀" 補證 *

　　戊戌政變前夜，康有為為了挽回局勢，曾與譚嗣同、梁啟超密謀，利用袁世凱，乘機派畢永年捕殺西太后。有關事實，前文已作闡述。近讀梁啟超致康有為密札一通，發現它不僅為戊戌密謀提供了新的有力證據，而且說明了梁啟超力主掩蓋事實真相的情況和政治目的，因據之以作補證。

　　密札首尾均佚，中云：

　　　　（上脫）唐已撤回矣。頃得諸要人為我斡旋，各事可稱順手。惟張、鹿兩軍機仍不慊於吾黨，監國之待彼革，處處還其體面，故尚不無小小阻力。弟子已有書與張，通殷勤，釋前嫌，若吾師別致一函更妙（函寄此間可也）。

　　　　師所上監國書奉到時，袁賊已敗，故措詞不能不稍變易，已僭改若干，謄寫遞去矣。戊戌密謀，鄙意謂必當隱諱，蓋投鼠忌器，今兩宮皆殂，前事非復嗣統者所忍言，非傷德宗，傷孝欽，為監國計，實無從理此曲直也。故弟子寫信入都，皆力辯戊戌絕無陰謀，一切悉由賊虛構，專歸罪於彼一人，則可以開脫孝欽，而事易辦。師謂何如？望此後發論，跟此一線，以免異同，為叩！黨禁之開必非遠，然忌我者眾，賊雖敗而死灰尚未盡，今後所以處之者，益當慎重。若此次再出岔，則中國真沉九淵矣。師謂何如？[1]

函中所言唐，指唐紹儀。張、鹿兩軍機，指張之洞與鹿傳霖。監國，指攝政王載灃。袁賊，指袁世凱。德宗，指光緒。孝欽，指西太后。函中提到 "袁賊已敗"，故知此函作於 1909 年 1 月 2 日，清政府罷斥袁世凱之後。函中所言 "彼

* 　原載《文匯報》，1986 年 4 月 8 日。
1 　蔣貴麟：《萬木草堂遺稿外編》（下），台北版，第 860—861 頁。

革"，亦指袁世凱。"處處還其體面"，指載灃以袁世凱患有"足疾"，"開缺回籍養屙"為名革除了他的職務。所謂"戊戌密謀"，即指包圍頤和園，軟禁以至捕殺西太后的計劃，因為"誅榮祿"等一類打算，早已由梁啟超在《戊戌政變記》等處公佈，不必再"隱諱"了。

戊戌政變後，康、梁流亡海外，對袁世凱出面告密，以致"六君子"被殺、光緒被囚的行為一直懷恨在心，多次策劃倒袁。1908 年 11 月，光緒和西太后相繼死去，由光緒的弟弟載灃攝政。這使康、梁大為興奮，視為"討賊復仇"的絕好機會。他們多方活動，聯絡滿漢貴族、大臣，企圖使清政府懲辦袁世凱，其中重要的方式就是給載灃上書。

在《上攝政王書》中，康有為力辯"謀圍頤和園"，說這是袁世凱捏造的"無根浮言"，"至狠極毒"，惡貫滿盈，要求載灃像康熙誅鰲拜，嘉慶誅和珅，西太后殺肅順一樣處置袁世凱，"為先帝復大仇，為國民除大蠹"。[1] 從梁札可以看出，《上攝政王書》是經由梁啟超之手轉遞給載灃的，其間經過梁啟超的"僭改"，而其"僭改"的最重要之處則是周到地掩蓋"戊戌密謀"。

還在 1900 年，康有為在給英國人濮蘭德的書信中就曾說："蓋自前年八月，慶、榮、剛諸逆賊欲弒皇上，而假託於僕，誣以進毒丸，欲殺弟而即弒皇上，一起兩得；既而足下見救，弟不可殺，則改誣以圍頤和園。"[2] 當時，光緒是西太后的階下囚，康有為泄露"圍園"密謀必然會危及光緒。現在囚人者與被囚者都已經死去，康有為覺得時勢不同了，因此在《上攝政王書》中作了某種透露，而這遭到了梁啟超的強烈反對，聲言"戊戌密謀，鄙意謂必當隱諱"，要求老師和他統一口徑："以後發論，跟此一線，以免異同。"

確實，梁啟超比他的老師精細。載灃雖然是光緒的親弟弟，但他的地位是西太后給予的。把"圍園"這樣的密謀提到載灃面前，就會使他處於十分為難的地位："非傷德宗，傷孝欽，為監國計，實無從理此曲直也。"肯定密謀是正義之舉吧？這就要證明西太后不義；而且，光緒與密謀的關係也無法交代。如果光緒知情，這就有悖於"孝道"；如果不知情，又難免失察之過，和改良派

---

1 《戊戌變法》，第 2 冊，第 521 頁。
2 《康有為政論集》（上），中華書局 1981 年版，第 424 頁。

力圖塑造的光緒形象大相徑庭。這一時期，梁啟超還有一封給肅親王善耆的書札，中云："德宗皇帝之仁孝與英明，皆天下所共聞也。以仁孝之德宗豈其對於太皇太后而有此悖逆之舉？若謂全由康有為主謀，德宗不預知，試思德宗豈昏庸之主，由疏逖小臣之康有為得任意播弄者耶？"又云："使德宗而與聞康之謀，德宗不得為仁孝也；使德宗而為康所賣，是德宗不得為英明也，而德宗豈其然哉！"[1]康有為的《上攝政王書》中也有類似的一段話，當即梁啟超的"僭改"之一。這段話很好地說明了梁啟超的內心矛盾。他權衡再三，只有"力辯戊戌絕無陰謀"，一切均由袁世凱"虛構"，"專歸罪於彼一人"，這樣，就可以撇開西太后的關係，"而事易辦"，載灃下決心懲辦袁世凱就容易多了。

梁啟超力主掩蓋事實真相的另一考慮是"開放黨禁"。載灃攝政後，康有為、梁啟超除活動倒袁、懲袁外，同時還企圖為戊戌一案平反，其內容包括：撫恤"六君子"，起用因參與變法而被罷斥的維新黨人，允許康、梁等合法地從事政治活動等。如果包圍頤和園一類密謀泄露，必將增強反對力量，惹起許多麻煩，不如矢口否認來得乾淨。所以，梁啟超又告誡康有為，不能再"出岔"了："黨禁之開必非遠，然忌我者眾，賊雖敗而死灰尚未盡，今後所以處之者，益當慎重。"

對梁啟超的考慮，康有為深以為然。所以他不僅同意梁啟超的"僭改"，而且終其身一直守口如瓶。1926年，當袁世凱的《戊戌日記》在《申報》上發表時，曾經有人認為"個中人物，只有南海"，希望他出面"證明是非"，但是，康有為卻保持沉默，"始終未有隻字相答"[2]。康有為的疏忽之處在於，他沒有想到畢永年留下了一份日記，也沒有將梁啟超的密札銷毀，使得我們在"確證"之後，還可以"補證"。

1　《梁啟超年譜長編》，上海人民出版社 1983 年版，第 478 頁。
2　張一麐：《致蔡元培書》，《中國現代史叢刊》（二），台北版，第 1—2 頁。

天津 "廢弒密謀" 是維新派的虛構 *

戊戌政變史上有所謂天津 "廢弒密謀"，說的是慈禧太后曾與榮祿密商，準備於光緒二十四年（1898）九月，利用皇帝奉慈禧太后到天津閱兵之機，廢掉以至殺掉光緒皇帝。這一問題的真相，至今尚未揭開，是百年前那場驚心動魄的鬥爭留下的謎團之一。

一、康有為、譚嗣同、梁啟超說 "有"，袁世凱、榮祿說 "無"

光緒二十四年七月，維新、守舊兩派的鬥爭漸趨激烈。同月二十九日（9月12日），康有為曾對自湖南來京的會黨領袖畢永年說："汝知今日之危急乎？太后欲於九月天津大閱時弒皇上，將奈之何？" 此說見於 1899 年初畢永年以日記體所寫的《詭謀直紀》。

八月初三日（9月18日），譚嗣同夜訪袁世凱時，對袁說："榮某近日獻策，將廢立弒君，公知之否？" 此說見於袁世凱以日記體所寫的《戊戌紀略》。

以上所述，都比較簡略，梁啟超的《戊戌政變記》則寫得比較詳細。該書多處提到慈禧太后的 "廢立" 密謀。

一處說：自從恭親王奕訢於同年四月初十日（5月29日）去世後，皇上就每天與翁同龢商量改革之事，而慈禧太后則每天與榮祿 "謀廢立之事"。

一處說：四月二十七日（6月15日）這一天，光緒皇帝連下數道詔書，均出於慈禧太后之意。一是將翁同龢開缺回籍，二是規定二品以上受職官員皆須到皇太后前謝恩；三是命王文韶、裕祿來京；四是任命榮祿為直隸總督、北洋大臣；五是決定九月間，皇上奉皇太后巡幸天津閱兵。梁啟超由此分析說："蓋廢立之謀，全伏於此日矣！"

---

* 原載《中華讀書報》，1998 年 7 月 15 日。

一處說：榮祿與慈禧太后決定閱兵，目的是"脅皇上至天津因以兵力廢立"。該書並稱："此意滿洲人多知之，漢人中亦多為皇上危者，而莫敢進言。"

關於弒害光緒皇帝一事，《戊戌政變記》並沒有指實在天津閱兵時，而是籠統地說：戊戌年四月以後，北京謠言極多，都說皇上病重，或說張蔭桓進紅丸，康有為進紅丸。梁啟超分析說："蓋西后與榮祿等有意造此謠言，以為他日弒害皇上，及坐康、張等罪名之地也。"

綜上所述，可見，所謂天津"廢立密謀"或"廢弒密謀"之說，均出於維新派。

對維新派此說，袁世凱不相信，榮祿本人則堅決否認。當八月初三譚嗣同向袁世凱透露"廢弒密謀"時，袁世凱就立即表示："在津時常與榮相晤談，察其詞意，頗有忠義，毫無此項意思，必係謠言，斷不足信。"八月初五日（9月20日）榮祿得知此訊，立即大聲呼冤說："榮某若有絲毫犯上心，天必誅我！"

有耶？無耶？

二、天津"廢弒密謀"問題疑竇重重

所謂天津"廢弒密謀"之說，十分可疑。

第一，如果慈禧太后和榮祿確有此意，那麼，事屬極密，康有為等人何從得知？關於這一點，梁啟超在《戊戌政變記》中也承認：宮廷廢立之意，"事秘難知"。既然"事秘難知"，又何以能言之鑿鑿？

第二，光緒皇帝軟弱無能，純屬光桿司令，如果慈禧太后和榮祿確實準備將他廢掉或殺掉，在北京辦理就可以了，何必遠到天津，勞師動眾？關於此，蘇繼祖在《清廷戊戌朝變記》中就曾指出："夫太后、榮相每以為此其時也，可以廢立矣，必在宮中調兵入衛，決不及出京到天津，行此大舉動也。況今日京師之臣民，不知有是非久矣，苟行廢立，尚有敢謂其不然者乎？不待以兵力壓制之耳。"應該承認，這一質詢是很有力量的。證以後來情況，也確實如此。八月初四日（9月19日），慈禧太后真正發動政變了，只須車駕從頤和園回到紫禁城即可，簡簡單單，何曾費什麼力氣？

第三，光緒皇帝和慈禧太后的矛盾有一個發展過程。四月二十七日之時，距離光緒皇帝下詔變法不過 4 天，還幾乎什麼也沒有做，招致后黨不滿的幾件事，如精簡詹事府等衙門、罷斥懷塔布等六個禮部大臣，都發生在七月，慈禧太后和榮祿何以在四月時就如此狠心，要將皇帝廢掉、殺掉？

第四，慈禧發動政變，抓康有為，殺六君子，和光緒皇帝的矛盾前所未有地尖銳化了，對光緒皇帝的處分也僅止於軟禁瀛台，但是仍然保存了他的皇帝名號，並沒有廢，更沒有殺，何以在四月時就既想廢，又想殺？

第五，慈禧太后發動政變後，召榮祿回北京任事，榮祿即聲稱，"庶幾與父言慈，與子言孝"，以調和慈禧太后與光緒皇帝的矛盾自任，並不曾落井下石。據金梁的《四朝佚聞》記載，榮祿在慈禧太后面前，"常為帝寬解"，為光緒皇帝說幾句話。光緒二十五年十一月（1899 年 12 月），慈禧真想廢棄皇帝了，榮祿還曾出面勸阻，以避免外國干涉為名，想了一個設立 "大阿哥" 的辦法，使光緒的名號一直保持到去世。既然光緒在實際上成為階下囚之時，榮祿都不曾企圖加害於他，何以當初就既想廢，又想殺？

根據以上各點考察，所謂 "天津廢弒密謀" 之說並不可信。

那麼，所謂天津 "廢弒密謀" 之說到底是怎麼形成的呢？在《戊戌政變記》中，梁啟超又說：

> 七月二十九日，皇上召見楊銳，賜以密諭，有朕位幾不能保之語，令其設法救護，乃諭康有為及楊銳等四人之諭也。當時諸人奉詔涕泣，然意上位危險，諒其事發在九月閱兵時耳！

在維新運動中，康有為最初主張開議院，後來為避免守舊派反對，改為建議開懋勤殿，邀請中外人士討論制度改革。七月二十九日（9 月 14 日），光緒皇帝到頤和園，向慈禧請示，慈禧不悅。其間，慈禧並嚴厲批評光緒罷斥禮部六大臣處理不當。第二天，光緒皇帝就召見楊銳，授以密詔，告以 "太后不願將法盡變"，自己權力不足，勉強做去，"朕位幾不能保" 云云。康有為等見到這道密詔後，既緊張，又驚慌，懷疑慈禧太后等要對皇帝下毒手。"然意上位危險，諒其事發在九月閱兵時耳！”一個“意”字，一個“諒”字，說明了所謂天津“廢弒密謀”只是維新派的一種猜想。

自當年四月二十七日清廷決定在天津閱兵起，維新派就懷疑其中有鬼，關於此，康有為在《自編年譜》中也說：“先是慮九月天津閱兵時即行廢立，夙夜慮此。”這裏的“慮”字，也說明了所謂“天津廢弒密謀”云云，只是維新派的一種憂慮，一種擔心而已。

敵我兩派鬥爭到白熱化階段時，精神難免高度緊張，將對方的行動、舉措估計得過於嚴重，所謂“風聲鶴唳，草木皆兵”是也。

三、維新派自身武力奪權計劃的需要

既然所謂“天津廢弒密謀”只是維新派的一種猜測與憂慮，並無情報根據，那麼，維新派為什麼要將它視為事實呢？這是由於維新派自身武力奪權計劃的需要。

在維新運動中，康有為最初企圖通過成立學會、報刊宣傳等手段自下而上地鼓吹變法。光緒二十四年四月二十八日（6月16日），康有為被光緒召見後，感到皇帝英明，即轉變為“尊君權”，主張通過擴大皇帝的權力，藉以實行變法。然而，很快，康有為等就發現，當時，中國大權掌握在慈禧太后手裏，皇帝並無多大權力。於是，康有為就準備武力奪權。其辦法是，利用一支軍隊，包圍頤和園，逮捕慈禧太后，將她殺掉。康有為等認為，慈禧一死，變法的阻力就不足道了。

最初，康有為、譚嗣同看中的是淮軍將領聶士成，要王照利用和聶的把兄弟關係去做說服工作，許以事成之後提拔聶為直隸總督。但是，王照不認為光緒皇帝和慈禧太后之間有勢不兩立的矛盾，拒絕見聶。於是，康有為就將希望寄託在袁世凱身上。他和譚嗣同制訂了一個兩步起事計劃：先命袁世凱在天津起兵，殺死榮祿；然後命袁帶兵進京，包圍頤和園，同時命畢永年率領敢死隊百人，乘機逮捕慈禧太后，將她殺掉。

要實現這一計劃，就必須說服光緒皇帝，也必須說服袁世凱、畢永年等

人，而這就需要一個堂皇正大的理由，"天津廢弒密謀"正適應了這一需要。它一可以嚇唬光緒皇帝，使他就範；二可以激發袁世凱、畢永年等人"保衛皇上"的激情；三可以在事成之後，作為向天下萬世交代的理由。

如前述，七月二十九日，康有為動員畢永年時就是這麼做的：他先是告訴畢，太后準備弒皇上，問畢怎麼辦，然後才逐步向畢透露自己的圍園計劃。後來，八月初四日，譚嗣同夜訪袁世凱時也是這樣做的：譚先是告訴袁世凱，榮祿"將廢立弒君"，然後向他出示準備奏呈光緒皇帝的奏章，內稱："榮某謀廢立弒君，大逆不道，若不速除，上位不能保，即性命亦不能保。"譚嗣同準備在說服袁世凱之後，即攜帶這一道奏章，深夜進宮去說服光緒皇帝，要求皇帝次日交給袁世凱一道朱諭，命他立即帶本部兵在天津行動。當然，根據康有為的指示，準備對皇帝留一手，只說明廢太后，而不說明殺太后。譚嗣同對說服光緒皇帝很有信心，聲稱"我有挾制之法，必不能不准"。自然，按"廢弒密謀"，光緒不僅皇位不保，連性命都要丟掉，怎能不批准維新派的計劃？

因此，與其說，"天津廢弒密謀"是康有為等人的猜測或憂慮，不如說是他們的虛構，其目的在於為自身的武力奪權服務。

四、一切假話、假史都應該揭露

戊戌維新運動中，康有為、譚嗣同、梁啟超等密謀包圍頤和園，捕殺西太后，借此為中國的改革事業開闢道路，這是事實。但是，在《戊戌政變記》等書中，梁啟超卻對此諱莫如深，一而再、再而三地否認，相反，對於莫須有的"天津廢弒密謀"卻一而再、再而三地加以敘述、渲染。無他，梁啟超寫作《戊戌政變記》時，維新派和清政府的鬥爭還在繼續，因此，自然無法嚴格按照歷史的本來面目寫作。這是應予理解的。

為了政治鬥爭的需要，康有為、梁啟超等曾經改造過部分史料，偽造過部分史料，說過不少假話，對此，史學家出於維護歷史真相的目的，已經多有揭露，但是，還不能說已經揭露得很夠。"天津廢弒密謀"就是應予揭露的假話之一。

附：

圍園殺后——康有為的武力奪權密謀 *

（一）維新派得知要在天津舉行閱兵大典，懷疑慈禧太后要借機廢弒光緒皇帝，便將疑懼當作事實，計劃武力奪權

光緒二十四年七月初八日（1898 年 8 月 24 日），皇帝從頤和園回到紫禁城。從兩個多月前下詔明定國是，維新變法起，光緒皇帝就不斷去頤和園，向慈禧太后請安，有時，皇帝自己也住在那裏。這次已經是第八次了。

光緒皇帝原是醇親王的兒子，四歲（虛歲）那年，由於同治皇帝突然暴病死去，沒有子嗣，便由慈禧太后選擇，登上了帝位。這種年齡的孩子，還正是拖鼻涕、穿開襠褲的時候，自然，只能由慈禧太后垂簾聽政。一直到光緒皇帝十八歲，結婚之後，慈禧太后才不得不移居頤和園，"歸政"皇帝。然而，已經習慣於控制國家大權的慈禧太后仍然牢牢抓住權力不放，用人、行政，還是太后說了算。

光緒皇帝去頤和園，名為請安，實為請示，爭取太后批准自己的維新舉措。不過，請安後發佈的"上諭"卻常常使維新派不安。四月二十七日（6 月15 日），光緒皇帝第一次詣園請安的第二天，皇帝的老師、協辦大學士、戶部尚書翁同龢被開缺回籍。接著，陸續諭令，以刑部尚書崇禮署理步軍統領職務，以榮祿為直隸總督兼北洋大臣，以懷塔布管理北京圓明園等處官兵，以剛毅管理健銳營特種部隊。這樣，守舊派就掌握了京畿地區的軍權，維新派怎樣鬧騰，也跳不出老佛爺的掌心了。

光緒皇帝第八次詣園請安後發佈"諭旨"說：皇帝將在九月裏巡幸天津，舉行閱兵典禮。天津是榮祿的勢力中心，維新派不知道這裏邊暗藏著什麼鬼名堂，懷疑太后想乘閱兵之機，廢掉以至殺掉皇帝，因此，便將疑懼當作事實，積極推進武力奪權計劃。

---

* 原載《百年潮》1998 年第 4 期，有個別修改之處。

康有為早就認為，慈禧太后頑固不化，要擴大光緒皇帝的權力，維新變法，必須除去太后，然而苦於找不到堂皇的理由。現在，這樣的理由終於找到了。

（二）康有為留下了湖南好漢畢永年，準備將一項重要的機密任務交給他

七月二十七日（9月12日），畢永年從湖南到達北京。

畢永年是長沙著名好漢。八歲時就隨父叔輩生活在軍隊裏，練就了一身過人的膽識，也練就了一身過人的武藝。光緒二十三年（1897年），和唐才常同時考取拔貢，取得了入京參加朝考的資格。自此，即和唐才常、譚嗣同結為生死之交，三人經常一起商議救國大計。當時，會黨是中國下層社會的一支有組織的秘密力量。為了聯絡會黨，畢永年又親自參加哥老會。由於他體格魁梧，輕財仗義，文武雙全，因此，很快就得到哥老會裏那些山堂龍頭們的賞識。

畢永年此次到京，是為了追隨譚嗣同，參與維新活動。到京的第二天，畢永年拜見康有為，被康留在南海會館，和錢惟驤同住一室。錢和畢既是同鄉，也是好友，二人異地相見，感覺分外親熱。

七月二十九日（9月14日）夜9時，康有為將畢永年召到自己的房間。此前，康有為已經從譚嗣同那裏知道了畢永年的為人，因此推心置腹地對他說："你知道嗎？現在形勢危急，太后想在九月天津閱兵時謀弒皇上，怎麼辦？我想學唐朝張柬之廢除武后之舉，但皇上手頭無兵，實難舉事。我已奏請皇上，召袁世凱入京，讓他當李多祚。"武周神龍元年（公元705年），武則天病重，宰相張柬之依靠羽林大將軍李多祚的兵力，殺入宮內，殺死為武后寵信的張昌宗弟兄，恢復唐中宗的帝位。康有為想重演當年那驚心動魄、關係國家命運的一幕。

"袁世凱是李鴻章一黨，李鴻章是太后一黨，恐怕不能用。而且袁亦非謀此事之人。當年駐守高麗，情況危急，就自請撤回，實在沒有膽量。"畢永年沒有全盤反對康有為的計劃，但反對用袁世凱。

"我已派人到袁處行反間計，袁深為相信，痛恨榮祿與太后。而且，我已奏知皇上，在召見袁時隆以禮貌，撫以溫言，賞以茶點，袁一定感激圖報。"康

有為顯得很有信心。對畢永年說："你先等著，我有事要重用你。"

畢永年不知道康有為將怎樣用他，心裏打起鼓來。

（三）光緒皇帝精簡機構，罷斥六個部長級大臣，受到慈禧嚴厲批評，傳出密詔，要楊銳等迅速籌商，找出既變法，又不觸犯太后的兩全之計

光緒皇帝宣佈變法維新後，在一段時期內頗有幹勁，下令改革的詔書不斷。

七月十四日（8月30日），光緒皇帝下令精簡機構，中央裁撤詹事府、通政司、光祿寺、鴻臚寺、太常寺、太僕寺、大理寺等衙門，外省裁汰湖北、廣東、雲南三省巡撫以及若干不辦實事的官員。京外其他應裁、應併各缺，由有關衙門、官員"分別詳議，切實辦理"。

光緒皇帝的這些改革舉措受到守舊大臣的強烈反對，新政很難推動。在此情況下，光緒皇帝就想懲處幾個守舊派大臣，藉以立威。正巧，發生了禮部尚書懷塔布等六大臣阻撓主事王照上書事件。

按清制，低級官員沒有直接給皇帝上書的權利。為此，光緒皇帝特別下詔，准許部院司員及士民上書言事，不得阻攔。當年六月，王照寫了一道奏章，提出請皇帝、皇太后巡幸中外等幾條意見，要求禮部代為呈遞，遭到禮部尚書懷塔布、許應騤等人的拒絕。王照不肯甘休，寫了呈文，親自到禮部衙門抗議，聲稱如不遞，我當親往都察院遞送。懷塔布無法，只好應允代奏。但是，許應騤卻奏劾王照"咆哮署堂，藉端挾制"。事件為光緒皇帝得知後，便於七月十九日（9月4日）將懷塔布、許應騤等禮部的六個堂官（部長級）革職，同時，賞給王照三品頂戴，以四品京堂候補，以示激勵。第二天，又乘餘威，賞譚嗣同、楊銳、劉光第、林旭四人四品卿銜，在軍機章京上行走，參預新政事宜。至此，光緒皇帝才算抖了抖威風，有了點當皇帝的感覺了。

然而，光緒皇帝的這個婁子捅大了。

懷塔布和慈禧太后同屬葉赫那拉一族，滿洲正藍旗人，靠親貴的地位發跡。他的老婆經常出入頤和園，陪慈禧太后吃飯、玩耍、解悶兒，是個直接通天的人物。懷塔布被革職後，立即趕赴天津，與榮祿密謀。他的老婆則到頤和園向老佛爺哭訴，造謠說：皇帝"且盡除滿人"！

慈禧太后本來就反對變法，皇帝的許多舉措她都不贊成。當時，康有為建議開懋勤殿，選拔英才，延聘外洋顧問，討論各項制度，擴大議政人員範圍。七月二十九日（9月14日），光緒皇帝到頤和園，向慈禧太后提出這一建議，慈禧不悅，怒形於色，嚇得光緒皇帝一句也不敢再說。這次請安中，慈禧太后特別批評光緒皇帝，對懷塔布等人處罰過重，亂了家法。第二天，光緒皇帝即召見楊銳，交給他一道密諭，內稱："近來朕仰窺皇太后聖意，不願將法盡變，並不欲將此輩荒謬昏庸之大臣罷黜，而用通達英勇之人令其議政，以為恐失人心。"密諭自述為難之處道："必欲朕一旦痛切降旨，將舊法盡變，而盡黜此輩昏庸之人，則朕之權力實有未足。果使如此，則朕位且不能保，何況其他！"光緒皇帝要楊銳與諸同志妥速籌商，找出"良策"，既能罷免守舊大臣，選用新進，變法圖強，而又能不觸犯太后，"有拂聖意"。他表示："十分焦急翹盼之至！"

這道密詔傳出了慈禧反對變法，皇帝力量薄弱，"朕位且不能保"等信息，令楊銳既震驚，又緊張，不知道怎麼辦。直到八月初二，才交給林旭。

（四）光緒皇帝召見袁世凱，想利用他的兵力保駕

康有為和畢永年初次密談的時候，袁世凱已經奉召到了北京。

袁世凱是淮軍將領袁甲三的姪孫，曾隨吳長慶督兵駐紮朝鮮。光緒二十一年簽訂《馬關條約》之後，袁世凱在北京請人譯撰兵書十二卷，提倡用西洋辦法治軍，因此，被委任為新建陸軍督辦，負責在天津小站訓練新軍。康有為成立強學會時，袁世凱捐過五百元錢。此後，康有為就將袁世凱看作維新人士。

康有為在一道道向光緒皇帝呈遞變法奏章時，逐漸感到舊黨勢力強大，皇帝只是光杆一個，處境十分危險。他當然懂得，要保護變法，保護皇帝，必須靠軍隊。軍中有誰堪當此任呢？他想到過淮軍將領聶士成，想利用聶的把兄弟王照去動員他，但是，王照不認為慈禧太后有廢皇帝之心，拒絕了。康有為覺得，此外就非袁世凱莫屬。當年六月，他派侍讀學士徐致靖的姪子徐仁祿到袁世凱幕中，和袁廝混，借機對袁進行政治考察，同時離間袁世凱和榮祿的關係。袁知道徐的背景，便當面稱讚康有為有"悲天憫人之心，經天緯地之才"。袁世凱的這些話聽得康有為心花怒放，便命徐仁祿繼續用話激他："康有為屢次

和梁啟超、宋伯魯、譚嗣同向皇上保薦閣下，皇上說榮祿說過，袁世凱跋扈不可大用。不知我公為何與榮不和？”

“當年翁同龢想增加我的兵員，榮祿聲稱漢人不能任掌兵大權。翁說，曾國藩、左宗棠也是漢人，何嘗不能領大兵，但榮祿仍然不肯為我增兵。”袁世凱彷彿恍然大悟，補充說。

康有為從徐仁祿那裏得知袁世凱的態度後，便決心薦袁。他先替徐致靖草摺，要求光緒皇帝召見袁世凱，加官獎勵；接著，又命譚嗣同上密摺，要求光緒皇帝收撫袁世凱以備不測。處於孤立狀態的光緒皇帝也覺得是個辦法，便於七月二十六日（9月11日），命榮祿傳知袁世凱即行來京。

七月二十九日（9月14日），袁世凱遵命進京。八月初一日（9月16日）清晨，打過四鼓，袁世凱便梳洗整齊，匆匆趕到頤和園門口等候。黎明時，光緒皇帝在毓蘭堂召見。據袁世凱日記記載，皇帝關心的是“軍事”，問得很詳細，袁世凱一一據實奏明。少頃，袁世凱見沒有新問題，便奏說：“九月有巡幸閱兵大典，榮祿命臣督率修理操場，先期演習陣圖，亟須回津料理。陛下倘無垂詢事件，臣就要請訓回津了。”但是，光緒皇帝卻要袁世凱再住幾天，四天後請訓，說是那樣不會有“大耽擱”。

袁世凱回到寓所不久，忽然，軍機處值勤人員來報，皇帝命袁世凱以侍郎候補，專辦練兵事務，要他於初五日（20日）請訓。袁世凱原來的職務是直隸按察使，提拔為侍郎，就是副部級了。因此，幕僚們迅速前來祝賀，袁世凱卻狐疑滿腹，說是自己沒有一寸功勞，受如此重賞，決不是福，有何可賀！他表示，要上疏力辭。幕僚們不贊成，於是，袁世凱便命人拜摺謝恩。

當日下午，袁世凱在京城先後拜見軍機大臣剛毅、戶部尚書王文韶、禮部尚書裕祿等人。當然，他也沒有忘記康有為，送去了一封表示感謝的帖子。但是，袁世凱的心中，恰似有十餘個轆轤打水，七上八下，用他自己的話來說，就是“此心怦怦”。

初二日（17日），袁世凱向光緒皇帝謝恩，自稱無尺寸之功，卻受到破格之賞，慚悚萬狀。光緒皇帝笑了笑說：“人人都說你練的兵、辦的學堂甚好。此後可與榮祿各辦各事。”榮祿是直隸總督、北洋大臣，袁世凱是他的部下，理應受其節制，然而，皇帝卻要他和榮祿 "各辦各事"。退朝後，袁世凱反復琢磨著皇帝這一句話的含義。

袁世凱老於政壇，熟知當時形勢。他很快就悟得：光緒皇帝的不次之賞是將他放到火爐上了。

（五）康有為定計，讓畢永年打入袁世凱的部隊，在包圍頤和園時逮捕慈禧太后

八月初一日（9 月 16 日），畢永年知道康有為計劃已定，便和譚嗣同商量。譚稱："此事甚不可，但康先生一定要這樣做，而且想讓皇上面諭袁世凱，我亦無可奈何！兄能在此幫助我，極好，但不知康先生準備怎樣用您？" 二人議論到下午一點，沒有結果。這一段時候，譚嗣同身體不好。畢永年不願打擾過久，就告辭而出。

當晚 8 點，康有為、梁啟超等正在用晚餐，忽然傳來上諭，袁世凱以侍郎候補。康有為高興得拍桌大叫說："天子真聖明！如此做法，就比我等所獻之計更加隆重，袁世凱必定喜而圖報了！" 說畢，康有為放下筷子，命畢永年跟他進房，詢問下一步如何做法。

"事已如此，無可奈何，定計而行就是了。不過，我始終覺得袁世凱不可用。" 畢永年說。

"袁極可用。我已經得到他應允的證據了。" 康有為見畢永年仍在猶疑，便從桌子上拿出袁世凱送來的帖子，內稱蒙康薦引提拔，不勝感激，雖赴湯蹈火，在所不辭云云。康有為頗為得意地問畢永年："你看，袁有如此語，還不能用嗎！"

"這樣看來，袁也許可用，先生想讓僕做什麼事呢？" 畢永年問。

"我想讓你到袁世凱的幕中去當參謀，監督他，如何？" 康有為一步步地吐露他的計劃，同時試探畢永年的反應。

"僕一人在袁幕中何用？袁如果有異志，僕一人也制不了他。" 畢永年仍然顧慮重重。

"我交給你一百人，由你統率。等袁世凱兵圍頤和園時，你帶這一百人奉詔將太后抓起來，將她廢掉就可以了。" 顯然，康有為成竹在胸，所有的細節都

想過了。

"那麼，僕何日見袁？"畢永年有點心動了。

"再商量吧！"

康、畢二人談到緊要處，康有為的弟弟康廣仁和梁啟超突然推門而入，坐定後，梁啟超對畢永年說："此事兄不必再疑，務請大力擔當。"話說到這兒，梁啟超見畢永年沒有回答，便追問了一句："兄敢做此事嗎？"

"有什麼不敢！但僕要熟思審處，好好想想。而且，僕還沒有見過袁世凱，他是什麼人，僕還不知道呢！"

"袁這個人，大可用！然則兄能答應此事嗎？"梁啟超急於要畢永年有一個既堅決又慷慨的允諾，然而，畢永年就是不吭聲。康廣仁不高興，憤然於面了。

"此事我終不敢獨力擔任，是否趕緊催佛塵進京商量？"畢永年不能不表態了，他想起了好友唐才常，那是一條有勇有謀，能當大事的漢子。

"太好了！太好了。但我們想在幾天內就發動，如待唐君，又多需時日，奈何！"康有為、梁啟超見畢永年終於有了答應的意思，很高興，但形勢瞬息萬變，他們擔心等待唐才常會誤事。躊躇了一會兒，決定找譚嗣同商量。這幾天，譚嗣同也住在南海會館，幾個人很快就到了譚的房間。譚嗣同聽明白雙方的爭論後，表態說："稍緩時日不妨。如能催得佛塵來，更完善。"

"畢君沉毅，唐君深鷙，可稱兩雄。"梁啟超表示極為贊成譚嗣同的意見。

"事已定計。汝等加緊調兵遣將吧！"康有為作出決定。

於是，兩封快電相繼飛向湖南，要唐才常火速進京。

（六）情況不妙，光緒皇帝要康有為迅速離開北京

自從光緒皇帝命康有為在總理衙門章京上行走，可以專摺奏事後，康有為就一直成為守舊派的眼中釘，肉中刺，各種彈劾、攻擊紛至遝來。五月二十日（7月8日），御史文悌上疏攻擊維新派，康有為是頭一名。為了讓康有為躲過風頭，光緒皇帝於六月初八日（7月26日）下令將上海《時務報》改為官報，命康有為前去督辦。但康有為並未動身，仍在北京指揮維新運動。八月初二日（9月17日），光緒皇帝見風頭更緊，便發佈明詔，命康有為迅速離京，"毋得

遷延觀望"。同日召見林旭，命他帶給康有為一道密詔，解釋命他迅速離京的用意，內稱："朕今命汝督辦官報，實有不得已之苦衷，非楮墨所能罄也。汝可迅速出外，不可延遲。汝一片忠愛熱腸，朕所深悉。其愛惜身體，善自調攝，將來更效馳驅，共建大業，朕有厚望焉。"林旭於當晚訪問康有為，適值康有為在御史宋伯魯家吃晚飯，林旭便將明詔留在康寓，同時留書囑康第二日勿出，有要事相告。

康有為很晚才回來，畢永年已經等他很久了。

這一天，畢永年想來想去，覺得還是不能輕易承諾康有為交下的任務。他想：還不知道康有為怎樣讓我見袁世凱？時間這樣緊迫，倉猝之間，彼此交淺，如何深言，何能行事？9月17日（八月初二日），他和康廣仁商量，不想康廣仁大怒道："汝等盡是書生氣，平日議論縱橫，及至做事，卻又拖泥帶水！"

"不是拖泥帶水。康先生想用我，必須說清辦法。我一命雖微，但不能糊塗而死。凡事貴深謀熟慮。康先生既然令我同謀，何以不能讓我置一詞！而且，康先生命我領百人行事，尤不能冒昧。我是南方人，初至北軍，率領彼此互不相識之兵，十數天中，我何能將他們收為心腹，又何能得其死力？我八歲即隨父叔輩來往軍中，深知軍中弊端。我不過是一個有母喪在身的拔貢生，統帶此兵，不獨兵不服，同軍各將，也會奇怪。"

聽了畢永年的解釋，康廣仁更加不高興，冷笑著走出房間。

當晚7時，畢永年得知皇帝命康有為迅速離京的消息，覺得情況不妙，待康有為歸來後找到他說："皇上命你出京，事情必定要失敗了，但不知袁世凱處消息如何？"

"袁處有幕友徐世昌，與我極交好，我將命譚、梁、徐三人往袁處明言，成敗在此一舉！"康有為顯得既有信心，也有決心。

畢永年見康有為仍然很固執，便將日間對康廣仁所說再陳述一遍。康有為也不高興，生氣地說："你以拔貢生領兵，也很體面麼，有何不可！此事尚未定，你不用先多慮。"

畢永年不便再說什麼了。

（七）康有為不僅要逮捕慈禧太后，而且要乘機將她殺掉，梁啟超奉命試探畢永年的態度

初三日（9月18日）一早，林旭來到南海會館，將光緒皇帝要康有為儘快離京的密詔交給他，康有為便起草密摺謝恩，表示誓死救皇上，同時奏報於初四日啟程出京，命林旭持還繳命。林旭同時帶來的還有光緒皇帝七月三十日交給楊銳的密詔，康有為找來譚嗣同，共同跪讀密詔，又召來梁啟超、康廣仁等人，商討營救光緒皇帝的計劃。這時，袁世凱的幕僚徐世昌也來了。康有為等便有意哭得更響亮、更動情一點，企圖以此感動徐世昌。這樣，徐世昌也哭將起來。於是，南海會館裏頓時一片哭聲。

午飯時，錢惟驥對畢永年說："康先生要謀弒太后，怎麼辦？"

"兄如何得知？"

"剛才卓如對我說，康先生的意思是，奏知皇上時，只說廢掉太后，待包圍頤和園時，將她抓起來殺掉。卓如不知道您肯否擔當此事，要我向您打探。此事很明顯了，怎麼辦？"

"我早知道了，他們是想讓我當成濟。您先等著吧！"三國時，魏帝曹髦與司馬昭集團對峙，太子舍人成濟一刀從曹髦的正胸穿到背後。畢永年對康有為要自己扮演的角色很清楚。

當晚，畢永年發現譚嗣同徹夜未歸。

（八）譚嗣同夜訪袁世凱，和盤托出密謀，袁世凱託詞推宕

譚嗣同何以徹夜未歸呢？他是受康有為之命去找袁世凱了。

初三（9月18日）晚，袁世凱正在執筆擬摺，忽然門房持名片來稱："譚軍機大人有要公來見。"當袁世凱正準備說"請"時，譚嗣同已經到了客堂。袁世凱知道譚是"新貴近臣"，不敢怠慢，便停筆出迎，請入內室，互道寒暄。

"初次見面，不想公如此相貌堂堂，有大將格局！"譚嗣同恭維袁世凱說。

"公是否初五請訓？"譚嗣同繼續問。

"現有英國兵船巡行海上，準備具摺明日請訓後就回津了。"袁世凱答。

"外侮不足憂，大可憂者，是內患。"

"為何？"

"公受皇帝破格特恩，必將有以圖報。皇上現有大難，非公不能救！"

聽了譚嗣同此言，袁世凱作出大驚失色的樣子說："我世受國恩，本應力圖報答，何況己身又受到不次提拔，敢不肝腦塗地，圖報天恩！但不知皇上難在何處？"

"榮某近日獻策，將廢君弒君，公知此事否？"

聽了譚嗣同的話，袁世凱表示榮有"忠義之心"，此說不可信。譚嗣同稱：榮祿"此人極為狡詐"。他將六月裏徐仁祿對袁世凱說過的話又說了一遍。並稱："僕也曾幾次在皇上面前力保我公，但均為榮某所阻。皇上常說，袁世凱甚明白，但有人說他不可用。此次超升，甚費大力。公如真心救皇上，我有一策。"譚嗣同說到這裏，拿出一份擬就的奏摺草稿，內容大意是：

> 榮某謀廢立弒君，大逆不道，若不速除，上位不能保。袁世凱初五請訓，請面付朱諭一道，令其帶本部兵赴津，見榮某，出朱諭宣讀，立即正法，即以袁某代為直督，傳諭僚屬，張掛告示，佈告榮某大逆罪狀，即封禁電局、鐵路，迅速載袁某兵入京，派一半圍頤和園，一半守宮，大事可定。如不聽臣策，即死在上前。

看來，這是康有為、譚嗣同準備在光緒皇帝面前死諫的一道奏章，也是他們清除后黨的詳細計劃。袁世凱讀了之後，"魂飛天外"。反問譚嗣同說："圍頤和園欲何為？"

"不除此老朽，國不能保。此事在我，公不必問。"

袁世凱表示：要除掉皇太后，部下不會聽命。

"我僱有好漢數十人，並電湖南召集好將多人，不日可到。去此老朽，在我而已，無須用公。只請您做兩件事：誅榮某，圍頤和園。公如不應允，我即死在公前。公之性命在我手，我之性命在公手。今晚必須定議，我即進宮請旨。"譚嗣同把什麼都和盤托出了，要袁世凱立即決定。

"此事關係太重，斷非草率所能決定。您今晚殺了我，也不能決定；而且，您今晚進宮請旨，皇上也未必允准。"袁世凱想知道光緒皇帝的態度。

"我有挾制之法，必不能不准。明日皇上定有朱諭一道，當面交給您。"

袁世凱知道譚嗣同是光緒皇帝的近臣，如果皇帝真的有朱諭交下來呢？但他仍覺得，此事難度太大，便說："北洋宋慶、董福成、聶士成各軍，有四五萬人，淮練各軍有七十多營，京內有旗兵數萬，本軍不過七千人，能夠動用的不過六千人，如何能辦此事？恐怕外面軍隊一動，京內立刻設防，皇上的處境就危險了。"袁世凱開始對雙方實力進行估算了。

"可以用迅雷不及掩耳的辦法嘛！待動兵時，將皇帝的朱諭分發各軍，同時照會各國，誰敢亂動！"譚嗣同知道雙方實力懸殊，但認為不足慮。

"本軍糧械子彈，均在天津營內，存者極少，必須先將糧彈領運足用，方可用兵。"袁世凱畢竟帶過兵，打過仗，考慮問題細緻一些。

"可以請皇上先將朱諭交給存收，待佈置妥當，一面密告我日期，一面動手。"涉及到軍事細節問題，譚嗣同不得不退讓。

"我萬不敢惜死，擔心的是萬一泄漏必將累及皇上。臣子死有餘辜，一經紙筆，便不慎密，切不可先交朱諭。你先回，容我熟思，佈置半月、二十日方可復告你如何辦法。"袁世凱知道，這是一個緊要關頭。他說"不惜死"是假的，真實的情況是他要好好盤算盤算，看看將寶壓在哪一方面，才萬無一失。但是，譚嗣同自然等不得，他說：

"皇上很著急，我有朱諭在手，必須即刻定準一個辦法，方可覆命。"於是，他拿出皇帝交給楊銳，要他們找出"良策"的密詔來，袁世凱發現是用墨筆寫的，立即詰問說："此非朱諭，而且並無誅榮相、圍頤和園之說！"

"朱諭在林旭手。此為楊銳抄給我看的，確有此朱諭，三天前發交的。林旭等極可惡，不立即交給我，幾誤大事。諭內所稱'良策'，即有二事在內。"

"青天在上，袁世凱斷不敢辜負天恩，但恐連累皇上，必須妥籌詳商，以期萬全。"

袁世凱打定主意，既不答應，也不拒絕，而譚嗣同卻一再催促，聲色俱厲，要袁立即決定，以便入宮面奏。袁世凱覺得譚嗣同衣襟高聳，似乎藏有兇器，便轉變語氣說："九月皇上即將巡幸天津，到時軍隊彙集，只要皇上一寸紙條，誰敢不遵？何事不成！"

"等不到九月，他們就要廢弒皇上了，形勢危險得很！"

"既有皇上巡幸之命，必然不會有意外，必須到下月方可安全。"

"如果九月不出巡，怎麼辦？"

"現在已經預備妥當，花了數十萬兩銀子了。我可請榮相力求太后，必定出巡，不會停止。此事在我，你可放心。"

"報皇上之恩，救皇上之難，建立奇功大業，掌握天下事，在公此舉。"說到這裏，譚嗣同用手拍了拍脖子："如您到頤和園告變，殺我，害及皇上，可以得富貴。"譚嗣同覺得該攤牌了，以激烈的語氣將兩條路擺得分分明明，要求袁世凱決斷。

"你以為我是什麼人！我三代受國家深恩，斷不至喪心病狂，貽誤大局。但能有益於君國，必當死生以之。"說著，袁世凱慷慨激昂起來，"閱兵時，如果皇上到了我營中，殺榮祿如殺一狗耳！"這樣，譚嗣同似乎相信了。他從座位上起立，連連向袁世凱作揖，稱他為"奇男子"！

兩人還談到"兩宮何以不和"等問題。最後，譚嗣同表示："自古非流血不能變法，必須將一群老朽全行除去，才能辦事！"

夜已經很深了。袁世凱託詞還要趕辦奏摺，譚嗣同這才離開袁世凱的法華寺寓所。袁世凱沒有答應馬上行動，他覺得很失望；但是，袁世凱也沒有堅決拒絕，這使他對未來仍然抱有希望。他當然不知道，舊黨方面的楊崇伊通過慶親王奕劻，當日白天到頤和園，向慈禧太后上了一道奏章，這道奏章改變了維新派的命運，使得近代中國歷史出現了一個大曲折。

（九）慈禧太后突然從頤和園還宮，維新派的一切努力都為時已晚

八月初四（9月19日）早餐後，畢永年發現譚嗣同回到寓所，急不可耐地向他打聽消息。譚嗣同正在梳頭，有氣無力地說："袁還沒有答應，但也未堅決推辭，想慢慢地辦。"

"袁究竟可用與否？"畢永年再問。

"此事我與康先生爭過數次，先生必欲用此人，真無可奈何！"譚嗣同不無

牢騷地說。

"昨夜是否將密謀全部告訴袁了？"畢永年再問。

"都說了。"

"事情完全失敗了！完全失敗了。這是何等樣的事，能說出口而停止不辦嗎？公等恐怕要有滅族之禍了！僕不願和你們同罹此難，馬上就搬出南海會館，住到別處去。我勸兄也該自謀，不可與他們同歸於盡，無益呀！"畢永年急得差點跳起來。

午後1時，畢永年遷居寧鄉會館，離南海會館只有幾家，好及時打聽消息。

當日，康有為訪問在北京的英國傳教士李提摩太，想請英國駐華公使出面相助，但是，公使到北戴河避暑去了；想找美國公使，美國公使到西山去了。

就在這個節骨眼兒上，慈禧太后突然於晚間從頤和園回宮。

（十）楊崇伊到頤和園上奏章，慈禧太后決定提前下手

慈禧太后突然回宮是楊崇伊頭天上奏章的結果。

楊崇伊，字莘伯，江蘇常熟人。進士出身，時任廣西道監察御史。他和李鴻章是姻親，其活動常有李的背景。康有為和文廷式等組織強學會時，他即上疏彈劾文廷式，因此，強學會一度被封禁。懷塔布等六堂官被撤職後，他即繼懷塔布之後赴津與榮祿密謀，確定計劃。初三日（9月18日），他通過奕劻向慈禧上奏章，聲稱文廷式創立大同學會，"外奉廣東叛民孫文為主，內奉康有為為主"；又稱：今春會試，康有為偕其弟康廣仁及梁啟超來京講學，"將以煽動天下之士心"。奏章激烈地攻擊維新運動，說是"兩月以來，變更成法，斥逐老成，藉口言路之開以位置黨羽"。奏章特別提出："風聞東洋故相伊藤博文即日到京，將專政柄"，"伊藤果用，則祖宗所傳之天下，不啻拱手讓人。"楊崇伊要求慈禧即日訓政，召見大臣，密捕大同學會中人，分別嚴辦。在旁哭訴的除慶親王奕劻，還有端郡王載漪。

楊崇伊的這道奏章很有煽動性。它不僅迎合了慈禧的守舊心理，而且也迎合了慈禧對洋人的疑懼感。伊藤博文原是日本的總理大臣，馬關談判時李鴻章的對手。戊戌年下野後，以從事遠東外交自任。七月二十三日（9月8日）來

華。二十九日（9月14日）到達北京，先後會見總署王大臣、康有為、張蔭桓等人，定於八月初五日晉見光緒皇帝。當時，英人李提摩太已經提出，建議中國政府聘請伊藤為顧問，中國官員中也有聘任伊藤為"客卿"的類似意見，還傳說伊藤有可能進入軍機處，等等。楊崇伊奏章中所說伊藤"將專政柄"，即指此類傳說。慈禧本來就擔心變法會損害自己的地位和權力，現在，這個洋鬼子來了，馬上就要和皇帝見面，如果二人結合起來，如何得了！

這就是慈禧為什麼突然回宮的原因。

（十一）光緒皇帝照舊召見袁世凱和伊藤博文，但已處於慈禧太后的監視之下

初五日（9月20日），光緒皇帝所做的第一件事是召見袁世凱。

袁世凱奏說："古今各國變法都不容易，非有外患，即有內憂，請忍耐待時，步步經理。如操之過急，必生流弊，而且變法尤在得人，必須有真正明達時務、老成持重如張之洞者，出而贊襄主持，方可仰答聖意。至新進諸臣，固然不乏明達勇猛之士，但閱歷太淺，辦事不能慎密。倘有疏誤，累及皇上，關係極重。總求十分留意。天下幸甚！臣受恩深重，不敢不冒死直陳。"自從初三日譚嗣同夜訪後，袁世凱就"反復籌思，如癡如病"。這時候，袁世凱顯然已經決定了自己的政治走向。據袁世凱日記記載，光緒皇帝聽了這一段話後，"頗為動容"。但是，"無答諭"，什麼也沒說。

光緒皇帝為什麼一句話也不說呢？這只能說明他已經受到監視，什麼也不能說了。

當日中午，光緒皇帝召見日本前首相伊藤博文和日本駐華公使林權助，倒是說話了。

光緒帝："貴爵維新以來之政治，為各國所稱揚。貴爵對於祖國之功業，實無人不佩服。"

伊藤："過蒙獎譽，實不敢當。臣不過仰體我天皇陛下之聖謨，聊盡臣子職分。"伊藤很謙虛。

光緒帝："貴我兩國，地勢上同在一洲之內，最親最近。目今我國改革，迫於必要，朕願聞貴爵意見，請貴爵將改革順序方法，詳細告知總理衙門王大

臣，予以指導。"

在伊藤表示"敬奉諭旨"之後，光緒皇帝又說："常與貴國同心協力，永久繼續親密國交，是朕所最為切望的事。"

這實在是幾句套話。當時，慈禧太后就在簾內（一說在屏後）監聽，他還能說什麼呢！

慈禧太后回宮後，除了監視光緒皇帝外，立即下令呈繳譚嗣同、楊銳、林旭、劉光第等四個新章京所簽各項文件，她要一一審閱、檢查……

（十二）袁世凱回津告密之際，慈禧太后已經在北京發動政變

袁世凱初五日請訓時，見光緒皇帝不說話，便請安退下，奔赴車站，登車回津。

回津後，袁世凱的第一件事就是到總督衙門拜見榮祿，"略說內情"，並稱："皇上聖孝，實無他意，只有群小結黨煽惑，謀危宗社，罪實在下，必須保全皇上以安天下。"正說間，榮的幕僚等人入坐，袁世凱一直坐到二鼓，始終沒有說話機會，只好退下，約定第二天早晨再來拜訪。

初六日（9月21日）一早，袁世凱本想再次拜見榮祿，不料榮祿卻主動來見袁世凱了。這回，袁世凱詳細地報告了有關情況。榮祿聽到袁轉述的天津閱兵時廢掉光緒皇帝的計劃時，臉色大變，自辯說："榮某若有絲毫犯上之心，天必誅我。近來屢屢有人來津通告內情，但都不及今天所談詳細。"袁世凱也說："此事與皇上毫無干涉，如果累及皇上的位置，我只有飲藥自殺了。"據說，"二人籌商良久，迄無善策"。

這邊榮祿和袁世凱在商量，北京的慈禧太后卻已經在當日一早宣佈重新臨朝"訓政"。同時，以光緒皇帝的名義發佈上諭，聲稱康有為"結黨營私，莠言亂政"，著革職，並其弟康廣仁均著步軍統領衙門捕拿，交刑部治罪。御史宋伯魯也因為在維新運動中出了不少風頭，以"濫保匪人"罪被革職，永不敘用。

逮捕康氏兄弟之命既下，崇禮立即出動士兵，查抄南海會館。不過只抓到了康廣仁，前一天，康有為已經譚嗣同力促，遵照光緒皇帝指示，離開北京，

經天津，換乘英船南下了。

向慈禧上奏，請慈禧"訓政"的是楊崇伊。現在如願以償，自然高興異常。他馬上趕到天津，向榮祿報告喜訊。榮祿不願獨享，派人持帖找來袁世凱。榮祿拿著一杯茶，笑著遞給袁世凱說："此非毒藥，你可以喝！"袁世凱被光緒皇帝破格召見，破格提拔，榮祿不能沒有戒心；現在證明，袁世凱仍然忠於自己，忠於太后，榮祿很滿意，開了一句玩笑。

初七日（9月22日），楊崇伊返回北京。自然，他帶回了袁世凱告密的全部信息。

（十三）康有為"圍園"密謀暴露，譚嗣同等英勇就義

慈禧太后再度"訓政"時，還不知道譚嗣同夜訪袁世凱，要他兵圍頤和園的有關情節。所以她的處分對象只限於康有為、康廣仁和宋伯魯。楊崇伊回京後，報告奕劻，奕劻報告慈禧，慈禧立即於初八日（9月23日）審訊光緒皇帝，下令逮捕譚嗣同等人。

康有為走後，梁啟超、譚嗣同還在找尋挽救時局的辦法。初六這天，梁啟超到瀏陽會館訪問譚嗣同，二人正在對楊密談之際，忽然傳來步軍統領衙門查抄南海會館的消息，接著，又傳來慈禧垂簾聽政的消息。這兩條消息宛如猛然炸響的當頭霹靂，二人都為之一震。但是，譚嗣同早就作了為變法流血犧牲的準備，因此很快就平靜下來，從容地對梁說："此前想救皇上而無可救，現在想救康先生也無可救。我已無事可辦，只待死期了。"他建議梁啟超到日本駐華使館，拜會伊藤博文，請伊藤致電駐上海領事，設法救助康有為。梁啟超覺得所能做的也僅此了，便依言進入日本使館。

初七日，譚嗣同到日本使館會晤梁啟超，將所著書及詩文辭稿本、家書等物交給梁啟超，託他保管。譚勸梁啟超出走日本："不有行者，無以圖將來；不有死者，無以酬聖主。今南海之生死未卜。程嬰、杵臼，月照、西鄉，吾與足下分任之。"他將生的希望推給了梁，將為變法犧牲，激勵國人的責任留給了自己。二人都知道，這是生離，也是死別，譚嗣同與梁啟超一抱之後，大踏步地走出了日本大使館。

自初八日起，譚嗣同、劉光第、楊銳、林旭、張蔭桓、徐致靖等陸續被捕。楊深秀因上疏反對慈禧訓政，也同時被捕。接著，清政府又下令拿辦楊崇伊奏章中提到的孫文和文廷式。凡是重要的新黨新派，慈禧太后一個也不放過。

慈禧太后回宮後，即將光緒皇帝軟禁在中南海瀛台。初十日（9月25日），"上諭"稱：皇帝病重，命中外保薦精通醫理之人。這件"上諭"，目的在為有朝一日廢掉光緒皇帝製造輿論準備。

十一日（9月26日），清政府宣佈：恢復被光緒皇帝精簡掉的詹事府、通政司等機關；禁止士民上書言事；停辦官報館，停止各省祠廟改設學堂，維新運動的新芽被一一掐死。同日，慈禧太后下令派軍機大臣會同刑部、都察院嚴刑審訊譚嗣同等人。次日，加派御前大臣會審，但不久，又通知"勿用審訊"。十三日（9月28日），清政府將譚嗣同、楊深秀、楊銳、林旭、劉光第、康廣仁六人殺害於北京宣武門外的菜市口。次日，清朝政府發佈"上諭"云：

> 主事康有為首倡邪說，惑世誣民，而宵小之徒，群相附和，乘變法之際，包藏禍心，潛圖不軌，前日竟有糾結亂黨，謀圍頤和園，劫制皇太后，陷害朕躬之事，幸經察覺，立破奸謀⋯⋯

顯然，這"謀圍頤和園，劫制皇太后"的新罪名，乃是袁世凱告密的結果。

譚嗣同等犧牲這一天，北京先是陰霾密佈，繼而風雨交作。事後，維新運動的思想家、宣傳家嚴復寫了一首沉痛的哀詩：

> 求治翻為罪，明時誤愛才。伏屍名士賤，稱疾詔書哀。
> 燕市天如晦，宣南雨又來。臨河鳴犢[1]歎，莫遣寸心灰。

1　鳴犢，即竇鳴犢，晉國大夫，賢臣。《史記》載，孔子不為衛國所用，想投奔晉國，走到黃河邊上，聽到竇鳴犢等為趙簡子所殺，便歎惜道："我孔丘不渡黃河，是命啊！"折回不赴。此以竇鳴犢等比喻譚嗣同等。

詩中，嚴復對譚嗣同等被害表現了強烈的不平，他勉勵自己，不要因此灰心，要為中國的改革和富強繼續奮鬥！

附記：本文主要依據筆者在日本外務省檔案中發現的畢永年日記及其他檔案、文獻寫作，所有對話、細節，均有依據，幸勿以 "紀實文學" 視之。

袁世凱《戊戌紀略》的真實性及其相關問題 *

戊戌政變前夜,譚嗣同夜訪袁世凱是中國近代史上的重要事件,任何講述維新運動史的專著都不能不闡述它。關於夜訪情況,袁世凱的《戊戌紀略》和梁啟超的《戊戌政變記》都有較詳細的記載。在這兩份資料中,袁世凱的《紀略》寫於光緒二十四年八月十四日(1898年9月29日),距譚嗣同夜訪不過十一天,為當事人親筆所記,屬於直接資料[1];梁啟超的著作,其內容當據譚嗣同轉述,且係流亡日本後追記,屬於間接資料,而且,梁啟超晚年還曾自述,《政變記》並非"信史",其中有個人"感情作用"支配,將"真跡放大"之處。[2] 因此,袁世凱的《紀略》似應更為可靠。但是,由於袁世凱是中國近代史上的"大奸大憝",被認為"一生善於作偽",所以,儘管他信誓旦旦地保證《紀略》的真實性,仍然不能為人們所取信。有關夜訪等記載,史家們寧可取梁而棄袁,其結果是使戊戌政變的真相長期得不到正確揭示。

本文將對袁世凱《戊戌紀略》的真實性作出評估,並由此探討戊戌政變中一些撲朔迷離的問題。

一、袁世凱的《紀略》主要情節可靠,而梁啟超則有意隱瞞

袁世凱《戊戌紀略》的主要情節是譚嗣同夜訪袁世凱,勸他帶兵包圍頤和園,除掉西太后。

對此,《紀略》記譚嗣同拿出一份事先寫好的擬上光緒皇帝的奏章,內稱:

---

* 本文錄自楊天石《晚清史事》,中國人民大學出版社 2007 年版;原載《近代史研究》1998 年第 3 期。

1 筆者見到的《戊戌紀略》抄件共兩種。一種藏於中國社會科學院近代史研究所,收入中國近代史資料叢刊《戊戌變法》(一),改題為《戊戌日記》;一種存於湖南省博物館,注明係袁政府秘書監夏壽田(午詒)家藏(館藏號,史 1,3068)。

2 梁啟超《中國歷史研究法》第五章第二節:"如吾二十年前所著《戊戌政變記》,後之作清史者記戊戌事,誰不認為可信之史料,然謂所記悉為信史,吾已不敢自承,何則?感情作用所支配,不免將真跡放大也。"見《飲冰室合集》專集,73,第 91 頁。

　　榮某謀廢立弒君，大逆不道，若不速除，上位不能保，即性命亦不能保。袁世凱初五請訓，請面付朱諭一道，令其帶本部兵赴津，見榮某，出朱諭宣讀，立即正法。即以袁某代為直督，傳諭僚屬，張掛告示，佈告榮某大逆罪狀，即封禁電局、鐵路，迅速載袁某部兵入京，派一半圍頤和園，一半守宮，大事可定。如不聽臣策，即死在上前。[1]

當袁世凱詢問譚嗣同，"圍頤和園欲何為"時，譚嗣同直言相告："不除此老朽，國不能保。此事在我，公不必問。"譚嗣同所稱頤和園中的"老朽"，當然指的是慈禧太后。

　　這是維新派精心設計的一份完整的政變計劃，分兩步。第一步，誅榮祿。其理由是榮祿向慈禧太后獻策，借九月天津閱兵，光緒皇帝巡幸天津之機，廢弒皇帝。關於此，梁啟超《戊戌政變記》記譚對袁世凱稱：

　　　　榮祿密謀，全在天津閱兵之舉，足下及董、聶三軍，皆受榮所節制，將挾兵力以行大事，雖然，董、聶不足道也。天下健者，惟有足下，若變起，足下以一軍敵彼二軍，保護聖主，復大權，清君側，肅宮廷，指揮若定，不世之業也。

《康南海自編年譜》云：

　　　　乃囑譚復生入袁世凱所寓，說袁勤王，率死士數百扶上登午門而殺榮祿，除舊黨。

又記袁表態云：

　　　　殺榮祿乃一狗耳！然吾營官皆舊人，槍彈火藥皆在榮祿處，且小站去

1　中國近代史資料叢刊《戊戌變法》（一），上海人民出版社 1957 年版，第 550—551 頁。

京二百餘里，隔於鐵路，慮不達事泄。若天津閱兵時，上馳入吾營，則可以上命誅賊臣也。

在以上記載裏，梁啟超、康有為一方，袁世凱為另一方，雙方記載相較，在第一步殺榮祿上完全一致，可見雙方記載均屬實。

維新派政變的第二步是殺慈禧太后。其進行步驟是：袁世凱帶兵入京，包圍頤和園，由維新派自己的人動手殺掉慈禧。關於此，畢永年《詭謀直紀》記錢惟驥奉梁啟超之命，試探畢永年態度時曾說：

頃梁君謂我云：先生之意，其奏知皇上時，只言廢之，且俟往圍頤和園時，執而殺之可也，未知畢君肯任此事否？[1]

可見，袁世凱關於維新派政變的第二步所述，也屬實。畢永年是譚嗣同的生死之交，維新派計劃由畢永年動手，執行慈禧太后的死刑，所以，譚才對袁說："此事在我，公不必問。" 稍後，又再次對袁強調："去此老朽，無須用公。但要公以二事，誅榮某，圍頤和園耳！"[2]

由上述可見，袁世凱關於譚嗣同夜訪的主要情節的記載不僅是可靠的，而且是準確、適度的，沒有誇張之詞。反觀梁啟超的有關記載，則只有誅榮祿的第一步，對第二步，則堅決否認，稱之為誣衊、捏造之詞。[3] 不僅如此，而且在光緒皇帝、慈禧太后相繼去世，形勢變化，康有為有透露之意的時候，梁啟超還認為 "必當隱諱"，要求康有為繼續保守秘密，"望此後發論，跟此一線，以免異同"。[4]

袁和梁的記述，在大關節上，到底誰可信呢！

---

1 日本外務省檔案，161422。筆者整理本見《近代史資料》總 63 號。
2 參閱本書《康有為謀圍頤和園捕殺西太后確證》。
3 《戊戌政變記》，中華書局 1954 年版，第 64、92 頁。
4 梁啟超《致康有為密札》，蔣貴麟《萬木草堂遺稿外編》（下），台北版，第 860—861 頁。參閱本書《康有為 "戊戌密謀" 補證》。

二、《紀略》大多數的次要情節也可靠，僅在少數問題上有掩飾和美化

袁世凱《戊戌紀略》不僅主要情節可靠，其次要情節，許多地方也可以一一考實。現擇其要者分述如下：

1. 英艦游弋問題。《戊戌紀略》稱：初三日將暮，"得營中電信，謂有英兵船多隻游弋大沽海口，接榮相傳令，飭各營整備聽調，即回寓作復電。適有榮相專弁遺書，已調聶士成帶兵十營來津駐紮陳家溝，盼即日回防。"查台灣"中研院"所藏總理衙門收電檔，八月初二日，聶士成致電榮祿云："昨下午六點鐘由營口來兵船七艘，三隻泊金山嘴，四隻泊秦皇島，風聞係英國兵艦。"同日，又電云："現外國兵輪已泊塘沽口內。"八月初三日，榮祿即據此電告總理衙門。可見，《紀略》所稱"英兵船多隻游弋大沽海口"一事，確有來歷。又據八月六日天津《國聞報》載，聶士成軍確於初四、初五由蘆台拔隊來津。可見，《紀略》所稱榮祿調聶士成軍來津駐紮，亦係事實。[1]

2. 反間計問題。《戊戌紀略》載，譚嗣同為了打動袁世凱，曾特別提出，榮祿阻礙袁世凱晉升。譚的原話是："此人（指榮祿 —— 筆者）極其狡詐，外面與公甚好，心內甚多猜忌。公辛苦多年，中外欽佩，去年僅升一階，實榮某抑之也。康先生曾先在上前保公，上曰：'聞諸慈聖，榮某常謂公跋扈不可用'等語。此言甚確，知之者亦甚多。"關於此事，《康南海自編年譜》記，當年六月，康為了離間袁世凱和榮祿的關係，曾派徐致靖的姪子徐仁祿對袁說："我（指康）與卓如、芝棟、復生屢薦於上，上言榮祿謂袁世凱跋扈不可大用。"兩者完全相合，特別是"跋扈不可用"云云，竟完全一致。

關於反間計，《詭謀直紀》也記載，康有為曾對畢永年說："吾已令人往袁處行反間之計，袁深信之，已深恨太后與榮祿矣！"

3. 電召湖南好漢問題。《戊戌紀略》稱，譚嗣同曾對袁世凱說："我僱有好漢數十人，並電湖南召集好將多人，不日可到。"關於此，《詭謀直紀》記：

---

[1] 參見黃彰健《戊戌變法史研究》，台北"中研院"歷史語言研究所專刊之五十四，1970年版，第524—525頁。

畢永年曾建議發電湖南，催唐才常入京同謀，得到康、梁、譚三人贊同，連發兩電催促。

4. 光緒皇帝密諭問題。《戊戌紀略》記，譚嗣同曾向袁世凱出示光緒皇帝的密諭，其內容大概為："朕銳意變法，諸老臣均不順手，如操之太急，又恐慈聖不悅。飭楊銳、劉光第、林旭、譚嗣同另議良法。"

關於此諭，楊銳兒子後來交出的正本為："近來朕仰窺皇太后聖意，不願將法盡變，並不欲將此輩荒謬昏庸之大臣罷黜，而用通達英勇之人令其議政，以為恐失人心。雖經朕屢次降旨整飭，〈而〉並且隨時有幾諫之事，但聖意堅定，終恐無濟於事。即如十九日之朱諭，皇太后已以為過重，故不得不徐圖之，此近來之實在為難之情形也。朕亦豈不知中國積弱不振，至於阽危，皆由此輩所誤，但必欲朕一旦痛切降旨，將舊法盡變，而盡黜此輩昏庸之人，則朕之權力實有未足。果使如此，則朕位且不能保，何況其他！今朕問汝，可有何良策，俾舊法可以全變，將老謬昏庸之大臣盡行罷黜，而登進通達英勇之人令其議政，使中國轉危為安，化弱為強，而又不致有拂聖意？爾其與林旭、劉光第、譚嗣同及諸同志妥速籌商，密繕封奏，由軍機大臣代遞，候朕熟思，再行辦理。朕實不勝十分焦急翹盼之至！"將袁世凱所述和密諭正本相較，雖有長短之別，但精神實質完全相同；特別值得注意的是，在沒有提到康有為這一點上，二者也相同。

《戊戌紀略》又記譚在袁面前埋怨說："朱諭在林旭手，此為楊銳抄給我看的，確有此朱諭，在三日前所發交者，林旭等極可惡，不立即交我，幾誤大事。"查有關記載，光緒皇帝的密諭是七月三十日交給楊銳的，但楊銳驚恐不知所以為計，直到八月初三才通過林旭交到康有為、譚嗣同手裏。這些情況，足證《紀略》有關記載相當精確。

5. 袁的推宕策略問題。《戊戌紀略》記，袁世凱沒有答應譚嗣同立即回津舉事的要求，而是推到九月天津閱兵時動手。袁稱："九月即將巡幸天津，待至伊時軍隊咸集，皇上下一寸紙條，誰敢不遵，又何事不成？"關於此，《詭謀直紀》載，初四一早，畢永年向譚嗣同詢問夜訪結果時，譚答稱："袁尚未允也，然亦未決辭，欲從緩辦也。"兩者所述相合。

6. 舉薦張之洞。《戊戌紀略》記袁世凱初五請訓時，曾向光緒皇帝推薦張之洞，說是"變法尤在得人，必須有真正明達時務、老成持重如張之洞者，贊襄主持，方可仰答聖意。"按，袁世凱在七月二十九日從天津奉召到北京時，即有推薦張之洞的打算。當日，錢念劬致電張之洞云："袁臬明後見，欲請帥入樞。"[1]

根據以上六條，可證在若干次要情節上，袁世凱的《戊戌紀略》也沒有說謊，其記述基本可靠。

袁世凱有無不老實之處呢？當然有。其一，上引《康南海自編年譜》記袁世凱稱："殺榮祿乃一狗耳！"關於此，梁啟超《戊戌政變記》所載更為詳細具體。不僅有對話，而且有對話時的神態。據該書，當譚嗣同說到"榮祿固操、莽之才，絕世之雄，待之恐不易易"時，袁怒目視曰："若皇上在僕營，則誅榮祿如殺一狗耳！"譚嗣同夜訪袁世凱之後，必然向康、梁作詳細彙報。袁世凱的這一表態必然給了康、梁以深刻印象，所以幾年之後，康有為想再次利用袁世凱的時候，曾經給袁寫過一封信，內稱：

> 中國岌岌危亡，橫睇海內，能救者惟公耳。八月三夜之言，僕猶記之，慷慨而許誅爾朱。中間之變，殆出於不得已。蓋聞爾朱已先調董、聶之軍，無能為役，殺身無益，不若留以有待。此實志士之苦心也。

北魏時有將領、權臣，名爾朱榮。函中所稱"爾朱"，代指榮祿；所稱"八月三夜之言"，當即"殺榮祿如殺一狗"的慷慨表示。給袁世凱本人寫信，自無捏造袁本人言行的可能。[2]

衡以上述記載及資料，譚嗣同夜訪時，袁世凱曾有過"誅榮祿"的表態（哪怕是虛與委蛇），應無疑義。但是，袁世凱在《戊戌紀略》中，卻隻字未提。"殺榮祿如殺一狗"云云，在袁世凱看來，既有損他的形象，泄露之後也影響他和榮祿的關係，加以掩飾是必然的。

1　《張文襄公集》，第 156 卷，第 29 頁。
2　台北"中研院"近史所藏康有為未刊文稿，縮微膠捲。

其二，在《紀略》中，袁世凱對自己頗多美化。在維新和守舊的兩派鬥爭中，袁世凱投靠守舊派，主要是出於對雙方力量對比和個人利害的考慮，並非如他自己所說是出於所謂"人臣之大義"。這一點，讀者極易明白，無須多言。

《紀略》在某些細節上也可能還有一些可疑之處，但是，就總體言，它的真實性較《政變記》為高。

三、相關問題

如果我們肯定《戊戌紀略》基本可信，那麼，與戊戌政變相關的幾個撲朔迷離的問題就可以迎刃而解了。

（一）天津閱兵時的廢弒密謀

維新派要袁世凱舉兵的理由是榮祿與慈禧太后密謀，在九月天津閱兵時廢掉甚至殺掉光緒皇帝。八月初六日晨，袁世凱告密時曾將此點告知榮祿，但榮祿堅決否認。據《戊戌紀略》，榮祿聽後，臉色陡變，大聲呼冤說："榮某若有絲毫犯上心，天必誅我。"

榮祿內心是否一丁點兒"犯上"的想法都沒有，筆者不能妄測，但是，所謂天津閱兵時的廢弒密謀則可以否定。其理由：1. 光緒皇帝光杆一個，沒有實權，要廢要弒，在北京即可，不必待到天津閱兵時候，也不必如此大動兵戈，麻煩費事。關於此，前人已經指出："夫太后、榮相每以為此其時也，可以廢立矣，必在宮中調兵入衛，決不及出京到天津，行此大舉動也。況今日京師之臣民，不知有是非久矣，苟行廢立，尚有敢謂其不然者乎？不待兵力以壓制之耳！"[1] 2. 決定在天津閱兵，時在七月初八日，那時，光緒皇帝還沒有下令精簡機構，也還沒有斥革懷塔布等禮部六大臣，和慈禧太后、榮祿的矛盾尚未尖銳化，慈禧太后還不會下如此狠心。3. 後來，慈禧太后真正發動政變了，其過程十分簡單，車駕從頤和園還宮即可，對光緒皇帝，也僅止於剝奪實權，軟禁

---

[1]　蘇繼祖：《清廷戊戌朝變記》，《戊戌變法》（一），第 336 頁。

於中南海瀛台，並沒有取消其皇帝的名分，她在七月時怎麼可能就有廢弒之想呢？4. 即使有廢弒之想，事屬極密，康有為等何從得知？對此，維新派從無說明。因此，可以肯定，所謂廢弒之說乃是維新派的一種虛構。梁啟超說："然意上位危險，諒其事發在九月閱兵時耳！"[1]康有為說："先是慮九月天津閱兵即行廢立，夙夜慮此。"[2]這裏的"意"字、"諒"字、"慮"字，都很能說明實質。當兩種政治力量進行生死較量時，神經過敏，估計情況過於嚴重是常有的事。

然而，問題又不只此。維新派之所以虛構天津閱兵時的廢弒之說，與其說是出於疑懼，毋寧說是出於需要 —— 為己方的政變製造輿論。

維新派早就認為變法的最大障礙在於慈禧太后，計劃有所處置。當年四月二十九日（6 月 17 日），光緒皇帝召見康有為的第二天，梁啟超即致函夏曾佑云："西王母主持於上，它事不能有望也。"[3]後來，王照流亡日本，向犬養毅透露說：

> 俄而康被薦召對，即變其說，謂非尊君權不可，照亦深以為然。蓋皇上既英明，自宜用君權也。及叩尊君權之道，則曰非去太后不可，並言太后與皇上種種為難之狀。[4]

由此可知，處置慈禧太后的計劃當醞釀於康有為被光緒皇帝召見後不久。至於處置方法，則是利用"兵力奪權"。[5]康有為、楊深秀都曾表示："此時若有人帶兵八千人，即可圍頤和園，逼脅皇太后"。[6]為此，康有為曾想利用王照和聶士成的把兄弟關係，動員聶執行這一任務，許以事成後任命聶為直隸總督，為王照拒絕。這以後，康有為才轉向依靠袁世凱。但是，要處置慈禧太后，必須得到光緒皇帝首肯，也必須有一個堂皇的理由動員內部，而天津閱兵時廢弒皇上之說正好可以滿足這兩個需要。它一可以製造緊張氣氛，嚇唬光緒皇帝，逼他

---

1 《戊戌政變記》，中華書局 1954 年版，第 73 頁。
2 《康南海自編年譜》，《戊戌變法》（四），第 159 頁。
3 《梁啟超年譜長編》，光緒二十四年四月二十九日，上海人民出版社 1983 年版，第 121 頁。
4 王照：《關於戊戌政變之新史料》，《戊戌變法》（四），第 331 頁。
5 王照：《方家園雜詠記事自批》，《梁啟超年譜長編》，第 143 頁。
6 《康有為事實》，日本外務省檔案，1614-2-2，491183。

按維新派的路子走；一可以動員畢永年和袁世凱等人出來"勤王"。《詭謀直紀》載，七月二十七日康有為曾對畢永年說：

> 汝知今日之危急乎？太后欲於九月天津大閱時弒皇上，將奈之何！吾欲效唐朝張柬之廢武后之舉，然天子手無寸兵，殊難舉事。吾已奏請皇上，召袁世凱入京，欲令其為李多祚也。

試想，如果沒有太后想"弒皇上"這一條理由，畢永年、袁世凱如何肯出死力效命？事成之後，又何以向天下後世交代？

此外，守舊派沒有天津廢弒密謀還可以從榮祿對光緒皇帝的態度上得到證明。

《戊戌紀略》載，袁世凱在向榮祿告密時曾表示："此事與皇上無涉，如累及上位，我惟有仰藥而死耳！"為此，二人"籌商良久，迄無善策"。又記載，榮祿奉召入京時，袁世凱叮囑他："皇上萬一不安，天下後世，其謂中堂何！我亦世受國恩，倘上有不安，惟有以死報之！"而榮祿則答以"此事在我與慶邸，決不至累及皇上"，聲稱："慈聖，祖母也；皇上，父親也。處祖母父親之間，為子孫惟有出死力以調和。"云云。

在封建社會中，皇帝是國家的象徵，光緒又還年輕，來日方長，榮祿、袁世凱在決定向慈禧告密時，不願牽扯光緒皇帝是可能的。上引袁世凱對榮祿所說的一番"忠義"之言，目前雖難以找到證明材料，但是，榮祿對袁世凱的答語卻是有旁證可稽的。據當時報紙報導，榮祿入京後，確曾以"調和"自命，聲稱此行目的，"庶幾與父言慈，與子言孝"。[1] 這裏的語氣、基調和《戊戌紀略》所記他和袁世凱的對話相同。有記載說，次年，在慈禧太后真正想廢掉光緒皇帝時，榮祿曾建議立"大阿哥"，保持皇帝名義。[2] 還有記載說，榮祿有時還能在慈禧太后面前為光緒皇帝"寬解"。[3] 凡此，均可證明《戊戌紀略》記榮祿稱"決

1　《中堂入京》，《國聞報》，光緒二十四年八月十一日。
2　《崇陵傳信錄》，《戊戌變法》（一），第 478 頁。
3　金梁：《四朝佚聞》，《戊戌變法》（四），第 222 頁。

不至累及皇上"，以及他企圖"調和"之說為不虛。既然在光緒皇帝實際上成為階下囚時，榮祿都不贊成將他廢掉，此前自然更不會有將他廢掉、殺掉的想法。

附帶應該論及的是，榮祿的思想和主張大體上屬於洋務派，和奕劻、剛毅等有別。將榮祿描繪為死硬、兇惡、陰險的頑固派，是梁啟超等人誇張、渲染，"將真跡放大"的結果。

（二）慈禧太后政變與袁世凱告密的關係

《戊戌紀略》述，袁世凱於八月初五日返津後，即到榮祿處告密，"略述內情"稱："皇上聖孝，實無他意，但有群小結黨煽惑，謀危宗社，罪實在下，必須保全皇上以安天下。"話還未說完，連續來了兩位客人，袁世凱得不到講話機會，便告退，約好第二天早晨再次拜訪。初六一早，榮祿主動到袁處了解情況，袁詳述譚嗣同夜訪情節。二人商量如何保護光緒皇帝，沒有找到辦法。當晚，榮祿召見袁世凱，發現北京來的御史楊崇伊在座，楊帶來了慈禧太后當日宣佈"訓政"的消息，等等。

袁初五晚向榮祿告密時，何以不要求榮祿摒退入座的兩位客人？榮祿何以不單獨留下袁世凱深談，而要待到第二天早晨才去找袁詢問？這些情況，由於資料不足，不好揣測。[1] 但是，袁所述的告密情節清楚地擺脫了他和慈禧太后發動政變的關係，是否可靠呢？

慈禧初六"訓政"，立即命步軍統領衙門捉拿康有為、康廣仁弟兄和御史宋伯魯，沒有下令捉拿譚嗣同等，這是慈禧"訓政"和袁世凱告密無關的鐵證。袁世凱告密而不提譚嗣同，或者慈禧有意緩捕譚嗣同都是不可能的。因此，慈禧太后的再次"訓政"應與袁世凱告密無關。關於此，時賢已有論述，茲不詳論。筆者只想指出，此點亦可證《戊戌紀略》的有關記載屬實。

（三）楊崇伊的作用

《戊戌紀略》載，政變當天，楊崇伊即從北京匆匆趕到天津，向榮祿報告慈

1　根據徐世昌《韜養齋日記》（未刊稿），袁世凱八月初五晚，曾與徐世昌談話，所談內容亦不得而知。

禧再次"訓政"消息。楊如此積極，正說明了他和"訓政"的密不可分的關係。慈禧"訓政"，應從他身上找尋原因。按，楊崇伊屬於李鴻章系統的守舊派，他連強學會都反對。懷塔布等六個禮部堂官被斥革後，他曾於七月二十八日到天津與榮祿密謀。其後，他即通過慶親王奕劻於八月初三日向在頤和園的慈禧上書，要求太后再次"訓政"。這道奏章指責文廷式創設大同學會，"外奉廣東叛民孫文為主，內奉康有為為主"，又指責康有為偕其弟康廣仁及梁啟超來京講學，"將以煽動天下之士心"，"不知何緣，引入內廷，兩月以來，變更成法，斥逐老成，藉口言路之開以位置黨羽。"這道奏章特別使慈禧太后不安的是關於伊藤博文的消息：

> 風聞東洋故相伊藤博文即日到京，將專政柄。臣雖得自傳聞，其應如響。伊藤果用，則祖宗所傳之天下，不啻拱手讓人。

按，伊藤博文於當年七月二十三日來華後，即陸續有英國傳教士李提摩太及中國官員提議任用他為顧問或"客卿"，光緒皇帝且決定於八月初五日接見他。慈禧太后本來就對變法不滿，在她看來，如果光緒皇帝任用伊藤，得到洋鬼子的幫助，其後果將不堪設想。因此，她才於初四日晚匆忙還宮，並於初五日中午光緒接見伊藤時坐在簾後監聽。關於此，張蔭桓回憶說：

> 伊藤覲見，又係我帶領。時太后在簾內，到班時，我向伊藤把手，乃外國禮而太后不知。上殿時挽伊之袖，對答詞畢，又挽伊袖令出，就賜坐，太后皆見之。[1]

張蔭桓把他獲罪的根源歸結為慈禧太后看見他和伊藤握手、挽袖，未免過於簡單，但是，這則材料說明了慈禧太后匆匆還宮"訓政"，除了她對維新運動不滿

---

1 《驛舍探幽錄》，《戊戌變法》（一），第493頁；又蘇繼祖《清廷戊戌朝變記》亦云："伊藤為日本改革領袖，皇上急欲面詢變法方略，預定於殿內間設酒果以便詳詢一切，而是日太后先在屏後坐聽，以鑒察之，上僅能與照例數語而退。"見《戊戌變法》（一），第346頁。

外，還在於害怕光緒和洋鬼子結合。[1]

還有一條材料可以說明楊崇伊奏章的作用，這就是，慈禧"訓政"後，除了首先下令逮捕他奏章中攻擊的康有為弟兄外，接著，又於八月初十日下令訪拿或密拿文廷式和孫文，於十四日下令拿辦梁啟超，這三人，都是楊崇伊奏章中的參劾對象。

慈禧太后政變和楊崇伊奏章之間的關係，前人早已指出。例如，長期在光緒皇帝左右供職的惲毓鼎就認為楊崇伊的奏章導致政變。[2] 政變發生後幾天，葉昌熾和幾位關心此事的友人討論，"各證所聞，知莘伯發難無疑義"[3]。只是由於梁啟超在《戊戌政變記》中明確指認慈禧政變成於袁世凱之手，因此，人們普遍不採惲、葉二說，結果，愈相信梁啟超，許多史實之間就愈加顯得矛盾扞格，膠葛不解。

明確了楊崇伊在促成慈禧太后政變中的作用，那麼，後續的問題就很清楚了。

八月初六日晨，袁世凱向榮祿詳細報告了譚嗣同夜訪的全部情節。當晚，楊崇伊到天津向榮祿報告慈禧太后政變消息，榮祿特意召來袁世凱。初七日，楊崇伊返京，自然，他會帶走袁世凱告密的全部信息。胡思敬《戊戌履霜錄》云："（榮祿）遣人變服齎蠟書，馳告奕劻，奕劻言於太后。"[4] "變服齎蠟書"云云，情節未必如此，但是，他指出榮祿"遣人"入京告變應該是可信的。誰能當此重任呢？楊崇伊自然是再合適不過的人物了。

《戊戌政變記》、《慈禧傳信錄》等書載，榮祿在袁世凱告密後，迅即親身入京向慈禧太后告變。許多史家均視此為信史，其實，這不過是梁啟超等人的猜測之談。《戊戌紀略》載，榮祿於八月十日（9月25日）奉召入京，這才是可信的。

慈禧太后從奕劻那裏得知譚嗣同夜訪情節應為八月初七日下午以後，因

---

1 蘇繼祖《清廷戊戌朝變記》稱："（太后）原定初六日還宮，皇上於初三日代傳懿旨，忽於初三日西刻進城，諸務倉卒未備。所以匆匆還宮者，為監視皇上見伊藤也。" 見《戊戌變法》（一），第355頁。

2 《崇陵傳信錄》，《戊戌變法》（一），第476頁。

3 《緣督廬日記鈔》，《戊戌變法》（一），第531頁。

4 《戊戌變法》（一），第378頁。

此，八月初八日凌晨，慈禧太后立即密令逮捕譚嗣同等人。[1] 八月十三日（9月28日），清政府處斬譚嗣同等人的"上諭"指責康有為等"首倡邪說"，"構煽陰謀"，其主要內容為"糾約亂黨，謀圍頤和園，劫制皇太后"，這就是袁世凱告密後增補的罪狀了。

（四）光緒皇帝的知情程度與賜袁世凱密諭問題

八月初五日，袁世凱向光緒皇帝請訓。梁啟超《戊戌政變記》稱：光緒皇帝曾賜以"朱筆密諭"，[2] 英人濮蘭德的《慈禧外紀》稱：光緒在乾清宮密室召見袁世凱，"告袁以所定機密之謀"，"付以小箭一支，為執行帝諭之據，又付以上諭一道"。其他如陳夔龍《夢蕉亭雜記》、費行簡《慈禧傳信錄》、蘇繼祖《清廷戊戌朝變記》等書，都有賜袁世凱"手詔"或"密諭"的記載。[3] 其中最有權威的當推張一麐的《古紅梅閣筆記》，該書在敘述譚嗣同"謀圍頤和園"的有關情節後記載云："次日召見，德宗示以所命。"[4] 張並加注說明，他的有關記載"皆袁所親告人者"。張是袁世凱的幕客，1909 年袁世凱被清政府趕回老家前夕，他曾向袁面問顛末，袁第二天即將《戊戌紀略》交付給他。因此，張說似乎不容置疑。但是，此說卻與《戊戌紀略》所述相反。

據《戊戌紀略》，初五日，袁世凱向光緒皇帝請訓時，只有袁世凱一人獨白，在他勸光緒皇帝"忍耐待時，步步經理"，任用老成持重的張之洞出面贊襄變法後，皇帝雖然"動容"，但是，"無答諭"，什麼話也沒有說，當然什麼密詔也沒有給。兩者孰為信史呢？

查畢永年《詭謀直紀》，八月初二日，梁啟超曾說："（康）先生之意，其奏知皇上時，只言廢之，俟往圍頤和園時，執而殺之可也。"又上引《戊戌紀略》載，譚嗣同夜訪時，曾向袁出示一份擬好的奏章，其中談到"如不聽臣策，即死在上前"；譚並對袁說："今晚必須定議，我即詣宮請旨辦理。"可見，譚

1　魏允恭《致汪康年等人函》云："今早五更又奉密旨拿楊銳、劉光第、譚嗣同、林旭等四人，弟親見步軍統領監送等車，想已發交刑部，惟林旭尚未尋著。"該函末署八月八日。見《汪康年師友手札》（三），上海古籍出版社 1987 年版，第 3115—3116 頁。

2　中華書局版，第 64 頁。

3　上海中華書局 1934 年第 5 版，第 146 頁。

4　《心太平室遺集》，第 8 卷。

嗣同要在和袁世凱說定後才入宮死諫，袁世凱既未同意，譚嗣同自無深夜入宮面奏的必要，光緒皇帝因而也不可能知情。初四晚，慈禧太后還宮，第二天，即對光緒皇帝採取了嚴密的監視措施，袁世凱請訓時，即有某侍衛大臣竊聽。[1]自然，光緒皇帝不可能對袁世凱有什麼指示，也不可能以密詔相付；如果有，他的命運肯定要比軟禁瀛台糟糕得多。[2]

　　以上闡釋了與《戊戌紀略》相關的四個問題。多年來，史家們為這些問題爭論不休，傷透了腦筋；現在是否到了廓清迷霧、還其本相的時候了呢？

四、題外贅言

　　維新運動是近代中國比較完全意義上的改革運動。康有為、梁啟超等人無疑站在領導時代潮流的進步方面，但是，康有為、梁啟超為了政治鬥爭的需要，也說過假話，製作過一些假的或半真半假的資料。關於這一方面，史家已有所論證。多年來，我們已經習慣了這樣的思維方式，凡進步人物說的話都可信；凡反面人物說的話都不可信。實際上，歷史是極為複雜的。進步人物可能說假話，反面人物也可能說真話。一切史料都必須經過考證和檢驗，否則，我們就可能被虛假的東西牽著走，陷入迷宮而不能自拔。

1　《古紅梅閣筆記》云，袁世凱請訓退朝後，"有某侍衛大臣拍其背曰：'好小子！' 蓋西后遣人詢之，而以為立言得體也。"
2　我過去曾相信光緒皇帝初五日對袁世凱有密諭或密詔，見拙文《光緒皇帝與戊戌密謀》，《歷史教學》1986年第 12 期，應予撤銷。

慈禧太后其人 *

一、慈禧發跡

慈禧太后曾經統治中國 47 年，她雖然只是太后，但實際上是女皇帝。關於這個人，大家可能在電視、電影裏經常見到有關她的節目，我在這裏講的是歷史上真實的慈禧太后。電視、電影裏的有些情節是藝術創作，並不可靠。我希望給大家介紹一個比較可靠的、真實的西太后。

先講第一個問題，就是慈禧太后的身世。慈禧（1835—1908）為滿族那拉氏，即她的姓是葉赫那拉氏。葉赫是滿語，是個地名，也是一個部族的名稱，這個地方就在今天東北吉林省的梨樹縣。那拉氏，用漢語來翻譯，就是太陽的意思。葉赫那拉氏的意思是說葉赫這個家族是這個地方的太陽。葉赫的祖上，曾經跟清朝的祖上努爾哈赤打過仗，最後被努爾哈赤消滅了，但是這並不影響後來葉赫這個家族成為滿洲貴族的八大家族之一。在整個清朝統治中國的二百多年裏，葉赫這個家族始終具有相當高的地位。

慈禧沒有名字，只有一個乳名，叫蘭兒。她出生在鴉片戰爭之前五年，大家知道，鴉片戰爭發生在道光二十年（1840 年），那麼慈禧太后呢？出生在道光十五年十月初十日（1835 年 11 月 29 日）。慈禧太后的出生地有安徽蕪湖、內蒙古呼和浩特、甘肅蘭州、浙江乍浦、山西長治等多種說法。其中長治說近年來炒得很熱鬧，故事本身很有傳奇性，說是慈禧原是長治縣漢族農民王增昌之女，名叫王小慊，因家貧被輾轉賣到當時潞安知府惠徵的家裏當丫頭，後來被收為養女，云云。其實，以上各說都有明顯破綻，並不可信。根據檔案資料，慈禧的出生地是北京，家可能就在西四牌樓劈柴胡同。父親惠徵自道光八

* 本文錄自楊天石《晚清史事》，中國人民大學出版社 2007 年版；原為 2004 年 11 月 12 日在中央電視台《百家講壇》的演講，據馬燕女士整理稿修改、增訂。

年（1828年）入仕到咸豐三年（1853年）去世，始終地位不高。開始時在吏部當"筆帖式"，做的是起草文稿和抄抄寫寫的工作，屬於小職員，後來才做到"道員"，成為省以下，州、府以上的地方行政官員。她的母親是出身於封疆大吏家庭的名門閨秀。這個蘭兒呢，是在咸豐二年（1852）作為秀女被選到清宮裏邊，當時的身份叫蘭貴人。現代人可能不知道蘭貴人這個身份有多高，在清朝的皇宮裏，皇帝的后妃一共是七等：第一等是"皇后"，第二等是"皇貴妃"，第三等是"妃"，第四等是"嬪"，第五等是"貴人"，第六等是"常在"，第七等是"答應"。西太后進宮的時候，屬於第五等。

蘭兒雖然說身份不高，但是自身條件不錯。第一，她長得很漂亮；第二，她很聰明；第三，她會寫字。此外最重要的一點就是，蘭兒給咸豐皇帝生了一個兒子，而且是惟一的一個兒子。大家都知道，中國古代社會有一句話，叫"母以子貴"，就是說，母親的地位是根據她的孩子來決定的。蘭兒既然給皇帝生了一個男孩，而且又是皇帝惟一的男孩，自然，蘭兒的身份就迅速升高了。在短短的五年裏，蘭兒從原來的第五等升到了第二等，被封為"懿貴妃"。咸豐十一年（1861年）八月，咸豐皇帝病死在承德，懿貴妃的兒子、六歲的載淳即位，這就是同治皇帝。新皇帝封咸豐皇帝的皇后鈕祜祿氏為慈安皇太后，轉天又封自己的生母那拉氏為慈禧皇太后，這就是"慈禧太后"稱號的由來。慈安皇太后與慈禧皇太后，俗稱東太后、西太后。按次序，慈禧位在慈安之下，但是由於慈安比較忠厚、老實，不太願意管事，因此慈禧就實際上成為第一位的人物。

二、政變行家

一提起慈禧太后，我們就很容易想起慈禧太后是個投降派、賣國賊。我們大家記憶裏知道的，在中國近代史上有幾項喪權辱國的條約，都是慈禧太后當權時候訂下來的，比如說最有名的《馬關條約》，然後是《辛丑條約》。這兩項在中國近代史上都是賣國的條約，都是嚴重損害中國國家主權的條約，因此我們很自然會想起慈禧太后是賣國賊。但是，慈禧太后不是一開始就是這樣的。

咸豐十年（1860 年），也就是說，第一次鴉片戰爭以後二十年，英法聯軍從天津外面的大沽口登陸，然後打到通州，打到北京。他們一把火把圓明園燒掉了，這在近代史上叫英法聯軍侵略中國的事件。據可靠的歷史記載，那時，慈禧太后是反對清朝跟英法兩個侵略者談和的。當時朝廷分成兩派，一派主張跟英國和法國談判講和，另外一派主張要跟英法兩個侵略者繼續打下去。"懿貴妃"，也就是後來的慈禧太后，反對跟英國和法國談判，反對講和，認為講和是恥辱。另外，由於英法聯軍打到通州，離北京不遠了，咸豐皇帝在北京就待不下去了。只能跑，跑到哪兒去？就跑到熱河行宮，就是我們今天大家都很熟悉的避暑山莊。就在皇帝要逃，要離開北京，離開紫禁城，躲到熱河的避暑山莊的時候，慈禧就出來勸阻皇帝，要皇帝不離開北京。她說：如果皇帝留在北京，形勢就可以鎮得住；如果皇帝跑了，形勢就亂了，皇室宗廟就有可能受到洋人的踐踏。所以，從這兩件事情來看，慈禧並不是一開始就是投降派、賣國賊，在英法聯軍侵略中國，打到北京的時候，慈禧太后是主張抵抗的。

　　當年八月，咸豐皇帝逃到熱河之前，命他的六弟恭親王奕訢留守北京，負責和英法侵略者議和。途中，又任命豫親王義道，大學士桂良，協辦大學士、戶部尚書周祖培等為留京辦事王大臣。這樣，就逐漸形成了一個以奕訢為首的留京官僚集團。咸豐皇帝還帶走了部分王大臣，如怡親王載垣、鄭親王端華、戶部尚書肅順等，這一部分人逐漸形成熱河行宮官僚集團。同年九月，奕訢與英法兩國簽訂《北京條約》，又是割地，又是賠款，英法兩國的侵略軍退出北京，不再打仗了，於是，咸豐皇帝就表示要回北京，當時稱為"回鑾"。奕訢等留京官僚集團支持皇帝"回鑾"，而熱河行宮官僚集團則以種種理由反對，他們希望皇帝繼續留在行宮，處在他們的控制中間。當時，咸豐皇帝已經自感病重，即將不起。他雖然寵倖這個給他生下太子的"懿貴妃"，但是，又擔心她攬權，危害皇室統治，曾經想殺母留子。對此，肅順贊成。這樣，"懿貴妃"與肅順之間就種下很深的仇隙。咸豐十一年（1861 年）八月，皇帝去世，遺命肅順等八位大臣輔佐幼主，當時稱為"顧命大臣"，同時給兩宮皇太后和小皇帝保留了一定程度的否決權。從此，兩宮皇太后與八大臣之間開始了權力之爭。肅順等主張：臣下闡發主張的奏摺一律不進呈皇太后閱看；皇帝的諭旨由八大臣擬定；皇太后只管蓋印。自然，慈禧是不甘心的。結果是：26 歲的慈禧太后，在 25 歲的慈安太后的密切配合下，得到 30 歲的奕訢的支援，成功地發動了政變。

奕訢沒有被列入顧命大臣，自然不高興，於是慈禧即和奕訢聯繫，密召奕訢趕赴熱河，確定在護送咸豐皇帝的棺材回京時發動政變，同時，在北京的官僚則聲稱肅順等圖謀不軌，要求皇太后權理朝政。九月二十九日，兩宮皇太后和小皇帝到京。第二天，立即宣佈載垣、端華、肅順三位“顧命大臣”的罪狀，加以逮捕。載垣、端華自縊，肅順被斬。於是，六歲的小皇帝即位，年號“同治”，由兩宮垂簾聽政，以奕訢為議政王。從此，開始了慈禧太后對中國的統治。這次政變，由於發生在中國農曆辛酉年，所以稱為“辛酉政變”。

慈禧垂簾聽政後，為了進一步掌握國家權力，對奕訢打打拉拉，又打又拉。在打了一頓之後，仍任命為內廷行走，管理總理各國事務衙門。這樣，奕訢就不敢不聽慈禧的話了。同時，她又重用漢族地主官僚曾國藩、左宗棠、李鴻章等人，鎮壓太平軍和捻軍，將清朝統治從垂垂欲墜的困境中挽救出來，形成所謂的“同治中興”。

三、支持洋務運動

講到這裏，大家發現，慈禧太后這個人，是陰謀家，善於搞宮廷政變，善於奪取權力，那麼她一輩子有沒有做過幾件好事呢？做過。她做過什麼好事呢？就是她支持洋務運動，特別是支持奕訢提議設立的天文算學館。

算學就是數學。研究天文、研究數學，在我們今天看來，是普通而又普通的事情，但是在當時的中國，要讓中國人來學天文，學數學，並且還不是讓小孩來學，而是讓清朝的一些高級知識分子，翰林院的人，讓五品以上的官員來學，這可是一個破天荒的事情。因此，就遭到了頑固派的強烈反對。在這一情況下，慈禧太后站出來，以皇帝的名義，用口頭或書面的形式，下發了十道諭旨。講什麼呢？說：天文和算學是讀書人、儒者所當知，不能夠把它看成是一種技巧。而且說，這件事情不能再猶豫了，投考人員要認真考試，送到館裏來學習。正是由於有了慈禧太后的支援，天文算學館開館了，一批中國的高級知識分子，一批中國的官吏被送到同文館，去接受西方近代科學知識的教育。這是當時的"先進文化"，學習這種"先進文化"，對中國是有益的。

洋務運動又叫自強運動，以富國強兵為號召。多年以來，我們對洋務運動採取批判態度，認為其目的在於實現軍事現代化，為了鎮壓人民起義，對外是投降帝國主義的。今天看來，過去的這些看法不完全正確。不錯，洋務運動的目的是發展軍火工業，建立兵工廠，建立輪船製造廠，當然有軍事現代化的目的，但是，軍事現代化會引進西方的先進生產力，會推動中國各方面的進步。軍事工業發展起來了，會推動其他工業和其他領域的發展。洋務運動發展的結果是，民用工業發展起來了，新式學堂建立了，中國第一次向西方世界派出了自己的留學生。所以，洋務運動對中國的現代化是有推進作用的，因此，我們說西太后支持開辦天文算學館，支援洋務運動，應該承認是做了一件好事情。

四、鎮壓戊戌變法

慈禧的兒子同治皇帝短命，只做了十三年皇帝，就在進入第十四年（1875年）後不久去世了，沒有留下後代。由慈禧太后主持，將另外一個皇族，名叫載湉的孩子過繼給咸豐皇帝，繼承帝位。載湉當皇帝的時候，只有 4 歲，年號光緒。慈禧太后選擇這麼一個孩子當皇帝，當然是為了繼續垂簾聽政，掌控國家最高權力。但是，光緒皇帝長大後，慈禧太后就要"歸政"，把國家最高權力交還皇帝，慈禧太后不情願，這就有了皇帝與太后之間的矛盾。光緒皇帝有自己的政治抱負，急於改變清朝政府受洋人欺負的局面，他要搞改革，這就引發出了歷史上很有名的戊戌變法，今天我要講的主要是西太后對戊戌變法是什麼態度。

洋務運動促進了中西交往，一部分知識分子走出國門，或留學、或考察，發現了"洋鬼子"的長處，不僅僅在科學、技術上，而且在文化教育及政治制度方面也有許多優點，因此主張部分地學西方，這一部分人我們稱之為改良派。早期的改良主義人物有馮桂芬、容閎等，但是，這時候，他們還沒有進入現實的政治領域，沒有形成規模和氣候，處在改良主義的萌芽狀態。光緒二十年（1894年），發生中日甲午戰爭，這次戰爭的結局是，地大人多的堂堂的中國敗在地小人少的島國日本手上，簽訂了喪權辱國的《馬關條約》。這就激起了中國人的"普天忠憤"，也引起了中國人的普遍反思。上至皇帝、王公大臣，下至黎民百姓，幾乎都得出相同的結論：中國人必須發奮圖強。一部分知識分子在思考這樣一個問題：為什麼搞洋務、學西方、買兵器、練海軍這麼多年，還經不起日本人的一擊？於是，就有一部分人認為中國人僅僅學西方的聲（學）、光（學）、化（學）、電（學）還不夠，學船堅炮利也不夠，還應該在政治制度上有一個改變，在保存清朝統治的前提下棄舊圖新。這一部分人逐漸形成了派別，有了規模，其代表人物是康有為、梁啟超、譚嗣同、嚴復，歷史上稱為維新派，或者稱為改良派。

康有為是維新派的領袖人物，早年所學為傳統儒學，後來讀到了一些由中國人編寫的介紹西方的書籍，對西方有所了解。他家居廣東南海縣，後又到香港遊歷，思想發生變化，認為西方人治理國家很有法度，不能一概看成"夷狄"，從此立志講求西學。他不僅閱讀西方傳教士在中國編寫的《萬國公報》等新書，而且自己編寫了《康子內外篇》，預言世界將發生三個變化：其一，君不專，臣不卑；其二，男女輕重同；其三，良賤齊。他開始運用生吞活剝學來的自然科學知識解說人類社會，認為天地生人，根本平等。這些，都成為他後來寫作《大同書》的素材。他還吸收西漢儒學中今文經學派的思想，將他所接受的西學披上中國傳統儒學的外衣，以此作為維新變法的指導思想。

梁啟超是康有為的學生，是維新派出色的宣傳鼓動家，他辦刊、辦報，擴大維新變法的影響。第三位是譚嗣同，他是激進的改良主義思想家，其激進思想比維新派中的任何人都高出一籌。第四位是嚴復，他是跨出國門的英國留學生，對西方的了解最全面、最深刻。他的最大功績是翻譯了《天演論》，宣揚"物競天擇，適者生存"。他說：中國弄不好，有一天我們會被開除出地球。

維新派在政治上的最高理想是"君主立憲"，像西方一樣，在中國建立上下議院（國會）。但是，他們擔心這一主張在當時的中國難以為人接受，因此在"百日維新"之前，他們就將這一主張改為開"制度局"，由部分維新人士討論、研究、決定變法的各種問題，後來又退到開“懋勤殿”（在紫禁城內，康乾時代皇帝與內閣大學士等議論政事的地方），由皇帝、維新人士和部分官僚討論、決定各項改革制度。由於康有為提出的改革建議不僅包括軍事、經濟，而且也包括文化教育和政治體制，因此，戊戌維新是近代史上一次前所未有的、完整的改革運動。

政變的導火線是“禮部六堂官事件”。當時禮部有一位官員，名叫王照，他寫了一道奏章，建議皇帝與慈禧太后這二位“最高領導”一起到外國考察。一則顯示帝、后之間的團結，二則開開眼界。當時的禮部堂官（正副部長）不同意向上轉達這道奏章，指責王照心懷叵測，相互發生激烈衝突。光緒皇帝知道後，認為禮部堂官阻撓新政，大為生氣。為了“立威”，警告那些反對變法的人，光緒皇帝就決定把這禮部的六位元元堂官全部罷免。這六位堂官，當中有一個懷塔布，官居尚書，是禮部的最高長官。他老婆是通天的，就把此事告到慈禧太后那裏。與此同時，懷塔布也到天津去找直隸總督榮祿面謀，共同阻止變法。過去，大臣的晉升和罷免這一類事件都是由慈禧太后決定的。這一次，光緒皇帝事前沒有請示，擅自作主，慈禧太后認為是侵犯了自己的權力。是可忍，孰不可忍！

榮祿手握北洋兵權，維新派擔心榮祿先動手，便設計了武力奪權的計劃。康有為等是一群書生，要奪權，自然要靠軍隊。當時，袁世凱正在天津小站訓練新軍，同情變法，於是，康有為便派譚嗣同出面，夜訪正在北京的袁世凱，建議他先奪榮祿兵權，然後帶兵進京，包圍頤和園，然後請湖南來的一位好漢畢永年領一百多名敢死隊員，衝進園中，將西太后抓起來，殺掉，這就是康有為的“圍園殺后”之計。過去，史學界都不相信這個說法，1985年我到日本訪問，查閱了有關檔案，看到了畢永年寫的日記，才證實了以上說法。但是，就在維新派密謀之際，日本的退休首相伊藤博文來華訪問，伊藤曾經協助明治天皇進行維新，使日本很快變為世界強國，光緒皇帝準備召見伊藤，還有人建議聘請伊藤為顧問，指導中國的維新變法。當時有一位御史叫楊崇伊，他密奏慈禧太后，攻擊康有為等“變更成法，斥逐老臣”，“位置黨羽”，並且危言聳聽地說，伊藤博文很快就要進京，“將專政柄”，就是說要掌握中國的政治大權。

慈禧太后感到，這將進一步威脅自己的權力，於是，迅速從頤和園趕回紫禁城，發動政變，軟禁光緒皇帝，下令逮捕康有為。同時，袁世凱也在天津向榮祿告密，將譚嗣同夜訪所言，通通報告榮祿。結果，慈禧太后又匆匆下令，逮捕譚嗣同等，將打擊面擴大了。

西太后並不是一開始就反對變法。維新之始，光緒皇帝曾經頒佈過一個詔書，名叫《明定國是詔》。光緒皇帝企圖通過這份詔書，將變法、改革確定為國家的根本政策。大家可能不知道，光緒皇帝頒佈這份詔書之前，是請示過慈禧太后的，慈禧太后不僅表示同意，而且還表現得相當激進，慈禧太后講什麼呢？核心是六個字，說"今宜專講西學"，意思是說，皇帝你不是要變法嘛，很好啊！"今宜專講西學"呀。這不是很徹底、很進步嘛！進步到連光緒皇帝的老師——變法的一個主要的支持者翁同龢都覺得過頭了。光緒皇帝自己是不會去起草文件的，光緒皇帝把起草這個變法文件的任務，交給了他的老師翁同龢，而且把慈禧太后的思想"今宜專講西學"告訴了翁同龢，翁同龢改動了一下，叫做"以聖賢義理之學植其根本，又須博採西學之切於時務者，實力講求"。什麼意思？就是說，翁同龢在西太后的意見的基礎上，做了一點折衷，一點調和。他說，我們首先要把中國古代聖人的學問作為國家的基礎，同時呢，把西方學問裏對我們有用的那部分東西學過來。所以從這個例子來說，西太后她是贊成變法的，而且是主張學西方的，有些變法的內容西太后是支持的。例如，當時維新派主張要廢八股文，頑固派就堅決表示八股文不能廢，雙方在皇帝面前發生爭論，爭論得很厲害。怎麼辦？請示老佛爺。光緒皇帝從紫禁城跑到頤和園向老佛爺請示，你們想，老佛爺是什麼意見啊？老佛爺說八股文應該廢！由於老佛爺都表示八股文應該廢，所以維新變法的內容之一就是要廢八股文。可見，慈禧太后在一開始對變法是允許的，在某些問題上是支持的。但是，西太后的變法有一個底線，有一條不能夠超越的界限。這個界限是什麼？就是不能夠損害慈禧太后本人的權力，不能夠損害滿洲貴族的利益，步子不能走得太快，而且最重要的是，不能夠涉及政治體制方面的改革。維新派的改革、光緒皇帝的改革恰恰和慈禧太后本人的權力以及滿洲貴族的利益發生了衝突，所以正是在這個情況下，西太后決心鎮壓，把譚嗣同他們六君子送到了菜市口，把他們殺了，把維新變法全部否定了。

五、《辛丑條約》與"新政"

在慈禧太后鎮壓維新派時，英國和日本出面保護了維新派的首領康有為和梁啟超等人，因此慈禧太后非常仇恨洋人。此後，慈禧太后就想廢掉光緒皇帝。第一步是宣佈光緒皇帝病重，命令朝廷的內外官僚保薦"精通醫理之人"給皇帝看病。第二步是"捏造"並公佈光緒皇帝的病案和藥方，傳示各衙門及各國使館。第三步是選中端郡王載漪的兒子溥儁為"大阿哥"（皇長子），繼承同治皇帝，準備隨時替換光緒皇帝。慈禧太后此舉受到部分大臣、江南紳商，特別是各國駐華使節的反對。冊封"大阿哥"的儀式各國公使無一參加。因此，慈禧太后更加仇恨洋人。光緒二十六年（1900 年），華北地區發生義和團運動，這個運動的口號是扶清滅洋。慈禧太后覺得義和團可以利用，下令向八個國家宣戰，進攻北京東交民巷的使館區。慈禧太后的宣戰詔書寫得非常慷慨激昂，裏面有這樣的話，"與其苟且圖存，遺羞萬古，孰若大張撻伐，一決雌雄。"又說：中國土地"廣有二十餘省，人民多至四百餘兆，何難剪彼兇焰，張國之威"！什麼意思？西太后把自己打扮成一個愛國者，說我們今天受洋鬼子欺負，與其馬馬虎虎地活著，還不如跟洋鬼子拚一拚，看看誰打得過誰？中國就土地來說，有二十多個省。就人口來說，有四百多兆，要打敗洋鬼子有什麼難的？這樣，西太后就下令向八個國家宣戰了。西太后這個做法是愚蠢的，你想，腐朽的清王朝它怎麼可能是八個列強的對手呢？義和團的血肉之軀，怎麼可能跟洋人的洋槍洋炮相抗？我想，當時的義和團它一定有一套辦法，表面上看，刀槍不入，用刀砍，砍不進，用槍刺，刺不進，慈禧太后一看，信以為真，說行啊，咱們打吧！這一打，八個國家打到北京，西太后從北京匆匆忙忙帶著光緒皇帝出逃。臨行之前，還不忘處置光緒皇帝寵愛的珍妃，命太監崔玉貴將她扔到井裏淹死。這一次戰爭的結果，是訂立了一個《辛丑條約》。《辛丑條約》最重要的部分是賠款四億五千萬兩白銀。這個四億五千萬兩是什麼概念呢？當時中國是四億五千萬人，就是每一個人要賠一兩銀子。第二點，就是拆毀大沽炮台，允許外國的軍隊駐紮在北京和北京到山海關的鐵路沿線十二處地方，這就是要清政府敞開國門，讓帝國主義者的軍隊駐紮在清朝中央政府的身邊。

八國聯軍入侵，慈禧太后帶著光緒皇帝倉促西逃，一直逃到西安。國破家亡，顛沛流離的生活不可能不對慈禧太后的思想發生影響。到了光緒二十七年（1901 年），慈禧太后就在西安用光緒皇帝的名義下詔，要繼續變法。光緒二十四年，慈禧太后用屠刀鎮壓了康有為、梁啟超、譚嗣同他們領導的改革運動，僅僅三年時間，慈禧太后又不得不宣佈要進行變法。這個變法我們在歷史上稱為"新政"，就是新的政治，它的內容大概是這樣幾個方面：第一是編練新軍；第二是廢科舉，興學堂；第三是獎勵實業；第四是宣佈預備立憲；第五是進行法制改革。這些都是有利於發展資本主義，也有利於中國現代化的改革。它跨出的步子，有些地方比戊戌時期還大。但是，慈禧太后進行改革，其根本目的還是為了鞏固滿洲貴族的統治。慈禧太后幻想，經過她的改革，滿洲貴族就可以千年、萬年地統治下去了，因此，新政改革並不徹底，對於"立憲"，即使是"君主立憲"，慈禧太后也顧慮重重，因此，她所同意的只是"預備立憲"，做做準備而已。

六、關於光緒皇帝之死

光緒三十四年（1908 年）十月二十一日，光緒皇帝去世。關於光緒皇帝之死，康有為等迅速判斷是被毒死的。有一種說法，袁世凱曾經想用三萬金作為代價，賄賂給皇帝看病的醫生力鈞，要他下毒，力鈞嚇得辭去御醫職務。不過，前些年，有人研究了光緒皇帝的醫案，認為光緒確係因病死亡。此說似乎已成定案。但是，根據近年啓功先生回憶，他的曾祖父曾親見，光緒皇帝是在喝了"老佛爺"賞的一碗優酪乳之後死去的。這就說明，這一事件還有進一步討論和研究的餘地。啓功先生說：

> 我曾祖遇到的、最值得一提的是這樣一件事：他在任禮部尚書時正趕上西太后（慈禧）和光緒皇帝先後"駕崩"。作為主管禮儀、祭祀之事

的最高官員，在西太后臨終前要晝夜守候在她下榻的樂壽堂外。其他在京的、夠級別的大臣也不例外。大臣們都惶惶不可終日，就等著屋裏一哭，外邊好舉哀發喪。西太后得的是痢疾，所以從病危到彌留的時間拉得比較長。候的時間一長，大臣們都有些體力不支，便紛紛坐在台階上，哪兒哪兒都是，情景非常狼狽。

就在宣佈西太后臨死前，我曾祖父看見一太監端著一個蓋碗從樂壽堂出來，出於職責，就問這個太監端的是什麼，太監答道："是老佛爺賞給萬歲爺的塌喇。""塌喇"在滿語中是優酪乳的意思。當時光緒被軟禁在中南海的瀛台，之前也從沒聽說過他有什麼急症大病，隆裕皇后也始終在慈禧這邊忙活。但送後不久，就由隆裕皇后的太監小德張（張蘭德）向太醫院正堂宣佈光緒皇帝駕崩了。接著這邊屋裏才哭了起來，表明太后已死，整個樂壽堂跟著哭成一片，在我曾祖父參與主持下舉行哀禮。

其實，誰也說不清西太后到底是什麼時候怎麼死的，也許她真的挺到光緒死後，也許早就死了，只是密不發喪，只有等到宣佈光緒死後才發喪。這已成了千古疑案，查太醫院的任何檔案也不會有真實的記載。但光緒帝在死之前，西太后曾親賜他一碗"塌喇"，確是我曾祖親見親問過的。這顯然是一碗毒藥。而那位太醫院正堂姓張，後來我們家人有病還常請他來看，我們管他叫張大人。（《啟功口述歷史》）

啟功先生的說法來源於他的曾祖父禮部尚書溥良，他的曾祖父是當時情況的目擊者，其說有一定價值。啟功回憶中提到的太醫院正堂"張大人"，名叫張仲元。據傳，他在民國時期曾對人說："據他所知，光緒之死，確係由於中毒，指授之人，即係慈禧。"因此，光緒皇帝之死可能和慈禧太后命人下毒有關。當然，這只是一種可能，不是確證，需要進一步的研究。我們不妨再介紹一些材料給大家參考。

有一位給光緒皇帝看過病的大夫叫屈桂庭，他回憶說：他給皇帝看過一個多月病，藥力有效，但是到十月十八日，皇帝卻突然肚子疼起來，在床上亂滾，大叫"肚子痛得了不得"。這位大夫認為這一症狀和皇帝此前所生之病"絕少關係", 覺得很奇怪。是啊, 是很奇怪。現在我們可以想: 光緒皇帝突然"肚子痛"是否和慈禧太后賞賜的這碗"塌喇"有什麼關係呢?

根據文獻記載, 啟功先生的曾祖父十月十六日才從東陵回京, 他看到慈禧太后賞"塌喇"應該就在這以後, 和屈桂庭回憶的皇帝"肚子痛"的時間大致相合。然而, 還令人奇怪的是, 十八日當天給光緒皇帝看病的醫生們留下的病案卻沒有任何皇帝"肚子疼"的記載, 只有咳嗽、氣逆、作喘、胸膈堵截、大便躁急, 腿軟、寒熱麻痹、耳鳴頭昏, 等等。這種情況令人懷疑, 醫生們當時留下的病案有無可能仍然是"奉命之作"呢?

光緒皇帝自幼體弱是事實, 長年多病也是事實, 但是, 正如啟功的曾祖父所說:"從沒聽說過他有什麼急症大病。"據內務府司員增德、增麟等寫給他們的哥哥增崇的信說:"皇上無病, 所進的藥也不吃。"又稱:"據醫士云: 此症不甚重, 無非虛不受補之意。"至於病案上羅列的種種症狀,"係由春季所有的病症, 均奉旨不准撤, 全叫寫, 其實病症不是那樣; 要是那樣, 人就不能動了。雖然煎藥, 未必全吃了, 故此一時不能見效"。力鈞於 1906 年 5 月入宮, 為慈禧太后看病, 療效甚佳。從 1907 年 8 月 28 日起至同年 11 月 6 日期間, 又為光緒皇帝單獨看病。他的診斷是皇帝"肝氣不舒, 胃氣不健", 要皇帝喝牛肉汁、雞汁, 飲葡萄酒, 實行"飲食療法"。慈禧太后聽說力鈞在為光緒皇帝看病後大怒, 狠狠地罵道: 力鈞為何還不死? 嚇得力鈞趕快裝病, 用雞血滴在唾壺裏, 假稱咳血, 逃離宮廷。可見, 慈禧太后並不希望光緒皇帝病癒。

光緒皇帝去世前的這一個月, 從十月一日到十六日, 皇帝一直堅持每天去儀鸞殿向慈禧太后問安, 陪她吃晚飯, 其間, 光緒皇帝還曾接見日本使臣和西藏的達賴喇嘛, 都不像有大病的樣子。據為光緒皇帝寫《起居注》的一位官員回憶: 十月十日是慈禧太后生日, 光緒皇帝自南海步行, 入德昌門, 正在活動筋骨, 準備向慈禧跪拜, 但是, 慈禧卻傳旨, 皇帝臥病在床, 免拜。皇帝聽後"大慟", 很傷心。這時, 慈禧太后已經得了痢疾, 接連幾天拉肚子。她得到情報, 光緒皇帝面有"喜色", 這使她非常惱怒, 發狠說:"我不能先爾死。"這以後, 就發生贈"塌喇"和光緒皇帝"肚子痛得了不得"的情況。十九日, 宮中突然增加禁衛, 太監們紛紛出東華門理髮, 揚言"駕崩矣"。二十日, 慈禧太后下旨：「醇親王載灃之子溥儀，著在宮內教養，並在上書房讀書。」「醇親王載灃，授為攝政王。」二十一日，正式宣佈光緒皇帝去世。此時，光緒皇帝剛剛 38 歲。

光緒皇帝去世的時候，溥儀只有三歲，西太后讓一個三歲的小孩當皇帝，司馬昭之心，路人皆知。為什麼這麼做？她還想故伎重演，還想繼續垂簾聽政，繼續當中國的最高統治者。她命令載灃說，「以後所有軍國政事，悉秉承予之訓示，裁度施行」，就是說，「要按照既定方針辦」。儘管光緒皇帝死了，你載灃當上監國攝政王了，但是所有的軍政大事，都要按照我的訓示，都要按照我的意思來做。慈禧太后這時病得也不輕，但即使是到了這個時候，慈禧太后也仍然緊緊地抓住權力不放。她顯然不會想到，她自己很快也離開了這個世界。

七、蓋棺論定

西太后是一個什麼人？我想，如果簡單而言，慈禧是個權力迷。她一生善於抓權、奪權、集權，是一個善於搞宮廷政變的專家。在她統治中國的 47 年裏，她有三大罪過：第一大罪過是鎮壓了太平天國和捻軍的起義；第二大罪過是鎮壓了戊戌變法，將譚嗣同等幾個愛國的改革家，送上了斷頭台；她的第三個罪過，是在她當權期間，訂立了兩個喪權辱國的條約，一個是《馬關條約》，一個是《辛丑條約》。這三大罪過，就讓慈禧太后永遠釘在歷史的恥辱柱上。當然，同時她也做過某些好事，主要是兩件，一件是支持具有現代化意義的洋務運動，另外一件實行了具有資本主義改革性質的「新政」。這是慈禧太后一生做過的兩件對於中國歷史發展有益的好事。

宋代偉大的愛國主義詞人辛棄疾有兩句詞，叫「青山遮不住，畢竟東流去」。意思是說江水浩浩蕩蕩，向東奔向大海，那是青山都擋不住的。慈禧太后她想為清王朝建立萬年基業，建立永久的統治，雖然進行了某些改革，但是她的改革不到位，其目的仍然是集權於滿洲貴族，維護滿洲貴族的利益。所以，在慈禧太后死後的第三年，就爆發了辛亥革命，結束了清朝兩百多年的統治，也結束了中國兩千多年的封建主義專制統治。歷史有它自己的發展規律，是不以任何個人的意志為轉移的，這是我們研究了慈禧太后的一生以後應該得出的結論。

附記：1938 年，光緒皇帝及隆裕皇后所葬崇陵被盜。1980 年，有關方面對崇陵棺槨進行清理並重新封閉，光緒及隆裕皇后的頭髮被移至棺槨外，在清西陵文物管理處文物庫房保存。2003 年，中央電視台清史紀錄片攝製組鍾里滿到易縣清西陵採訪，經與北京市公安局法醫檢驗鑒定中心專家研討，徵得文物部門同意，提取多根光緒帝頭髮送至中國原子能科學研究院反應堆工程研究設計所進行測試，其後，中央電視台清史紀錄片攝製組、清西陵文物管理處、中國原子能科學研究院反應堆工程研究設計所 29 室、北京市公安局法醫檢驗鑒定中心的有關專家，組成課題組，進行深入研究，該專案遂成為《國家清史纂修工程重大學術問題研究專項課題（清光緒帝死因研究）》。課題組運用最先進的技術，採用最精密的儀器，對光緒遺體的頭髮、遺骨、衣服以及墓內外環境進行反復的核對和縝密的分析研究。檢驗結果發現：光緒皇帝頭髮中的砷含量是健康人的 2000 多倍，攝入的砷化物是劇毒的三氧化二砷，即砒霜，其腐敗屍體僅沾染在部分衣物和頭髮上的砒霜總量高達約 201.5 毫克。根據相關研究，普通人口服砒霜（三氧化二砷）60—200 毫克就會中毒死亡。光緒帝攝入體內的砒霜總量明顯大於致死量。2017 年 6 月，北京出版社出版《清光緒帝死因鑒證》，分上下兩部。上部證明清光緒帝死於砒霜中毒，下部為鍾里滿執筆的慈禧太后毒殺光緒帝考。至此，光緒帝的死因遂得以大白。

戊戌變法與近代中國 *

　　戊戌變法發生於清朝光緒二十四年（1898 年），按照中國傳統的干支紀年法，這一年是戊戌年，所以在這一年發生的以康有為為領袖，得到光緒皇帝積極支持的政治運動就被稱為戊戌變法。它是一次以救亡圖存為目的的愛國主義運動，也是近代中國第一次完整意義上的改革運動，因此，它在近代中國歷史上，有及其重要的地位。它距離今天已有 105 年，但是，它的歷史經驗仍然值得我們重視。

一、改良思潮的興起

　　戊戌變法之前，清朝統治階級中的一部分開明派開始睜眼看世界，主張"師夷之長技以制夷"，"中學為體，西學為用"。他們學習西方的科學和技術，興辦工廠、學堂，派遣留學生，建立新式海軍，以新式武器裝備陸軍，企圖將西方的科學、技術和中國傳統文化結合起來，達到富國強兵的目的，為鞏固君主專制主義的政治體制服務。這一運動在歷史上被稱為洋務運動（自強運動）。

　　在洋務運動中，由於中西交往的發生、發展，以及一部分知識分子出洋留學或出使，對西方社會制度、文化有了比較深入的了解，他們發現，"夷人"的長處不僅在工藝、技術層面，其文教、政治也頗有可以效法之處，因此，主張在保存中國傳統君主政體和中國傳統文化的基礎上，部分地學習西方的文化、教育和政治制度。其代表人如馮桂芬、容閎、王韜、薛福成、鄭觀應、馬建忠等，活動年代較早，被稱為早期改良主義者。但是，他們還只是零散的個人，改良思想還處在萌芽階段，還不很明確，不很成熟，更重要的是他們還沒有進入現實政治領域，沒有形成具有相當規模的政治運動。

---

*　本文原為 2003 年 3 月 29 日在中國現代文學館的報告。

　　1894 年中日甲午戰爭的結果是，清廷敗在一個後起的島國手下，簽訂了喪權辱國的《馬關條約》。這一事實，激起中國人的"普天忠憤"，也引起中國人的普遍反思。上至皇帝、王公大臣，下至士庶百姓，舉凡了解這次戰爭結果的人幾乎都得出了一個相同的結論：中國必須發奮圖強。光緒二十一年（1895 年）四月十七日，光緒帝發佈上諭，要求文武大小官員，"自今以後，深省懲尤，痛除積弊，咸知練兵、籌餉為今日當務之急，切實振興，一新氣象，不可因循廢弛，再蹈前轍。"諭文所述"練兵、籌餉"兩項急務並無新意，但"切實振興"云云，卻顯示出這位皇帝確實想有所作為。應該說，光緒帝的這道上諭代表了統治層的普遍想法。

　　在渴望變革的社會成員中間，有部分受"西學"影響較多的愛國知識分子更提出了一個尖銳的問題，為什麼"洋務"辦了多年，卻經不起日本人的"一擊"？中國人是不是應該"變法更張"，棄舊圖新？這部分知識分子逐漸形成了一個政治派別，開始從事政治活動，具有一定的群眾性，形成一定的規模和氣候。其代表人物是康有為、梁啟超、譚嗣同、嚴復。

　　康有為（1858—1927），字廣廈，號長素，廣東南海人。早年接受傳統儒學。光緒五年（1879 年）"由陽明學以入佛學"。同年，讀到當時人所編《西國近事彙編》、《環球地球新錄》等書，對西方粗有所知。接著，遊歷香港，"覽西人宮室之瑰麗，道路之整潔，巡捕之嚴密，乃知西人治國有法度，不得以古舊之夷狄視之"，自此，立意講求西學。光緒八年（1882 年）秋，康有為到上海，大量購置江南製造總局所譯西書，訂閱英國傳教士林樂知（Young John Allen）所編《萬國公報》，思想日新。

　　光緒十二年（1886 年）至光緒十三年（1887 年）之間，康有為寫成《康子內外篇》，預言百年之後，世界將有三變："君不專，臣不卑；男女輕重同；良賤齊一。"在此前後，他還運用生吞活剝得來的自然科學知識寫成《實理公法全書》，論證"天地生人，本來平等"，並據此設計出一系列制度，成為他後來撰寫《大同書》的草圖。光緒十六年（1890 年），康有為在廣州會晤推崇《公羊春秋》的今文經學家廖平，接受今文經的"三統說"與"三世說"，用以作為維新變法的理論根據。自此，康有為以西學為營養哺育出來的新思想就披上了中國古老學說的外衣。

梁啟超（1873—1929），字卓如，號任公，廣東新會人。光緒十五年（1889年）中舉，次年到北京會試落第，歸途中在上海購得徐繼畬所著《瀛環志略》，同時見到上海製造局所譯西書，為喜好西學之始。回廣州後，慕名投到康有為門下。自此，梁即成為康有為變法活動中的得力助手。梁啟超呼籲清朝統治者掌握時機，自動變法。他說："法者，天下之公器也；變者，天下之公理也。""變亦變，不變亦變。變而變者，變之權操諸己，可以保國，可以保種，可以保教；不變而變者，變之權操諸人，束縛之，馳驟之。嗚呼！則非吾之所敢言矣。"

譚嗣同（1865—1898），字復生，號壯飛，湖南瀏陽人。父親譚繼洵，任湖北巡撫。譚嗣同幼年師事歐陽中鵠，喜讀王夫之著作；後來漫遊各地，廣泛了解中國社會。中法戰後發奮鑽研西學。甲午戰後立志變法，斷言"今日中國能鬧到新舊兩黨流血遍地，方有復興之望"。同年在瀏陽設立算學格致館，組織算學社。他吸收西學，融合佛學、儒學，寫成《仁學》一書，將"仁"視為天地萬物之源，認為生民之初，本無所謂君臣，只是由於"辦事"需要，才"共舉一民為君"；倘若"君"不能為民"辦事"，自然可以"共廢之"。他猛烈抨擊儒學所鼓吹的三綱五常的"慘禍烈毒"，聲言"君臣一倫，尤為黑暗否塞，無復人理"。在譚嗣同看來，中國二千年來的政治都是秦始皇的"大盜"之政，學術均為荀子的"鄉願"之學，不僅"制人之身"，而且"制人之心"。他號召人們"衝決網羅"，甚至讚美"法人之改民主"，"誓殺盡天下君主，使流血滿地球，以泄萬民之恨"。不過，他認為，在當時的中國，"亟當效法者，莫如日本"。

嚴復（1854—1921），字幼陵，又字幾道，福建侯官人。初入福州船政學堂，後被選送英國海軍大學學習。光緒五年（1879年）畢業回國，先後任教於福州船政學堂及天津北洋水師學堂。光緒二十一年（1895年），在天津《直報》發表《論世變之亟》、《原強》、《闢韓》、《救亡決論》等文，批判君主專制制度和封建文化，要求變革。光緒二十三年（1897年）十月一日，與夏曾佑共同創辦《國聞報》，與上海《時務報》相呼應。

嚴復長期留學英國，西學造詣遠遠超過康、梁等人。他在《救亡決論》中稱，當時的西方全面勝過中國，中國的唯一出路是"以西學為要圖"，"救亡之道在此，自強之謀在此"。在《闢韓》一文中，他以盧梭的"天賦人權說"批判唐代文學家韓愈的君權神授觀念，認為君與民本是根據"通功易事"原則確定的一種契約關係，人民"出什一之賦而置之君，使之作為刑政、甲兵，以鋤強梗，備其患害"，因此，人民乃是"天下之真主"。嚴復特別歌頌西方的自由觀念，《原強》一文稱："政欲利民，必自民各能自利始；民各能自利，又必自皆得自由始；欲聽其皆得自由，尤必自其各能自治始，反是且亂。"但他認為當時中國人尚未具備自治能力，因此急務是：鼓民力，開民智，新民德。這樣，他在理論上雖然急進，而在行動上則主張漸進。

甲午戰敗後，嚴復憤而翻譯英國生物學家赫胥黎所著《進化論與倫理學》，易名《天演論》。嚴復在該書按語中，突出宣揚"物競天擇"、"優勝劣敗"思想，呼籲國人奮起救亡，爭取民族生存的權利，宛如警鐘號角，廣泛地影響了十九世紀末至二十世紀初的一代中國人。其後，嚴復又陸續翻譯並出版了斯賓塞的《群學肄言》、亞當·斯密的《原富》、穆勒的《群己權界論》、孟德斯鳩的《法意》等書。他是戊戌前後翻譯西學著作用力最勤、影響最大的人。

在上述四人中，梁啟超尚未形成自己獨立的思想體系，他主要是宣傳老師的主張；是一位優秀的宣傳家。譚嗣同的思想最激烈，但尚不為人所知；嚴復對西學所知最深，其翻譯的《天演論》影響巨大，但是，他較少參加政治活動。指導維新運動的領袖人物是康有為。

康、梁、譚、嚴之外，也還活躍著其他一些改良主義思想家，如陳虬、陳熾、宋恕、何啟等。

二、改良派的活動方式

（一）上書請願

第一次上書。光緒十四年（1888 年）十月，康有為有感於中法戰爭後"國勢日蹙"的狀況，寫成《上光緒皇帝書》，請求翁同龢、徐桐等人代奏。書中，康有為痛陳列強侵逼，中國如"累卵之危"，要求清廷"講求變法"，但翁、徐都不見。

第二次上書（公車上書）。光緒二十一年（1895年）三月，清廷與日本簽訂《馬關條約》。康有為乘入京會試機會，於四月初八日聯絡18省舉人1300餘人聯名上書，要求清廷"塞和款而拒外夷，保疆土而延國命"。漢制，以公家車馬遞送應舉者入京，因此這次上書通稱"公車上書"。書中，康有為等提出"權宜應敵之謀"三條："下詔鼓天下之氣"、"遷都定天下之本"、"練兵強天下之勢"，同時提出"富國"、"養民"、"教民"等"立國自強之策"。康有為特別提出，中國貧弱的最大根源在於壅塞，以致君臣隔絕、官民隔絕。他要求頒行特詔，允許士民公舉"博古今、通中外、明政體"的"方正直言之士"，"准其隨時應對，上駁詔書，下達民詞"，參預討論內外興革大事。這次上書，使變法從個人籲請發展為群體行動，是清廷歷史上從未發生過的事件。書上，都察院以清廷已在《馬關條約》上簽字為理由拒絕接受。

第三次上書。公車上書後不久，康有為中進士，授工部主事。五月初六日，康有為第三次上書皇帝，對公車上書進行補充。光緒帝見到後，命閣臣抄錄四份副本，一份呈太后，一份存軍機，發各省督撫將軍討論，一份留乾清宮，一份存勤政殿備覽。

第四次上書。閏五月初八日，提出"立科以勵智學"，"設議院以通下情"等主張，同時要求光緒帝"下詔求言"、"開門集議"、"闢館顧問"、"設報達聰"、"開府闢士"，做到"有情必通，有才必用"。但是，都察院、工部等衙門都不肯代呈。

第五次上書。光緒二十三年（1897年）十月，德國派軍艦強佔膠州灣。同年十一月，康有為鑒於民族危機日益嚴重，趕赴北京，第五次上書光緒帝，建議：一、採法俄、日以定國是；二、大集群臣而謀變政；三、聽任疆臣各自變法。他警告皇帝說，如果依然故我，"恐自爾之後，皇上與諸臣雖欲苟安旦夕，歌舞湖山而不可得矣！且恐皇上與諸臣求為長安布衣而不可得矣！"他要求光緒帝將"國事付國會議行"，"盡革舊俗，一意維新"。這道奏章，為工部尚書淞溎所阻，但卻受到給事中高燮曾的重視，上疏推薦，要求光緒帝召見康

有為。清制,非四品以上官,不能召見。恭親王奕訢據此反對,聲稱康有為是
"小臣","皇上若欲有所詢問,命大臣傳語可也。"

光緒帝也感到形勢危迫。光緒二十四年(1898年)正月初三日,光緒帝
命王大臣在總理衙門接見康有為。參加者有李鴻章、翁同龢、榮祿等人。榮祿
(1836—1903),字仲華,滿洲正白旗人。因在咸豐帝去世後,支持慈禧太后奪
權有功,官至步軍統領、總署大臣兼督辦軍務大臣。他對康有為稱:"祖宗之法
不能變。"康答:"祖宗之法,以治祖宗之地也,今祖宗之地不能守,何有於
祖宗之法乎?即如此地為外交之署,亦非祖宗之法所有也。因時制宜,誠非得
已。"第二天,翁同龢向光緒帝保薦康有為,光緒帝再次表示要召見康有為,
仍為恭親王所阻。

第六次上書。光緒二十四年(1898年)正月初八日,康有為要求光緒帝仿
照日本明治維新的辦法:"一曰大誓群臣以革舊維新,而採天下之輿論,取萬國
之良法。二曰開制度局於宮中,徵天下通才二十人為參與,將一切政事、制度
重新商定。三曰設待詔所,許天下人上書。"在這三項建議中,康有為最重視
開制度局,其具體設計是:選天下通才十數人為修撰,以王大臣為總裁,相互
平等,每日在宮中討論舊制新政,何者當改,何者當增,由皇帝折衷一是,然
後交由法律、稅計、學校、農商、工務、礦政、鐵路、郵政、造幣、遊歷、社
會、武備等十二局施行。按照這一設計,就將重構清廷的權力分配,在皇帝周
圍形成一個新的決策機構,領導變法與改革,同時也將形成適應現代化要求的
新的行政系統。為了擴大影響,造成聲勢,康有為先後為御史楊深秀、宋伯魯
等多人草擬了主題大體相同的奏摺。

康有為的奏摺被總理衙門的王大臣們壓了一個多月,在光緒帝的一再催問
下,才於二月十九日上呈。光緒帝讀到後,非常滿意,命王大臣們"妥議具
奏",但沒有下文。

第七次上書。康有為完全寄希望於光緒帝,希望他以皇帝之尊打擊舊派,
支持變法。四月二十日,康有為第七次上書,要求光緒帝將變法訂為國策:"上
告天祖,大誓群臣,以定國是而一人心。"

康有為的七次上書向最高統治者陳述政見,引起光緒皇帝和清朝統治集團

的注意，產生了廣泛的社會影響。

（二）創辦報刊

康有為第四次上書被拒後，暫留京師。為了開通風氣，進行輿論宣傳，康有為於光緒二十一年（1895 年）六月二十七日創辦《萬國公報》，雙日出版，遍送京師"士夫貴人"。每冊載論文一篇，介紹世界各國的兵制、通商、學校、鐵路、農學、工藝、報館等方面的情況，大多出於梁啟超和康有為的另一個弟子麥孟華之手。十一月初一日，為避免重名，將《萬國公報》改名《中外紀聞》，以梁啟超、汪大燮為主筆。《紀聞》仍為雙日刊，內容有閣抄、照譯路透電、選譯西報、錄各省報，譯印西國格致有用書籍等欄。

上海有《強學報》與《時務報》。光緒二十二年（1896 年）七月初一日，黃遵憲與汪康年等在上海創辦《時務報》，以汪康年為經理，邀梁啟超為撰述。其後，由於梁啟超文筆淺近，議論新穎，《時務報》出刊後，大受歡迎，銷量迅速發展至萬餘份，"通邑大都，下至僻壤窮陬，無不知有新會梁氏者"。

湖南有《湘報》和《湘學新報》。

《湘報》創刊於光緒二十四年（1898 年）二月十五日。每日一張。由熊希齡倡辦。熊與梁啟超、李維格、譚嗣同、鄒代鈞、唐才常等 8 人任董事，以唐才常為總撰述。陳寶箴撥款支持。該報大力介紹西方政治、社會學說，宣傳變法維新，盡力擴大讀者層面，"使圓顱方趾能辨之無之人，皆易通曉"，成為與《時務報》並稱的新派報紙。

此外，澳門有梁啟超、徐勤任撰述，康廣仁任經理的《知新報》。陝西有劉古愚等組織的復郊學會及不定期出版的《時務齋隨錄》。四川有宋育仁等創辦的《渝報》、蜀學會及《蜀學報》。溫州有陳虯創辦的《利濟學堂報》。杭州有陳虯、宋恕、章炳麟創辦的《經世報》。無錫有裘廷梁的《無錫白話報》。

（三）組織學會

光緒二十一年（1895 年）七月十三日，康有為在北京組織強學會，列名會籍或參加會務者有康有為、梁啟超、麥孟華、汪大燮、袁世凱、徐世昌、楊銳以及張之洞之子張權等 22 人。其中有維新人士，也有帝黨官僚。支持者則有翁同龢、孫家鼐、張蔭桓、劉坤一、張之洞、王文韶以及李佳白、李提摩太等傳教士，劉、張、王並各捐五千金。章程宣佈在上海設總會，逐漸向各省發展。

強學會之後，旅京人士相繼組織知恥學會（壽富等發起）、粵學會（康有為發起）、關學會（宋伯魯等發起）、閩學會（林旭等發起）、蜀學會（楊銳等發起）。三月二十七日，康有為與御史李盛鐸在北京成立保國會，以保國、保種、保教為宗旨，章程稱：“本會以國地日割，國權日削，國民日困，思維持振救之，故開斯會以冀保全。” 其後，保滇會、保浙會、保川會先後成立。

南學會成立於光緒二十四年（1898 年）二月初一日。設會之意，在於兼具學會與地方議會雙重性質。會友分三種。一為議事會友，由南學會創辦者譚嗣同、唐才常、熊希齡等充任。二為講論會友，以皮錫瑞主講學術，黃遵憲主講政教，譚嗣同主講天文，鄒代鈞主講輿地。三為通訊會友，凡遠道寄函、講求興利除弊的官紳士商均是。南學會的主要活動內容是演講，其講稿則發表於《湘報》。自成立之日起，有記錄可查的演講共 13 次。南學會成立後，瀏陽、巴陵、沅州成立分會，湖南不纏足總會、延年會、積益學會、學戰會、公法學會、法律學會、群萌學會、任學會、輿算學會、致用學會、明達學會等相繼成立。

（四）創辦學堂

時務學堂由陳寶箴倡辦，以熊希齡為總理，延請梁啟超等人為教習。光緒二十三年（1897 年）十一月初六日，學堂開學。梁啟超採取“急進”辦學方針，鼓勵學生閱讀西學書籍，常在課卷的批語中大力發揮民主思想。如：“臣也者，與君同辦民事者也，如開一舖子，君則其舖之總管，臣則其舖之掌櫃等也。” 光緒二十四年（1898 年）二月，梁啟超因病離湘。他在學堂擔任教職的時間雖不長，但卻迅速培養了一批年輕新銳。

上海、天津、長沙之外，兩廣、澳門、陝西、四川也都是比較活躍的地區。據統計，光緒二十一年（1895 年）至光緒二十四年（1898 年）間，全國各地創辦的學會、學堂和報刊，共有三百多起。一時間，學會林立、報刊紛起，古老的中國出現了一批新事物，就像一座深閉多年的宅院，吹進了陣陣清新之風。

以上四種活動方式：上書，是維新派表達政治要求的主要方式；報紙，是維新派的輿論工具；學會，是維新派的主要組織形式；學堂，是維新派培養人才的主要基地。這四個方面，大都是中國傳統社會少有或沒有的新事物。有了這四個方面，維新派的活動逐漸具有規模，形成氣候了。

三、百日維新的主要內容

保國會成立不久，即有吏部主事洪嘉與慫恿浙江人孫灝出面攻擊，誣為"辯言亂政"，"形同叛逆"。接著，御史潘慶瀾上疏，檢舉康有為"聚眾不道"。御史黃桂鋆參劾保滇會、保浙會等"乘機生事"，要求嚴禁。這樣，維新派再次處於不利局面。光緒二十四年（1898年）四月十日恭親王奕訢病故，形勢發生變化。奕訢於光緒十年被慈禧太后免去軍機大臣及總理衙門大臣職務，中日戰爭中被起用。他在教育、通商、修築鐵路，興辦機器工業、加強武備等方面支持改革，但是，反對削弱皇族權威，變更軍機處等政權機構。他竭力阻攔光緒帝重用康有為，在臨終前向慈禧太后泣訴翁同龢"心叵測"。他的去世，使康有為覺得少了一個障礙，光緒皇帝覺得少了一個掣肘的人，變法活動的鑼鼓就敲打起來了。

自光緒二十四年四月二十三日（1898年6月11日）光緒帝下詔變法至同年八月初六日（9月21日）慈禧太后發動政變止，共103天，史稱百日維新。

四月二十三日，光緒帝發佈翁同龢所擬《明定國是詔》，聲稱"五帝三王，不相沿襲，譬之冬裘夏葛，勢不兩存。用特明白宣示，嗣後中外大小諸臣，自王公以及士庶，各宜努力向上，發憤為雄，以聖賢義理之學植其根基，又須博採西學之切於時務者實力講求，以救空疏迂謬之弊"。光緒帝發佈這道詔書，就是將變法定為清廷國策了。

自此，康或本人具名，或以他人名義，不斷向光緒帝上摺，提出具體的變法建議，光緒帝也幾乎每天都發佈上諭，推行新政，一時間似乎春風頻拂，頗有陰霾頓掃、萬物昭蘇之概。

（一）文化教育改革

當年年初，光緒帝曾根據貴州學政嚴修奏請，決定設經濟特科，以策論形式考選內政、外交、理財、經武、格物、考工等六個方面的特殊人才，作為對傳統科舉考試的補充。同年四月二十九日，康有為以御史宋伯魯和本人的名義分別上摺，痛陳八股之弊。光緒帝命軍機大臣擬旨，剛毅認為"此事重大，行之數百年，不可遽廢"，光緒帝厲聲責問道："汝欲阻撓我耶？"剛毅要求請示慈禧。五月初二日，光緒帝得到慈禧同意。初四日，康有為再以徐致靖之名上摺，要求光緒帝"勇斷"。初五日，光緒帝降旨，自下科起改試策論。

在要求廢除八股的同時，維新派又積極要求創辦新式學堂。四月二十三日，《明定國是詔》諭令創辦京師大學堂。五月二十日，光緒帝派孫家鼐管理大學堂事務。二十二日，康有為上摺，要求將各省書院改為中學堂，鄉邑淫祠改為小學堂，兒童六歲入學。同日，光緒帝再發上諭，命將各地書院分別改為新式學堂，民間祠廟之不在"祀典"者，由地方官曉諭居民改為學堂，同時獎勵民間捐資辦學。其後，光緒帝又陸續下令，籌辦礦務、海軍、農務、編譯、茶務各類學堂。為了了解外情，取益外國富強經驗，光緒帝命將上海譯書局改為官督商辦，將北京譯書局併入京師大學堂，並命各省挑選學生赴日留學。

六月初八日，孫家鼐奏請將上海《時務報》改為官報，光緒帝派康有為督辦，旨稱："各報體例，自應以臚陳利弊，開拓見聞為主，中外時事均許據實昌言，不必意存忌諱，用副朝廷明目達聰、勤求治理之至意。"顯然，其中包含著某種成分的新聞自由和言論自由思想。

（二）經濟改革

維新派重視商務。在《日本書目志》中，康有為稱："商若能盛，國以富強。"四月二十三日，光緒帝發佈上諭，接受總理衙門議請，在各省設立商務局。六月初一日，康有為上摺，要求設商學、出商報、立商會，在中央設立商部。初七日，光緒帝諭令劉坤一、張之洞在上海、漢口等地試辦商務局。十五日，再發上諭，要求各督撫"悉心講求，次第興辦"，"毋得徒託空言，一奏塞責"。

為了發展科技、工藝，康有為於五月初八日上摺，要求獎勵新藝、新法、新書、新器，特許專賣。同月二十五日，光緒帝批准總理衙門所擬專利和獎勵章程 12 條，允許民間設廠，規定凡能製造新器，發明新械，或興辦學堂、藏書樓、博物院、建造槍炮廠者，均可申請給獎，予以專利，授予官銜。

在農業方面，光緒帝於五月十六日批准御史曾忠彥等人奏請，要求各地方官勸諭紳民兼採中西各法，興辦農政。七月初二日，康有為上《請開農學堂地質局以興農殖民而富國本摺》，建議在各省建立農學局，設農學堂，辦農學報，開農學會，譯農學書，繪農學圖。初五日，光緒帝諭令在北京設立農工商總局，同時命各省設立農務學堂，廣開農學會，創辦農學報。

（三）軍事改革

二月二十六日，光緒帝根據榮祿等人奏請，諭令各省武鄉試自二十六年（1900 年）始，會試自二十七年（1901 年）始，童試自下屆始，一律停試弓、刀、步、石等傳統項目，改試槍炮。五月二十一日，再次諭令奕劻等"按照泰西兵制，更定新章"，改練洋操。二十七日，諭令水陸各軍一律裁員節餉，挑留精壯，勤加訓練。六月初十日，命各省將軍、督撫籌撥經費，以備添設海軍，籌造兵輪。

（四）風習改革

康有為要求將鄉邑淫祠改為小學，不僅為了振興教育，而且也具有改革社會風習的意義。他在摺文中批評"中國民俗，惑於鬼神，淫祠遍於天下"，恰是當時社會的一種病態。六月二十六日為光緒帝生辰，康有為上摺，陳述女子裹足危害，要求光緒帝下詔，改革惡俗，但此摺上奏後，卻被官僚們以"穢屑不關政體"為理由否決。

（五）政治改革

政治改革涉及權力和利益的再分配，百日維新期間，光緒帝僅在有限的幾個方面有所推進。一是修改衙門條規。二是開放言路。清制，低級官員沒有直接給皇帝上書的權利。為此，光緒帝於六月十五日下詔："部院司員有條陳事件者，著由各堂官代奏；士民有上書言事者，著赴都察院呈遞。"三是精簡機構。七月十四日，光緒帝接受太僕寺少卿岑春煊奏請，諭令裁撤詹事府、通政司、光祿寺、鴻臚寺、太僕寺、大理寺等六個冗署，外省裁汰湖北、廣東、雲南三省巡撫以及東河總督等冗缺，同時命有關官員詳議京外應裁、應併各缺，切實辦理。四是任用新人。七月二十日，光緒帝賞楊銳、劉光第、林旭、譚嗣同四品卿銜，在軍機章京上行走，參預新政。

維新派的理想是開國會（議院），在皇權統治下爭取部分議政權利。但是，康有為逐漸認識到，舊黨盈塞，民智未開，如果頑固、守舊分子掌握議院，將成變法阻力，反不如"以君權治天下"，依靠"天錫智勇，千載罕逢"的光緒帝更為簡捷。康有為樂觀地估計，如此做去，中國只需三年功夫，便可強盛。基於這種考慮，康有為便將奮鬥目標改為開制度局，使維新人士參與決策，輔佐光緒，推行新政。但是維新派又估計開制度局的要求一時難以通過，企圖另立名目，在舊形式中裝入新內容。六月初，梁啟超為刑部侍郎李端棻草擬奏摺，提議在內廷"開懋勤殿，議制度"。懋勤殿位於乾清宮內，為翰林修書、入值之處。梁啟超提議"開懋勤殿"，其目的仍在於為維新人士創造與皇帝見面、參預決策的機會。李端棻於初六日上奏，光緒帝當日批交奕劻、孫家鼐會同軍機大臣復議。開懋勤殿是清廷雍正、乾隆、嘉慶三朝舊法，奕、孫不便明顯反對，但強調其人選必須"慎之又慎"，算是沒有強烈反對。

上述各方面，有些清政府百日維新前已經做了，有些是可以接受的，頑固派所不能接受的主要是政治體制改革。

四、戊戌政變的發生

（一）新舊互劾與罷免禮部六堂官事件

維新運動是一次改革運動，充滿著新與舊的鬥爭。最初的表現是思想鬥爭和壓制反壓制的鬥爭，其次是用人方針，最終表現為政治鬥爭，終於爆發為政變，武力的較量。

維新派認為要推行新政，必須罷免守舊大臣。四月十三日，康有為代楊深秀擬摺，建議光緒帝為推行新政而"大用賞罰"，"嘉獎其舉行者，罷斥其廢格者，明降諭旨，雷厲風行"。五月初二日，宋伯魯、楊深秀上奏，彈劾禮部尚書、總理各國事務大臣許應騤"痛詆西學"，仇視"通達時務之士"，要求令其退出總理衙門。光緒帝本欲將其罷斥，因剛毅說情，改為令其自行回奏。初四日，許在回奏中反守為攻，指責康有為"襲西報之陳說，輕中朝之典章，其建言既不可行，其居心尤不可問"，要求將其驅逐回籍。二十日，文悌上摺讚揚許應騤，攻擊康有為"名為保國，勢必亂國而後已"。光緒帝認為此摺"受人唆使"，明確批示："文悌不勝御史之任，著回原衙門行走。"

光緒帝性情急躁，宣佈變法維新後，在一段時期內頗有幹勁。但是，他的改革舉措受到守舊大臣的強烈反對，有些舉措，守舊大臣雖不反對，但短時期內難以貫徹。光緒帝急於見效，便一次次下詔催促，口氣也一次比一次嚴厲。他很想懲處幾個守舊派大臣，藉以立威。七月十九日，革去阻撓王照上書的六個禮部堂官。

王照時任禮部主事。他認為慈禧好名，關心個人權利，沒有固定政見，和光緒帝之間沒有什麼大不了的矛盾，可以彌合。六月間，王照上摺建議光緒帝奉慈禧巡幸中外，造成"奉太后之意以變法"的印象。他按照光緒帝廣開言路的新規定，請禮部尚書許應騤和懷塔布代遞，為二人所拒。王照在康廣仁鼓動下上奏彈劾，又為禮部侍郎堃岫、溥頲所阻。王照稱：你們不收，我即遞都察院。堂官無奈，只得收下。許應騤為了替自己辯解，反過來彈劾王照"妄請乘輿出遊異國，陷之險地"，"用心不軌"。七月十六日，光緒帝諭令交部議處。十九日，吏部提議降三級調用，光緒帝認為太輕，諭令革去許、懷等六個禮部堂官的職務，同時表揚王照"不畏強禦，勇猛可嘉"，賞給三品頂戴，以四品京堂候補。

懷塔布和慈禧太后同屬葉赫那拉一族，滿洲正藍旗人，靠親貴的地位發跡。他的老婆經常出入頤和園，陪侍慈禧太后，直接通天。懷塔布被革職後，立即趕赴天津，與榮祿密謀。他的老婆則到頤和園向老佛爺哭訴，造謠說皇帝"且盡除滿人"！慈禧太后對光緒帝變法本持觀察態度，廢八股之類的改革可以允許，但是，一涉及滿族親貴的權益和政治體制的改革，她就不能容忍了。

七月初八日，光緒皇帝到頤和園向慈禧請安，出園後發佈諭旨稱，將於九月巡幸天津，舉行閱兵。諭旨引起了康有為等人的疑慮，擔心慈禧太后藉閱兵之機，廢掉光緒帝，便以之為藉口，開始策劃武力奪權。

(二) 戊戌政變

七月二十八日，光緒帝命譚嗣同查考雍正、乾隆、嘉慶三朝開懋勤殿故事，擬一上諭，準備赴頤和園向慈禧請示。康有為覺得事成有望，便指使王照和徐致靖分別上摺，推薦自己和康廣仁等為顧問。七月二十九日，光緒皇帝到頤和園，剛剛露了幾句口風，發現慈禧怒形於色，就沒有敢多說下去。請安中，慈禧太后特別批評光緒皇帝，對懷塔布等人處罰過重，亂了家法。三十日，光緒帝即召見楊銳，交給他一道密諭，內稱："近來朕仰窺皇太后聖意，不願將法盡變，並不欲將此輩荒謬昏庸之大臣罷黜，而用通達英勇之人令其議政，以為恐失人心。"密諭自述為難之處道："必欲朕一旦痛切降旨，將舊法盡變，而盡黜此輩昏庸之人，則朕之權力實有未足。果使如此，則朕位且不能保，何況其他！"光緒皇帝要楊銳與諸同志妥速籌商，找出"良策"，既能罷免守舊大臣，選用新進，變法圖強，而又能不觸犯太后。他表示："十分焦急翹盼之至！"這道密詔傳出了慈禧反對變法，皇帝力量薄弱，"朕位且不能保"等信息，令楊銳既震驚，又緊張，不知道怎麼辦，直到八月初二日才將密詔交給林旭。

在賜楊銳密詔之後，光緒帝又於八月初二日以明詔形式，命康有為迅速離京，"毋得遷延觀望"，還召見林旭，命他帶給康有為一道密詔，解釋命康迅速離京的用意，內稱："朕今命汝督辦官報，實有不得已之苦衷，非楮墨所能罄也。汝可迅速出外，不可延遲。汝一片忠愛熱腸，朕所深悉。其愛惜身體，善自調懾，將來更效馳驅，共建大業，朕有厚望焉。"兩道密詔，說明光緒帝已經預感到形勢將有大變動。

在對慈禧太后的估計上，王照是一種意見，但康有為則認為，慈禧太后頑固不化，要擴大光緒皇帝的權力，維新變法，必須除去太后。康有為只是一介文人，他完全懂得，必須取得武人的支持和保護。淮軍將領聶士成是王照的把兄弟，康想利用這一關係通過王去爭取聶，許以直隸總督之任，但是，王照不認為慈禧太后有廢皇帝之心，否定此議。康有為覺得，此外就非袁世凱莫屬。

袁世凱是淮軍將領袁甲三的姪孫，曾隨吳長慶督兵駐紮朝鮮。光緒二十一年（1895 年）簽訂《馬關條約》之後，袁世凱在北京請人譯撰兵書十二卷，獻給榮祿，自稱門生。袁提倡用西洋辦法治軍，得到榮祿賞識，因此，被委任為新建陸軍督辦，負責在天津小站訓練新軍。康有為成立強學會時，袁世凱不僅捐款資助，而且和康飲酒高談，稱康為"大哥"。光緒二十三年（1897 年）膠州灣事件後，袁世凱向翁同龢連上兩份說帖，建議選擇"二三忠誠明練督撫"，參照西法，就用人、理財、練兵三大項試行變革。這兩份說帖康有為未必能夠見到，但言談間必然對袁的觀點有所了解，視袁為同志。他便一面派人去袁處，離間袁和榮祿的關係，一面建議光緒帝召見袁世凱，"隆以禮貌，撫以溫言，賞以茶點"，爭取袁感恩圖報。

當年六月，康有為派徐致靖的姪子徐仁祿到袁世凱幕中，對袁進行考察，同時離間袁和榮祿的關係。袁稱讚康有為有"悲天憫人之心，經天緯地之才"，並隱約表示對榮祿不滿。康有為得到訊息後，決心薦袁。他先替徐致靖草摺，要求光緒皇帝召見袁世凱，加官獎勵；接著，又命譚嗣同上密摺，要求光緒皇帝收撫袁世凱以備不測。處於孤立狀態的光緒皇帝也覺得是個辦法，便於七月二十六日命榮祿傳知袁世凱即行來京。八月初一日，光緒帝召見袁世凱，詳細詢問軍事狀況，旋即命袁世凱以侍郎候補，專辦練兵事務。袁世凱原來的職務是直隸按察使，晉升為侍郎，屬於不次之拔。初二日，袁世凱向光緒帝謝恩，光緒帝說："人人都說你練的兵、辦的學堂甚好。此後可與榮祿各辦各事。"

　　光緒帝用袁，當然具有"自保"的意味，但未必有具體打算，而康有為薦袁，則已經有了明確方案。唐朝宰相張柬之為了廢掉武后，曾命羽林大將軍李多祚率兵入宮。康有為熟知史事，想重新搬演這一故事。七月二十七日，譚嗣同的好友，和會黨廣有聯繫的畢永年到京，康有為便於二十九日夜動員畢扮演李多祚的角色。他的計劃是，派畢到袁世凱軍中當參謀，在袁軍包圍頤和園之際，由畢率領百名士兵逮捕並處死慈禧。袁世凱在受到光緒帝的不次之擢後，曾向康有為送過一張感謝帖，表示蒙薦引提拔，不勝感激，雖赴湯蹈火，在所不辭。康有為收到此帖後，更加堅定了用袁之心。

　　八月初三日，林旭到南海會館，將光緒帝要康有為儘快離京的密詔交給他，同時帶來的還有光緒帝七月三十日交給楊銳的密詔，康有為找來譚嗣同，共同跪讀，又召來梁啟超、康廣仁等人，研究營救光緒皇帝的計劃。這時，袁世凱的幕僚徐世昌也來了。康有為等便有意哭得更響亮、更動情一點，企圖以此感動徐世昌。這樣，徐世昌也哭將起來。於是，南海會館裏頓時一片哭聲。

　　譚嗣同不贊成康有為依靠袁世凱，圍園除后的方案，但他也別無良策，便聽從康的意見，建議電調唐才常到京協助。八月初三日夜，譚嗣同到法華寺夜訪袁世凱，直率表示："皇上現有大難，非公不能救！"袁當即作出大驚失色的樣子，詢問"皇上難在何處"。譚稱："榮某近日獻策，將廢君弒君。"隨即出示一份擬就的奏摺草稿，內容大意是："榮某謀廢立弒君，大逆不道，若不速除，上位不能保。袁世凱初五請訓，請面付朱諭一道，令其帶本部兵赴津，見榮某，出朱諭宣讀，立即正法，即以袁某代為直督，傳諭僚屬，張掛告示，佈告榮某大逆罪狀，即封禁電局、鐵路，迅速載袁某兵入京，派一半圍頤和園，一半守宮，大事可定。如不聽臣策，即死在上前。"袁讀後問譚："圍頤和園欲何為？"譚答稱："不除此老朽，國不能保。此事在我，公不必問。"他向袁坦陳："我倕有好漢數十人，並電湖南召集好將多人，不日可到。去此老朽，在我而已，無須用公。只請您做兩件事：誅榮某，圍頤和園。公如不應允，我即死在公前。公之性命在我手，我之性命在公手。今晚必須定議，我即進宮請旨。"譚並向袁保證，皇帝一定會批准這一計劃："我有挾制之法，必不能不准。明日皇上定有朱諭一道，當面交給您。"

至此，關於計劃本身，袁世凱已無話可說，他便擺困難：“北洋宋慶、董福成、聶士成各軍，有四五萬人，淮練各軍有七十多營，京內有旗兵數萬，本軍不過七千人，能夠動用的不過六千人，如何能辦此事？”他還談到：“本軍糧械子彈，均在天津營內，存者極少，必須先將糧彈領運足夠，方可用兵。”他要求譚容許他熟思，佈置半月、二十日，然後再回復具體辦法。他打定主意，既不答應，也不拒絕，而譚嗣同卻一再催促，聲色俱厲，要袁立即決定，以便入宮面奏。袁世凱覺得譚嗣同衣襟高聳，似乎藏有兇器，便轉變語氣，推延到九月行事，他說：“九月皇上即將巡幸天津，到時軍隊彙集，只要皇上一寸紙條，誰敢不遵？何事不成！”他向譚嗣同保證：“此事在我，你可放心。”譚即鼓勵袁：“報皇上之恩，救皇上之難，建立奇功大業，掌握天下事，在公此舉。”說到這裏，譚嗣同用手拍了拍脖子：“如您到頤和園告變，殺我，害及皇上，可以得富貴。”譚嗣同覺得該攤牌了，以激烈的語氣將兩條路擺得分分明明，要求袁世凱決斷。

“你以為我是什麼人！我三代受國家深恩，斷不至喪心病狂，貽誤大局。但能有益於君國，必當死生以之。”說著，袁世凱慷慨激昂起來，“閱兵時，如果皇上到了我營中，殺榮祿如殺一狗耳！”這時，譚嗣同從座上起立，連連向袁世凱作揖，稱他為“奇男子”！最後，譚嗣同表示：“自古非流血不能變法，必須將一群老朽全行除去，才能辦事！”

袁世凱沒有答應馬上行動，譚嗣同很失望；但是，袁世凱也沒有堅決拒絕，這使譚對未來仍然抱有希望。康有為除寄希望於袁世凱外，還寄希望於列強。當年四月，康有為曾與日本駐華公使矢野文雄約定，召開“兩國合邦大會議”。八月初三日，康有為見到光緒帝的密詔後，立即會見英國傳教士李提摩太（Timothy Richard），提出以李為光緒皇帝的顧問，李則建議“聯中國、日本、美國、英國為合邦”，共同抵禦俄國。初四日，康有為訪問李提摩太，擬請英國駐華公使出面相助，但公使已到北戴河避暑；再擬尋美國公使，美國公使已赴西山。

當日下午，慈禧太后突然從頤和園回宮。

慈禧太后突然回宮是楊崇伊頭天上奏章的結果。楊崇伊，江蘇常熟人。進士出身，時任廣西道監察御史。他和李鴻章是姻親，其活動常有李的背景。康有為組織強學會後，他曾上疏彈劾強學會和文廷式。懷塔布等六堂官被撤職後，他即繼懷塔布之後赴津與榮祿密謀，確定計劃。八月初三日，他通過奕劻向慈禧上奏，聲稱文廷式創立大同學會，"外奉廣東叛民孫文為主，內奉康有為為主"；又稱：今春會試，康有為偕其弟康廣仁及梁啟超來京講學，"將以煽動天下之士心"。奏章激烈地攻擊維新運動，說是"兩月以來，變更成法，斥逐老成，藉口言路之開以位置黨羽"。奏章特別提出："風聞東洋故相伊藤博文即日到京，將專政柄"，"伊藤果用，則祖宗所傳之天下，不啻拱手讓人。"楊崇伊要求慈禧即日訓政，召見大臣，密捕大同學會中人，分別嚴辦。在旁哭訴的除慶親王奕劻，還有端王載漪。

楊崇伊的這道奏章很有煽動性。它不僅迎合了慈禧的守舊心理，而且也迎合了慈禧對洋人的疑懼感。伊藤博文原是日本的總理大臣，馬關談判時李鴻章的對手。戊戌年下野後，以從事遠東外交自任。七月二十三日來華，二十九日到達北京，先後會見總署王大臣、康有為、張蔭桓等人，定於八月初五日晉見光緒皇帝。當時，李提摩太已經提出，建議中國政府聘請伊藤為顧問，中國官員中也有聘任伊藤為"客卿"的類似意見，還傳說伊藤有可能進入軍機處，等等。楊崇伊奏章中所說伊藤"將專政柄"，即指此類傳說。慈禧本來就擔心變法會損害自己的地位和權力，現在則更擔心"洋鬼子"和皇帝"結合"！

八月初五日，光緒帝首先召見袁世凱。袁奏請光緒帝"忍耐待時，步步經理"，不必"操之過急"。他建議選用"真正明達時務、老成持重如張之洞者"，出而主持變法，並且意有所指地說："新進諸臣，固然不乏明達勇猛之士，但閱歷太淺，辦事不能慎密。倘有疏誤，累及皇上，關係極重。"自從譚嗣同夜訪後，袁世凱就"反復籌思，如癡如病"。這時候，袁世凱顯然已經決定了自己的政治走向。據袁世凱日記記載，光緒皇帝聽了這一段話後，"頗為動容"。但是，"無答諭"。

當日中午，光緒皇帝召見伊藤博文和日本駐華公使林權助。光緒帝稱："貴我兩國，地勢上同在一洲之內，最親最近。目今我國改革，迫於必要，朕願聞貴爵意見，請貴爵將改革順序方法，詳細告知總理衙門王大臣，予以指導。"

在伊藤表示"敬奉諭旨"之後，光緒皇帝又說："常與貴國同心協力，永久繼續親密國交，是朕所最為切望的事。"

慈禧太后還宮之後，即下令呈繳譚嗣同、楊銳、林旭、劉光第等四個新章京所簽各項文件。八月初六日晨，慈禧太后宣佈重新臨朝"訓政"。同時，以光緒皇帝的名義發佈上諭，聲稱康有為"結黨營私，莠言亂政"，著革職，並其弟康廣仁均著步軍統領衙門捕拿，交刑部治罪。御史宋伯魯"濫保匪人"，革職永不敘用。命下，崇禮立即出動士兵，查抄南海會館。不過只抓到了康廣仁，前一天，康有為已經譚嗣同力促，遵照光緒皇帝指示，離開北京，經天津，換乘英船南下。

袁世凱八月初五日向光緒帝請訓後，當日回津，到總督衙門拜見榮祿，"略說內情"，並稱："皇上聖孝，實無他意，只有群小結黨煽惑，謀危宗社，罪實在下，必須保全皇上以安天下。"說話間，有榮的幕僚等人入座，袁不便暢言，約定第二天早晨再訪。次日晨，榮祿卻突然訪袁，袁詳述譚的夜訪情況。接著，二人籌商如何既向慈禧報告而又能不牽累光緒帝，未有善策。當日，楊崇伊趕到天津，向榮祿報告政變消息。初七日，楊崇伊返回北京，向奕劻報告袁所述情況，奕劻飛報慈禧。初八日，慈禧訊問光緒皇帝，同時下令逮捕譚嗣同等人。

自八月初八日起，譚嗣同、劉光第、楊銳、林旭、張蔭桓、徐致靖等陸續被捕。楊深秀因上疏反對慈禧訓政，也同時被捕。接著，清政府又下令拿辦楊崇伊奏章中提到的孫文和文廷式。同月初十日，"上諭"稱：皇帝病重，命中外保薦精通醫理之人。十一日，清廷宣佈：恢復被光緒帝精簡掉的詹事府、通政司等機關；禁止士民上書言事；停辦官報館，停止各省祠廟改設學堂。同日，慈禧太后下令派軍機大臣會同刑部、都察院嚴行審訊譚嗣同等人。次日，加派御前大臣會審，但不久又通知"勿用審訊"。十三日，清廷將譚嗣同、楊深秀、楊銳、林旭、劉光第、康廣仁六人殺害於北京宣武門外的菜市口。次日，清朝政府發佈"上諭"云："主事康有為首倡邪說，惑世誣民，而宵小之徒，群相附和，乘變法之際，包藏禍心，潛圖不軌，前日竟有糾結亂黨，謀圍頤和園，劫制皇太后，陷害朕躬之事，幸經察覺，立破奸謀。"顯然，這"謀圍頤和園，劫制皇太后"的新罪名,自是袁世凱告密的結果。

譚嗣同等犧牲這一天,北京先是陰霾密佈,繼而風雨交作。事後,嚴復哀悼同志,作詩說:"求治翻為罪,明時誤愛才。伏屍名士賤,稱疾詔書哀。燕市天如晦,宣南雨又來。臨河鳴犢歎,莫遣寸心灰。"他對譚嗣同等被害表現了強烈的不平,也勉勵自己,不要因此灰心,要為中國的改革和富強繼續奮鬥!

六君子被害後,慈禧懿旨宣佈:科舉考試"悉照舊制",停罷經濟特科,裁撤京師農工商總局。二十六日,慈禧通諭嚴禁聯名結會。至此,戊戌維新的成果摧毀殆盡。

五、戊戌維新失敗的原因

(一)頑固派的強大。大權不在維新派手裏,也不在光緒皇帝手裏。

當時,朝廷中壓倒多數的是守舊派,如剛毅、榮祿、李鴻章等,更重要的是最高領導權在慈禧手中 . 。

光緒帝想重用維新派,但一再受阻。四月二十八日,光緒帝召見康有為,表示中國危亡,"皆守舊者致之耳","今日誠非變法不可"。康有為鼓勵光緒帝統籌全域,採取"全變"的大動作,"先開制度局而變法律",聲稱"變法三年,可以自立,此後則蒸蒸日上。富強可駕萬國"。光緒帝聽得心花怒放,肯定康有為"條理甚詳"。康乘機詢問:"皇上既見及此,何為久而不舉,坐致割弱?"光緒帝目睨簾外,歎氣道:"奈掣肘何!"康有為心知慈禧太后是阻力,建議皇帝就"現在之權","扼要以圖",將開民智作為首務。對康有為所述,光緒帝都點頭稱是。召見結束後,光緒帝有意重用康有為,但榮祿、剛毅反對,僅著康有為在總理衙門章京上行走。

這一時期,光緒帝只是一個光杆司令,維新派幾乎沒有其他助力。

對光緒帝的變法,慈禧太后一定程度內可以容忍。發佈變法詔書,慈禧太后可以同意,有些改革,例如變更科舉制度等,也可以同意。但是,慈禧對光緒帝並不放心,力圖加以防範。四月二十七日,光緒帝連發五道上諭,其中一道規定凡補授文武一品暨滿漢侍郎,均須親向慈禧太后謝恩。另一道命翁同龢開缺回籍，其理由是：“近來辦事多未允協，以致眾論不服，屢經有人參奏，且每於召對時，諮詢事件任意可否，喜怒見於詞色，漸露攬權狂悖情狀，斷難勝樞機之任。”翁的開缺原因複雜，但他和守舊派的矛盾應是主因。同日，光緒帝還發佈上諭，命王文韶來京陛見，直隸總督由榮祿暫行署理等。據當時在宮中任蘇拉（勤務員）的蘇繼祖記載：“是日諭旨三道，皆奉太后交下，勒令上宣佈者。皇上奉此諭後，驚魂萬里，涕淚千行，竟日不食。”（《戊戌變法文獻資料繫日》，第692—693頁）

慈禧太后的基本態度是觀察、等待，看看光緒帝究竟想做什麼，到關鍵時刻再採取對策。

在自身力量弱小的情況下，弱方必須小心謹慎，分外講究策略，講解方法、步驟。切忌莽撞、急躁、冒進。

不幸的是，光緒帝在罷免禮部六堂官，嚴重觸犯王公貴族的利益之後，又召見日本下台不久，前來中國訪問的前首相伊藤博文，北京流傳光緒帝擬聘請其為“客卿”，這就引起慈禧太后的猜忌，擔心這個東洋鬼子會教唆皇帝做出什麼不好的事情來。

（二）康有為指導思想的迷誤。

西漢時，儒家典籍用當時流行的隸體書寫、抄錄，稱為“今文經”，武帝時，發現《尚書》、《禮記》、《論語》、《孝經》等一批古籍，用秦以前的大篆體書寫。其內容，與當時流行的“今文”本有所不同，或為“今文本”所無，稱為“古文經”。孰為真？孰為偽？形成今古文兩個學派之爭。兩個學派不僅所據版本不同，而且思想特點、解釋方法也有差異。東漢時，劉歆認為今文經書殘缺，古文經書可靠，爭論結果，古文經學派大勝，今文經學派日漸衰微。康有為一反常態，獨持異說，推崇今文經。光緒十六年（1890年），康有為刊行《新學偽經考》，認為：東漢以來的古文經學，多為劉歆偽造，目的是為了協助王莽篡奪漢朝，建立新朝。其所指“新學”，特指流傳多年，已佔統治地位的古文經學派。根據此說，歷來被尊崇的傳世儒學經典就不是孔學“真傳”，而是“偽經”。此說將大大動搖傳統儒學及其所崇奉的儒學經典的神聖地位。光緒二十年（1894年）七月，給事中余聯沅奏劾康有為"非聖無法，惑世誣民"，要求焚毀該書，禁止廣東士人從學。康有為不得不應龍澤厚之邀，到廣西講學，暫避風頭。

康有為寫作《新學偽經考》的主旨在"破"，破除人們長期對儒家經典的迷信，其正面立論則在於"孔子改制說"。1896年1月12日，康門弟子徐勤、何樹齡在上海創辦《強學報》。首載《孔子紀年說》。於報紙名稱之下，大書"孔子卒後二千三百七十三年"字樣。該報將孔子化妝為變法維新的祖師爺，提出"幡然改圖"，"開議院，立議員，以通上下之情"等主張。光緒二十四年（1898年），康有為進一步刊行《孔子改制考》，聲稱孔子"與時更化"，首創"選舉"制度，提倡"開議院"，"託堯舜以行民主之太平"，是"託古改制"的"素王"，云云。康有為的本意是借助孔子的權威，減少變法的阻力，但是，由於結論過於武斷，缺乏科學性，難以服人，不能得到普遍認同。光緒皇帝的老師翁同龢認為康說是"野狐禪"，不是正派學問。光緒二十一年（1895年）八月二十九日，康有為在北京辦理強學會略有頭緒後，即南下江寧，會見暫署兩江總督張之洞，對談多日，希望張之洞相信自己的一套。張反過來，要求康有為不談"公羊學"和孔子改制，被康拒絕。

儒家經典中有《春秋》一書，以編年體形式記錄魯國12個君主244年的歷史。文字簡約而內涵豐富，後來出現幾種解釋著作。其中之一為《春秋公羊傳》，著者為戰國時齊人公羊高，是西漢今文經學派的代表性著作。張之洞要求康有為不談"公羊學"和孔子改制，明確地反對康有為的學術觀點和基於其上的政治主張。十二月初七日，北京強學會被彈劾，張之洞隨即囑咐幕僚致電上海，指令停辦強學會和《強學報》。當時《強學報》還僅發行到第三號。

孔子的真實面貌及其思想狀況至今還爭論不休，戊戌時期，康有為等就要中國人相信，兩千多年前的孔子就有了現代維新變法思想，這自然很困難。

除康有為外，梁啟超等人的若干言論也超出了當時大多數中國人所能接受的水準。例如，梁啟超在長沙時務學堂時，放言高論，聲稱中國古代二十四朝的君主大多是民賊，其"屠城屠邑，皆後世民賊之所為"。又稱，讀記錄滿洲貴族南下時屠殺慘狀的《揚州十日記》，"尤令人髮指眥裂"等。當時，湖南志士易鼐主張："西法與中法相參，民權與君權兩重，中教與西教並行，黃人與白人互婚。"陳寶箴巡撫認為"過於偏激"，張之洞則認為"十分悖謬"。邵陽人樊錐在當地組織南學會分會，主張"人人平等，權權平等。無人非天之所生，則無人非天之子也"，結果，遭到劣紳王先謙、葉德輝等圍攻，被驅逐出境。

（三）光緒帝和康有為的急躁、冒進。

光緒帝有心變法，但他過於迷信自己的權力，對慈禧太后的頑固、守舊缺少警惕，對改革所必然遇到的困難和阻力也估計不足。

開制度局是政治體制的新設計，但它首先侵犯軍機處的權力。軍機大臣們認為這是"廢我軍機"，表示"寧忤旨而已，必不可開"。軍機大臣之一的王文韶稱："上意已定，必從康言，我全駁之，則明發上諭，我等無權矣，不如略敷衍而行之。"這是暗抗。六月十五日，軍機大臣世鐸領銜上奏，認為皇上延見廷臣，隨時召對即可，不必開制度局，這是明頂。至於開懋勤殿，雖有舊例，但侵奪王公大臣們的現實既得利益，自然也不會獲得贊成。

維新派的楊銳有鑒於此，曾向光緒帝建議：第一，對慈禧，"宜遇事將順，行不去處，不宜固執己意"；第二，變法宜有次第；第三，進退大臣不宜太驟。這是有見地的。然而，光緒帝卻見不及此，倉促行事。冒冒失失地精簡機構，對冗員缺乏妥善安排，平添大量阻力；禮部六堂官是"高級幹部"，居然以"小過"而罷官，處罰也嫌過重，易於失去同情。

激進好，還是緩進好？徹底好，還是留有餘地好？這要根據當時的形勢，特別是雙方力量對比來決定。

六、衝擊舊思想、舊文化，推動思想解放與文化革新

由於上述種種原因，戊戌維新運動失敗了。但是，它衝擊了舊思想、舊文化，推動了近代中國的思想解放與文化革新。

戊戌變法前，中國思想界可謂一片死寂。守舊派堅持"天不變，道亦不變"，"祖宗之法不可變"等舊說，而維新派則宣傳"大變"、"全變"、"速變"，

一時之間，"變者，古今之公理"成為人們的普遍共識。守舊派堅持"君權天授"，主張"君權為重"，批判康梁的"民權"言論為"惑世"之說，聲稱："權既下移，國誰與治？民可自主，君亦何為？是率天下而亂也。"維新派則主張以"民權、平等"之說挑戰君主專制思想，主張"君權民授"，"民權與君權兩重"，"可以公舉，也可公廢"。守舊派視"三綱五常"為天經地義，而維新派則指責其"慘禍烈毒"。在維新派的推動下，近代中國出現了第一次思想解放的潮流。

與思想解放運動相適應，近代中國出現文化革新運動。

首先提出的是詩界革命。光緒二十二年至二十三年（1896—1897）之間，維新派企圖融合佛、孔、耶三教的思想資料，創立為維新運動服務的新學。譚嗣同、夏曾佑相約"非經典語不用"，寫作所謂"新學之詩"；至梁啟超流亡日本，寫作《飲冰室詩話》，提出"以舊風格含新理想"，並將黃遵憲作為詩界革命的旗幟和榜樣，反映新時代、新生活，具有新思想的"新派詩"於焉產生。

相繼提出的是小說界革命。光緒二十三年，《國聞報》刊載小說，開一代風氣。嚴復、夏曾佑在他們的文章中第一次論述了小說的巨大社會作用，特別是小說對下層社會群眾的巨大作用。梁啟超流亡日本時創辦《新小說》，成為近代中國最早的小說雜誌。梁啟超在該刊發表《小說與群治之關係》，從小說的藝術特徵和特殊的藝術感染力方面充分論述了小說的社會作用，空前地提高了小說的社會地位，據稱："小說有不可思議之力。"小說有四種力量：熏（感染力）、浸（時間滲透力）、刺（短時間的衝擊力）、提（使人趨於高尚的提升力）。認為"入人之深，行世之遠，幾幾出於經史之上"，"六經不能教，當以小說教之。正史不能入，當以小說入之。"文章認為歐洲各國變革之始，每一書出，全國輿論為之一變。其中，"政治小說為功最高"。因此，梁啟超提出小說界革命的口號，主張"欲新一國之民，不可不先新一國之小說"，"欲改良群治，必自小說界革命始"。梁啟超的這些言論，促進了晚清小說的繁榮。

文界革命。在近代，黃遵憲最早提出言文合一，要求文章："明白暢曉，務期達意"，"適用於今，通行於俗"。這可以看成是提倡白話文的早期呼籲。後來，裘廷梁出版《無錫白話報》，發表《白話為維新之本》，林獬創辦《中國白話報》，將"種田的、做手藝的、做買賣的、當兵的、以及那十幾歲小孩子阿哥、姑娘們"納入宣傳對象，白話報刊遂大量出現，成為"五四"時期白話文運動的前驅。戊戌政變後，梁啟超在日本創辦《新民叢報》，文章通俗淺近，縱筆所至，筆鋒常帶感情，被稱為"新民體"，風靡一時。"五四"前夜，胡適提倡白話文學，認為白話完全可以寫出高雅的文學作品。此後，白話文學遂成為文學正宗。

史界革命。黃遵憲的《日本國志》，康有為的《日本變政考》是維新派的兩大史學代表作。在此基礎上，梁啟超提出《中國史界革命案》，嚴厲批評傳統史學只是帝王家譜，是專制帝王保持其一家一姓的統治手段。其內容，則是本紀、列傳的彙集和史實的堆砌，不能說明社會進化和歷史事件之間的因果關係，也不能指出社會發展的趨勢。他要求進行"史界革命"，實行學術轉型，"敘述人群進化之現象而求得其公理、公例"。

道德革命。梁啟超提出新民說，由此引出"國民性改造"和"道德革命"問題。梁啟超認為，欲新一國，則不可不新一國之民；同時，新國家、新社會，也必須有新國民。他對傳統道德的許多方面提出批評，要求出現具有新性格的新國民。

梁啟超的"國民性改造"問題，對魯迅的思想和創作有深刻影響。

上述文化主張的提出和實踐，開啟了"五四"新文化運動的先河。當時，由於革命黨人正熱心提倡"保存國粹"，"光復舊物"，因此，在一段時間內，維新派文化革新的成績大於革命派。

近代中國先後曾發生的四次思想解放運動。

第一次，戊戌維新。其特點是打著孔學的旗號反對孔學，是不徹底的啟蒙，也可以說是跪著的啟蒙。

第二次，"五四"新文化運動，其特點是推倒以孔子和儒家學派為代表的老八股、老教條。

第三次，延安整風。其特點是打倒以王明、博古為代表的洋八股、洋教條。

第四次，關於實踐是檢驗真理唯一標準的討論，其特點是推倒以"兩個凡是"為代表的新八股、新教條。

通過以上四次思想解放運動，中國人的精神面貌日新月異，迅速變化。現在，我們提出與時俱進、理論創新等要求。這是近代以來歷次思想解放運動的繼續。中國近代歷史證明，八股、教條的生命力很頑強，反對八股、教條，不斷解放思想是中國人民的長期任務。

綜觀戊戌變法以來的歷史，可以得出一個結論：慈禧太后的屠刀雖然可以暫時中斷變法的歷史進程，但是，歷史的總潮流終究是無法阻攔的。還是孫中山講得對："世界潮流，浩浩蕩蕩。順之者昌，逆之者亡。"

唐才常佚札與維新黨人的湖南起義計劃 *

　　日本國會圖書館藏唐才常致宗方小太郎手札一通，為中華書局版《唐才常集》所未收，迄今尚未有人論及。它為研究唐才常和自立軍起義提供了新資料。

　　函稱：

> 　　執事前日驂從往漢，匆匆未及拜送，至以為歉。茲有沈君愚溪、林君述唐，擬與田野桔治君同往湖南，開辦學堂、報館等事。此舉頗繫東南大局，至為緊要。必須開創之時，極力衝破。以後舉行諸事，自然順理成章。頃悉白岩、荒井、宮阪諸君，皆於日內來漢，妥商一切。務乞先生與數君子及沈、林二人，公同會議，謀定後動，但求挾一必行之志，毋為浮議所移。湖湘幸甚！大局幸甚！（下略）

　　末署"小弟唐才常頓首。華十月十九日"。

　　宗方小太郎，號北平，日本肥後人。1864 年生。年輕時從學於軍國主義分子佐佐友房。中法戰爭期間到中國。1890 年接受日本海軍部任務，在中國收集情報。1894 年中日甲午戰爭爆發，曾化裝潛入威海衛、旅順兩要塞刺探。1898 年在漢口經營《漢報》。同年歸國，發起組織東亞同文會。1899 年，東亞同文會會長近衛篤麿漫遊歐美後，便道訪華。10 月 25 日，抵達上海。27 日，從上海出發赴漢口，宗方小太郎隨行。函云："執事前日驂從往漢，匆匆未及拜送。"本函作於 1899 年 11 月 21 日（光緒二十五年十月十九日），可知唐才常當時在上海。函中所言"沈君愚溪"，指沈藎，湖南長沙人。戊戌變法時即與譚嗣同、唐才常交往。1900 年 2 月，在上海與唐才常共同發起組織正氣會（旋改稱自立會），任事務員。同年 7 月，參加張園國會。後被推為自立軍右軍統領，在湖

---

*　本文錄自楊天石《晚清史事》，中國人民大學出版社 2007 年版；原載《歷史檔案》1998 年第 3 期。

北新堤發難。"林君述唐"，指林圭，湖南湘陰人。長沙時務學堂學生。戊戌政變後留學日本。1899 年冬歸國，參加組織正氣會。1900 年在漢口組織自立軍機關。8 月被捕，22 日被害。"田野桔治"，一作田野桔次，日人。唐才常等創立正氣會時，對外託名東文譯社，即以田野桔治為社長。後來，他又出版《同文滬報》，為自立軍作鼓吹。

唐才常與宗方小太郎相識於戊戌政變之後，二人曾和康有為一起，在日本商量推翻西太后統治的起義計劃。宗方小太郎 1898 年 10 月 31 日日記載：

> 與柏原同至加賀町訪問康有為，湖南〈南〉學會代表人唐才常在座。唐係湘中志士，聲言因擬發動義兵，來日借兵並兼請聲援。康有為頻頻乞求援助。余稱：日本政府決不輕易出兵，但如時機到來，不求亦將提供援助。目前，只有我輩能為義軍增添力量，期望使諸君之志願得以實現。康稱：南學會員約一萬二千名，均為上流士子。前任湘撫陳寶箴為會長，徐仁鑄、黃公度為首領。湖南勢力實在此會。一旦舉事，將引軍直進，略取武昌，沿江東下，攻佔南京，然後移軍北上。官軍能戰者僅袁世凱、聶士成、董福祥三軍，合計不過三萬人。義軍倘能進入湖北，當可得到張之洞之回應云云。談話自十一時至午後二時歸。[1]

柏原，即犬養毅的親信柏原文太郎。宗方的這一頁日記提供了康有為、唐才常起義的計劃輪廓和進軍路線。當時，距西太后重新訓政不過 40 天，康有為、唐才常就已經決心以武力為維新事業開闢道路，這不能不說是一個躍進。舊說以為變法的失敗就是改良派墮落的開始，這一劃分未免過於機械。

唐才常與宗方小太郎的第二次見面在 11 月 1 日。當日宗方日記云：

> 湖南人畢永年、唐才常等來訪。唐係南學會代表人，擬在湖南舉義，為求我同志助力而來。余懇切勸諭，約以暫且沉潛待機，在此間專力準

---

1 《宗方小太郎文書》，日本原書房版，第 673 頁。

備，待余至清國後妥定方略。[1]

畢永年，長沙人，譚嗣同、唐才常的好友。戊戌政變前夕，康有為圖謀利用袁世凱的力量包圍頤和園，其中捕殺西太后的任務即交給了他。這時，他正和唐才常一起籌劃起義。顯然，唐才常對宗方願為義軍“增添力量”的表示極感興趣，因此，第二天便偕畢永年登門拜訪。

唐才常原是戊戌變法時期的激進派。他與康有為一起確定了起義計劃後，即積極從事籌備與組織工作。1899 年春，畢永年偕宗方的同學、日人平山周赴漢口，會見林圭，三人一起入湘，聯絡各地哥老會。同年 5 月，畢永年派長沙人張燦、譚祖培、李心榮赴日，會見宗方，要求迅速在湖南舉義。[2] 此前，唐才常也回到國內，在上海主編《亞東時報》。這年秋，唐才常再次赴日，得見孫中山，商定孫、康兩派合作，共同在湖南、湖北及長江流域起兵的計劃。這一時期，唐才常還聯絡了在東京高等大同學堂學習的林圭、蔡鍔等一批留學生，決定回國舉事。11 月，孫中山、梁啟超為之餞行。不久，唐才常首途回滬，林圭及田野桔治也於同月中旬到達上海。唐才常致宗方小太郎函正是在此情況下寫成，由林圭等親手遞交的。

湖南是康有為、唐才常起義計劃中的發動點。唐才常派沈藎、林圭及田野桔治去武漢的目的是聯絡張之洞，通過張取得合法身份，以辦學、辦報為名在湖南進行軍事準備。信中，唐才常要求宗方與沈藎、林圭及白岩、荒井、宮阪等人，“公同會議，謀定後動”，顯然指起義一類事情，如果只為了辦學、辦報，是不值得如此重視的。

在唐才常致函宗方的前 18 天，宗方曾在武昌訪問張之洞，了解他的態度。談話中，張之洞激烈地指責康有為一派欺君賣國，對日本政府驅逐康有為出境表示感謝，宗方則答以並非驅逐，而是有志之士勸告康有為自動離日的結果。張之洞便順著宗方的話頭，進一步要求“勸告”梁啟超離日。宗方發現張之洞

---

1 《宗方小太郎文書》，第 673 頁。
2 《宗方小太郎文書》，第 674 頁。

並非如康有為所言有可能回應義舉，失望而去。[1] 這可能是促使宗方改變對唐才常起義態度的原因之一。

沈藎、林圭、田野桔治的湖南計劃也因未能打通張之洞的關節而無法進行。據田野桔治記述：“當時上海有日本愚物三人，竟向予等之計劃直開反對之運動，以阻撓之不使行。”[2] 這裏所說的“日本愚物三人”，當即唐函所稱“白岩、荒井、宮阪”。他們不願充當沈藎等人和張之洞之間的中介。田野忿忿地表示：“倘彼愚物而為德、法人，予必贈以決鬥書，而先流其血以浣恨矣！”[3] 田野的記述表明，圍繞對康有為、唐才常起義的態度，日本大陸浪人間產生了嚴重的對立。

白岩等人的態度是宗方小太郎態度的反映。在策劃起義的最初階段，宗方表示支持，這使康有為等增強了起義的決心；但是，宗方後來卻並不積極。他們和康有為等發生關係本來就是為日本侵略政策服務的，因而其反復變化也就不奇怪了。

儘管宗方等改變了態度，但是，唐才常、沈藎、林圭等還是積極籌備，不過計劃中的起義中心卻逐漸轉移到了湖北。

1　《宗方小太郎文書》，第 676—677 頁。
2　《自立會史料集》，岳麓書社 1983 年版，第 207 頁。
3　《自立會史料集》，第 208 頁。

沒有不可變的 “祖宗之法”

——戊戌維新運動一百週年感言

　　中國古代是一個建立在血緣關係上的宗法制農業社會，所以除 “敬天” 之外，又提倡 “法祖”。凡祖宗，都是神，祖宗之法，都是 “良法”、“美法”，無論如何都動不得，變不得。

　　光緒二十三年（1897 年）冬，康有為第五次上書皇帝，提出 “大集群臣而謀變政” 等主張。皇帝本來想當面和康有為談談，但恪於 “四品以下不得召見” 的 “祖宗之法”，只好命王大臣代為問詢。次年正月初三日，康有為到清政府總理各國事務衙門西花廳接受召見。代替皇帝出面的是李鴻章、翁同龢、榮祿、刑部尚書廖壽恆、戶部左侍郎張蔭桓五人。本來，恭親王奕訢、慶親王奕劻二人也是應該參加的，但他們就是不肯出席。康有為到後，初時還算客氣，“待以賓禮”。接著討論 “變法之宜”，榮祿劈頭一句就給康來了個下馬威：“祖宗之法不能變！”

　　同年八月初六日，慈禧太后發動政變，重新垂簾訓政，行禮如儀之後，第一件事就是審訊光緒皇帝。她疾言厲色地責問說：

> 天下者，祖宗之天下也。汝何敢任意妄為！諸臣者，皆我多年歷選，留以輔汝，汝何敢任意不用！乃竟敢聽信叛逆蠱惑，變亂典型。何物康有為，能勝於我選用之人？康有為之法，能勝於祖宗所立之法？汝何昏聵不肖乃爾！變亂祖法，臣下犯者，汝知何罪？試問汝祖宗重，康有為重？背祖宗而行康法，何昏聵至此！難道祖宗不如西法，鬼子反重於祖宗乎？

慈禧太后的話，反反復復，說了幾遍，但核心還是榮祿的那句話：“祖宗之法不能變。”

　　查閱史籍，戊戌時期其他頑固派、半頑固派反對變法的理論武器也無非此語。它雖然只是簡單的一句話，卻像一座大山似的壓在所有要求改革的志士仁人頭上。

康有為第一次上書皇帝，要求變法，是在光緒十四年（1888年）。當時，他竭力爭辯的主題就是“祖宗之法”可變。此後，他二上書、三上書，直至光緒二十四年第七次上書，十年間，每次上書的內容雖有側重，但都要論證同一個主題。

祖宗之法不可變嗎？康有為在接受榮祿等人召見時回答得好：“祖宗之法，以治祖宗之地也；今祖宗之地不能守，何有於祖宗之法乎？即如此地為外交之署，亦非祖宗之法所有也。因時制宜，誠非得已！”在榮祿的洶洶氣勢面前，康有為一點兒也不怯場，回答得很勇敢，也很有力。

祖宗之法，有好有壞。那壞的，自當革除；那好的，也當斟酌情況，決定棄取。遙想當年，康、乾之世，中國是世界上少有的統一、繁榮的大帝國，那時的法，一定有相當好的部分。但是，正如龔自珍所言，“一祖之法無不敝”。再好的法，在歲月的遷移中也會或衰敗，或過時，不能再用。到了戊戌時期，中國人已經被洋人打敗過好幾次，不僅敗於西洋，而且敗於崛起不久的東洋，賠款之外，還要割讓遼東半島和台灣。可說真是丟盡了臉面。喪權辱國，孰此為甚！一切的一切，都足證“祖宗之法”已不能保障“祖宗之地”，必須“變法圖強”了。然而，榮祿和慈禧太后等人卻仍然堅持“祖宗之法”不能變。

祖宗之法，不僅有好有壞，有適用於當世者，有不適用於當世者，而且更重要的是，祖宗見聞、經歷有限，不可能十分清晰地預見後來的事情，因而他們制定的“法”也不可能包羅萬象，解決後來的各種問題。例如，康、乾之世，和中國來往的“夷人”還不多，還沒有設立外交機關的必要，但是到了道、咸、同、光，進入“海通”時代，不設外交機關行嗎？所以還是康有為說得好：“即如此地為外交之署，亦非祖宗之法所有也。”這一問，問得榮祿等人啞口無言。

在和榮祿辯論時，康有為提出了一個原則：“因時制宜”。這實在是一個極為正確、必要的原則。任何“法”，都是特定時代和社會環境的產物，目的在於解決當時當地的問題。歷史發展了，環境變化了，“法”就要相應變化。一個偉大的政治家，一個英明的政治集團，絕不能“執古方以藥今病”，抱住“祖宗之法"不變，而必須根據發展變化了的情況，決定自己的政策，選擇適宜於當時當地的制度。中國有兩句古話說得非常好：一句叫"實事求是"，一句叫"因時制宜"；一句是唯物論，一句是辯證法。

　　榮祿和慈禧太后堅持"祖宗之法"不可變，並不惜動用屠刀鎮壓變法派，但是，他們並不可能長期堅持下去。戊戌政變後不到兩年就是八國聯軍之役，慈禧太后急匆匆攜著光緒皇帝逃難。大概是風塵僕僕中受到了點教育，到西安之後，慈禧太后就發表詔書，聲稱"無一成不變之法"，"不妨如琴瑟之改弦"；表示要"取外國之長"，"去中國之短"云云。不過，詔書又稱："世有萬祀不易之常經"，"不易者三綱五常"，還是不肯徹底拋掉"祖宗之法"。於是就應了康有為的話："一姓不自變，人將順天代變之。"孫中山起而領導民主主義革命，徹底推翻了清朝統治。

　　所以，從歷史的某一段來說，頑固派可以得意於一時，而就歷史的長河來說，勝利終將屬於改革者。

《戊戌六君子遺集》再版序 *

《戊戌六君子遺集》，張元濟先生編，用以紀念戊戌政變時的六位犧牲者。這六位，有四位是光緒帝新近提拔的參與中樞決策的維新派：

譚嗣同，湖南瀏陽人，同治五年（1865年）生，湖北巡撫譚繼洵之子，南學會的倡立者。

楊銳，四川綿竹人，咸豐七年（1857年）生，舉人出身，張之洞的門生，蜀學會的創立者。

劉光第，四川富順人，咸豐九年（1859年）生，進士出身，任刑部主事。

林旭，福建侯官人，光緒元年（1875年）生，舉人出身，閩學會的倡立者。

另兩位，一是康廣仁，廣東南海人，同治六年（1867年）生，康有為之弟；一是楊深秀，山西聞喜人，道光二十九年（1849年）生，進士出身，關學會的創立者。

光緒二十四年八月十三日（1898年9月28日），西太后假藉光緒帝的名義下令，將譚嗣同等六人，斬殺於北京宣武門外菜市口。

譚嗣同等六人，是在日益深重的民族危機中力圖拯救中國的愛國者，是試圖對頑固深厚、綿延久遠的中國專制主義政體進行改革的先行者，是犧牲小我、英勇就義的英烈。

今年（2018年）是戊戌變法120週年，商務印書館擬再版《戊戌六君子遺集》。這是對戊戌變法和譚嗣同等六烈士的紀念，也是對張元濟先生的紀念。商務印書館命我作序，我很榮幸。怎麼寫？反復思考之後，覺得近年來戊戌政變史研究的成績很大，基本面目已經清楚，因此，擬參考先賢、時賢諸家學說，結合自己做過的部分研究，從與變法失敗相關的幾個問題談起，藉以幫助讀者，特別是青年讀者了解相關歷史。

---

* 本文應商務印書館之約而作，後《遺集》因故沒有出版。

一、光緒帝變法心切，罷免禮部六位“堂官”

光緒二十一年（1895 年），甲午戰爭失敗，中國被迫簽訂《馬關條約》，其主要條款有：割讓遼東、台灣、澎湖等地給日本；賠償白銀二萬萬兩；開放沙市、重慶、蘇州、杭州為通商口岸；允許日本獲得在中國的領事裁判權和最惠國待遇等。這是繼《南京條約》之後又一個苛刻的不平等條約。中國朝野上下普遍視為奇恥大辱，變法維新、救國圖強的呼聲隨之興起。四月初八日（5 月 2 日），康有為聯絡各省舉人，上書光緒帝。要求下詔鼓氣、遷都、練兵、變法。在此前後，舉人、官員上書者共 161 次，2519 人。[1] 光緒二十四年四月二十三日（1898 年 6 月 11 日），光緒帝頒佈《明定國是詔》，宣稱“五帝三王不相沿襲”，“冬裘夏葛，勢不兩存”，要求大小諸臣，“各宜努力向上，發憤為雄”。

光緒帝雖然將“變法”定為國策，由於守舊因循勢力頑強、深厚，官員們的各類改革建議屢上，光緒帝的改革詔書屢下，然而，動靜不大，進展很慢。六月十五日（8 月 2 日）光緒帝下詔：各“部院司員”有條陳事件者，由各“堂官”代奏；“士民”有上書言事者，赴都察院呈遞。光緒帝特別提醒：“毋得拘牽忌諱，稍有阻格。”清制，不僅老百姓沒有上書皇帝的權利，連級別低一點的官員也不行。光緒帝下此詔令，目的在改革陋習，開放言路，廣泛聽取意見，擴大議政範圍。七月五日（8 月 21 日），禮部主事王照上書，建議光緒帝侍奉西太后出國考察，從日本開始，體會“皇太后”意旨，進行變法。按照光緒帝的新規定，禮部“堂官”應該“代奏”。但是兩位“部長”——滿人尚書懷塔布和漢人尚書許應騤卻加以拒絕。王照接受康有為的弟弟康廣仁的建議，上書嚴厲批評禮部，不料，兩位副部長——左侍郎和右侍郎仍拒不收轉。王照遂在禮部大堂面斥許應騤等違抗“聖旨”，許應騤不得已，被迫代奏，同時反誣王照“用心不軌”，“妄請”最高領導人“出遊異國，陷之險地”。七月十六日（9 月 1 日）光緒帝下令將懷塔布等“交部議處”。7 月 19 日（9 月 4 日），大學士徐桐建議“降三級調用”，光緒帝嫌處分太輕，下令將禮部的六個堂官“即

1　茅海建：《從甲午到戊戌——康有為〈我史〉鑒注》，生活·讀書·新知三聯書店 2009 年版，第 67—68 頁。

行革職"。同時表揚王照"不畏強禦，勇猛可嘉"，賞給三品頂戴，以四品京堂候補。第二天，賞譚嗣同、楊銳、劉光第、林旭四個維新派人物四品卿銜，在軍機章京上行走，參與新政事宜。清制，軍機處總覽國家軍政大權；章京，滿語，有司員、秘書、助理等多重含義。"在軍機章京上行走"，地位雖不高，但卻進入中樞決策圈了。

光緒帝確實心急，也不太善於容納不同意見。軍機大臣翁同龢與光緒帝部分意見不合。他是光緒帝的老師，"情同父子"。四月二十七日（6月15日），光緒帝居然下詔，批評翁"每於召對時，諮詢事件任意可否，喜怒見於詞色，漸露攬權狂悖情狀"，將他"開缺回籍"。[1]

光緒帝一面大力提拔維新人士，一面決定裁撤北京中樞的詹事府、通政司、光祿寺、鴻臚寺、太僕寺、大理寺等冗餘衙門，一時涉及官員近萬人，京外的官員則涉及更廣。

光緒帝的這些舉動，表明他急於改革，但他操之過急，對六堂官的處罰過重，嚴重觸犯了當時的既得利益集團——滿洲貴族和漢族官僚的利益。被罷官的懷塔布和西太后同屬葉赫那拉一族，正藍旗人，他的老婆經常出入頤和園，陪西太后吃飯、解悶，是個通天人物。懷塔布被罷官後，立即趕赴天津，與西太后安排在天津、掌握兵權的直隸總督、北洋大臣榮祿密謀，他的老婆則到頤和園向老佛爺哭訴，造謠說：皇帝將"盡除滿人"。

在王照和禮部"堂官"矛盾中，光緒帝顯然是正義的，但是，他沒有報告西太后，沒有和其他臣僚商量，個人專斷。自然，智者千慮，必有一失，個人專斷總要捅婁子，出問題。

二、康有為的兩手：尊君權與密謀圍園殺后

儒家著作《禮記》有《禮運》篇，其中設想人類的未來必將進入"大同世界"。光緒十年（1884年），康有為以《禮運》篇為基礎，汲取歐洲空想社會主

1　此事學界有爭論，參見本書中《翁同龢罷官問題考察》一文。光緒帝的批評，顯係其個人的親身感受。

義、民主主義和達爾文的進化論等思想資料，開始寫作《大同書》。他設想，人類進入那個階段，就“天下為公，無有階級，一切平等”了。這在當時，自然是一種很高遠的理想。但是，在現實的政治改革中，康有為卻步履謹慎，而且不斷後退。例如光緒二十三年（1897年），康有為向光緒帝第五次上書，建議效法俄國與日本，在中國建立君主立憲政體，“建立國會以通上下之情”，“採擇萬國律例，定憲法公私之分”，這自然是企圖向中國移植西方的民主政體，改革中國傳統的專制制度。但是，到了第六次上書，卻改為只建議皇帝，向天下徵集“通才”20人，“開制度局於宮中”，規模比之選舉議員，建立“國會”，顯然縮小多了。到了最後，康有為卻只建議，在宮中設立懋勤殿，“選集通國英才數十人，並延聘東西各國的政治專家，共議政治制度”。為何如此？無非因為懋勤殿是康熙、乾隆時皇帝有過的書齋，皇帝可以在那裏與儒臣談古論今，作詩賦詞、潑墨揮毫而已。從這些地方可以看出，康有為等既渴望進行政體改革，又力圖小心翼翼，不會驚世駭俗，遽遭反對。

儘管如此，康有為等人知道，中國專制勢力深厚，隨時可能扼殺改革這一新生嬰兒，因此做了兩手準備。一手是尊君權，利用光緒帝的權威保護和推進改革，一手是利用軍隊和軍閥，武力奪權。二月二十日（3月12日）康有為向光緒帝進呈《俄彼得政變記》，聲稱俄國“君權最尊”，希望光緒帝效法彼得大帝，毅然變法。三月二十日（4月10日），康有為進呈《日本變政考》，希望光緒帝效法明治天皇，“採鑒於日本”。康有為變法的目的本來是要限制君主的權力，現在發現光緒帝可用，就轉而主張提高君權了。

康有為的另一手是以武力除掉西太后。康有為等認為，當時中國的大權在西太后手上，只要除掉西太后，變法的阻力就微不足道了。他們最初看中的是淮軍將領聶士成，要王照利用和聶的把兄弟關係去做說服工作，許以事成後提拔聶為直隸總督。王照的思路和康有為迥然不同，拒絕見聶，康有為等轉而將希望轉寄在袁世凱身上。

袁世凱是淮軍將領袁甲三的姪孫，曾帶兵駐紮朝鮮。《馬關條約》簽訂之後，袁提倡用西洋辦法治軍，被委任為新建陸軍督辦，在天津附近的小站訓練新軍。康有為成立強學會時，袁世凱捐過五百元錢，因此，被康有為視為維新人士。康曾派人到袁世凱軍中，和袁廝混，借機摸底，決心向光緒帝推薦。八月初一日（9月16日），光緒帝召見袁世凱，命他以侍郎候補，專辦練兵事務。這樣，袁世凱就一下子由直隸按察使，升為副部級。八月初二日（9月17日），袁世凱向光緒帝謝恩，光緒帝誇獎袁世凱"練的兵，辦的學堂甚好"，要袁"此後可與榮祿各辦各事"。

這以後，康有為和譚嗣同制訂了一個兩步走的計劃：先命袁世凱在天津起兵，殺死榮祿；然後命袁世凱帶兵進京，包圍頤和園，命湖南來的好漢畢永年率領敢死隊百人，乘機逮捕並殺掉西太后。[1]

確實，這是一個冒險，但不無成功可能的計劃。

三、楊崇伊上書西太后，西太后搶先發動政變

改革是利益和權力之爭。任何時代，要改革，就必然有人反對改革。戊戌時期，積極出面反對改革的是廣西道監察御史楊崇伊。

楊崇伊，字莘伯，江蘇常熟人。進士出身，和李鴻章是姻親。光緒二十一年（1895年）康有為和翰林院侍讀學士、光緒帝的親信文廷式等成立強學會，楊崇伊上書彈劾文廷式，迫使強學會一度被封禁。懷塔布等禮部六大臣被撤職後，楊崇伊繼懷塔布之後到天津與榮祿密謀。光緒二十四年八月初三日（1898年9月18日），楊崇伊通過慶親王奕劻，上奏西太后，攻擊維新人士"變更成法，斥逐老臣，藉口言路之開以位置黨羽"。奏章無中生有地攻擊文廷式成立大同學會，"外奉廣東叛民孫文為主，內奉康有為為主"，勾結康廣仁、梁啟超來京講學，"將以煽動天下之士心"。奏章特別提出：聽說日本下台的前首相伊藤博文即日到京，"將專政柄"，"祖宗所傳之天下，不宜拱手讓人"。他要求西太后即日訓政，密捕"大同學會"中人，分別嚴辦。除奕劻外，向西太后一起哭訴的還有端王載漪。

楊崇伊指責維新變法"變更成法，斥逐老臣"，顯指光緒帝罷免懷塔布等

1　參見本書中《康有為謀圍頤和園捕殺西太后確證》一文。

事。至於所謂伊藤博文"將專政柄",則指當時正流行於北京官場的傳說。伊藤原任日本總理大臣,《馬關條約》時李鴻章的談判對手,下野後於七月二十九日(9月14日)到北京,預訂於八月初五日(9月20日)覲見光緒帝。當時,北京官場中確有聘任伊藤為"客卿"之類的議論。

楊崇伊的上奏並不是個人行為。他的背後,有滿族親貴和漢人官僚集團中的保守派。八月初四日(9月19日)下午酉刻,西太后從頤和園還宮,緊急處置。

西太后早年曾主張抵抗英法聯軍入侵,支持以引進西方科技和軍事工業為主要內容的"自強運動"(洋務運動)。維新變法開始時,也曾同意裁撤綠營,廢除八股文。據光緒帝告訴起草變法詔書的翁同龢說,太后主張"今宜專講西學",可見,她並不一概反對改革。[1] 但是,她有一個底線,這就是:不能損害她本人的權力,不能損害滿洲貴族的利益,不能違背"祖宗成法",進行反對專制主義方面的改革。現在她覺得,光緒帝已經越過底線,她要出面干涉了。

四、譚嗣同夜訪袁世凱,袁世凱向榮祿告密,西太后加強鎮壓

光緒帝罷免懷塔布等禮部六大臣,事先並未報告西太后,徵求其意見和同意。七月二十九日(9月14日),光緒帝到頤和園,向西太后"請安",提出開懋勤殿的意見。西太后立即怒形於色,批評光緒帝對懷塔布等人處罰過重,亂了家法。光緒帝意識到大禍臨頭,於次日召見楊銳稱:"近來朕仰窺皇太后聖意,不願將法盡變,並不欲將此輩荒謬昏庸之臣罷黜,而用通達英勇之人令其議政,以為恐失人心。"他在《密詔》中自述為難處境說:"將舊法盡變","盡黜此輩昏庸之人","朕之權力實有未足"。那樣做,"則朕位且不能保,何況其他!"他十分焦急地要楊銳與諸同志,妥籌速商,找出既能罷免守舊大臣,變法圖強,而又能不觸犯太后的"良策"。八月初二日(9月17日),光緒帝召見林旭,命他轉給康有為一道《密諭》,要他"迅速出外,不可遲延",內稱:"汝一片忠愛熱腸,朕所深悉",特別囑康"愛惜身體,善自調攝,將來更效馳

1　陳義杰整理:《翁同龢日記》,第6冊,中華書局1998年版,第3132頁。

驅，朕有厚望焉"。八月初三日（9月18日），林旭到北京南海會館，將《密諭》和《密詔》都交給康有為。康有為計劃第二天離開北京，同時找來譚嗣同、梁啟超、康廣仁等人，決定啟用原定計劃，營救光緒帝。

八月初三當晚，譚嗣同到法華寺會見袁世凱，聲稱"皇帝有大難，非公不能救"。他要袁世凱先殺榮祿，然後包圍頤和園，表示除去"老朽"之事，由自己負責。袁世凱要知道光緒帝的態度，譚嗣同便出示光緒帝給楊銳的《密詔》抄件。譚嗣同故意反激袁世凱，聲稱袁若到頤和園告變，可以得富貴。袁世凱慷慨表示："我三代受國家深恩"，"但能有益於君國，必當死生以之。"譚嗣同談及光緒帝九月將到天津閱兵一事，袁表示："閱兵時，如果皇上到了我的軍中，殺榮祿如殺一狗耳！"

八月初四晚，西太后回到宮中，立即下令送呈新近到任的軍機四卿簽署的文件。八月初五日（9月20日），袁世凱入宮"請訓"，光緒帝已經處於西太后的監視之下，一句話也沒說；在會見伊藤博文時，有慶親王奕劻陪同，也只說了一些外交套話。當日，西太后命人以光緒帝的名義擬詔。八月初六日（9月21日），召見大臣，由光緒帝宣讀詔書，稱頌西太后此前兩次垂簾聽政，"無不盡美盡善"，自稱"因念宗社為重，再三籲懇慈恩訓政，仰蒙俯如所請，此乃天下臣民之福"。這樣，西太后就搶先發動政變，從光緒帝手上奪回了政權。同日，西太后仍以光緒帝的口氣發佈"上諭"，命人捉拿楊崇伊所指控的康有為、康廣仁弟兄，交刑部治罪。

袁世凱在向光緒帝"請訓"的當天，返回天津，第一件事便是到總督衙門拜見榮祿，半吞半吐地說了點"群小結黨煽惑，謀危宗社"的"內情"，約好第二天早晨再來拜訪。初六一早，榮祿主動來見袁世凱。袁世凱當即將與譚嗣同會面的狀況和盤托出。當晚，楊崇伊因為西太后已經"訓政"，趕到天津，向榮祿報喜。榮祿邀袁世凱來，共同會見楊崇伊。[1]

初七日（9月22日），楊崇伊返回北京。自然，帶回袁世凱向榮祿告密的全部訊息，報告奕劻，由奕劻報告西太后。初八日（9月23日），西太后立即

1　參見本書中《袁世凱〈戊戌紀略〉的真實性及其相關問題》一文。

審訊光緒帝，下令逮捕譚嗣同等人。譚嗣同聞訊，建議梁啟超避入日本使館，勸其出走日本，對梁說："不有行者，無以圖將來；不有死者，無以酬聖主。"他將生的希望推給了梁，將為變法犧牲、激勵國人的責任留給了自己。其後，譚嗣同等陸續被捕。十一日（9 月 26 日），西太后加派軍機大臣會同刑部、都察院嚴刑審訊。次日，加派御前大臣會審。不久，又通知"勿用審訊"。十三日（9 月 28 日），清政府將譚嗣同等六人殺害。

譚嗣同是君主專制制度的強烈批判者，認為君由民共舉，可由民共廢；君主不為民辦事，可以更換；不善，人人得而戮之。他是超出了維新派思想範疇的思想家，被捕後，密函康有為："嗣同為其易，先生為其難。魂當為厲，以助殺賊。裂襟齧血，言盡於斯。"[1] 就義前留言："有心殺賊，無力回天。死得其所，快哉快哉！"

五、張元濟編輯《戊戌六君子遺集》

張元濟，字菊生，浙江海鹽人。同治六年（1867 年）生，進士出身，入翰林院，先後任庶吉士、刑部主事、總理衙門章京等職。四月二十五日（6 月 13 日），徐致靖向光緒帝保薦張元濟"熟於治法，留心學校，辦事切實，勞苦不辭"。四月二十八日（6 月 16 日）受光緒帝召見，光緒帝所談，大意為："外患憑陵，宜籌保衛，廷臣唯諾，不達時務（講求西學人太少，言之者三）。舊黨阻撓，部議拘執，帖括無用，鐵路當興。"張元濟則答以"皇上現在勵精圖治，力求改革，總希望國家能夠一天比一天進步。"他勸光緒帝"堅定立志，勿淆異說"。光緒帝聽得很高興。[2] 七月二十日（9 月 5 日），張元濟向光緒帝上《時局艱難，變法自強，亟宜痛除本病，統籌全域以救危亡而成盛業摺》，提出"設議政局以總變法之事"、"融滿漢之見"、"通上下之情"、"定用人之格"、"善理財之策"等五條意見。八月初四日（9 月 18 日），張元濟向光緒帝上《為新

1　蔡尚思、方行編：《譚嗣同全集》（增訂本），中華書局 1981 年版，第 532 頁。

2　以上資料，綜合張元濟《致汪康年函》（六月初九日）及《致沈曾植函》（六月十八日）與張元濟 1949 年 9 月發表於《新建設》的回憶寫成。

政衙門酌設額缺，亟宜慎選賢能，以理要政而祛積習摺》，反對將裁餘冗員安排到鐵路礦務總局等機構中去。

政變發生，傳說將要逮捕張元濟，有人建議張效法康、梁出逃，張拒絕。他說："余有母在，此求生害仁之事，余何能為？惟有順受而已。"他擔心抄家時驚擾母親，便每天到總理各國事務衙門上班，"早到晚退，俾知余在署中，可以就近縛送，不必到家查抄也"。八月二十三日，張元濟被革職，永不敘用。此後，張元濟便離開北京，南下上海。二十五年（1899 年），任南洋公學譯書院院長。二十七年（1901 年），任南洋公學代總理。二十八年（1902 年）春，正式進入上海商務印書館，自此開創出一個時代的出版偉業。

張元濟屬於維新運動中的穩健派，和康有為的變法思路有所不同，對康有為的喜好自我張揚的特點也有看法，但他仍然高度肯定康有為宣導的維新變法事業，懷念為這一事業犧牲的譚嗣同等六位烈士。1916 年，張元濟回憶當年與"六君子"等在北京意氣相投，同謀救國的經歷，擔心文獻流失，開始收集六位烈士的詩文。1918 年是戊戌變法的 20 週年，張元濟出版《戊戌六君子遺集》，成為六位英烈詩文的第一部合集。在序言中，張元濟肯定了譚嗣同等人的歷史地位，譽為"世之先覺，而其成仁就義，又天下後世所深哀者"。他在說明編輯《遺集》的經過與感慨時說：

> 默念當日，余追隨數子肇下，几席談論，旨歸一揆。其起而惴惴謀國。蓋恫於中外古今之故，有不計一己利害者，而不測之禍，果發於旋踵。余幸不死，放逐江海，始為諸君子求遺稿而刊之。生死離合，雖復刳肝瀝紙，感喟有不能喻者矣。

字裏行間，流露出對六位英烈的崇高敬意和深切懷念。今年，張元濟先生所編《遺集》再版，不僅"六君子"的詩文將永遠傳佈，他們的精神也將成為寶貴遺產，在中華民族子孫後代的血液中，永遠流淌、遺傳。

歷史證明，反動派的屠刀可以奏效於一時，但是，勝利終將屬於推動歷史潮流前進的改革者。

保皇會的 "妙語妙事" *

因為工作關係，接觸過康有為、梁啟超一派人流亡海外時期的文獻，覺得很有些 "妙語妙事"，可以介紹給讀者。

俗話說："江山易改，本性難移。" 歷史上有一流人，形成了某種立場、觀點之後，就很難改變。戊戌變法前，康有為、梁啟超把維新的全部希望寄託在光緒皇帝身上；變法失敗後，仍然紋絲不變，把扶助光緒皇帝復位作為頭等重要的政綱。為此，他們大造輿論，把光緒皇帝說成是中國歷史上幾千年才一見的 "天縱之資"。所謂 "天縱之資"，用現代語言來說，就是天才了。

在康、梁看來，光緒不做皇帝，中國就要亡國，光緒一做皇帝，中國就要成為頭等強國。光緒皇帝的才能可謂大矣哉！神矣哉！要問什麼是個人迷信的話，此即一例。

1899 年 7 月，康有為在加拿大組織保皇會，全稱 "保救大清皇帝會"。8 月 4 日，適逢光緒皇帝生日，康有為率領僑胞在中華會館慶祝。那場面，據描寫是："燭設輝煌，簫鼓鏗鏘，冠裳璀璨，龍牌在上，龍旗在頂"，一群人或長袍，或短衣，一律 "拳跪起伏，九叩首"。康有為因為感情衝動，竟至於嚎啕起來。當然，那時有不少加拿大人在旁看熱鬧，康有為以為他們也很感動，居然記載說："西人左右視，皆以為未之見云。"

這以後，保皇會逐漸發展到中美、南美、檀香山等一百四十餘個城市，會員據說有數百萬之多。該會逐漸形成了一套儀式和規條。其內容據記載是：

> 會所奉萬歲聖牌，會眾懸皇上聖像，聖壽則張燈結綵而恭祝，旬日則召眾議事而齊來。會所之室，尊奉萬壽之牌，會員之衣，人懸聖主之像。

---

* 原載《光明日報》，1986 年 9 月 28 日。

一處說是＂萬歲聖牌＂，一處說是＂萬壽之牌＂，兩相比勘，推想起來，不外是一塊牌子，寫上＂恭祝今上大清皇帝萬歲萬萬歲＂，或＂恭祝今上大清皇帝萬壽無疆＂之類的語句。至於＂人懸聖主之像＂，筆者因對徽章史素無研究，不知道保皇會員胸前所掛的是個什麼樣的東西。銅質乎？鐵質乎？圓形乎？星形乎？三角形乎？還有，更重要的是，在當時的技術條件下，光緒皇帝的＂御容＂是怎樣製作上去的？這些問題，均不得而知。國內文物部門倘有收藏，那是亟願一觀的。

至於會議程序，檀香山保皇會有一次會議是這樣開的：

> 先生（指梁啟超 —— 筆者注）率同志一齊起立，恭祝皇帝萬壽，齊聲喝彩三聲，聲震全市；次祝康先生到處平安，又喝彩如前。

不僅要祝＂皇帝萬壽＂，而且要祝康先生＂平安＂，還要＂齊聲喝彩三聲＂。筆者讀了這段記載，想到了＂文化大革命＂中的某些場面，不禁啞然失笑。歷史是何等相似呀！當年，＂四人幫＂之流以掃四舊、立四新相號召，口口聲聲指責別人為＂保皇派＂，然而，他們所立的＂新＂呢，不過是康、梁保皇會的餘唾而已。

歷史有著巨大的墮性。黴腐的封建陳渣有時會包裹著華麗的裝潢，彷彿是什麼代表時代趨向的新事物。從這個意義上，讀點歷史，長長見識，還是很有必要的。

康有為致日、英各國領袖函 *
——讀日本外務省檔案之一

在日本外務省檔案中，保存著康有為的一份英文函件，下有康有為親筆英文簽名。同函亦見於英國外交部機要檔案，可見是寫給日、英等各國領袖的。

康有為並不懂英文，顯係他人代筆。不過，其內容倒真實地反映了康有為當時的處境和思想。現譯出如下：

> 閣下：在排外陰謀中，西太后和她的謀臣端王、慶王、榮祿、剛毅、董福祥、趙舒翹和馬玉昆狼狽為奸，巨大的災難已經降臨我國。您現在充分意識到卑鄙的義和團和清朝反動軍隊犯罪而造成的全部破壞。
>
> 我感到欣慰，在北京的外國人能堅持不屈，直到被救。所有懂得國際公法的中國人都真誠地哀悼德國公使的被殺。
>
> 現在和平在望，聯軍已經打敗了黜廢我國合法君主的賣國賊部隊。我請求您注意某些建議，我相信，如能實行，將保證：（1）公正地懲罰真正的罪犯，（2）對遭受非法攻擊的各國人民和代表實行賠償，（3）永久和解我國的國際關係。
>
> 首先，盟國決不應承認西太后和我已經提到的謀臣們有資格進行和平談判。他們全都必將收到有盟國強大援助的皇帝陛下的應有懲罰。
>
> 其次，光緒皇帝，外國人的偉大朋友，應該恢復皇位。
>
> 1898 年 10 月，皇帝陛下以密詔命臣懇求外國的保護和幫助。這以後，我將皇帝的處境通知了代表貴國的公使。
>
> 我還指出，西太后是西方文明的敵人。在致貴國公使的備忘錄裏，我報告說，我們的光緒皇帝渴望採用可行的西方文明原則。在這樣的時刻，

---

* 原載《團結報》，1993 年 7 月 3 日。

如果聽取我的呼籲，如果外國政府幫助皇上復位，動亂可以不再發生。

由於皇帝陛下已經實際上命令我尋求辦法，使他能從卑鄙的敵人手中解救出來，因此，我感到，代表皇帝陛下致函於您是我的責任。

為了永久和平，為了正當地懲罰使我的可愛的國家淪入巨大災難的真正禍首，我懇求，您能友好地考慮我的建議。

（1）使光緒皇帝復位。

（2）逮捕所有的反動官員。

（3）仔細地觀察所謂“南方互保”的總督們。

除非榮祿、端王和其他人受到嚴肅的處理，他們將繼續告訴中國人，外國人無力反對他們。一旦他們收集到足夠的人員、武裝和金錢時，他們將會再次攻擊外國人。

至於互保的總督們，我不願多說，只請求閣下在把他們當作進步分子和國人的朋友之前，充分注意他們的行動，當他們和領事們簽訂了和平協定時，他們不向西太后輸送人員、金錢和武器嗎？他們實際上是西太后的忠順的僕人。閣下應該當心他們，這是重要的。

我希望，光緒陛下將能恢復皇位。那時，整個帝國將會歡慶。帝黨由這片土地上最開明、進步的人士組成，這些人士友好地對待外國人，也希望將他們國家古老的文化和西方文明結合起來。

您將受到億萬人民的感激。根據上述條件奠定和平，貴國將從世界貿易和我的可愛國家的不幸人民方面得到巨大的利益。

作為閣下謙卑而順從的僕人，不勝榮幸！

康有為

海峽殖民地

1900 年 11 月 14 日

1898 年戊戌政變前夕，康有為倉皇出亡。9 月 29 日抵達香港，10 月 24 日抵達東京。1899 年 4 月轉赴加拿大，5 月 31 日抵達倫敦。在英國期間，曾通過前海軍大臣柏麗斯輝子爵，運動英國政府幫助推翻西太后政權，使光緒復位，未成。1900 年 2 月，由香港抵達新加坡，正式接受英國保護。同年 8 月，受新加坡總督之邀，遷居檳榔嶼。本函即作於當地。

康有為遷居新加坡之後，義和團運動在中國北方崛起。西太后及端王載漪、軍機大臣剛毅、趙舒翹等企圖利用義和團"滅洋"。6 月 10 日，英國海軍中將西摩爾率領八國聯軍自天津向北京進攻。19 日，載漪所屬虎神營的一個下級軍官在北京東單槍殺德國公使克林德。20 日，義和團及清軍董福祥部開始圍攻東交民巷使館區及西什庫教堂。21 日，清政府向各國宣戰。但是，李鴻章、劉坤一、張之洞等東南督撫卻拒絕執行。6 月 26 日，由盛宣懷等出面，向駐上海各國領事提出《中外互保章程》，清政府也於 7 月 13 日任命李鴻章為全權議和大臣，企圖乞和。8 月 14 日，八國聯軍佔領北京，西太后在馬玉昆所部保護下逃往西安。10 月 4 日，法國通牒各國，提出懲兇、賠款、在中國駐紮軍隊、平毀大沽炮台等為議和條款。康有為本函即是在這一背景下寫作的。

對於義和團運動，康有為不能正確地區分其反侵略的愛國性質與籠統的排外主義錯誤，一概加以否定；對於八國聯軍的侵略性質，康有為也無所認識。他企圖利用列強和西太后的矛盾，打擊后黨，排斥李鴻章等洋務派官僚，使光緒皇帝復位，為此，不惜以"巨大的利益"相許，但是，帝國主義懂得，保存一個腐敗但是聽話的政權顯然更有利，因此，康有為的這封信便被扔進檔案堆裏去了。

梁啟超遊美國而夢俄羅斯 *

1903 年 2 月至 10 月，梁啟超應美洲保皇會之邀，逛了一趟美國。這一逛不打緊，梁啟超的思想發生了大變化。

戊戌維新之前，梁啟超就暗中嚮往共和；維新運動失敗後，梁啟超流亡海外，嚮往共和之情更常常溢於言表。但是，他一到美國，這個他不久前歌頌過的 "世界共和政體之祖國" 時，卻大大失望了。

在美國，梁啟超見到了城市的壯麗，工農業的繁盛，見到了 19 世紀與 20 世紀之交出現的 "怪物"——托辣斯（今多譯作托拉斯），見到了美國的 "平民政治"、"地方自治"，見到了美國的社會主義運動，但是，他也見到了紐約的貧民窟，見到了美國的 "黨派之私" 和 "選舉之弊"，還見到了華僑社會的種種缺點，於是，他得出了結論，共和不適用於中國。在《新大陸遊記》中，他寫道："自由云，立憲云，共和云，如冬之葛，如夏之裘，美非不美，其如於我不適何！" 他甚至說："今日中國國民，只可以受專制，不可以享共和。"

早在 1899 年，梁啟超就介紹過德國政治學家伯倫知理的學說。從美國回到日本不久，梁啟超又讀到了德國人波倫哈克的著作——《國家論》。這兩位洋人，都攻擊共和制度，梁啟超覺得找到了理論根據，於是決定與共和制告別。他在《政治學大家伯倫知理之學說》一文中寫道：

> 吾黨之醉共和、夢共和、歌舞共和、尸祝共和，豈有他哉，為幸福耳，為自由耳。而熟意稽之歷史，乃將不得幸福而得亂亡；徵諸理論，乃將不得自由而得專制。然則吾於共和何求哉，何樂哉！

梁啟超的文章一向以 "筆鋒常帶感情" 著稱，寫著寫著，他不禁哭將起來：

---

* 　原載《百年潮》1998 年第 5 期。

嗚呼痛哉！吾十年來所醉、所夢、所歌舞、所尸祝之共和，竟絕我耶？吾與君別，吾涕滂沱。吾見吾之親友者而或將亦與君別，吾涕滂沱。吾見吾之親友昔為君之親友而遂顛倒失戀不肯與君別者，吾涕滂沱。

梁啟超大概哭得很傷心，所以一連寫了三句“吾涕滂沱”，又寫了一句“吾與汝長別矣”，以示其悲感之深。其後，他忽然覺得有人可能會問，那麼中國今後怎麼辦，是不是以“君主立憲”為追求對象，於是，他接著寫道：

不然，吾之思想退步，不可思議，吾亦不自知其何以銳退如此其疾也。吾自美國來而夢俄羅斯者也。

原來，他與共和、民主告別之後，夢寐以求的對象是俄羅斯——沙皇專制主義的俄羅斯。1906 年，他乾脆大談“人民程度未及格”、“施政機關未整備”，提倡在中國實行開明專制了。

19 世紀末，20 世紀初，梁啟超一度領導中國的思想界和輿論界，成為許多年輕人的偶像，但是，自從他發表“遊美國而夢俄羅斯”的言論以後，他在那個時代年輕人心目中的地位就一落千丈了。

1904 年 4 月，上海附近的一個小鎮上，有一位年輕人，讀了梁啟超上述關於伯倫知理學說的文章後，寫了三首詩寄給他，其一云：

新相知樂敢嫌遲，醉倒共和卻未癡。

君涕滂沱分別時，正余情愛最濃時。

—— 讀任公所作伯倫知理學說題詩三章即以寄贈

這位年輕人，就是後來的南社發起人，自號江南快劍的高旭（天梅）。

《楚辭》云：“悲莫悲兮生別離，樂莫樂兮新相知。”高旭的這首詩，前兩句明確表示，“共和”是自己的“新相知”，心雖沉醉，卻是理智的清醒選擇；後兩句以調侃的語氣諷刺梁啟超：你涕淚滂沱地和“共和”告別，而我卻正在

與 "共和" 熱戀，情愛濃烈。高旭原來是《新民叢報》熱心的作者和讀者，這以後就明確地和改良派分手了。後來的歷史表明，這一分手是正確的。

在近代中國歷史上，像梁啟超這樣 "遊美國而夢俄羅斯"，從共和、民主轉回專制主義的頗不乏人。其原因，或由於看到了西方民主的弊病，或覺得中國人水準不夠，或由於別的一些什麼原因。他們不了解，從總的方面看，作為政治制度，共和、民主遠勝於專制、獨裁。歷史的任務應該是吸收人類一切民主主義文化的優良部分，克服其局限和弊端，同時積極培育條件，創造出更高級、更完備的民主，而不是相反。

須磨村密札與改良派請殺袁世凱的謀劃 *

一、引言

　　1908 年 11 月 14 日，光緒皇帝去世，根據西太后的意旨，立醇親王載灃之子溥儀為帝，載灃以攝政王監國。15 日，西太后也突然死去。這一連串的事件給了流亡在海外的改良派以極大震動，也帶來了巨大希望。當時，梁啟超正居留於日本兵庫縣須磨村的怡和別莊。他於 22 日邀約神戶同文學校前校長湯覺頓、現校長張壽波、學監吳肇祥一起商量，"就清國皇室當前發生的事變進行了種種謀議"[1]。23 日，以日本中國領署、同文學校等名義向國內發出掛號或普通郵件共八封。25 日，繼續發出若干封。這些書信，經日本情報人員秘密檢查後抄錄了四封，由兵庫縣知事服部一三上報給外務大臣小村壽太郎，現存於日本外務省外交史料館。它們反映了當時改良派力圖促使清政府誅殺袁世凱的緊張活動，有較重要的史料價值。但是，書信中運用了不少隱語，意思晦澀；日本情報人員辨讀漢字草書的能力又很差，抄件訛誤嚴重。筆者參考各種文獻，反復揣摩，讀懂了這些書信的大部分內容，因整理闡述如次。那些不可解，或者雖解而不正確的部分，只好留待高明。

二、密札解讀

　　為了盡可能保存原貌，現照錄日本情報人員抄件全文。改正的字加〔　〕號，增補的字加〈　〉號，雖改正而有疑問的字加？號，無法辨讀或無法排印的

---

* 本文錄自楊天石《晚清史事》，中國人民大學出版社 2007 年版；原載《復旦學報》1986 年第 5 期，台北《歷史月刊》1990 年第 9 期。有個別修改之處。
1 《兵庫縣知事服部一三致外務大臣小村壽太郎》，兵發秘第 407 號，日本外務省檔案 1.6.1.4-2-1（3），440838。

字以 ×× 代替。所有標點，均根據筆者對文意的理解重新厘訂。

其一：

封　書

須磨怡和別莊

北京西四牌樓南磚塔胡同內錢串胡同路北柵欄門外務部長大人（壽卿勛啟）

日本中國領署緘

文　意

　　新帝既立，醇邸攝故〔政〕。以醇王之賢，薄海內外，必以平〔手〕加額。惟〔惟〕討賊復仇之舉，刻不容緩。而當此變亂紛纂之際，最不能不取奇才異能之士，以定危局，以報先帝，更宜行大賞罰，以一新天下之耳目，一吐天下之公憤。公親枝忠報，當必有嘉猷遠漠〔謨〕獻替，當路如蕭、澤者，此時真可定奇謀成奇勳在〔者〕也。潘公人極沈擊〔摯〕，有大決斷，作多常士，望公推誠。茲為公偵諸要人，急叩之。匆匆傷變，為書不詳。然石〔所〕言至重，不揣固陋，談〔祈〕高明英斷（？）。敬談〔祈〕為圖〔國〕珍重。第〔弟〕名心叩。十月二十五日。[1]

本札及下二札均為 11 月 23 日發。在本札中，發信人隱名，僅署"名心叩"，當為梁啟超。受信人長大人，應為長福，是改良派在清朝貴族中的內應。他字壽卿，一作綏卿，宗室正紅旗人。1901 年被清政府派赴日本，入弘文學院學習警務。其後任駐神戶領事，和梁啟超關係密切，曾參加政聞社。歸國後在外務部任主事，為改良派做過不少事情。函中所言蕭，指肅親王善耆，時任民政部尚書；澤，指載澤，時任度支部尚書。他們都是清朝貴族中的實權派。函中所言潘公則指潘博，康有為的學生，他一名之博，字若海，號弱庵，曾打入善耆主

1　日本外務省檔案，1.6.1.4-2-1（3），以下各札均同，不一一注明。

持的民政部任職，是改良派在北京從事秘密工作的重要人物。[1]

戊戌政變前夜，康、梁等人計劃利用袁世凱的力量，包圍頤和園，軟禁以至捕殺西太后，消滅變法的反對力量。但是，由於袁世凱告密，形勢突然變化：光緒被囚，六君子被殺，新政完全被推翻。因此，康、梁對袁世凱有切齒之仇。1907 年春，康有為批示梁啟超、麥孟華二人，將"倒袁"作為首要任務。他在信中說："今先其大者，自以倒劻為先。"康有為並指示，必要時可以進行暗殺，聲言："魯難未已，則以聶政行之，亦不得已也。"[2] 馬良也向梁啟超提出，對袁世凱，可以送他一丸子彈。[3] 光緒去世，改良派普遍認為是袁世凱所害，而且懷疑他會進一步篡奪清朝江山。當時有一份傳單說："袁世凱乘太后病危，潛通內侍，鴆弒皇上，密召姜、楊各軍入京自衛，將又弒新帝篡位。"[4] 這份傳單不一定出自康、梁之手，但卻反映了他們的觀點。對載灃的攝政，他們是滿意的，因為載灃是光緒的親弟弟。清朝歷史上，當權力遞嬗之時，曾經有過康熙誅鰲拜、嘉慶誅和珅、西太后誅肅順等例子。康、梁有鑒於此，決定利用時機，力促清政府誅殺袁世凱。

11 月 18 日，梁啟超以康有為和他自己的名義致電各省督撫，中云："兩宮禍變，袁為罪魁，乞誅賊臣，伸公憤。"[5] 有關資料表明，這一時期，他們還直接給載灃打過電話，"請誅賊臣以安社稷"[6]。

梁啟超的第二步便是給長福寫信，說明形勢危急，"變亂紛篡"，"討賊復仇之舉刻不容緩"，勉勵他以宗室的身份提出"嘉猷遠謨"。由於長福地位不高，梁啟超的主要希望寄託在善耆、載澤二人身上。從 1907 年夏起，善耆便和梁啟超建立了聯繫。信中所謂"行大賞罰"，"一新天下之耳目"，"一吐天下之公憤"等，主要是寫給善耆等人看的。"定奇謀，成奇勳"者，即以非常手段處決袁世凱之意。本函將潘博推薦給長福，要求他們推誠相見，通力合作，在

1　康有為：《粵兩生集序》，《粵兩生集》。
2　《梁啟超年譜長編》，上海人民出版社 1983 年版，第 449 頁。
3　《梁啟超年譜長編》，第 451 頁。
4　《東京憲政分會會員公檄》，日本外務省檔案，1‧6‧1‧4-2-1（3），440886。
5　《清國革命黨領袖經歷及行動調查》，明治文庫藏《有松英義關係文書》；又見日本外務省檔案 1‧6‧1‧4-2-1（3），440805。
6　《戊戌變法》，第 2 冊，上海人民出版社 1957 年版，第 517 頁。

清政府 "要人" 之間活動。後來，為聯繫方便，潘博就住在長福家裏。

其二：

封　書

北京西四牌樓南磚塔胡同內錢串胡同路北柵欄門外務部長大人（壽卿勛啟）
日本中國領署緘

文　意

綏公吾足〔兄〕尊右：不意三日之間，疊遭圖〔國〕恤，面〔而〕先帝上賓，文〔尤〕為天下人石〔所〕同疑。嗚呼！不意奸賊意〔竟〕敢悖逆如此。

先帝已失，奸賊猶逍遙法外，呼天搶地，如何之〔如何〕！僕以前此謠諑避嫌，石〔不〕能入北，窮居海外，忽問〔聞〕此炱，權〔摧〕痛如〔何〕言！比東〔來〕朝局若何？僕不〔所〕知者惟悀報紙，詞多影響，且紛雜莫是，焦苦愈不可狀，務請明此耳！京上委公，飛示詳區，玉〔至〕禱玉〔至〕禱！寶雲令清濁上之都，專丙此事，特有何仁，至 × 時望與密話，寶雲因匆促，故區石〔不〕能詳，當其致副書復，工〔旦〕夕待令。

本札受信人仍為長福，發信人應為須磨村會議參加者湯覺頓、張壽波、吳肇祥三人中的一個。函中云："僕以前此謠諑避嫌，不能入北，窮居海外。" 湯覺頓於 1908 年春受梁啟超委派，秘密前往北京，和善耆、良弼等人聯繫，但不久即受人懷疑，再度避居海外[1]。據此，可知發信人為湯覺頓。

本札稱光緒之死（上賓）"為天下人所同疑"，憤慨於 "奸賊竟敢悖逆如此"，雖不十分肯定，但已相當明確地把袁世凱視為兇手。"先帝已失，奸賊猶逍遙法外" 二語，含蓄地提出了誅袁要求。由於已有梁札，所以湯覺頓在本札中僅要求長福火速通報 "朝局"。"至禱至禱" 以下，當時日本情報人員就已經

1　參閱《梁啟超年譜長編》，第 450、471、475 頁。

看不懂，特別標注了“不明”二字，筆者目前也還不能解讀清楚。其中寶雲，似指梁啟超，大意當為迫切期待長福有所指示，本人“待令”北上云云。

其三：

封　書

上海〈海〉寧路須征呈〔里〕香山何禺〔寓〕何清逸先生

（同文學校）

文　意

茲公：夜〔報〕已到了。此數日內沈靜之局面，使〈人〉悶絕。此次在南方，當無從著手，惟有此〔北〕行之一法。然今日見夜〔報〕，山公確已首途。恐茲公井〔並〕入北，正石〔不〕易了。無論如何，必以〔須〕設法，能此為妙。子箋處，最當注意也。今日夜〔報〕紙言，倉主提議，速布憲法，手段真是可畏。奈何奈何！匆匆。即請

大安。餘詳荷函

兩渾

今日×××語夜〔報〕已收到。

本札反映了梁啟超為誅袁而採取的第三個步驟。受信人何清逸，名天柱，改良派在上海的據點 —— 廣智書局的實際負責人，當即函中所言茲公。山公，指岑春煊。倉主，指袁世凱[1]。荷，指湯覺頓。[2] 兩渾，當時書信中的隱語，常用於受信人、發信人均隱名之時。

岑春煊是袁世凱的老對頭。1906 年，清政府將岑從兩廣調任雲貴總督，岑春煊認為是奕劻和袁世凱的奸計，託病就醫上海，暗中和改良派發生關係。1907 年春，奉旨調補四川總督，但同時清政府又規定他“毋庸來京請訓”。岑

1　山，取岑字之頭；倉主，因袁世凱以小站練兵出身，小站出稻，故由此取義。
2　《梁啟超年譜長編》，第 518—519 頁。

春煊乃於啟程赴任舟次武漢之際，突然乘車入京，在西太后面前參劾奕劻"貪庸誤國"，被任命為郵傳部尚書。他和瞿鴻禨聯結，接連參劾了袁世凱的親信朱寶奎和段芝貴二人，被外放兩廣總督。在他出京到達上海之際，梁啟超曾秘密自日本返滬，準備和他會談。因瞿鴻禨已被免職，岑本人也因"暗結康梁"之嫌被參，二人未能見面。自此，岑春煊即居留上海。1908 年 11 月，光緒病重的消息傳出後，岑春煊曾準備帶著醫生入京，已經訂好了船期。[1] 聽到光緒的噩耗後，岑春煊更為"激昂"[2]。19 日，上海《神州日報》從北京發出專電稱："岑春煊即將起用。" 20 日又報導稱："前兩廣總督岑宮保向居滬北垃圾橋地方，前晚接到京電，著即來京等因，宮保當即北上。" 22 日，日本報紙也報導說，岑春煊於 20 日通過蕪湖，擬經漢口入京。[3] 梁啟超致何天柱函中所稱："山公確已首途"，當即本此。從信中可以看出，梁啟超準備派何天柱隨岑春煊北上，但因岑已上路，感到"不易"，但仍表示，"無論如何，必須設法，能此為妙"。函中所言"倉主提議，速布憲法"云云，據《大公報》及日本報紙報導，袁世凱在光緒、西太后相繼去世後，曾向清政府提議，迅速召開國會，實行憲政，以安人心。[4] 梁札當即指此。袁世凱在載灃登台後，地位岌岌可危，但是，他卻迅速抓住了"速開國會"、"速行憲政"一類題目，藉以收買人心，爭取好感。因此，梁啟超發出了"手段真是可畏"的感歎。

其四：

封　書（書留）

上海海寧路須征里香山何寓何大人清逸啟

神戶同文學校

1　岑春煊：《樂齋漫錄》，台北文星書店，第 18 頁。

2　《某某來書》，《康有為與保皇會》，上海人民出版社 1982 年版，第 389 頁。

3　《大阪朝日新聞》，1908 年 11 月 22 日第 2 版。

4　《大公報》，1908 年 11 月 22 日；《大阪朝日新聞》1908 年 11 月 22 日第 1 版；《東京朝日新聞》，1908 年 11 月 24 日第 2 版。

文　意

　　對偉兩公同釜〔鑒〕：構父來，得具忠〔悉〕偉公不獲與山公偕行，誠
大憾事。今所憂者，無途可以入都可〔耳〕。無論如何，必須設法者。答
〔若〕能者〔有〕得，自有生發，不一日得〔待〕一日也。十乘昨未〔來〕
一書，乃事前取〔所〕發，不遇〔過〕告急可〔耳〕，尚待次凶〔函〕乃有
別消息也。

　　今晨東電言，子篆已起用，此亦可注目者。偉公入北，當必能見比
〔此〕公也。

　　　　　　　　　　　　　　　　　　　　　　　　　　名心叩

　　高叟與山公偕否？座〔望〕示知。

　　本札 11 月 25 日發。書留，日語掛號信之意。受信人中的對公，指麥孟華[1]；偉
公，指何天柱（清逸）[2]。發信人仍署"名心叩"，當為梁啟超。函中所言構父，
指向瑞彝，是改良派的重要成員。

　　在改良派中，麥孟華和岑春煊關係最深。1907 年春，岑春煊調任四川總督
時，曾特聘麥孟華隨行。岑春煊準備舟次武漢時突然改道入京的計劃，麥孟華
也深知，並擬借岑之力入京活動，岑也表示願"出力相助"[3]。但因事機不密，
消息泄露，麥孟華的隨行計劃被迫作廢。後來，陳慶桂曾參劾岑春煊"逗留滬
上，將有他圖，皆麥某一人為之主謀。以應行嚴緝之人，而竟倚為心腹"[4]。但
這並未影響岑、麥二人之間的關係。光緒逝世後，麥孟華也認為關鍵在於載灃
能否"行大賞罰"、"戮一二人"，如果袁世凱不死，後果將不堪設想。因此力
促岑春煊入京，曾進言說："上崩必出賊手（且後亦必有變），亟當預馳入北，
聯有力者申大義。"[5] 由於岑、麥之間的關係已經暴露，因而，隨岑北行的任務

1　麥孟華曾於 1907 年春受岑春煊之聘入蜀。佚名《致梁啟超書》："乃者與對費九牛二虎之力，為入蜀之計。"
　（《梁任公先生知交手札》，第 46 頁）據此可知對公為麥孟華。
2　何名天柱，字擎一，故以偉公相稱。
3　《蛻庵致任公書》，《梁任公先生知交手札》（一），台北文海出版社，第 42—44 頁。
4　《梁啟超年譜長編》，第 383 頁。
5　《某某來書》，《康有為與保皇會》，第 389 頁，原信殘缺，從內容判斷，知為麥函。

自然落到了改良派在上海的另一員大將何天柱身上。從密札看，梁啟超從向瑞彝處得悉，何天柱終於未能隨岑北行，感到極大遺憾，但仍堅持北上方針，再次強調"無論如何，必須設法"。因為只有在北京，他們的誅袁謀劃才有可能"生發"。

函中提到的十乘，不詳何人，看來是改良派在北京的密探。他向梁啟超報告了光緒病重的消息，所以函中稱："十乘昨來一書，乃事前所發，不過告急耳，尚待次函乃有別消息也。"函中提到的子箋，亦不詳何人。前函稱："子箋處，最當注意也。"本函稱："今晨東電言，子箋已起用，此亦可注目者。"梁啟超並估計何天柱入京時，將能見到他，看來是改良派寄以希望的一位人物。至於所言高叟，改良派密札中有時稱他為固哉，蓋取《孟子》"固哉高叟之為詩也"之義，當是岑春煊的幕僚。

三、請殺謀劃的失敗

改良派雖然作出了請殺袁世凱的種種謀劃，但其進行卻困難重重。

首先是湯覺頓北行受阻。由於嫌疑未消，北京方面發函勸他暫時不必返國。[1] 其次是岑春煊聽了別人的話，對北京政局採取"沉吟觀變"態度，決定暫不北上。[2] 報上並發表了"聞岑春煊咯血病甚劇，不能北來"的消息[3]。這一切使改良派很生氣，也很失望。麥孟華在致康有為書中憤憤地說："初聞彼議論，以為一個儻士，今彼先事絕無佈置（前此弟尚以為彼有密謀，不令我輩知耳，今乃見其實無預備也），既不能謀，臨事又復首鼠，又不能斷，嘉州無可復望矣[4]。"此外，子箋的起用也迄無確訊。雖然康、梁二人都很關心此事，但麥孟華只能告以"此間尚無聞"[5]。

儘管如此，改良派仍然在作努力。他們分析了形勢，覺得載灃的地位並不

1　《梁啟超年譜長編》，第 475 頁。
2　《某某來書》，《康有為與保皇會》，第 389 頁。
3　《神州日報》，1908 年 11 月 21 日。
4　《某某來書》，《康有為與保皇會》，第 389 頁。
5　《某某來書》，《康有為與保皇會》，第 389 頁。

十分鞏固。麥孟華函稱："今醇勢頗搖搖，然彼非行大英斷，則勢必不能固；欲其行大英斷，則非有人運動不可。"[1] 於是，他們決定，由何天柱攜帶康有為從海外匯來的款子，單獨入京"運動"[2]。何天柱此行的成果如何，不得而知，長福方面卻給梁啟超傳達了善耆和載澤的訊息：元兇必去，決無中變，不必擔心。[3]1909 年 1 月 2 日，載灃以袁世凱患有足疾為名，命他開缺回籍休養。

對袁世凱的開缺，改良派中有人表示滿意，徐勤函稱："袁賊被逐，為之狂喜。中國雖未即強，然罪人斯得，大仇已復，吾黨天職，亦可少盡矣。"[4] 但康、梁二人都不甘心。梁啟超致書善耆，認為對袁世凱，"雖明正典刑，殊不為過"，至少也應該明詔宣佈他的罪狀，加上"革職"、"交地方官嚴加管束"一類字樣[5]。他估計張之洞可能會成為討袁的障礙，因此極力主張"和張"，通過各種途徑進行拉攏。康有為則仍然企圖以光緒被毒為理由要袁世凱的腦袋。他於 1909 年 1 月致書梁啟超說："惟覽來各書意，北中不欲正名，極不欲認弒事。此義最宜商。以《春秋》之義正之耶？抑豈彼等隱忍了事耶？"[6] 他提出：在倫敦時，有人告訴他，袁世凱曾以三萬金賄買御醫力鈞下毒。康有為建議揭發此案，查訊力鈞。他並曾準備發動各埠華僑簽名上書，給清政府施加壓力，已經寫好了《討賊哀啟》，內稱："醇王以介弟攝政，仁明孝友，應有討賊之舉；我會本以保皇為事，忠義昭著，應發討賊之義。"[7] 與此同時，康有為又起草了《上攝政王書》，此書經梁啟超修改後發出，信中，康有為提出，袁世凱"苟有弒逆之事，其惡固擢髮難容；即無弒逆之跡，其惡亦難從末減"。他歷數袁世凱"造言誣君"、"縱匪誤國"、"招權納賄"等罪狀，以康熙誅鰲拜等事為例，要求載灃將袁世凱"明著爰書，肆諸東市"。康有為並憂心忡忡地警告載灃：袁世凱雖然離開了朝廷，但"潛伏爪牙，陰謀不軌"，清朝的"宗社"之憂，"且未有艾"[8]。書上，沒有結果。1911 年，在武昌起義的疾風暴雨中，載灃不得不起

1　《某某來書》，《康有為與保皇會》，第 389 頁。
2　《某某來書》，《康有為與保皇會》，第 389 頁。
3　《梁啟超年譜長編》，第 477 頁。
4　《致康有為書》，《康有為與保皇會》，第 387 頁。
5　《梁啟超年譜長編》，第 480 頁。
6　《梁啟超年譜長編》，第 481—482 頁。
7　《戊戌變法》，第 1 冊，第 434 頁。
8　《戊戌變法》，第 2 冊，第 517—522 頁。

用袁世凱。

　　袁世凱之所以沒有被殺，並非載灃有愛於袁世凱，而是因為：一、袁世凱羽翼已成，且外有帝國主義的支持；二、清朝貴族集團已經極端衰弱，不僅遠非康熙誅鰲拜的時代，連西太后誅肅順的時代也不能相比了。載灃非不欲也，實不能也。

犬養毅紀念館所見王照、康有為等人手跡 *
—— 日本岡山訪問所得之一

犬養毅是和中國有密切關係的日本政治家。他的紀念館位於日本岡山縣郊。1985 年 7 月 16 日，我在岡山大學石田米子、佐藤智水兩位教授的陪同下，和京都大學人文科學研究所的狹間直樹教授一起參觀了該館。承岡山縣政府企劃部小出公大、山本光德和紀念館工作人員盛情接待，得以見到該館珍藏的孫中山、康有為、王照、畢永年、熊希齡等人的手跡並惠允利用。茲舉其要者介紹並略作考釋。

一、王照

筆談記錄一件。王照（1859—1933），字小航，號水東，直隸寧河人。維新派人士。戊戌政變後逃亡日本，受到當時任文部大臣的犬養毅的接待，曾與犬養毅有過長篇筆談，已收錄於中國近代史資料叢刊《戊戌變法》中。此為另一筆談，文云：

> 皇上本無與太后不兩立之心，而太后不知。諸逆賊殺軍機四卿以滅口，而太后與皇上遂終古不能復合。今遂欲表明皇上密詔之實語而無證矣。惟袁世凱亦曾見之，四軍機之家屬亦必有能證者。然榮、剛則譖皇上以擁太后，此時無人敢代皇上剖白作證，天下竟有此不白之事。

在維新運動中，康有為擁護光緒皇帝，排斥西太后，王照則主張調和帝后矛盾，並利用西太后推行變法措施。戊戌政變前夕，光緒皇帝感到形勢危殆，

---

* 本文錄自楊天石《晚清史事》，中國人民大學出版社 2007 年版；原載《歷史檔案》1986 年第 1 期，題《犬養毅紀念館所見孫中山、康有為等人手跡》，現因其中孫中山部分已移入《孫中山新探》卷，故改為今題。

曾通過楊銳帶出密詔，內稱："朕豈不知中國積弱不振，至於阽危，皆由此輩所誤；但必欲朕一旦痛切降旨，將舊法盡變，而盡黜此輩昏庸之人，則朕之權力實有未足。果使如此，則朕位且不能保。"[1]光緒皇帝要楊銳等"妥速籌商"，"密繕封奏"，如何既能使"舊法全變"，而又不至於"有拂聖意"，得罪西太后。但是，康有為卻將他點竄為："非變法不能救中國，非去守舊衰謬之大臣而用通達英勇之士不能變法，而太后不以為然。朕屢次幾諫，太后更怒。今朕位幾不保，汝可與楊銳、林旭、譚嗣同、劉光第及諸同志密籌，設法相救，十分焦灼，不勝企望之至！"[2]康有為的這種做法引起了王照的強烈反對，與犬養毅筆談，即為此而發。他仍然企圖調和帝后矛盾，因此力圖證明"皇上本無與太后不兩立之心"，並慨歎於"雖欲表明皇上密詔之實語而無證"。王照逃亡日本時間為 1898 年 10 月。次年 8 月，即因事與犬養毅疏遠[3]。筆談當即作於這一段時期之內。

二、康有為

書札兩通。其一云：

> 柏原兄心術最仁，才大心細，再一遊歷各國，更成大才。如今者相待以來，無漸不至，何不令一出外國遊乎？如今出遊，莫若同行。至此間梁生等漸通貴國語，原無待如柏兄者始能接待也。未知宜否？如仍柏兄同去，則佳甚。

柏原兄，指柏原文太郎，號東畝，東京專門學校舍長，東亞同文會會員，通英語，為犬養毅的親信。康有為抵日後，一直受到他的接待。1899 年 3 月，康有為準備離開日本，經加拿大轉赴英國，曾邀請柏原文太郎同行。書札當作於此時。

1　《光緒大事彙編》，第 9 卷。
2　《奉詔求救文》，《日本外交文書》第 31 卷第 2 冊。
3　《清國亡命者王照轉居之內情》，日本外務省檔案 1‧6‧1‧4-2-1。

其二云：

> 我兩國同教同文，較東西各國，其情最親，其辦事亦有不同。我邦通人，側首東望，莫不在此，並不必引公法也。以我兩國自有經義可引，所以深得敝國人心者，亦在此經義而已。聞貴國憲法，太后、皇后亦在臣列，此即經法與敝國同者也。今偽臨朝之篡廢，在西人公法認之，且以為託於訓政，亦以公法免干預內政之故。惟我兩邦兄弟唇齒，其情親而勢逼，乃有不能以西人公法論者。若坐令寡君憂死，而偽臨朝擁帝主而擅權，外分內訌，支那必亡。高樓大廈之傾，其旁鄰亦為危牆所壓，乃不能不議支柱之也。

"偽臨朝"，指西太后。戊戌政變時，西太后以光緒皇帝的口氣發佈"上諭"，實行"訓政"。康有為則力辯其為"篡廢"而非"訓政"。"坐令寡君憂死，而偽臨朝擁帝主而擅權"，從這兩句看，本書札當作於西太后準備立溥儁為"大阿哥"，從而取代光緒皇帝之時。它反映了康有為乞求日本人士出面干涉的有關情況。可能犬養毅以"西人公法"相推脫，而康有為則以中國的傳統經義相勸。關於此，梁啟超在《論戊戌八月之變乃廢立而非訓政》一文中說："中國之政，向來奉聖經為准衡，故六經即為中國之憲法也。《書》言'牝雞無晨，牝雞司晨，惟家之索'，《禮》言'夫死從子'，又言'婦人不與外事'；《春秋》因文姜之淫，而不與莊公之念母；《論語》'君薨聽於塚宰'，然則母后臨朝為經義所不容，有明證矣。尋常幼帝之立，母后臨朝為六經所不取，況今日之實為篡逆乎？"[1]這段話不啻是康有為所說"經義"的注腳。按：西太后立溥儁為"大阿哥"，事在 1900 年 1 月 24 日，消息泄露，中外喧騰則在 1899 年 10 月前後。本札當即作於這一時期內。

康有為還有一封給日本前首相大隈重信的書札，其中明確地談到，西太后"定正月立新主，續穆宗皇帝後"。春秋時，陳恆殺了齊簡公，孔子曾要求魯哀

---

1 《清議報》，第 1 冊，文字據《戊戌政變記》有所校正。

公出兵討伐，康有為也要求大隈重信像孔子一樣向日本政府請兵。書札稱："今於大國，有齊魯之親，即於明公有夷吾之望。哀我寡君，哀此中國，惟明公深明之。雖不在位，沐浴請討，不能不望明公。"[1] 書札同樣表示，不必考慮國際公法："此吾兩邦之特形，不能以西歐公法論也。"這啟示我們，致犬養毅書與致大隈重信書是同時發出的兩封信，目的都是為了要求日本政府出兵討伐西太后，恢復光緒的皇位。康有為並表示，如不能出兵，至少也要讓日本駐華公使矢野文雄出面抗議。致大隈重信書稱"即不爾，亦望令矢野君力爭於我朝，正色危言以相挾，或可懾權奸之膽，動牝晨之心，俾寡君少延旦夕，以待他救，惟明公哀憐之"。矢野文雄在華任期至 1899 年 11 月 16 日止，致犬養毅書與致大隈重信書的寫作時間必在這以前。

三、梁啟超

書札一通，筆談記錄一件。書札云：

> 僕昨日適橫濱，彼中紳商感先生教誨之意甚至，且亟命僕請於先生，求其日所演說之文稿，欲懸諸講堂以厲諸生，並刊諸報章，以告同志。伏望先生日間為錄出一通，交僕寄去，副其飢渴之望。

原信無年月，僅署"二十四夕"。查馮自由《戊戌後孫康二派之關係》一文云："徐勤在康徒中，反對與總理合作最力，自是與總理、少白等日益疏遠。橫濱大同學校會客室貼有'孫文到不招待'之字條，適總理到訪見之，遂向徐詰責，徐否認為己所為。有教員陳蔭農直認己作不諱，因與總理駁論激烈，相持不下。校董馮鏡如聞之，乃到校極力勸解始止。事後，各校董多不直徐、陳所為，有數人提議辭職。學校基礎為之動搖。犬養毅以學校解散為可惜，特親蒞橫濱，邀請各校董維持現狀，且願任名譽校長，以資提挈。"[2] 按：犬養毅擔任

1　《萬木草堂遺稿補編》（下），第 584—585 頁，台北，1978 年。

2　《革命逸史》初集。

橫濱大同學校名譽校長，事在 1899 年 3 月。當月 18 日，犬養毅親到該校發表演說，闡述 "學校宗旨及扶翼中國之法"，該校師生及橫濱華僑紳商數百人參加[1]。信中所述，當即此事，因而此函寫作時間可以確考為 1899 年 3 月 24 日。值得注意的是，梁啟超要求發表演說稿，《清議報》也預告 "其詞甚長，下次專篇印之"，但是，卻始終未見發表。可能犬養毅當時正在一心一意調解孫、康二派關係，不願意將矛盾公開。

筆談記錄云：

> 西歐之人常謂敝邦人無愛國之性質，斯言僕幾無以辨之也。然僕敢謂敝邦人非無愛國之性質也，其不知愛國者，因未與他國人相遇，故不自知其為國也。然則觀之於海外之人，則可以驗其有愛國性與否矣。今內地督撫無可望，民間受壓制，不敢小行其志，欲其扶危局難矣。故今日惟求之於海外，庶幾有望也。

> 孫逸仙近曾見先生乎？僕等之於孫，蹤跡欲稍疏耳，非有他也。而橫濱之人，或有與孫不睦者，其相軋之事，不知如何，而極非僕等之意矣。孫或因濱人之有違言，而疑出於僕等，尤非僕所望矣。敝邦有志之人既苦希，何可更如此相仇，僕欲一見孫、陳而面解之。先生有暇日，約會見於此間可乎？至僕等與彼，蹤跡不得不疏之故，僕見彼當面解之也。

1899 年春，康有為離開日本後，犬養毅即積極撮合孫中山、梁啟超之間的關係，曾在東京私邸宴請孫中山、陳少白、梁啟超等人，企圖使雙方合而為一。在孫中山的影響下，梁啟超一度表現出同情革命的傾向，但是，他仍然擺脫不了康有為的影響，不願和孫中山過於接近。筆談中所謂 "僕等之於孫，蹤跡欲稍疏"，即源於此。

---

1 《大同學校開校記》，《清議報》，第 10 冊。

四、畢永年

《與犬養毅》書札一通，詩一首。書札已刊於中華書局最近出版的《樊錐集》，詩題為《留別同志諸君子》，中云：

> 日月久冥晦，川嶽將崩摧。中原羯虜淪華族，漢家文物委塵埃。又況慘折忠臣燕市死，武后淫暴如虎豺。湖湘子弟激憤義，洞庭鼙鼓奔如雷。我行遲遲復欲止，蒿目東亞多悲哀。感君為我設餞意，故鄉風味儼銜杯。天地澄清會有待，大東合邦且徘徊。短歌抒意報君貺，瞬看玉帛當重來。

末署"雙湖浪士畢永年拜呈，均希哂政"。在維新黨人中，畢永年是具有"排滿"思想的一個。他年輕時即與譚嗣同、唐才常友善，同湖南哥老會首領楊鴻鈞、李雲彪等關係密切。戊戌政變後赴日，加入興中會。詩中所云"慘折忠臣燕市死"，指譚嗣同等被殺；武后，藉指西太后；湖湘子弟，指湖南會黨。此詩當為畢永年告別犬養毅等人回湖南聯絡會黨時所作。詩中充滿了急欲有所作為的奮發精神。值得注意的是其中"大東合邦且徘徊"一句。1898 年 5 月，康有為與矢野文雄約定，舉行"兩國大合邦會議"，實行兩國聯合。可能犬養毅重提此類主張，而畢永年則答以"且徘徊"，建議暫緩考慮。

五、熊希齡

書札一通，中云：

> 昨在東京，匆匆奉候，值公他出，未晤為歉。刻因急於歸國，於今日行抵門司，直往滿洲。本月三十日以內可回至上海。八月初旬內外，仍須隨同戴、端兩專使至北京。
> 聞貴邦駐京公使林氏力主東亞聯合之說，弟意欲往見之，乞公予以介紹書，俾得暢談一切。尊函作成，請寄上海四馬路時報館狄楚卿氏代收，

轉交弟手，必不遺誤。弟俟將北京事務了妥，恐須再至貴邦，一聆高論也。

熊希齡，字秉三，湖南鳳凰人。維新派人士。1905 年 12 月隨端方、戴鴻慈二人出國考察憲政，先後遊歷日本、美國、歐洲等處。1906 年 7 月經日本回國，21 日抵達上海。此函當作於此前幾天內。林氏，指矢野文雄的後任駐華公使林權助。所謂“東亞聯合之說”也即康有為與矢野文雄的“兩國大合邦”之議。可以看出，熊希齡對此也是很有興趣的。

*孫中山等謁祭明孝陵，南京，1912 年 2 月 15 日

第三部分

辛亥革命前後

畢永年生平事蹟鈎沉 *

在戊戌維新以至興中會惠州起義期間，畢永年都是個重要人物，但是，迄今為止，人們對他所知甚少。馮自由辛勤收集辛亥革命史料多年，著有《畢永年削髮記》一文，是目前最完整的畢氏傳記，但該文訛誤甚多，關於畢氏的下落，竟認為"不知所終"[1]。近年來出版的一些辛亥革命史著作，在涉及畢氏生平時，敘述也常有謬誤。這就啟示我們，有必要對畢氏的生平進行研究和探索。

一、南學會中堅

畢永年，號松甫，一作松琥，湖南長沙人。1870年（同治九年）生。八歲時隨父叔往來軍中，練就了一身過人的膽識。長大時讀王船山遺書，受到民族思想的薰陶。當時，曾國藩、胡林翼、左宗棠還是不少湖南老鄉的崇拜對象，

---

* 本文錄自楊天石《晚清史事》，中國人民大學出版社 2007 年版；原載台北《歷史月刊》1998 年第 11 期，增訂改寫後發表於南京《民國檔案》1991 年第 3 期。

1　馮自由：《革命逸史》初集。

畢永年卻憤然表示："吾鄉素重氣節,安得有此敗類。"[1] 1894 年(光緒二十年),
江標督學湖南,以"變風氣,開闢新治為己任",試士的內容注重輿地、掌故、
算學、物理及世界形勢等內容,即使是制藝,也允許議論時事。[2] 畢永年所作文
即有 "民不新,國不固,新不作,氣不揚" 之語,認為中國三代以下,天下囂
囂的原因在於 "陳陳相因,氣頹於寐",表明了這個年輕人已經具有鮮明的維新
思想。[3] 1897 年(光緒二十三年),與唐才常同時考取拔貢。自此,即與唐才常、
譚嗣同結為好友,經常一起商議救國大計。三個人都重視會黨的力量,畢永年
並親自加入哥老會,往來於漢口、岳州、新堤、長沙等地。他體格魁偉,為人
豪放不羈,輕財好義,很快就結識金龍山堂龍頭楊鴻鈞,騰龍山堂龍頭李雲彪
及張堯卿、辜天佑、師襄等人,得到他們的信任。

　　1898 年(光緒二十四年)2 月,譚嗣同、唐才常等在長沙組織南學會,講
演並討論新學,畢永年成為會中的活躍分子。當時,譚嗣同等以"保種"、"保
教"相號召,而畢永年卻獨持異議,認為首先必須開通民智,"示群民以人皆
讀書之益","俾知通商之局,終此不更,則中西聚處日繁,不必再作閉關之
想"。某次會上,他對譚嗣同說:"所謂保種、保教,非保之於今日,蓋保之於
將來也。此時若不將此層揭破,大聲疾呼,終屬隔膜,愈欲求雪恥,愈將畏首
畏尾。或以西學為沽名之具,時務為特科之階,非互相剽襲,則僅竊皮毛矣。"
畢永年的話觸動了譚嗣同的心思,回答說:"王船山云:抱孤雲,臨萬端,縱
二千年,橫十八省,可與深談,惟見君耳。然因君又引出我無窮之悲矣。欲歌
無聲,欲哭無淚,此層教我如何揭破?會須與君以熱血相見耳。"[4]

　　4 月 14 日(夏曆三月二十四日),畢永年在《湘報》發表《存華篇》,將中
國傳統思想和西方天賦人權觀念結合起來,認為權為人人共有之權,國為人人
共有之國,只有發揚民權,才有可能上下一心,保存中華。文稱:

　　　　人人皆承天地之氣以為命,即人人皆有自主之權以立命。權也者,

1　《革命逸史》初集。
2　胡思敬:《江標傳》,《碑傳集補》,第 9 卷。
3　《沅湘通藝錄》,第 1 卷,叢書集成本。
4　《湘報》第 29 號,1898 年 4 月 8 日。

我與王侯卿相共之者也；國也者，非獨王侯卿相之國，即我群士群民共有之國也。既為群士群民共有之國，則為之上者，必無私國於己、私權於國之心，而後可以綿綿延延，鞏祚如磐石；下亦必無不在其位，不謀其政之心，而歧視其國為秉彎服冕者之國，然後可以同心合作，上下一心，保神明之胄於一線，救累卵之危於泰山。[1]

文章痛切地陳述了列強瓜分中國的危急局勢，呼籲清朝統治者 "殷憂啟聖，恐懼致福，乘此伐毛洗髓，滌穢蕩瑕，與天下更始"。當時，湖南學會林立，畢永年除與黃遵憲、徐仁鑄、熊希齡等人共同發起組織湖南不纏足會外[2]，又和唐才常共同發起成立公法學會，研究中外通商以來所立約章，作為 "將來自強之本"。畢永年手訂章程十七條，規定會中集資訂閱各報，會友各持日記一本，將研究心得按 "大弊"、"小疵"、"議增"、"議改" 四項分類編記，定期傳觀討論。[3]

為了使南學會的活動內容更為豐富，4月下旬，譚嗣同、熊希齡、畢永年分別致函岳麓書院山長王先謙，邀請他來會講學。王雖是湖南名儒，但為人守舊頑固。5月，王先謙復函畢永年，指責南學會諸人 "侈口徑情，流為犯訕"，"所務在名，所圖在私"。王要畢氏 "閉戶自修，不立名目，不事爭逐"，否則，"請各行其是，毋復後言"[4]，葉德輝並擬將此函刊刻張揚。[5] 此後，湖南守舊派對南學會和《湘報》的攻擊愈來愈厲害，皮錫瑞等曾公舉畢永年去日本人辦的報館任主筆，以便在外人的保護下得以放言無忌。[6] 由於學會一類的活動受阻，畢永年又曾受譚嗣同之命，和唐才常相偕去漢口聯絡哥老會。[7]

1 《湘報》第34號，1898年4月14日。
2 《湖南不纏足會總會董事題名》，《湘報》第28號。
3 《公法學會章程》，《湘報》第48號。
4 《翼教叢編》，第6卷。
5 皮錫瑞：《師伏堂未刊日記》，《湖南歷史資料》1959年第1期，第89頁。
6 皮錫瑞：《師伏堂未刊日記》，《湖南歷史資料》1959年第1期，第114頁。
7 唐才質：《戊戌見聞錄》，轉引自鄧潭洲：《譚嗣同傳論》，上海人民出版社1981年版，第69頁。

二、懷疑康有為捕殺西太后的政變計劃

　　同年 8 月 21 日（七月初五日），譚嗣同應光緒皇帝之召入京。9 月 5 日（七月二十日），被任命為四品卿銜軍機章京，與楊銳、林旭、劉光第共同參預新政。為了追隨譚嗣同，畢永年也於 8 月間離開湖南，經上海入京。途經煙台時，與日人平山周、井上雅二等相逢。9 月 12 日（七月二十七日），相偕抵京。畢永年住在廣升店中。次日，會見康有為。當時，正是帝后兩黨鬥爭白熱化的時候，康有為早已從譚嗣同處得知，畢永年是會黨好手，命他留京相助。當日，畢永年移居南海會館，與康有為住到一起，得以參預密謀。康有為計劃命畢永年往袁世凱幕中為參謀，並計劃命畢永年統率百人，在袁世凱兵圍頤和園時乘機捕殺西太后。畢永年認為袁世凱膽小，又是李鴻章之黨，恐怕靠不住，而且自己是南方人，初至北京，統領彼此不相識的士兵，不可能在短期內收為心腹，得其死力，因此，對接受這一任務表示猶疑。9 月 19 日（八月初四日）晨，當他從譚嗣同處獲悉，譚已將密謀向袁世凱和盤托出時，立即預感到事情必敗，表示“不願同罹斯難”，並勸譚嗣同“自謀，不可與之同盡”[1]。當日午後，畢永年即遷居於附近的寧鄉館。20 日（八月初五日），康廣仁、梁啟超準備推薦畢永年為李提摩太的秘書，為畢氏所拒。當夜，畢永年致書譚嗣同，勸他速自定計，不要白死。又致書梁啟超作別。21 日（八月初六日），畢永年急馳出京。同日，西太后即下令逮捕康有為，查抄南海會館。

　　畢永年行至上海之際，得到譚嗣同等殉難的噩耗，即自斷辮髮，發誓不再隸屬於滿清統治之下。[2] 不久，應橫濱大同學校校長徐勤之邀，隨日人安永東之助東渡[3]，在橫濱會見孫中山，討論國事，感到意氣投合，於是加入興中會，走上新的道路。

1　畢永年：《詭謀直紀》，日本外務省檔案 1.6.1.4-2-2，491315-491318。
2　民表（秦力山）：《畢永年傳》，《自立會史料集》，岳麓書社 1983 年版，第 229 頁。
3　《宮崎滔天氏之談》，《宮崎滔天全集》，日本平凡社版，第 4 卷，第 289 頁。

三、轉向孫中山

在畢永年離京之前一日，康有為即倉皇南下。10 月 26 日（九月十二日），康離港赴日。到日本後，即與唐才常一起制定了一項湖南起義計劃。其內容為，利用南學會的力量和影響，在長沙起兵，引軍直進，攻取武昌，然後沿江東下，佔領南京，再移軍北上，進取北京，推翻西太后的統治。[1] 日本人宗方小太郎表示支持這一計劃。11 月 1 日（九月十八日），畢永年曾與唐才常一起訪問宗方，再次說明該項計劃，要求宗方相助。[2] 宗方是個中國通，負有為日本軍方在中國收集情報的任務，當年正在漢口經營《漢報》。他勸畢、唐二人沉潛待機，作好準備，待他到中國後妥商方略。其後，畢永年並介紹唐才常會見孫中山，商量在湘、粵及長江沿岸各省的起義計劃。為此，當時正在日本的興中會會長楊衢雲飛函通報在香港的革命黨人："我們的計劃獲得成功，和湖南的維新派取得合作。"[3] 同月，唐才常首途回國。12 月，畢永年接到湖南即將起事的電報，也偕平山周回到上海。離日之前，他曾有一函致日本文部大臣犬養毅，函云：

> 先生見教極是，湘人素稱勇悍，彷彿貴邦薩摩。今日因西后淫虐之極，湘人激於義憤，咸思一旦制其死命。僕遠在此間，不知湘中刻下已有舉動否？但昨飛電急催，不得不發，則將來各國干預時，亦望貴國出面干預，則僕等自有成算，惟先生察之。[4]

維新派由於自身沒有多大力量，最初依靠光緒皇帝，戊戌政變後，企圖依靠列強，本函正反映出這種情況。同時，畢永年又有《留別同志諸君子詩》，答謝餞別的犬養毅諸人，詩云：

1　《對支回顧錄》下冊，第 381、382 頁。
2　《對支回顧錄》下冊，第 381、382 頁。
3　謝纘泰：《中華民國革命秘史》，見《孫中山與辛亥革命史料專輯》，廣東人民出版社 1981 年版，第 302 頁。
4　參見拙作：《犬養毅紀念館所見孫中山、康有為等人手跡》，《歷史檔案》1986 年第 1 期。

日月久冥晦，川嶽將崩摧。中原羯虜淪華族，漢家文物委塵埃。又況慘折忠臣燕市死，武后淫暴如虎豺。湖湘子弟激憤義，洞庭鼉鼓奔如雷。我行遲遲復欲止，蒿目東亞多悲哀。感君為我設餞意，故鄉風味儼銜杯。天地澄清會有待，大東合邦且徘徊。短歌抒意報君睨，瞬看玉帛當重來。[1]

末署"雙湖浪士畢永年拜呈，均希哂政"。1898 年 5 月，康有為曾與日本駐華公使矢野文雄約定，舉行"兩國大合邦會議"，實行兩國聯合。詩中所稱"大東合邦"即是指康有為的這一計劃；但詩中又有"羯虜"、"漢家"之語，表明這一時期畢永年的思想已經越出了康有為的範疇。上函及詩稿的原件今均存日本岡山市木堂紀念館。

畢永年在上海稍作停留，即與平山周相偕赴漢口，會見原湖南時務學堂學生林圭，三人一起入湘，具體設計了在長沙縱火起義的計劃。[2] 畢等先後到過長沙、瀏陽、衡州等地，遍訪哥老會頭目及康有為視為同黨的人物，包括威字營統領黃忠浩、熊希齡的父親熊兆祥等，發現情況和預料相反，不僅熊、黃不敢有輕動之心，而且整個湖南人心消沉。[3] 南學會、公法學會已經消亡解體，《湘報》改為只錄上諭的《彙報》，時務學堂改為求是書院，恢復了老一套。半年前生龍活虎的氣概喪失殆盡。只有在和哥老會頭目楊鴻鈞、李雲彪等人的接觸中，才使畢永年和平山周感到鼓舞。[4] 1899 年（光緒二十五年）2 月初，二人回到上海。

此際，唐才常已因康有為的一再催促，離滬赴港，經由廣西桂林入湘，畢永年讀到了康有為的一封來信。信中，康有為指使畢永年"製造事端"[5]。其內容，已無可查考，可能是康有為得悉湖南人心消沉後，要畢等製造排外事件以激動民氣。畢永年對康有為的作法本來就已經不滿，讀信之後，大為憤激，因

1　參見拙作：《犬養毅紀念館所見孫中山、康有為等人手跡》，《歷史檔案》1986 年第 1 期。

2　民表（秦力山）：《林錫圭傳》，《自立會史料集》，第 231 頁。

3　小田切萬壽之助：《湖南地方近況及送呈畢永年著〈詭謀直紀〉之件》，日本外務省檔案 1.6.1.4.2-2，491312-491314。

4　《湖南現狀》（平山周回日談話），《知新報》第 85 冊，1899 年 4 月 30 日。

5　小田切萬壽之助：《湖南地方近況及送呈畢永年著〈詭謀直紀〉之件》，日本外務省檔案室 1.6.1.4.2-2，491312-491314。

而便記述康有為密謀包圍頤和園、捕殺西太后等情節,題為《詭謀直紀》,交給平山周,平山周交給日本駐上海代理領事小田切萬壽之助。小田切隨即於 2 月 8 日抄呈日本外務次官都築馨六。此後,畢永年就和康有為分道揚鑣了。

為了向孫中山彙報湖南之行的情況,畢永年於 1899 年春再到日本。當時,王照和康、梁的關係已完全惡化。原來,王照雖然贊成維新,但主張調和帝后矛盾,利用西太后推行變法,反對康有為擁帝斥后的做法。戊戌政變前夕,光緒皇帝通過楊銳帶出密詔,要楊等 "妥速籌商",如何既能使 "舊法全變",而又不至於得罪西太后,"有拂聖意",但康有為卻將它點竄改作,與光緒皇帝的原意有所背離。由於王照了解這一秘密,流亡日本後受到康、梁的嚴密監視,王照不能忍受,在平山周的誘導下與犬養毅筆談,說明 "今康刊刻露佈之密詔非皇上之真密詔,乃康所偽作者也"。筆談中,王照曾引畢永年為證,聲言 "今畢兄在此,證康、梁之為人,幸我公一詳審之"[1]。筆談之末,畢永年作跋說:

> 王君又告予曰:原因保薦康、梁,故致此流離之禍,家敗人亡,路人皆為歎息。乃康、梁等自同逃共居以來,陵侮壓制,幾令照無以度日。每朋友有信來,必先經康、梁目,始令照覽,如照寄家書,亦必先經康、梁目始得入封。且一言不敢妄發,一步不敢任行,幾於監獄無異矣。予見王君淚隨聲下,不禁憤火中燒。康、梁等真小人之尤,神人共憤,恨不令王君手戮之。[2]

此跋雖主要記述王照所言,但充分反映出畢永年對康、梁的敵視態度。

四、組織興漢會

畢永年、平山周的湖南之行雖然沒有發現可以立即起事的徵兆,但卻認為

---

1 《王照與木堂翁筆談》,《大公報》,1936 年 7 月 24 日,據抄件印佈。"今畢兄在此" 之 "畢" 字,抄件隱去。
2 《王照與木堂翁筆談》,《大公報》,1936 年 7 月 24 日,據抄件印佈。抄件跋下有 "湖南□□□錄意附識" 數字,隱去之三字,當為畢永年。

湖南是哥老會大本營，有會員約十二萬人，組織嚴密，其頭目沉毅可用，因此，孫中山聽取了他們的彙報後便決定在湖南、廣東、湖北三省同時大舉，並命畢永年再次回國運動。1899 年夏，畢永年先到漢口，在宗方小太郎的漢報館任主筆。不久，因不堪報館中的日本人虐待中國僕役棄職。[1] 他再度入湘，向會黨頭目介紹孫中山的為人，勸他們和興中會攜手反清。同年秋，畢永年偕楊鴻鈞、李雲彪、張堯卿等六個會黨頭目赴港。行至上海時，路費不夠，畢永年只好讓楊、李等先行。他寫了一封信給在港的陳少白和日人宮崎寅藏，附有哥老會頭目的小傳。宮崎對這些小傳稱頌不已，認為文字不多，簡明痛快，人物性格躍然紙上，有如讀《三國志》、《水滸傳》一般。[2] 李等向陳少白及宮崎表示："當今之世，不通外情，而漫欲揭竿者，恐貽不測之禍於百年之後。而吾徒之中，能通外情，仍深屬望於孫君，願待畢君之來共議之。"[3] 一星期後，畢永年得到陳少白的資助到港。大家一致同意畢永年的意見，決定將哥老會、三合會、興中會合併為中和堂興漢會，推孫中山為會長，各事均在其指揮下行動。於是制定綱領三條，歃血盟誓，並且刻了一枚圖章，由宮崎帶回日本，交給孫中山。10 月 29 日（九月二十五日），畢永年致函宗方小太郎云：

> 久不相見，渴念殊深，惟德業益宏，無任翹企。弟因諸友牽帥，遂遽棄貴館之委任而相隨伊等至香港，鄙懷實所歉仄，幸先生諒焉。此間一切情形，高橋先生當已面述尊聽，弟不贅陳，惟勉竭綿力細心組織之，以俟機會而已。然尚冀先生不忘疇昔之言，生民幸甚。[4]

函中所言高橋，指日本人高橋謙，東亞同文會廣東支部長。"惟勉竭綿力細心組織之"，當指興漢會事。"不忘疇昔之言"，當指宗方小太郎支持湖南起義的諾言。

興漢會組成後，畢永年攜諸會黨頭目東渡日本，會見孫中山，受到殷勤的

1　《亡友錄》，《宮崎滔天全集》，第 2 卷，第 560 頁。
2　《宮崎滔天全集》，第 1 卷，第 152、411 頁。
3　《宮崎滔天全集》，第 1 卷，第 122 頁。
4　日本近代立法會收集，縮微膠捲，日本明治文庫藏。

款待。12 月返港，經費發生困難。當時，康有為正在香港，他新從美洲歸來，得到華僑的資助，囊中富有，暗中贈送給會黨頭目數百元。畢永年認為不能收，而哥老會頭目卻愉快地接收了，再次倒向康有為一邊。[1] 畢永年受此刺激，在湖南籍同鄉紫林和尚的影響下，憤然削髮為僧，易名悟玄。他遺書平山周作別云：

> 弟自得友仁兄，深佩仁兄義氣宏重，常思運雄力為敝國拯生靈，可謂天下之至公者矣。第惜吾中國久成奴才世界，至愚且賤。蓋舉國之人，無不欲肥身贍身以自利者，弟實不願與斯世斯人共圖私利，故決然隱遁，歸命牟尼。今將雲遊，特來告別。仁兄一片熱腸，弟決不敢妄相阻撓，願仁兄慎以圖之，勿輕信人也。[2]

信中，畢永年表示，日內即將往浙江普陀山，第二年三月，將由五台、終南而入峨嵋，從此萍蹤浪跡，隨遇而安，不復干預人世間事。畢永年的削髮使興漢會和湘、鄂會黨之間的聯繫大受影響。1900 年 1 月 26 日（光緒二十五年十二月二十六日），林圭曾致函孫中山在香港的代表容星橋，對之惋惜不已，但林圭認為，畢永年是熱血漢子，"終無死心，必仍起而救世"[3]。

五、參與惠州起義，齎志山寺

果然，畢永年沒有當幾天和尚，又跑到上海，和唐才常一起，籌組正氣會。4 月 1 日（三月十一日），唐才常在上海開設富有山堂，畢永年被推為副龍頭。[4] 5 月 16 日（四月十八日），畢永年介紹長沙人張燦等訪問正在上海的宗方小太郎，要求迅速在湖南舉義。[5] 這一時期，畢永年在上海來往的人物除宗方

---

1 平山周簽注：《總理年譜長編初稿各方簽注彙編》（上），油印本。
2 平山周：《中國秘密社會史》，商務印書館 1912 年版，第 146 頁。
3 《致孫中山代表容星橋書》，《悟庵先生成仁錄》。
4 《嶽州鎮諮呈匪情一案》，《俞廉三遺集》，第 101 卷。
5 《對支回顧錄》下冊，第 383 頁。

外，有文廷式、汪康年、唐才常、張通典、狄葆賢等，大體都是自立會的領導人。也就在這一時期，畢永年和唐才常在政治主張上發生分歧。唐才常繼續遊移於保皇與革命之間，畢永年則要求他斬斷和保皇會的關係。兩人辯論了一晝夜，畢永年痛哭而去。6月，畢永年易名安永松彥，南下福建、廣東，聯絡會黨。7月15日（六月十九日）致函宗方小太郎云：

> 滬上兩次賜書，均已收到，拜讀之餘，益增感激。先生如此不辭勞瘁，為支那力圖保全，況彥本父母之邦耶！敢不竭慮捐身，以副先生相知之雅乎？惟台灣之事，全賴先生注意成之，或乞先生偕中山氏往台一行，或即留中山寓於台地。彥願力任閩中之事，而與服部君及粵中諸豪聯為一氣，或不甚難。因彥之友多在五虎口、華秋、電光、射馬、長門、金牌、閩安諸炮台及馬尾、南台諸營中者，但得佳果五千枚，便可消暑熱。彥雖無救焚拯溺之材，然台中既得先生及中山之佈署，而粵中又有服部之肆應，或者其有成乎？[1]

服部，指服部二郎，陳少白的化名。當時，孫中山正企圖以台灣為基地，在廣東、福建沿海發動大規模的起義。由本函可見畢永年在興中會中的地位及其在福建的廣泛聯繫。"佳果五千枚"，當指起義所需的槍械，畢永年要求宗方提供幫助。同函又稱：

> 如貴邦人尚有以緩辦之說進者，願先生勿聽也。彥孑然一身，久無父母兄弟妻子之念，惟此痛恨胡虜，欲速滅亡之心輒形諸夢寐，不能自已。先生知我，伏祈諒之。

畢永年反對"緩辦之說"，急於滅亡"胡虜"之心洶湧澎湃而不能自制，從這裏，不僅可以看到他的熾烈、高昂的革命熱情，而且也不難窺知他和唐才常終

1　日本近代立法會收集，縮微膠捲，日本明治文庫藏。

於分手的原因。

7月16日（六月二十日），孫中山自西貢抵達香港。由於香港政府對孫中山有過驅逐令，因此，孫中山只能在船上佈置軍事。畢永年被任命為民政部長，平山周被任命為外務部長。此際，孫中山正通過粵紳劉學詢運動李鴻章在廣東獨立，畢永年贊成這一計劃。他在廣州密切注視李鴻章的舉動，致書平山云：

> 李鬍子已去肇慶、廣安水軍中，大約一二禮拜可回省城。
>
> 李鴻章氏已出條教，大有先事預防之意，或納粵紳之請，其將允黃袍加身之舉乎？然天命未可知也。日內又查察滿洲人之流寓戶口，未審有何措施？此公老手斫輪，如能一順作成，亦蒼生之福。
>
> 聞楊鬍子偕蕭姓到港，必謁仁兄，未知有何言，乞勿以秘密告之，因楊材劣，而蕭姓又新交也。
>
> 弟日內集諸同志，咸踴躍聽命，弟欲乘此機，一一深結之，俾勿冷其心意，然無資足用也。乞仁兄畀弟二百元，或百五十元亦可，否則百元必須允賜。茲乞紫林氏代到港，乞交彼攜回至盼！[1]

李鬍子，指李雲彪；楊鬍子，指楊鴻鈞。他們這一年曾到上海，結交唐才常，發現唐誇張聲勢，所言不實，又轉回廣東，重新和畢永年合作。[2] 紫林氏，指紫林和尚。他原為有志之士，因躲避清政府的追捕遁入佛門，浪跡四方，但仍然和哥老會頭目有聯繫，同情並支持畢永年的事業。[3] 本函反映出畢永年惠州起義前夕的活動情況。畢永年寫此函後不久，即離粵赴港，改名普航，仍以掌握哥老會為職責。

10月6日（閏八月十三日），惠州起義爆發。11月7日（九月十六日），義軍因餉彈殆盡解散。畢永年回到廣州，賣掉西服，仍著僧裝，和紫林和尚一

1 平山周簽注：《總理年譜長編初稿各方簽注彙編》（上），油印本。
2 《清國之形勢及秘密結社》，日本外務省檔案，1.6.1.4-2，490899。
3 《亡友錄》，《宮崎滔天全集》，第2卷，第561頁。

起隱居於廣州白雲山。有書致同志稱："他日有奇虯巨鯨，大珠空青，任吾大陸破壞之責者，其人今或為僧也耶？吾方入其群以求之。"[1] 1902 年 1 月 14 日，畢永年逝世於惠州羅浮山寺，年僅三十二歲。[2]

1　民表（秦力山）：《畢永年傳》，《自立會史料集》，第 230 頁。
2　《長沙畢永年先生追悼大會通告》，《民立報》，1912 年 1 月 4 日。

章太炎的《支那亡國二百四十二年紀念會啟》*
——讀日本外務省檔案

1902 年，章太炎流亡日本期間，與湖南人周宏業等討論“革命排滿”的宣傳方法。章太炎主張：首先“振起世人之歷史觀念”。南明末年，永曆皇帝由雲南逃往緬甸，1661 年被執送清軍，南明政權覆滅，至 1902 年，已經是第二百四十二個年頭。章太炎等人當時認為，南明政權的滅亡也就是中國的滅亡，決定召開一次大規模的紀念會，以震動留學界。此事得到孫中山等人的積極贊同。會議原定在東京上野公園的精養軒舉行，因日本警察阻止，臨時決定改在橫濱補行紀念式。這是中國留日學生的一次重大政治行動，產生了很大的影響。

紀念會有一份啟事，題為《支那亡國二百四十二年紀念會啟》，由章太炎起草。它以古樸的語言，指責滿洲貴族入關時的暴虐，號召漢族人民繼承明末抗清志士的事業，奮起推翻清王朝的統治。它是辛亥革命史上的一份重要文獻，歷來為史家所重視，但是它的版本卻歧異錯牾，有加以考辨的必要。

打開李新主編的《中華民國史》第一編，人們即可看到章太炎手書的“亡國紀念會啟”手跡影印照片。這份手跡，據馮自由說：那是 1927 年他寫作《中華民國開國前革命史》時，向章太炎徵求史料，由章手書贈給他的。但是，當馮自由將手跡和他本人收藏的“印刷舊稿”兩相比勘時，卻發現手跡已有改動，例如，“支那”易為“中夏”，“延平”易為“大木”，“梨洲”易為“太沖”，刪去了“嬋媛相屬”四字等。馮自由認為，手跡雖然珍貴，但“究以不失本真為善”，因此，在所著《中華民國開國前革命史》和《革命逸史》等書中，仍然採“印刷舊稿”。多年來，史家們引用的也都是這份“印刷舊稿”，然而它同樣並非本真。

---

* 本文錄自楊天石《晚清史事》，中國人民大學出版社 2007 年版；原載《團結報》，1988 年 3 月 8 日、4 月 5 日。

日本外務省外交史料館藏有一份會啟，上面蓋有明治三十五年（1902 年）4 月 20 日郵戳，足證是當時印發的原件，將原件和馮自由所稱 "印刷舊稿" 比較，可以發現兩者多有不同。

甲、文字。"印刷舊稿" 開頭有一段文字："夫建官命氏，帝者所以類族，因不失親，天室由其無遠……" 共十五句，原件根本沒有；原件開頭時認為亡國，"非狂則㵄哉"，"印刷舊稿" 也沒有。其他文字歧異還有十餘處之多。

乙、會約。"印刷舊稿" 缺，共五條：

一、本會無論官、商、士、庶，凡屬漢種，皆可入會；和人有贊成者，待以來賓之禮。

一、本會不取捐資，樂助者聽。

一、本會每歲開設二次，會期臨時擇定，要以陽曆四月、九月為限。

一、本會此次開會，定期陽曆四月二十七號午前十一時，於七日前先行知照，赴會與否，望於接信後三日內示覆。

一、本會本部暫設東京牛込區天神町六十五番地，此次開會於上野精養軒。

這五條會約雖屬具體規定，但對於歷史學家來說卻頗為重要。它告訴我們，紀念會不是只準備開一次，而是一年兩次，年年開下去；除開會地點外，還設有本部接納會員，具有某種團體的性質。其第四條明確說明："此次開會，定期陽曆四月二十七號"，這一項和日本外務省送交大浦警視總監要求禁止開會的函件完全一致。該函稱："四月二十七日，不穩之清國學生十數名發起者，擬於上野精養軒召開亡國二百四十一年紀念會，不斷誘引學生。" 由此可證，馮自由的《中華民國開國前革命史》等書將會議日期記載為四月二十六日是錯的，以後的所有辛亥革命史著作也都跟著錯了。馮書並稱，定在這一天是為了紀念崇禎皇帝自縊 "殉國" 的忌日，這一點顯然也錯了。

丙、發起人。"印刷舊稿" 未列發起人。據原件，發起人為 "支那遺民" 章炳麟、秦鼎彝、周逵、唐蟒、馬同、馮懋龍、王熊、馮斯欒、李群、朱菉十人。將這一名單和馮自由著作中提供的名單比較，可以發現：章炳麟、秦鼎彝、馮懋龍（自由）署的是真名，周宏業、馬君武、朱菱溪署的是化名。此外，唐蟒、馮斯欒為發起人，而馮著未列入；馮著列入的陳猶龍，則不見於原件。還有一個王熊，不知是王家駒，還是王思誠，有待考證。

　　歷史研究必須建立在真實史料的基礎上。馮自由是"亡國紀念會"的發起人，他提供的史料不可靠，由此可見，史學研究方法雖日益紛繁，而考證之學終不可廢。

鄒容自貶《革命軍》*

鄒容的《革命軍》，是辛亥革命準備時期最傑出的政論著作。它以熱烈奔放的語言謳歌革命，呼喚"中華共和國"，號召人民奮起鬥爭，推翻清王朝的專制統治，在當時發揮了巨大的宣傳鼓動作用，反動統治者畏懼之極，革命黨人則視為最好的革命教科書。1903 年 12 月，孫中山在《復某友人函》中稱讚此書："感動皆〔甚〕捷，其功效真不可勝量。"第二年，他在美國三藩市一次就印了一萬一千冊，分寄美洲、南洋各地。1906 年，他又致函同盟會新加坡分會負責人張永福，要他照河內所印版式從速翻印分派，認為"必能大動人心，他日必收好果"。據統計，該書在辛亥時期共翻印二十餘次，總印數在一百萬冊以上，大概是那個時期書刊發行量的最高紀錄了。

然而，在《革命軍》出版之後，鄒容本人對它的評價並不很高。那時，他正因此書被囚，在上海的法庭上，他和清政府聘請的律師古柏之間有這樣一段對話：

鄒容：因披閱各西國諸書，即作《革命軍》書，底稿放在行李內，今年四五月間，請假來滬，在馬路上看見賣日報人手內持有《革命軍》書出售，我未及查問何人所刷印，亦不知其書價若干。

古柏：書中意思，爾現在仍記得否？

鄒容：不然。現在，我意欲改作《均平賦》一書，今天下人無甚貧富，至前作之《革命軍》已棄而不問。市上所售被人所竊，將來至東京時，尚須查究。

古柏：知《革命軍》書不好，何不廢棄？既被人竊印出售，何不出而禁止？

---

* 本文錄自楊天石《晚清史事》，中國人民大學出版社 2007 年版；原載《團結報》，1988 年 1 月 26 日。

鄒容：既非巡捕房，又非上海縣，實無此勢力能禁止人收書出售。

古柏：當爾作此書時，是否心懷巨測？

鄒容：不然。現在我心中意思總要作《均平賦》耳。

在這一場對話裏，鄒容聲言書稿"被竊"、"未及查問何人所刷印"，顯然出於對清政府鬥爭的需要；但是他表示：《革命軍》已"棄而不問"，"心中意思總要作《均平賦》"，則反映了鄒容的思想又登上了一個新高度。

20 世紀初年，西方資本主義世界兩極分化、貧富懸殊，部分敏感的中國革命黨人看到了這一現象，不願中國重蹈覆轍，開始追求和嚮往社會主義。當時，報刊上出現了一批介紹社會主義的文章，上海灘上也出現了幾種介紹社會主義的譯本，例如《近代社會主義》、《社會黨》、《近世社會主義評論》、《社會主義》、《社會主義神髓》等。這一時期革命黨人對社會主義的介紹往往使用中國傳統的語言 ——"平均"或"均平"。孫中山在《復某友人函》中就曾宣佈：社會主義"乃弟所極思不能須臾忘者"。他批評歐美"富者富可敵國，貧者貧無立錐"的現象，認為"天下萬事萬物無不為平均而設"，"歐美今日之不平均，他時必有大衝突，以趨躋於平均"。鄒容所說的"意欲改作《均平賦》一書，令天下人無甚貧富"，和孫中山所表達的思想完全一致，它表現了這位年輕的革命家對新的救國、救世道路的探求，較之《革命軍》所單純鼓吹的獨立、自由、平等、共和等理想，自然又前進了一步。

值得指出的是，鄒容聲稱"意欲改作《均平賦》一書"是在 1903 年 12 月 4 日，而孫中山的《復某友人函》則作於同年 12 月 17 日，比較起來，鄒容還要早幾天。遺憾的是，鄒容很快就瘐死獄中，沒有能將它寫出來，否則近代中國思想史上又會出現一部引人注目的著作了。

章士釗與辛亥革命前的理論鼓吹

1901 年至 1910 年武昌起義前一年，通稱辛亥革命準備時期。章士釗將這十年分為兩段。第一段從 1901 年至 1905 年，章士釗稱為理論鼓吹期。第二段，從 1906 年至 1910 年，章士釗稱為分途實行期。這是很有道理的。

在理論鼓吹時期，出現了一批革命宣傳家，其著名者有章太炎、鄒容、陳天華、楊篤生等，我以為，還應該加上章士釗的名字。其理由如下：

一、章士釗是《蘇報》和《國民日日報》兩份革命報紙的主編。

1903 年之前，國內還沒有一份公開鼓吹革命的報紙，鄒容曾深以為慮。他對章士釗說："革命非公開昌言不為功，將何處得有形勢已成之言論機關，供吾徒恣意揮發為哉！"鄒容的話給了章士釗很深的刺激，是促使他出任《蘇報》主編的原因。《蘇報》原是日本黑龍會在上海創辦的報紙，1898 年秋歸湖南人陳範經營。1903 年春節後，聘請蔡元培等人撰寫論說，開始出現 "革命排滿" 言論。同年 6 月 1 日，章士釗出任主筆，進一步對《蘇報》進行改革，報紙的革命傾向更趨明顯。當天的論說文就提出："革命" 已是 "天下大勢之所趨"，中國的前途必然走向 "革命"，任何措施都難以阻擋。從這一天開始，到 7 月 7 日報館被封，37 天之內，《蘇報》發表論說文章 40 篇，篇篇都談革命。其中，不少是章士釗的作品。特別應該提到的是，章士釗在報上大力推薦章太炎的《駁康有為書》和鄒容的《革命軍》，對於鼓動革命思潮起了很大作用。《駁康有為書》直斥光緒皇帝為 "不辨菽麥" 的 "小丑"，《革命軍》號召人們 "掃除數千年種種之專制政體"，"殺盡專制我之君主"，建立 "中華共和國"，在當時，都是駭人聽聞的言論。但是，《蘇報》卻發表文章，讚揚章太炎的《駁康有為書》應該 "家置一編，以作警鐘棒喝"，同時則讚揚《革命軍》一書是 "今日國民教育之第一教科書"。這在當時，都是需要極大勇氣的。

在《蘇報》為清政府封閉之後，章士釗不屈不撓，又創辦《國民日日報》，繼續昌言革命。它在直接攻擊清政府方面雖然略為收斂了些，但是，對封建思想和封建專制主義的批判卻較《蘇報》更為深入，先後發表了《箴奴隸》、《說君》、《革天》、《道統辨》等文章，批判封建思想和封建專制主義，在思想領域開闢了新戰場。當年 12 月，《國民日日報》因經費困難停刊。

應該說，當時東南一帶，宣傳革命的報紙和刊物，《蘇報》和《國民日日報》影響最大，水準最高，言論最激烈。

二、章士釗是《蘇報案紀事》、《沈藎》、《黃帝魂》等幾個革命小冊子的編者、執筆者或出版者。

革命時代，宣傳貴在簡明快捷，因此辛亥革命準備時期，小冊子流行。鄒容的《革命軍》、陳天華的《猛回頭》、《警世鐘》，楊篤生的《新湖南》等都是風行一時的宣傳革命的小冊子。在這方面，章士釗也作出了重要貢獻，先後編輯、出版了幾種重要的小冊子。

《蘇報案紀事》。1903 年 6 月，清政府勾結上海公共租界工部局，逮捕章太炎、鄒容，並向租界當局控告章、鄒二人"故意污衊滿清皇帝，排詆政府，大逆不道"，成為轟動一時的"《蘇報》案"。為了抗議清政府對輿論的鎮壓，表彰章太炎、鄒容的革命精神，章士釗迅速編輯並出版了《蘇報案紀事》一書，以日記體記述《蘇報》案始末，錄存《蘇報》宣傳革命的重要文章和鄒容的《革命軍》全文。在當時，這是和清政府"對著幹"，產生了重大影響。

《沈藎》。沈藎，字愚溪，湖南善化（今長沙）人。1898 年參與湖南維新運動。1900 年在上海參加正氣會，後組織自立軍，謀劃在兩湖地區起義，失敗。1903 年偵得清政府與沙俄簽訂的密約，在報上公佈。同年 7 月，被西太后下令杖斃於獄中。為了悼念沈藎，鼓吹革命，章士釗也以極快的速度編輯出版了《沈藎》一書，敘述沈藎歷史和他慘斃獄中的事實。前有章太炎的序文，末收哀輓詩詞及報刊輿論。在該書中，章士釗大聲疾呼，認為"種性存亡，爭此一隙"，必須犧牲流血，以暴力推翻清政府的統治。他說："捨此愛自由獨立之同胞傾無量之頭顱，購取文明幸福之外，別無希望。"該書出版後，清政府立即下令禁毀，是當時宣傳革命收效最大的出版物之一。

《黃帝魂》。《蘇報》、《國民日日報》相繼停刊後，章士釗又創辦新大陸圖書印刷局，出版"黃帝子孫之一個人"（黃藻）所編的《黃帝魂》一書，該書收錄當時國內外報刊上發表的有代表性的宣傳革命的文章 45 篇，"綜合輿論，畫龍點睛"，是 "1903 年鼓吹高潮中典型著述之一"。

三、章士釗是在國內比較全面地宣傳孫中山的思想和生平，給予崇高評價的第一人。

1903 年之前，孫中山在國內知識界尚無影響，有些人除從清政府的官方文書中知道有一個 "海賊孫汶" 外，其他一無所知。1903 年，章士釗根據日本人宮崎滔天所著《三十三年落花夢》中所述孫中山初期革命事蹟，加以裁剪，譯為中文，改題《孫逸仙》出版。在該書序言中，章士釗推崇孫中山是 "近今談革命者之初祖，實行革命者之北辰"，又說："孫逸仙者，非一氏之私號，乃新中國新發現之名詞也。有孫逸仙，而中國始可為。" 這是國內文化界對孫中山最早也是最高的評價。此書一出，人人爭讀，對於擴大孫中山和革命黨人的影響起了重要作用。

有趣的是，孫中山原名文，字逸仙，1897 年流亡日本時化名中山樵，當時中山是姓，樵是名。章士釗在翻譯時，誤將 "中山" 二字連綴在 "孫" 字下面，成了 "孫中山"，不想自此流行開來，成了約定俗成的名字，孫文的正式名字反而不大為人所知了。

綜合上述理由，我以為，章士釗是辛亥革命準備時期的重要革命宣傳家之一。

1901 年至 1905 年的拒俄運動 *

在侵略我國的帝國主義國家中，沙皇俄國是貪婪而野心尤大的一個。

還在 19 世紀，沙俄帝國主義就強迫清朝政府簽訂一系列不平等條約，掠奪了我國東北、西北 150 多萬平方公里的土地。1900 年，它在夥同其他帝國主義國家組成八國聯軍入侵我國的同時，又武裝搶佔我國東北三省，妄圖一口吞下黑龍江以南 100 餘萬平方公里的土地。隨之，沙俄政府將一個又一個 "密約" 強加於中國當局，企圖鞏固其侵略成果，攫取更大的權益。

沙俄帝國主義的陰謀如果得逞，不僅東北三省要淪為俄國的屬地或附庸，勢必還將激起國際帝國主義對我國的瓜分狂潮。"存亡呼吸爭此刻！" 在東北人民被迫實行武裝抗俄，保家衛國的同時，一場以反對簽訂 "密約"，要求收復東北為中心的拒俄運動，在我國廣大人民中轟轟烈烈地掀起來了。

一、愛國救亡的熱烈動員

1901 年至 1905 年的拒俄運動前後持續四年。中間，因沙俄侵略形勢的變化，鬥爭的焦點在不同時間裏也有所變化，總共經歷了三個階段：即 1901 年反對沙俄迫訂條約霸佔奉天的鬥爭；1903 年反對沙俄拖延撤兵的鬥爭；1903 年至 1905 年反對沙俄重佔奉天和在東北與日本進行帝國主義戰爭的鬥爭。

1900 年 10 月，沙俄侵略軍強迫清朝盛京將軍增祺簽訂了《奉天交地暫且章程》，規定沙俄要在瀋陽設立 "總管" 一員，奉天將軍所辦各項 "要政"，"該總管應當明晰"。還規定，奉天省城等處應留俄兵駐防，在奉天的中國軍隊一律解散，武器收繳，營壘拆毀。[1] 這樣，沙俄政府雖然表面上聲稱要將奉天省交還清朝政府，實際上卻在力圖把它變為自己武力控制之下的殖民地。1901 年

---

* 原載《社會科學戰線》1978 年第 4 期。
1 《清季外交史料》，第 144 卷。

初，沙俄外交大臣拉姆斯道夫又提出書面約款 12 條，規定沙俄有駐兵東北 "保護" 鐵路權，有出兵幫助 "剿撫" 權，有要求革辦中國官吏權，中國不得駐兵東北，不得運入兵器，不得自行造路，等等，全面剝奪了我國對東北的主權。此外，《約款》還要求將蒙古、新疆、華北等地劃為沙俄的勢力範圍。[1] 消息傳出，立即激起了中國人民的巨大憤怒。

3 月 15 日，上海愛國人士集會於張園，汪允中、汪康年、蔣觀雲等發表演說。與會者嚴正譴責沙俄的侵略野心，揭示民族危機的嚴重，號召人民 "出死力以爭此一日之命"。會議同時要求清朝政府 "力拒俄約，以保危局"[2]，並於會後向江、鄂兩督呈遞《公稟》，主張反擊沙俄帝國主義侵略。

3 月 24 日，上海愛國人士得悉沙俄政府逼迫清王朝於 25 日、26 日在俄方提出的約款上畫押，第二次集會於張園，再度要求清朝政府 "始終堅拒"，"勿受恫嚇"[3]。

張園拒俄會議得到了各地群眾的熱烈回應。江蘇、浙江、廣東、山東以至東北的群眾紛紛來函，捐款、捐物，表示支持。杭州城內貼滿了聲討沙俄帝國主義的揭帖 ——《普天同憤》。3 月 28 日，召開演說會，要求籌集 "備俄民款"，對俄 "公戰"。[4] 廣東香山、澳門以及香港的紳商也舉行集會，"聚議拒俄"[5]。在新加坡的華僑則強烈表示，沙俄侵略者的要求 "萬不可許"。[6]

鬥爭很快取得初步勝利，清朝駐俄公使拒絕在約款上簽字。中國人民的堅決反對，是清朝政府終於不敢簽約的重要原因。

1902 年 4 月，清朝政府與沙俄簽訂《東三省交收條約》，規定沙俄侵略軍應分期從中國境內撤走。1903 年 4 月，圍繞撤兵問題，拒俄運動進入第二階段。按條約，當時沙俄應撤退在我國金州、牛莊等地的侵略軍，但是，沙俄政府不僅沒有撤出，反而乘機提出七項新的侵略要求。

4 月 27 日，在上海的江蘇等 18 省愛國人士再次集會於張園。與會者除譴

1　楊儒：《中俄會商交收東三省電報彙抄》。
2　《中外日報》，1901 年 3 月 16 日。
3　《中外日報》，1901 年 3 月 25 日。
4　《中外日報》，1901 年 4 月 6 日。
5　《中外日報》，1901 年 4 月 5 日。
6　《中外日報》，1901 年 4 月 4 日。

責沙皇俄國的"吞併"政策外，還指斥推行"親俄"外交的清朝政府的"昏昧狂惑"。會議致電清朝政府外務部，表示對沙俄帝國主義的七項新要求，全國人民"萬難承認"。又通電各國表示：即使清朝政府承認，"我全國國民萬不承認"。[1] 會後，馮鏡如等發起組織中國四民總會。4月30日，四民總會集會，上海各界和愛國學社、愛國女學生等1200餘人參加，蔡元培、馬君武等演說。會議議決改名為國民總會，"以保全國國土、國權為目的"。[2] 鄒容等1600餘人先後簽名入會。

4月29日，在日本東京的中國學生集會於錦輝館。與會者激昂奮發，議決成立拒俄義勇隊，黃興等130餘人簽名入隊，陳天華等50餘人簽名加入本部。拒俄義勇隊以古希臘斯巴達人反擊波斯入侵，"扼險拒守"的事蹟自勵，決心開赴東北，與沙俄侵略軍決一死戰。[3]

年輕的魯迅當時正在東京留學，他積極參加拒俄運動。錦輝館大會後，他迅速譯作《斯巴達之魂》，勉勵中國青年"擲筆而起"，像斯巴達人一樣誓死保衛自己的祖國。

5月2日，拒俄義勇隊改名為學生軍。11日，由於日本政府的干涉，再次改名為軍國民教育會，吳永珊（玉章）、廖仲愷、陶成章、楊昌濟等積極捐款支持。與此同時，留日中國女學生則組織赤十字社，準備隨軍出征。

運動迅速發展到了北京、湖北、安徽、江西、廣東、浙江、直隸、江蘇、福建、湖南、河南各地。

4月30日，京師大學堂學生集會。會後，向管學大臣和政務處呈遞《請代奏拒俄書》，又向各省督撫、各省學堂發出函電，呼籲"發大志願，結大團結"，"勿將東三省予俄"！[4]

湖北學生接到京師大學堂學生的函件後，各學堂同時停課，吳祿貞等數百人在曾公祠、三佛閣等處集會。學生們表示，祖國的一草一木也不能讓給侵略者。

1　《蘇報》，1903年4月28日。
2　《蘇報》，1903年5月1日。國民總會在實際成立時，定名為國民公會。
3　《致北洋大臣袁緘》，《浙江潮》第4期。
4　《蘇報》，1903年5月20日。

安徽學生於 5 月 17 日集會於安慶，決定成立安徽愛國會。準備在此基礎上，聯絡上海愛國學社和東南各省志士，進一步成立國民同盟會。

大半個中國都在動員：江西大學堂組織義勇隊，福州成立海濱公會，湖南學生申請領槍備戰，廣東人士聯名抗爭，直隸四百餘人上書，河南召開演說會……

較之第一階段，運動的規模和參加的階層都更為廣闊了，愛國紳商、大中學生之外，少年兒童、基督教徒、八旗生員等也都積極投入鬥爭。為了激勵同志捨身救國，有些青年知識分子甚至跳水、跳海，慷慨赴死。

1903 年 9 月，沙俄政府將七項侵略要求合併為五條，重新向清王朝提出。10 月 20 日，沙俄侵略軍強行闖入奉天城，升起沙俄旗幟，再次佔領奉天，拒俄運動進入第三階段。

12 月，蔡元培等在上海組織對俄同志會，"以研究對付東三省問題之法"。[1] 對俄同志會發刊日報《俄事警聞》，專門報導沙俄侵華消息，號召全國人民奮起拒俄。1904 年 3 月，日俄戰爭爆發，對俄同志會改組為爭存會，《俄事警聞》也改名《警鐘日報》。11 月，因反對清朝政府聯俄，再度改組為反對聯俄會。

與對俄同志會成立時期相近，上海還出現了對俄同志女會，組織婦女投入拒俄鬥爭。

由於沙俄侵華機構道勝銀行在上海以重息借提錢莊現銀，接濟東北的俄國侵略軍，1904 年 1 月，上海錢業商人集議，決定共同查察勾結沙俄的奸商。同月，有人向上海商人發出傳單，建議停止供應在上海的俄國兵船所需煤、菜等物。拒俄鬥爭從政治鬥爭進入經濟領域了。

與上海相呼應，在趙聲、章士釗等發動下，南京水師、陸師、高等師範等學堂的學生集會於北極閣，要求編立"民兵"，增設武備功課，練習兵操，以備抗俄。

民族危機深深地激動著海內外中國人民的心。滬、寧之外，新疆的回族人民表示願一戰強俄；東京中國留學生紛紛停課，集會聚議，籌組"義勇鐵血

---

1 《俄事警聞》，1903 年 12 月 15 日。

團”；陳天華於感憤之中寫血書寄回湖南，要求湘人預備死戰；遠在美洲的華商則打電報回國，表示願承擔對沙俄侵略軍作戰的費用。

這一時期，各地拒俄組織不斷湧現。廣東有助國拒俄同志議會，哈爾濱有商民自保會，錦州有仇俄會，湖北也有人發起組織拒俄會。其中，以丁開嶂的抗俄鐵血會為最突出。

丁開嶂原是京師大學堂師範館學生。1903 年曾參加過上書要求拒俄的活動，日俄戰爭爆發後，他和同學朱錫麟、張榕等三人共同出關，組織抗俄武裝。朱錫麟成立東亞義勇隊，張榕倡辦“東三省保衛公所”，組織“關東保衛軍”，丁開嶂則創立抗俄鐵血會。鐵血會聯絡了活躍於直隸、奉天、吉林、黑龍江省的“綠林領袖”，“小夥數百，大夥數千，最大之夥數萬”[1]，決心將沙俄侵略軍從我國境內趕出去。

像丁開嶂等這樣直接投入抗俄武裝鬥爭的知識分子為數並不多，但它是這一階段拒俄運動的一個特色。沙皇俄國侵略行動的加劇起了警醒作用，迫使拒俄運動的先進分子不能再停留在集會、演說、通電等常用的抗議形式上。

這一階段運動的另一特色，是工人階級的活躍。

東北工人直接受沙俄帝國主義壓迫和剝削，因此，對沙俄帝國主義最仇恨，“無論何事，皆喜與俄人相抗”，“其心恨俄人實深”。1904 年 2 月，在旅順沙俄海軍工廠工作的 2000 餘名中國工人全體罷工。3 月，被沙俄霸佔的東北各礦山中國工人也相率罷工。沙俄侵略者以增加工資為餌，誘騙工人復工，但工人堅持鬥爭，“勢甚洶洶”。[2] 其中，武山煤礦工人更組織起來攻擊沙俄侵略者。不少工人逃離工廠、礦山，投入東北人民抗俄武裝。

1904 年底，沙俄帝國主義在日俄戰爭中戰敗，潰逃上海的阿斯科艦水兵無故殺害上海工人周生友，沙俄帝國主義拒絕交出兇手，上海人民掀起了要求懲兇的鬥爭。第一商學會舉行演說會，對俄同志女會所在的宗孟女學演出了俄兵殺斃周生友的影戲，《警鐘日報》發表了《為俄兵砍斃華人事敬告全國同胞》和《寧波人可以興矣》等一系列文章，號召“聯合群力，同盟罷工”。1905 年

---

1 《大陸》，第 2 年第 4 號。
2 《警鐘日報》，1904 年 4 月 6 日。

1月14日，在上海的各省商董於商務總會集會，決定停用俄國銀行鈔票，周生友的寧波籍同鄉工人則在全市散發傳單，定於15日開四明公所會議，準備停工罷市。次日，數千工人在四明公所前聚會。由於清朝政府的破壞和上海資產階級頭面人物的妥協，這次鬥爭未能進一步向前發展。清朝政府要人們"靜候妥辦"[1]，資產階級上層要人們"靜候上憲商辦"[2]，但是，"眾商明白者十之一二，工作則無一明白者。"[3] 就是說，民族資產階級的一部分動搖了，而工人階級則是不妥協的。周生友事件是拒俄運動的尾聲。年輕的中國工人階級在事件中簡短的表現，就顯示了自己突出的性格。

日俄戰爭後，沙俄帝國主義在東北侵佔的權益因戰敗而逐漸為日本帝國主義所取代，中國人民反對帝國主義侵略的群眾運動，也由拒俄轉入其他中心。

二、拒俄運動與反清革命

清朝政府中，慈禧太后、李鴻章等屬於親俄派。他們企圖依靠沙俄帝國主義的幫助維持自己腐朽的統治。對於沙俄政府的侵略要求，他們是準備予以滿足的。1901年，當拉姆斯道夫將書面約款12條改頭換面，壓縮為11條時，李鴻章就明確表示，可以"照允"，[4] 要楊儒"酌量畫押，勿誤"！[5] 張之洞、劉坤一、袁世凱等屬於親英、日派。因為背景不同，他們和李鴻章之間存在著一定矛盾，反對在沙俄政府提出的約款上簽字。但是，不管是親俄派也好，親英、日派也好，都反對人民自己發動的拒俄運動。

第一階段，清王朝流亡西安，既自顧不暇，又鞭長莫及，直接出面干預的是在南方的張之洞等人。1901年4月，張之洞電寧、滬當局，攻擊張園拒俄會議"藉俄約為名，陰實是自立會黨藉端煽眾"，囑劉坤一下令"設法阻止，以消亂萌"。[6] 同月，杭州地方當局以"惑人觀聽"、"有礙時局"為理由出示禁止張

1　《外務部發商約大臣盛宣懷電》，《俄兵砍斃華人案抄檔》。
2　《時報》，1904年12月29日。
3　《外務部收上海道袁樹勳電》，《俄兵砍斃華人案抄檔》。
4　《李傅相來電》，楊儒：《中俄會商交收東三省電報彙抄》。
5　《李傅相來電》，楊儒：《中俄會商交收東三省電報彙抄》。
6　《致江寧劉制台、上海盛大臣》，《張文襄公電稿》，第45卷。

貼拒俄揭帖，已經貼出的幾百張被撕得淨光。[1]

值得注意的是，這一時期親政府的上海《申報》連續發表《密約解》等文，聲稱約款云云，"類皆傳聞無據之詞"，[2] 攻擊拒俄運動的參加者"故為謠諑以駭民人"，"不俟朝旨，獨斷專行，勾結匪人，擅與友邦開釁"，"罪在必誅，法無可貸"。[3] 顯然，這是官方準備大肆鎮壓的前奏。

第二階段，清朝政府的猙獰面目就暴露無遺了。

在北京，京師大學堂學生召開拒俄大會的當晚，學堂當局就出示禁止，胡說拒俄不是"學生分內之事"。[4] 此後，學堂當局開始在學生中查察"會黨"。不久，奉旨會辦京師大學堂事宜的張之洞又親到學堂，警告學生，"學堂以外之事不可以作。"[5]

在安慶，安徽地方當局誣衊愛國會的活動"搖惑人心"，"有違國家法律"，下令不准演說，不准結社，不准出售與閱讀新書新報，違者"指名提究"。[6] 安慶知府拘捕了愛國會發起人，封閉了西學堂，安徽大學堂開除了"議論拒俄"的學生十數名。[7]

在上海，清朝商約大臣呂海寰密告江蘇巡撫恩壽，說是"有所謂熱心少年，在張園聚眾議事，名為拒法抗俄，實則希圖作亂"，要求密拿嚴辦。[8] 恩壽立即要上海道照會各國領事，指名逮捕蔡元培等四人。

在湖北，武昌知府梁鼎芬居然召集停課聚會拒俄的學生，大放厥詞，說是："（爾等）只宜用功寫字讀書，以圖上進。此等不干己之事管它則甚！就使以東三省送給俄人，爾等亦不必干預！"[9] 有的學生因為參加了拒俄會議就被梁以"性情浮動"為理由懸牌開除。

東京中國留學生的拒俄活動尤其使清王朝惶惶不安。駐日公使蔡鈞密電外

1 《集成報》第 1 冊，光緒二十七年三月上浣。
2 《申報》，1901 年 3 月 28 日。
3 《申報》，1901 年 4 月 23 日。
4 《大公報》，1903 年 5 月 4 日。
5 《大公報》，1903 年 6 月 12 日。
6 《大公報》，1903 年 6 月 13 日。
7 《國民日日報》，1903 年 8 月 23 日。
8 張篁溪：《蘇報案實錄》，見中國史學會主編《辛亥革命》（一），上海人民出版社 1957 年版，第 372 頁。
9 《蘇報》，1903 年 5 月 19 日。

務部，說是留學生"以拒俄為名，實圖不軌"，正"分派會黨"，"糾合同志"，"密置黨羽"於長江、北洋等地，準備起事，云云。[1] 於是，清朝貴族、署理湖廣總督端方立即密電沿江沿海及直隸各地"一體嚴備"。[2] 5 月底或 6 月初，清王朝發出了《嚴拿留學生密諭》，大罵留學生編立義勇隊，要求與沙俄侵略軍作戰的行動"有礙邦交"，要蔡鈞等"時偵動靜"，要各地方督撫查拿"行蹤詭秘"，"有革命本心"的歸國留學生，"就地正法"。[3] 6 月 21 日，清王朝外務部根據慈禧太后"嚴密查拿，隨時懲辦"的指令，再次密電沿江沿海各省督撫，攻擊愛國學生"肆行無忌"，"倡狂悖謬"，要他們務必將這些"敗類"查拿到手。[4]

各地的拒俄運動幾乎無例外地遭到了鎮壓。南京各學堂頒佈條例：禁聚眾演說國政時事，禁書信往來中有"編義勇隊"、"拒俄"等"駭人聽聞"之語。成都的"青年組織"、"學社"一律被通知閉歇。有些地方的學堂居然在黎明時搜查學生宿舍，將《蘇報》等新書新報概付一炬。

清朝政府為什麼如此仇視拒俄的愛國者呢？道理很簡單。第一，運動打擊了侵略者和賣國賊，這就是所謂"擅自與友邦開釁"，"有礙邦交"；第二，人民自己發動鬥爭，漠視了"神聖"的君主專制，這就是所謂"把持國家政事"[5]，"不俟朝旨，獨斷專行"。為著"免蹈各國民權之弊"[6]，清廷在對付"革命"的名義下，毫不留情地對拒俄運動予以鎮壓。

應當指出，拒俄運動確實一開始就有革命黨人參加，清廷並不完全是誣指。早在 19 世紀末年，孫中山和他的同志就開始了革命活動，孫中山與興中會在海外華僑、留學生以及國內進步群眾中都有一定影響。革命黨人是真誠的愛國者，他們一面參加拒俄，一面也自覺地通過這個運動來擴大其影響。[7] 但是，在運動開始時，與中國其他政治勢力相比，革命派的力量還是微弱的，在國內就更加微弱了；只是在拒俄運動進行的年代裏，它的力量才有了長足的發展。

1　《大公報》，1903 年 6 月 28 日。
2　《中外日報》，1903 年 6 月 30 日。
3　《蘇報》，1903 年 6 月 5 日。
4　《外務部發沿江沿海各省督撫電旨》，端方檔。
5　《致劉制台、盛大臣》，《張文襄公電稿》，第 45 卷。
6　《大公報》，1903 年 8 月 30 日。
7　《青年會與拒俄義勇隊》，《革命逸史》初集。

在此過程中，沙俄和清朝政府幫了革命派的大忙，使革命派對人們的啟導收到了自己未曾料及的效果。

清朝政府對拒俄運動竭盡禁止、摧殘、鎮壓之能事，嚴重阻礙了運動的開展，但歸根結底，反動統治者所收得的效果恰恰與其主觀願望相反。被空前的民族危機捲入拒俄運動的人們，絕大多數不是革命者，他們對救亡途徑的認識很不一樣，統治者的“新政”，改良派的“維新”，在他們中間都有市場，許多人甚至心甘情願去為大清效命疆場。可是，報國之門卻被堵塞了。這就不能不激起人們對反動統治者的憤怒，迫使人們深思：為什麼這個政府拿中國權益去結歡“與國”那麼大方，而對愛國“子民”倒視若仇敵呢？清朝政府對外投降、對內鎮壓，進一步暴露了其帝國主義走狗的真面目。這種反動面目的暴露，對於反清革命運動的高漲有著重大意義。此前，清政府這種面目已經暴露得頗為充分，它夥同帝國主義侵略者血腥鎮壓了義和團運動。但是，當時的知識分子們對義和團的事業缺乏正確理解，因而也就沒有能引起他們的切膚之痛。這一次，在強敵入侵之際，手無寸鐵的青年學子、名流學者也因愛國遭受不測，知識分子階層中的震動與憤慨明顯地強烈起來。拒俄運動的先進分子很快信服了孫中山及其同志的結論：只有反清革命才能挽救祖國的危亡。

毛澤東指出：“辛亥革命是革帝國主義的命。中國人所以要革清朝的命，是因為清朝是帝國主義的走狗。”事實正是如此。20 世紀開端，八國聯軍戰爭和《辛丑條約》造成的空前深重的民族危機警醒了中國人民，為民族、民主革命運動的高漲提供的重要推動作用不容忽視。不信，請看運動中群眾迅速革命化的進程。

拒俄運動的領袖之一蔡元培，原是清朝的翰林院編修，1901 年以後逐漸趨向激進，1902 年組織中國教育會。但是，在參加拒俄前，他至少還不是堅決的反清革命者。1903 年底，他還曾希望團結清朝政府共同抵禦沙俄侵略。在他主編的《俄事警聞》上，發表過《告革命黨》等文，認為在“盜劫吾物”之際，不應該“不追盜而徒責吾僕通盜之罪”[1]，建議包括清朝統治者在內的滿、漢“合

1　《俄事警聞》，1903 年 12 月 30 日。

起來"，"商議打退俄國的法子，免得我們旗人、漢人通通受罪"。[1] 然而，清朝政府背叛了包括滿族人民在內的中國各族人民的利益，現實粉碎了他的幻想，終於使他成為革命派的代表人物之一。又如黃宗仰，原是常熟清涼寺的和尚，日益緊迫的民族危機使他不能安於寺院生活。張園會上，他慷慨陳詞；國民公會中，他熱情謀劃。然而，清朝政府卻指名逮捕他，迫使他流亡日本。"要禦外侮先革命"[2]，他得出了要挽救民族危機，必須推翻清朝政府的結論，於是他"對佛誓發十大願，大願逐滿不成佛"[3]，跟著孫中山幹起革命來了。拒俄運動更把許多青年推向反清革命的前列。後來犧牲於廣州"三二九"之役的方聲洞當時逢人便痛論國事，"謂非一刀兩斷，顛覆滿清政府，以建共和，則吾人終無安枕之一日"[4]。吳玉章在回憶當時情況時也說："我雖然不是很自覺地參加了這一運動，但這一運動卻在我的生活中掀起了巨大的波瀾，把我推入了革命的洪流。"[5] 類似的情況很多，檢閱清末革命志士的經歷，許多人都是在拒俄運動中開始其政治生涯並投向反清革命的。

興論界的變化顯得更加突出。1903 年 6 月 5 日，《蘇報》揭載清朝政府的《嚴拿留學生密諭》。緊接著，發表《讀〈嚴拿留學生密諭〉有憤》等文，憤怒地譴責清朝政府"以我土地江山"，"送人贈友"的賣國行徑，指出："小丑不除，大敵難禦"，號召"以排滿為業"，[6] 明確地喊出了反清的革命口號。《蘇報》原來是一張高唱"保皇立憲之說"的報紙，正是在拒俄運動中，它的主人陳範憤於人民的拒俄要求，"清廷均弗置恤，且有拘捕留學生代表之命令"，"因而改倡排滿之說"[7]，使之變成革命派的重要喉舌。

繼《蘇報》之後，東京中國留學生主辦的《江蘇》、《浙江潮》等雜誌的態度也日益明朗。6 月 25 日，《江蘇》第 4 期發表《革命其可免乎》一文，痛斥清朝政府鎮壓拒俄運動，"目為悖逆，指為不軌"，"移文州郡，傳電畿疆，羅

1　《俄事警聞》，1903 年 12 月 31 日。

2　《書感》，《江蘇》第 6 期。

3　《抱撼歌》，《江蘇》第 6 期。

4　《方聲洞小史》，《神州日報》，1911 年 8 月 2 日。"滿清政府"四字，原報為"□□政府"。

5　《從甲午戰爭前後到辛亥革命的回憶》，《吳玉章回憶錄》，中國青年出版社 1978 年版，第 19 頁。

6　《蘇報》，1903 年 6 月 10 日、11 日。

7　《陳夢坡事略》，《革命逸史》初集。

織搜索，防若寇賊"的行為。9 月 21 日，該刊第 6 期《〈支那分割之危機〉譯後語》中更加鮮明地表示："滿清政府而不欲與俄人戰，而不敢與俄人戰，乃並不願他人之與俄人戰，乃並欲出其代表者之許可權以禁四萬萬主人翁之與俄人戰，則我同胞不可不秣馬以先與滿清政府戰。"

此外，鄒容的《革命軍》修改、出版於拒俄運動高潮中，陳天華的《警世鐘》也寫作、出版於這一時期。兩書都是宣傳反清革命的代表作，其作者也都是拒俄運動的活動分子。在《復湖南同學諸君子》中，陳天華曾針對清朝政府對留學生拒俄的攻擊誣衊，剖白過參加者的愛國之心。他在信裏說，他對清朝政府一見留學生結社愛國，"則遂大驚小怪，屢索而不得其解，我政府之識見如此……此誠可為痛哭流涕者矣"。[1] 可以說，《警世鐘》就是他"屢索"之後的結果，答案是必須打倒清朝這個"洋人的朝廷"。這兩部書和其他許多同類作品集中地出現在這段時間，並且立即受到讀者的熱烈歡迎，正是形勢急劇變化的反映。

輿論是先聲。在《蘇報》等明確地喊出反清口號後，一些拒俄組織陸續轉變為革命組織。

還在 5 月份，軍國民教育會就曾派出兩名特派員到天津去見清朝政府的北洋大臣袁世凱，請他主戰，表示願為前驅。但是，特派員剛到上海，清朝政府軍機處就接到上海地方當局的電報，說是："近來愛國黨欲假拒俄之說，擬將北上，恐有不軌事宜。"[2] 到了天津，連袁世凱的影子也見不著，每次都被阻於門外；所能見到的清朝官吏都要他們"從事學問"，不要干預國事。於是，兩名特派員只能回到東京。7 月 5 日，軍國民教育會召集全體大會，由特派員彙報歸國之行，秦毓鎏等 15 人提出了一份《意見書》，要求將原訂宗旨中的"實行愛國主義"改為"實行民族主義"，以賣國的滿族貴族集團為革命對象。這一意見雖然遭到了湖北留學生、原拒俄義勇隊成員王璟芳等的激烈反對，王在會上聲嘶力竭地叫嚷："大清不可背負"[3]，但是，《意見書》還是獲得了軍國民教育會絕

---

1 《蘇報》，1903 年 6 月 14 日。
2 《蘇報》，1903 年 6 月 26 日。
3 《中外日報》，1903 年 10 月 15 日。

大多數會員的贊成，僅有十餘人退會。

軍國民教育會的變化是中國留日學生轉向革命的重要標誌，從這以後，"革命思潮遂駸駸乎有一日千里之勢"[1]。這裏，孫中山的經歷是很有意思的。1901、1902兩年，孫中山在日本，志同道合者寥寥；有人把他視為怪人，甚至把他想像為"江洋大盜"。1903年夏秋間，孫中山自河內抵達日本橫濱，情形就大不一樣了，程家檉、楊篤生等拒俄運動的活躍分子紛紛訪問他，研究革命進行方針。孫中山極為興奮，在東京青山創設革命軍事學校，規定了"驅除韃虜，恢復中華，創立民國，平均地權"的誓詞。很快，這個誓詞就通過《警鐘日報》和國內群眾見了面。

轉變後的軍國民教育會決定了鼓吹（宣傳）、暗殺、起義等三種進行方法，總部設在東京，上海、保定等地後來都沒有支部。它還派出過12個"運動員"，分赴國內外"籌集經費"，"聯絡同志"[2]。

以楊篤生為首的一些人組成軍國民教育會暗殺團。1904年，他們曾潛入北京，謀炸親俄派頭子慈禧。同年冬，清朝退職官僚王之春在上海勾結沙俄領事和軍官，運動親俄，拒俄同志會成員又曾策動萬福華槍擊王之春。

黃興是12個"運動員"之一。1903年11月，他在長沙與章士釗、秦毓鎏等創立華興會，確定了由湖南起義，直搗幽燕的策略。

武昌是拒俄運動的又一中心。1903年曾公祠拒俄大會上，呂大森曾直斥清朝政府"昏瞶"[3]，會後，積極分子們自然形成了花園山秘密機關。次年5月，以"革命排滿"為宗旨的科學補習所成立，呂大森被推為所長。

江浙地區的光復會也是在拒俄運動的基礎上發展起來的，它的前身就是軍國民教育會暗殺團，對俄同志會會長蔡元培是該團的骨幹。1904年，暗殺團改組，正式定名為光復會，對俄同志會併入光復會。

這一時期，還曾出現過安徽武毅會（岳王會）、南京知恥學社、上海福建學生會、福建文明社、江西易知社等若干革命團體。其中一些團體或者與拒俄組

1　《甲辰馬福益長沙之役》，馮自由：《中華民國開國前革命史》第1冊。

2　《軍國民教育會紀事》，該會自印本。

3　《科學補習所始末》，張難先：《湖北革命知之錄》。

織有著淵源關係，或者由拒俄運動的活動分子作為骨幹。

一切都說明了，拒俄運動的高潮正在轉變和發展為民族民主革命的高潮。

三、不可避免的政治分野

在拒俄運動的第一階段，主要還是改良派在活動；到了第二階段，運動發展為革命派和改良派的聯合行動，革命派對運動進程的影響日益顯著。隨著運動的深入，革命派和改良派之間的分歧愈益明顯，鬥爭也日趨尖銳。

1903 年 4 月 27 日的張園拒俄會，據改良派的報紙說："因有二人演說之詞不合眾意，眾人有上前駁詰者。"[1] 又說："有一黨人及野蠻浮薄之學生等，專以敗壞秩序為事"，"肆意騷擾"。[2] 顯然，這是指革命派對於改良派的鬥爭。不久，改良派的機關報《中外日報》連續發表論說，含沙射影地攻擊革命派在拒俄運動中的主張 "不合時勢"，是什麼 "人方病寒而投之以治熱之藥"[3]。針對這種挑釁，激進的《蘇報》指出：張園拒俄會是愛國集會，表現了中國人民 "國家思想之萌芽"，應該 "引而進之"，不應該消極指責。又指出：《中外日報》的態度是一種 "保守" 思想，其主筆是 "素與康、梁為緣者也"。[4]

戊戌變法後，革命派曾企圖爭取改良派共同反清，改良派中的某些人如梁啟超等也曾虛與委蛇，顯示出一副要與革命派合作的樣子。他們之間的分歧發展為公開論戰，拒俄運動中的鬥爭是一個環節。冰炭不相容。當時曾有人投函《蘇報》，要求雙方 "晤談" 或 "函商"，遭到《蘇報》的明確拒絕。[5] 在國民公會問題上，改良派和革命派的鬥爭就更加白熱化了。最初，國民公會標榜 "無所謂派別"，它的報名地點既設在愛國學社，又設在《新民叢報》上海支店，是革命派和改良派的聯盟。然而，在發展進程中，康有為的門徒龍積之和國民公會發起人之一馮鏡如把它改名為國民議政會，力圖納入 "立憲" 運動的軌道。

1　《中外日報》，1903 年 4 月 28 日。
2　《大公報》，1903 年 5 月 5 日。
3　《中外日報》，1903 年 5 月 12 日、14 日。
4　《蘇報》，1903 年 5 月 18 日。
5　《蘇報》，1903 年 6 月 2 日。

他們竭力宣揚："皇上者中國之皇上"，計劃以 7 月 9 日為陳請慈禧歸政光緒的日子。龍積之等人的企圖受到了鄒容的堅決抵制，鄒容帶頭痛罵馮鏡如，愛國學社學生紛紛脫會，迫使國民議政會無形解散。[1]

感受到革命派的威脅，改良派的槍頭就逐漸指向革命派了。這以後，他們也還談沙俄等帝國主義對中國的侵略，但主要是為了嚇唬清朝政府，同時也嚇唬革命派，為其改良主義的政治主張服務。《中外日報》發表過一篇題為《論政府當求消化亂黨之法》的論說，說是革命黨興起的原因就在於：清朝政府任憑沙俄佔據東三省，於是革命黨就認為政府沒有顧惜土地與憫恤人民之心，想造反了。為政府計，應該"銳意維新"，這樣，革命黨就會"消化"，"普天之下悉是甘雨和風"了。[2] 在另一篇題為《革命駁議》的論說裏，改良派揚言：一搞革命，就要發生內亂，外國人就會乘虛而入，沙俄以"平亂"為藉口侵佔東北就是前車之鑒。文章聳人聽聞地批判革命派道："奈何欲自啟亂機，而勾引外人，使其瓜分吾宇耶？"[3] 你想革命嗎？一頂賣國主義的帽子就甩過來了。

與改良派針鋒相對，革命派指出，小小變法只能起欺騙和裝飾作用，解決不了挽救中國危亡的問題。至於帝國主義的干涉也並不可怕，只要革命思想能普及全國，"人人挾一不自由毋寧死之主義"，那就可以和侵略者相周旋。即使不幸被強敵所屈服，但黃河伏流，一瀉千里，總有消滅帝國主義"殖民政略"的一天。[4] 改良派懼怕帝國主義，不敢革命；革命派不那麼怕帝國主義，所以敢於革命。但是，怕根未淨，總覺得打起來不是帝國主義的對手，因而不敢堅決反帝。

改良派宣揚光緒"聖明"，清朝政府可以依賴；革命派就以清朝政府喪地辱國、鎮壓拒俄運動、投降沙俄為例說明其不可依賴。1903 年時章太炎指出：清王朝的"滿洲故土"已經被沙俄搶走了，不能把喪失國土的罪魁捧出來當元首。[5] 1904 年初，孫中山也指出：東北是清朝的"發祥之地"，這樣的地方都丟

1　中國少年之少年（柳亞子）：《中國來亡小史》，《復報》第 10 期。

2　《中外日報》，1903 年 7 月 31 日。

3　《中外日報》，1903 年 6 月 7 日。

4　《蘇報》，1903 年 6 月 12 日、13 日。

5　《駁康有為論革命書》，《太炎文錄》，第 2 卷。

了，發展下去，必然是"日削百里，月失數城，終底於盡"。要挽救國家的危亡，必須"發奮為雄，大舉革命"，"傾此殘腐將死之滿清政府"。針對改良派畏懼帝國主義干涉的懦夫心理，孫中山還指出："我愈畏縮，則彼愈窺伺"，叩頭、乞憐不能阻止帝國主義的侵略。他以清朝政府為例說："清國帝后今日日媚外人矣"，"媚外人之中又與俄為最親暱矣，然而據其發祥之地者則俄也。"[1]

不同人從同一事件中常常會引出不同的結論。沙俄侵奪我國東北，改良派由之引出的是中國不能革命，革命派由之引出的是中國必須革命。

誰掌握真理，誰就將贏得群眾。拒俄運動期間，革命派和改良派的鬥爭還只是一次前哨戰，但是，勝負卻很快就有了分曉。

1904年底，日本《萬朝報》譯載德國一家報紙的議論，提到一項世界商業統計表已經承認我國長城以北為沙俄的勢力範圍，因此，引起留學生中的極大騷動。改良派乘機活動，再度企圖將拒俄運動引入"立憲"的軌道。

先是由梁啟超的一個門徒出面召集四川留學生開會，提出了一份《要求歸政意見書》，共六條，要求慈禧太后歸政光緒，宣佈立憲，召還康有為，並決定推張瀾為"伏闕上書"的代表。

1905年初，中國留學生就《要求歸政意見書》展開大辯論。結果，大多數人反對。福建、安徽、貴州、直隸四省同鄉會批評其為"不切時勢，無補時局"，江西同鄉會批評其為"徒事喧囂，毫無實際"，兩廣同鄉會在留學生會館貼出了"兩粵學生全部大反對川策六條"的標語，廣西同鄉會則明確宣告："抵禦瓜分之策，以革命為宗旨。"[2]

改良派遭到了一次慘敗。這次辯論預示了《民報》時期革命派對改良派辯論時的大勝。

四、未能解決的歷史課題

拒俄運動鋒芒所向，直指沙俄帝國主義及其走狗清朝政府中的親俄派。同

1　檀香山《隆記報》，轉引自《檀山華僑》。

2　《大陸》，第3年第2號。

這夥兇惡而強大的敵人作鬥爭，特別是要使鬥爭超出發宣言、提抗議、集會、結社的範圍，以武力驅逐侵略者，必須擁有足以制勝的雄厚實力。

領導這場運動的民族資產階級和部分知識精英是懂得這個道理的，他們指出：對於沙俄侵略者，"非結合大群不足以禦之"。[1] 從何處聚集力量呢？他們向全國各階層的各種人，上至政府、疆吏、領兵大員，下至術士、遊民、乞丐、娼妓，無論男女老少，或者革命黨、立憲黨、保皇會、守舊派，乃至道學先生、厭世派，都發出或準備發出救亡的呼籲。但是，在這些包容甚廣的人群中，主要依仗哪種人的力量呢？半殖民地半封建中國社會階級關係的錯綜複雜，又使他們對此躑躅彷徨。他們之所以同時向如此眾多的、相互間格格不入以至敵對的人們發出呼籲，正說明他們心中無數。

中國民族資產階級曾經寄希望於自己。有人提出："與其官爭於上，不如商爭於下"，建議停止對俄的茶絲貿易，"無論如何重價，不准出售與彼"。[2] 主張用自身的力量而不依賴 "官爭於上"，這是民族資產階級覺悟的表現。但是，他們的經濟力量畢竟太微弱了，這種呼籲如同投向大海的石子，沒有激起多大波瀾。

另一些人則寄希望於青年學生。他們認為：學生是中國社會的 "主人"，為存亡之 "關鍵"，"中國之興，興於學生"。[3] 鄒容於 1903 年 5 月發起中國學生同盟會，正是這一思想的反映。青年學生在運動中表現最為活躍，最為激進，但是也有人懷疑莘莘學子們的作用，他們問道：以少數學生去和 "如虎、如狼、如蛇、如蠍" 的沙俄侵略者作戰，行嗎？

在當時的歷史環境下，中國民族資產階級是先進的階級，但是這個階級包括知識分子在內，人數很少，經濟力量有限，只靠本階級的群眾是做不出很多事來的。資產階級要和國內外反動勢力鬥爭，就必須援引其他階級的力量。

他們曾經企圖依靠清朝的某些督撫。然而，事實證明，張之洞、劉坤一、袁世凱、端方們的 "拒俄"，不過是因為自身的特殊利害發出的空喊，這類人在

1　《中國四民總會處知啟》，《蘇報》，1903 年 4 月 30 日。

2　《中外日報》，1901 年 3 月 28 日。

3　《蘇報》，1903 年 5 月 30 日。

鎮壓拒俄的群眾時卻是實幹的。人們的希望破滅了。《蘇報》激烈地批評軍國民教育會最初採取的請願做法是"熱昏"。"不識人頭，吃煞苦頭"。求助於袁世凱之流，不是要"吃煞苦頭"嗎？[1]

也曾有些人企圖依靠某些帝國主義國家。20 世紀初年，英、日、美等國在爭奪我國東北問題上和沙俄有激烈的利害衝突，因此，有人主張聯合英、日、美共同作戰，有人建議請各國"公斷"。這當然都是無法做到的。於一籌莫展之際，改良派居然附和美國提出的將東三省闢為各國公共通商口岸的主張，企圖利用列強的力量排擠沙俄。日俄戰爭爆發了，不少人聲援日方。鄭觀應等在廣州等地捐款組織赤十字社，準備療治日本傷兵。在革命派中，也有人倡議"編成義兵"，附入日軍，去打頭陣。由於對沙俄侵略的仇恨，很多人幼稚地把同情寄予日本方面。

這種情況也遭到了批評。魯迅就認為此類人"太無遠見"，曾專門寫信給蔡元培，提請他辦《俄事警聞》時注意。[2] 有人正確地指出，爭奪著的雙方都同樣垂涎於我國的"膏腴繡壤"，[3]"中國不能自立，無論何國，均未可恃"，我們不能"自委棄其國民之責任"而一味求助於人。

不錯，帝國主義國家之間的矛盾，清朝統治集團中各派系之間的矛盾，可以也應當利用，但是把獲勝的希望寄託於此卻是幻想。

儘管改良派不敢得罪清廷，康有為等甚至可笑地把局面的改觀懸於光緒重新親政的空想上，而那種企圖依靠某些帝國主義的傾向更難於克服，但運動中的先進分子已經逐漸認識到上面這些看上去"強大"的力量並不可恃，開始向另外的方面去尋求助力。在運動的第二、第三階段，革命派參加領導運動之後，他們曾經注意到人民群眾的力量。

1904 年時，有人提出過"民戰"的口號。他們指出："民仇俄人，痛入骨髓"，只要能把人民動員起來，那麼，擲瓦礫、施坑陷都會是鬥爭的辦法。沙俄侵略軍不過 20 萬，東北居民則在千萬以上，"以十民殺一俄兵，俄兵立盡

1　《蘇報》，1903 年 6 月 6 日。

2　沈瓞民：《魯迅早年的活動點滴》，《上海文學》，1961 年第 10 號。

3　《俄事警聞》，1904 年 2 月 25 日。

矣！"[1] 這個口號無疑是進步的。廣大人民群眾中蘊藏著巨大的愛國反帝鬥爭力量。除了把人民動員起來，又靠誰來戰勝俄國侵略者呢？不過，要實現"民戰"，卻非易事。

有人主張動員會黨。他們認為：會黨具有"剛腸俠骨"，"天不怕，地不怕"，只要"統統聯絡起來"，"莫說是一個俄羅斯，更是十個也不可怕了"。[2]

當時，東北活躍著無數支抗俄武裝。在最著名的"忠義軍"以外，影響較大的還有一種隊伍，由於多武裝馬隊，被清王朝稱為"馬賊"。"馬賊"的成分和政治態度雖然複雜，但參加抗俄的"馬賊"，鬥爭卻很英勇。他們毀鐵道，割電線，焚燒糧庫，劫奪槍支彈藥，騷擾、襲擊俄軍，給了侵略者以沉重打擊。這一事實吸引了拒俄運動的活動分子們。1904 年 2 月，《警鐘日報》發表時評，讚揚"馬賊"昭如日月，為"吾民族之代表"，宣稱："吾不能不愛馬賊。"

近代中國的新型知識精英總是不耐煩難，希望順當地利用現成的有組織的力量。由於對會黨和"馬賊"缺少實際了解，上述議論未免流於理想化，但那種急於獲得下層群眾響應的心情則是可以理解的。

他們也曾直接向工農群眾發出呼籲。

中國拒俄運動發生、發展的時候，距巴黎公社成立已經 30 餘年。此間，國際工人運動有了長足的發展。這一事實，使得拒俄運動的活動分子們不得不對我國年輕的無產階級抱有熱切的期望。《俄事警聞》宣稱：工人是"世界上第一等有力量的"[3]。由對俄同志會成員主編的《中國白話報》則熱情介紹外國工黨的鬥爭"能夠制皇帝、官府的死命"。[4] 他們要求中國工人能"學著外國工人，結成一個大黨"，"打退東三省的俄國人，叫各國不來奪我們的地方"。[5]

主張動員農民的人也有。《俄事警聞》在題為《告農》的社論中說：俄國奪了東三省，全國人都應該出力，農民"勞苦慣了"，"當兵是頂相宜的"，而且"人數本來多"，只要本領也好了，又明白"道理"，"肯拚命去一打"，"俄國

1　《警鐘日報》，1904 年 3 月 5 日。
2　《俄事警聞》，1904 年 1 月 29 日。
3　《俄事警聞》，1904 年 1 月 10 日。
4　《時事問答》，《中國白話報》第 5 期。
5　《時事問答》，《中國白話報》第 5 期。

自然打退了"。《俄事警聞》並應許："那時候，你們可以想個把田地歸公的法子。"[1]

以農民為主體的義和團是抗擊八國聯軍入侵的主力，在東北，也是抗擊沙俄入侵的主力。他們所進行的鬥爭，儘管存在著弱點，卻無疑是一種"民戰"。對義和團，清王朝和改良派都誣之為拳匪。在拒俄運動中，革命派中的某些人卻獨能作出較為正確的評價。他們讚譽其"不可奴隸、不可屠割之一種毅然獨立之血誠"，是中國"前此未有之特色"。[2]

在 20 世紀初年，出現這種讚揚工農，主張發動工農展開反帝鬥爭的觀點是難能可貴的。當時，以孫中山為首的革命派生氣勃勃，為了反帝反封建鬥爭，他們需要群眾的力量，敢於向勞動人民發出呼籲。由於眼界比較寬，革命派感到自己比改良派有力量，他們滿懷信心地批判了流行一時的"不戰亡，戰亦亡"的悲觀主義論調。但是，應當指出，即使在這時，他們也並不真正認識勞動人民。如前所述，對工農的呼籲，乃是向社會上類型眾多的人發出的呼籲中的一種，他們並沒有認識到，只有工農才是拒俄反帝的最主要的動力。

1903 年，當上海成立"四民公會"時，《浙江潮》第 5 期發表過一篇時評，大意說，中國有一件最可悲痛的事便是，"士"為士、農、工、商四民之首，不能自成一社會，而又與其他社會隔絕，所以，"日日言社會改革，言社會發達而無效"。文章要求該會成為"國民之機關"，"自士社會以待合於其他種種各社會"。這段評論可謂"切中時弊"。然而，拒俄運動中，它始終是空談，"士"們除了熱衷在本階級群眾中活動外，並沒有認真去做"合於"其他社會的工作，還是一個孤零零的自居的"首"。當上海工人為周生友案投入拒俄鬥爭時，《警鐘日報》的"士"們可以在報上大談"工民革命"，指手劃腳，但是卻不跑到工人中去做點實際工作。丁開嶂、張榕跑到東北去了，但是，主要依靠的也還是地方上層人士和"馬賊"中的上層頭目。1903 年的"四民公會"無工無農，是個"二民"公會，實際上主要是知識分子的"一民"公會。此後的對俄同志會狀況也是這樣。該會極盛時不到 200 人，他們非常懊惱地感慨道："義

1　《俄事警聞》，1904 年 12 月 22 日。
2　《對於俄約之國民運動》，《江蘇》第 2 期。

勇之軍，偵探之隊，徒抱虛願，一無表現，所藉手者，區區《俄事警聞》之報告而已。"[1] 沒有人民大眾參加，當然只能是這樣一個結果。

　　哪些階級、階層、人士是反對帝國主義的力量？誰又是其中的主要動力？這是一切反帝鬥爭都必須解決的歷史課題。拒俄運動中的知識精英們接觸到這個問題並試圖予以解決，他們在這方面所取得的成就應當給以恰當的評估，但是，離解決這個問題的路程還很遠。

　　反帝而不依靠人民，不發動工農群眾，必然無所成就，最終仍然要和帝國主義者妥協。後來辛亥革命之所以失敗，這是一個重要原因。拒俄運動也已經預示了這一前景。

五、反對沙皇奴役的世界人民鬥爭的一部分

　　我國的拒俄運動不是孤立的，它是 20 世紀初年反對沙皇奴役的世界人民鬥爭的一部分。

　　世界人民熱烈地同情和支持我國的拒俄鬥爭。還在 1900 年 12 月，列寧就在《火星報》第一號上發表《中國的戰爭》一文，論述中國人民反對沙皇侵略的正義性，號召俄國工人階級奮起鬥爭，"以結束政府的專制統治"。響應列寧的號召，布爾什維克揭露了沙俄政府在中國的犯罪政策，俄國社會民主工黨巴庫委員會在傳單裏寫道："難道俄國人民需要滿洲這一塊外國的土地嗎？"[2] 一些在中國的國際友人還積極參加了拒俄運動。例如 1903 年有德國友人在南京"見中國人即握手，告以中國前途之苦及改變之不可緩"，"語及東三省事，輒切齒怒目。"[3]1904 年日俄戰爭期間，居住在哈爾濱的猶太、波蘭友人曾聯絡中國勞工，準備起事抗俄。

　　中國人民也熱烈同情和支持世界人民反對沙皇的鬥爭。

　　1903 年，在俄國社會民主黨領導下，烏克蘭、高加索等地爆發總罷工鬥

1　《警鐘日報》，1904 年 3 月 15 日。
2　《史學譯叢》，1957 年第 5 期，第 100 頁。
3　《朱臻仕》，《江蘇》第 7 期。

爭。對此，《江蘇》雜誌發表文章說："暴動！暴動！俄羅斯果不得不暴動，俄羅斯終不能不演革命之活劇。倒專制舊政體，建共和新政府，為日非遠矣。"[1] 1905年1月，彼得堡的工人由罷工鬥爭發展為準備武裝起義。消息傳到我國，《警鐘日報》立即發表《請看俄國之工人》一文，讚美俄國工人"立志之堅"。[2] 在當時，沙皇還是個龐然大物，但是，中國拒俄運動分子們相信俄國人民："斯拉夫民族真好男兒，真不愧為偉大之人民。善於動！善於殺官吏！殺君主！"[3] 他們認為，在這樣的人民面前，沙皇政府是遲早要完蛋的。

列寧曾經指出過："俄國是各族人民的監獄。"[4] 在這個監獄裏，猶太人所受的壓迫極為嚴重。中國拒俄運動的活動分子們尖銳地揭露了一小撮沙俄反動分子對猶太人的虐殺："或挖其兩眼，或斷其四肢於板，以刀碎割。小兒則攜往最高之處擲下，或則腰斬。"這是怎樣一幅慘絕人寰的畫面呀！中國拒俄運動的活動分子們語重心長地警告人們："吾悲猶太，吾不能不慮夫將為猶太者。"[5]

波蘭曾長期為沙皇俄國、普魯士、奧地利等所瓜分，沙皇政府在其佔領區實行殘暴的殖民統治。在《猛回頭》、《新湖南》等小冊子中，中國拒俄運動的活動分子們譴責了這種統治。對於波蘭人民的鬥爭，中國拒俄運動的活動分子們尤其寄以殷切的期望。1904年3月，他們見到了一份波蘭義勇軍的討俄檄文，情不自禁地歡呼："偉哉！波蘭之民族！壯哉！波蘭之志士。"他們專門寫了《波蘭之志士》、《讀〈波蘭義勇軍組織主意書〉》等文章，指出："彼俄國者，裂波蘭故土最多，壓波蘭遺民最酷。擒賊先王，首在覆俄。"文章建議波蘭志士利用日俄戰爭的機會奮起抗俄，乘熊腳被扎的時候"突刃其腹"。中國拒俄運動的活動分子們相信，經過鬥爭，"必有一波蘭新國出現於波羅的海之濱"。[6]

此外，對於反對沙皇奴役的芬蘭、瑞典、挪威、丹麥、波斯、土耳其等國人民的鬥爭，中國拒俄運動的活動分子們也都表示了關切，並看成是對我國人

1　《江蘇》第6期。
2　《江蘇》第6期。
3　《警鐘日報》，1905年1月26日。
4　《革命的無產階級和民族自決權》，《列寧全集》，第21卷，第392頁。
5　《經世文潮》第4期。
6　《警鐘日報》，1904年3月9日。

民的支持，"此為我國報深仇、雪大恥，樹我完全獨立之旗"之"大機會也"。[1]

1904 年 2 月 5 日，《俄事警聞》發表過《俄禍》一文，中云：

> 若夫俄，則尤虎狼之尤者也。自彼得大帝以來，以吞併與國，囊括全球為志，彼意非使史拉夫人種為全世界之主不止。此非我中國之禍，而全世界之禍。

這段話值得重視。馬克思指出："資產階級的沙文主義只不過是一種虛假的裝飾，它給資產階級的種種無理要求罩上了一件民族的外衣。"[2] 沙皇推行"囊括全球"的侵略政策，並不是為了使"史拉夫人種為全世界之主"，而是要使俄國的一小撮地主和壟斷資本家為"全世界之主"。在這一點上，《俄事警聞》講得不對。但是，沙俄帝國主義是軍事封建帝國主義，它的壟斷資本主義和封建農奴制殘餘密切結合著，它把帝國主義的各種最壞因素都集中了起來，而且變本加厲了。因此，極富於侵略性，是當時世界的大禍害。《俄事警聞》發出的這一"警聞"又是正確的。中國拒俄運動的活動分子看清沙皇的侵略野心，明確自己鬥爭的意義，就更加鼓舞了自己的鬥志。

1901 年至 1905 年的拒俄運動是我國近代一次較大規模的群眾性反帝愛國運動。它打擊了沙皇吞併我國領土的野心，揭露了清朝統治者對內鎮壓、對外投降的面目，表現了我國人民不甘屈服於內外敵人的愛國主義精神和革命精神，促進了民族民主革命高潮的到來，在近代中國史上，是起了積極作用的。

1　《抗俄鐵血會檄文》，《大陸》，第 2 年第 4 號。
2　馬克思：《〈法蘭西內戰〉初稿》，《馬克思恩格斯選集》，第 2 卷，第 427 頁。

反對取締規則與楊度避難 *

1905 年 12 月 8 日，日本宇都宮市千手町一家名為手塚屋的旅舍接待了一位中國客人，他自稱江蘇省蘇州府常熟縣人，名王禮鈞，30 歲。這位客人除每天買幾種東京出版的報紙仔細閱讀外，足不出戶。不久，受到日本調查人員的注意，經盤問，這位客人不得不承認他的真實姓名是楊度。就是後來勸袁世凱當皇帝，而後又奇跡般地成了共產黨員的楊度。

楊度於 1902 年離開故鄉湘潭，赴日留學，進入東京弘文學院速成班。同年歸國。次年參加清政府經濟特科考試，被錄取為第一等第二名。不久，再度赴日，進入東京法政大學速成科。1904 年當選為中國留學生總會副幹事長，隨後又升為幹事長，成了鼎鼎大名的留日學生領袖。他為什麼要改名換姓，躲到東京以外的一家旅館裏去呢？

原來，留日學生至 1905 年已增至 8000 人，革命傾向日趨強烈。為了討好清政府，日本政府力謀加強對中國留學生的管束。這年 4 月，文部省就曾訓令各有關學校校長，聲稱清國人在本邦留學者愈來愈多，其中可能有人議論本國政治，舉動不當，擔任教養清國留學生之職者必須深刻注意此點，使彼等不失學生本分。9 月，日本報紙盛傳文部省將公佈《清、韓學生取締規則》。"取締"，日語，意為管束。當時，朝鮮已淪為日本的保護國。楊度為此曾多次代表留學生會見清政府駐日公使楊樞，聲明"決不與韓人同等，受此特別之法"。10 月初，日本文部省聲明，取締規則一事，純係訛傳。但不料 11 月 2 日，文部省突然頒佈《關於清國人入學之公私立學校之規程》，對中國留學生提出了種種限制。例如，第一條規定，各公私立學校接受清國人入學時，必須有清國公使館介紹書；第四條規定，各公私立學校在許可清國學生轉學、退學時，必須有清國公使館的承認書；第九條規定，各公私立學校對清國人的寄宿舍及屬於

* 本文錄自楊天石《晚清史事》，中國人民大學出版社 2007 年版；原載《團結報》，1988 年 3 月 19 日。

學校監督的旅館，要進行管束；第十條規定，各公私立學校對清國人曾在他校以性行不良之故被命退學者，不得復令入學，等等。這樣，留學生就不能自由入學、轉學、退學，不能自由選擇宿舍，而學校則可任意以"性行不良"為名，斥退中國學生，剝奪其留學權利。《規程》頒佈後，激起中國留學生的強烈反對，一場轟轟烈烈的鬥爭隨之掀起。

11月27日，留日學生決議上書楊樞，詳細羅列理由，要求取消《規程》中的第九、第十兩條。《公稟》指出：這兩條"範圍極廣，界限未明，將來施行之際，吾國學生必有因此而受不利益之影響者"。領銜的是楊度和副幹事長范源濂，聯署的有庶務幹事張繼，學務幹事蔣方震，書記幹事林長民、劉思復，調查幹事吳永珊（玉章）、鄧家彥，各省分會幹事長康寶忠、張耀曾、章士釗等。12月初，學生情緒更為激烈。路礦速成學堂學生提議，《規程》有辱國體，應全部取消，建議於3日在留學生會館開代表會，與楊度同至公使館請願，至期，楊度不到。次日，弘文學院學生倡議罷課。隨之，激進學生如秋瑾、宋教仁等，進而要求全體罷學歸國，不再在日本求學受辱。楊度只主張取消《規程》的第九、第十兩條，不贊成全部取消，更不贊成罷課、歸國等行為。6日，在留學生會館集會時，楊度聲稱：《規程》並非束縛特別苛酷的條例，其中頗有合理部分，進行這種胡鬧式的反抗運動恐不妥當。楊度的發言遭到與會學生的強烈反對，指責他是"日本政府的間諜"，學生們高呼：揍他！揍他！幸賴留學生總會學務幹事周家彥等人勸說，楊度才得以倖免。但這次會議仍推舉楊度為代表，命他會見楊樞，迫令楊樞和日本文部省交涉，廢除《規程》。7日，楊度曾和各省分會代表15人同至公使館。事後即被裹脅。當時報紙記載說："楊稍主持重，急激派疾之益甚，以威力強迫之，使加入□□會，捧之以行，聞凡一日夜不得食、不得息云。未幾避去，至今不知所之。"人們怎麼也想不到他已經改名換姓，躲到外地去了。

在調查人員的盤問下，楊度寫過一份筆答，今存日本外務省外交史料館：

> 僕實性〔姓〕名楊度，清國留學生會館幹事。此次學生紛擾，欲將文部省規則全部取消，僕最為反對。諸學生恨僕反對，有持刀槍，有〈欲〉

殺僕並殺楊公使者。楊公使與僕皆不能挽救，且同盟休校之事及全體歸國之事，皆僕所反對。今避眾人之兇惡，故暫避於此。

從這份材料不難看出，當時的"急激"派已經"急激"到了何種程度，它扭曲地反映出留日學生中正在燃燒的鬥爭烈火和愛國熱情。

陳天華的《要求救亡意見書》及其被否定經過 *

　　許多著作都提到陳天華有一份《要求救亡意見書》，但史學家們迄未見到。1985 年，我在日本外務省檔案中將它找到了。原件為鉛印傳單，附於警視總監安立綱之給外務大臣小村壽太郎的報告之後。[1]

　　1905 年 1 月，日本《萬朝報》譯載德國某報的一篇文章，聲稱各國商業統計表關於中國領土已不列長城以北，承認其為俄國範圍，"此實瓜分政策"云云。這一消息在中國留日學生中引起了騷動。四川學生首先集會，有人提出《要求歸政意見書》，主張西太后將"大政"歸還光緒皇帝，"以一主權"，同時，要求清政府"宣佈立憲以定國是"。該意見書提議於 1905 年 2 月 4 日（夏曆元旦），致電清政府，陳述意見，並隨撰詳細呈文，公舉代表二、三人到北京伏闕上書。[2] 在這一情況下，陳天華撰寫並印刷了《要求救亡意見書》，在留日學生中散發。

　　《意見書》全文約三千餘字。開宗明義，首先說明當時形勢和不得已擬向清政府請願，要求救亡的苦衷。《意見書》稱：

> 近日以來，警電紛至，危迫情形，視前尤急，同人等焦心灼慮，苦無良策，乃於無可如［何］之中，作一死中求生之想，則惟有以救亡要求政府也。

《意見書》將清政府譬喻為"管屋者"，將國民譬喻為主人，說是："主人有屋，託人管理，不慎於火。管理者以非其屋也，將任其延燒，為主人者豈能不以屋如焚焰，必責其賠償而急促之使救火乎？"

---

*　本文錄自楊天石《晚清史事》，中國人民大學出版社 2007 年版；原載《近代史研究》1988 年第 1 期。

1　《關於清國留學生行動》，甲秘第 13 號，明治三十八年二月二日。

2　《東京留學界議請歸政立憲之彙志》，《大陸》，第 3 年第 2 號。

關於請願的目的，《意見書》說明，在於勸止清政府及其大臣們出賣國家權益。它稱：

> 目的惟何？但使朝廷誓死殉國，勿存為一印度王之思想，賣吾儕以救活；為大臣者實事求是，勿抱一為小朝廷大臣之主義，以吾儕之權利，為彼等富貴之媒。

當時，印度已淪為英國的殖民地，印度國王則成為侵略者卵翼下的兒皇帝。陳天華要求清政府以印度為鑒，不要使中華民族陷入更悲慘的境地。

關於請願的條件，《意見書》向清政府提出對外條件三項，對內條件四項。對外條件為：1. 勿以土地割讓於外人，竭死力保護礦山、鐵路、航權；2. 勿以人民委棄於外人，人民之生命、產業、利權，絲毫不容外人侵犯；3. 勿以主權倒授於外人，力杜外人駐兵內地並掌握用人行政之權。對內條件為：1. 實行變法；2. 早定國是；3. 予人民以地方自治之權；4. 許人民以自由著述、言論、集會之權。《意見書》同時提出國民義務四項：1. 當兵；2. 納租稅；3. 募公債；4. 為政府奔走開導。《意見書》要求清政府履行條件，國民履行義務，雙方處於對等地位。它說："吾儕之義務有一未盡者，不待政府誅之，吾儕必自誅之。吾儕對於政府盡義務矣，而政府之於吾儕所求者或不之許，或許而陽奉陰違，行之不力，或竟顯違吾儕所訂之條件，則吾儕必盡吾力之所能以對付於政府，誅一人而十人往，誅十人而百人往。吾儕不死盡，政府不得高枕而臥也。"

《意見書》的主要篇幅是設為問答，以二人辯難的形式，解釋各種疑問，說明請願活動的必要。最後，《意見書》表示，將以留學生全體名義，在兩週內赴北京實行。"有志偕行者請至神田西小川町一之一東新社（陳天華住址——筆者注），商訂出發，反對者請即函告，否則作為默認。"

《意見書》表現了陳天華一如既往的愛國主義熱情。他認為，國家由土地、人民、主權三要素組成，有一個要素不具備，就不能稱之為國家。《意見書》指出：當時帝國主義者紛紛向清政府索取土地和勢力範圍；在非洲、美洲的華僑和東三省的難民備受帝國主義虐待；主權無一不被外人掌握。因此，中國"早已等於瓜分，且更甚於瓜分"。《意見書》呼籲中國人民及時設法，拯救國家危亡。它說："救死者必於將死未死之時，不可待於已死；救亡者亦必於將亡未亡之時，不可待於已亡。"這些地方，和陳天華的名著《猛回頭》、《警世鐘》的基本精神是一致的。但是，在對待清政府的態度上，卻有了顯著的變化。原先，陳天華指斥清政府是"洋人的朝廷"，認為"滿洲政府抱定一個'漢人強滿人亡'的宗旨，死死不肯變法"，主張以暴力將其推翻。"改條約，復政權，完全獨立"，建立一個嶄新的國家[1]；而現在則希望以和平請願的方式促使清政府豁然警醒，外拒強敵，內行變法。兩相對比，不能不認為是一個重大的變化。在寫作《意見書》之前，陳天華曾會見梁啟超，二人多次通信，《意見書》反映出改良派的影響是毋庸置疑的。

《意見書》末段，陳天華設想有一個革命者出來質詢："吾儕平日之所主張，非革命乎？今乃欲倚賴於政府，何其進退失據也？"對此，《意見書》回答道：

> 政府之將以土地、人民、主權三者與外人，一彈指間也；而吾子之革命，旦夕可舉乎？吾恐議論未定，而條約上之效力發生，已盡中華之所有權移轉於他人手矣，則何如要求政府，與之更始以圍〔圖〕存乎？

這段話可以看作是陳天華對自己改變主張的解釋。在陳天華看來，革命不會很快發生，遠水救不了近火，國家危亡在即，只能以請願的形式阻止清政府賣國，這樣會便捷得多。

然而，陳天華畢竟不同於改良派。這就是，他對於和平請願的作用並不十分誇大，對清政府能否改弦更張也並不抱很大幻想。《意見書》說：

> 吾儕之要求，所以使政府應付外人之要求外，而亦留一二以應吾儕之要求也。蓋使彼惟虞外人之一方面，而不虞國民之方面，則必至舉吾儕盡售之於外人，以保固其印度王、小朝廷大臣之名位不止。今吾儕乃預先警

1　參見劉晴波、彭國興編校：《陳天華集》，湖南人民出版社 2008 年版，第 36、61、59 頁。

告之，吾儕雖被售，而必不使安固其印度王、小朝廷大臣之名位，是亦僥倖望其勿售也。

這裏說得很清楚，和平請願的目的只是"僥倖望其勿售"。有些地方，《意見書》又說：

> 至於警告而不聽，則吾儕自必有繼續之行為，決非僅如公車上書之故事也。各國民黨之對於政府也，必先提出要求之條件，要求而不納，然後有示威之舉動，而無如此者。吾儕躐等以為之，則政府不知吾等意向所在，而國民亦不知吾等之宗旨為何，縱擲數人之頭顱亦不過等諸無意識之作為，而吾儕之主義，終難暴白於天下。惟先將主義標出，可平和則平和，當激烈則激烈，一出於公，而不雜以一毫之私，使政府有所擇取，使國民有所依然，於將來或不至全無影響。此吾儕今日之苦心也，政府之無可望則久已知之矣。

這裏，陳天華明確宣佈，清政府"無可望"，是扶不起來的阿斗，因此，鬥爭方式不能僅限於"公車上書"一類故事，而是要將"吾儕之主義"表白於天下，"可平和則平和，當激烈則激烈"，可見，陳天華並沒有封死通向革命的道路。

在《意見書》中，陳天華還說："吾儕之欲以救亡要求政府也，非謂如是即可以救亡也，乃欲以求吾致死之所也。政府能與吾儕共致死於外人，則外人乃吾儕致死之所也；政府必欲以吾儕送之於外人，則政府乃吾儕致死之所也。"這裏，陳天華那種不惜一切，敢於與內外敵人拚死戰鬥的精神又表現出來了。

《意見書》散發後，立即受到了湖南留學生的強烈反對。1905 年 1 月 27 日，宋教仁在日記中寫道："彭希明、徐運奎來，談最久。時陳星台將有北京之行，運奎謀與余極力反對其說，余允之。"[1] 28 日，宋教仁應彭希明之邀，至劉揆一處，與黃興、章士釗等會商，決定召開同鄉會干涉。當日，宋教仁在日記

1　陳旭麓主編：《宋教仁集》，第 512—514 頁。

中又寫道："時陳星台發有《要求救亡意見書》於學界，其宗旨專倚賴政府對外與對內之政策，而將北上陳於政府，余等皆反對其說。"[1] 29 日，在湘西學會例會上，宋教仁演說 "瓜分問題"，激烈地反對向清政府請願，主張各省獨立自治。當日到會者 50 餘人，有贊成者，有反對者，未能取得一致意見。30 日，在錦輝館召開湖南同鄉會，與會 200 人，一致決議反對陳天華的 "要求政府之說"，贊成宋教仁的 "全省獨立自治" 主張[2]。2 月 1 日，黃興、宋教仁和陳天華舉行 "特別談判"，宋教仁批評陳天華 "受保皇黨之運動"，雙方 "辯難良久"，陳天華因受日本警署傳喚離去[3]。在警署時，日本當局通知陳天華，禁止散發《要求救亡意見書》[4]。2 月 2 日，宋教仁得到黃興的通知："陳星台事，已干涉其不作。"[5]

與此同時，東京留日學生就向清政府請願問題進行了廣泛的討論。

廣西同鄉會認為，"抵禦瓜分之策，以革命為宗旨"[6]。

福建、安徽、貴州、直隸四省同鄉會公函稱："此次提議上書政府一事，公認為不切時勢，無補時局，請置勿議。"[7]

留學生會館幹事及各省評議員大會討論結果，反對請願者佔十分之九[8]。

這種情況，顯示出在東京中國留日學生中，革命日益成為普遍的要求。正是在這種形勢下，在黃興、宋教仁的幫助下，陳天華糾正了自己的錯誤，再度煥發革命精神，重新執筆為革命作鼓吹，寫下了《論中國宜改創民主政體》等名篇。

1　陳旭麓主編：《宋教仁集》，第 512—514 頁。
2　陳旭麓主編：《宋教仁集》，第 512—514 頁。
3　陳旭麓主編：《宋教仁集》，第 512—514 頁。
4　《關於清國留學生行動》，甲秘第 13 號，明治三十八年二月二日。
5　陳旭麓主編：《宋教仁集》，第 512—514 頁。
6　《東京留學生議請歸政立憲之彙志》，載《大陸》第 3 年第 2 號。
7　《東京留學生議請歸政立憲之彙志》，載《大陸》第 3 年第 2 號。
8　《東京留學生議請歸政立憲之彙志》，載《大陸》第 3 年第 2 號。

托爾斯泰《致一個中國人的信》的遭遇 *

晚年的托爾斯泰特別關心中國，反對中國"西化"。

1906 年，辜鴻銘通過俄國駐上海總領事寄給托爾斯泰兩本他自己用英文寫的書，一本題為《尊王篇》，一本題為《當今，皇上們，請深思！論俄日戰爭道義上的原因》。當年 9 至 10 月間，托爾斯泰寫了復信，題為《致一個中國人的信》。該信先後發表在德文《新自由報》、法文《歐羅巴郵報》、日文《大阪每日新聞》上。信中，托爾斯泰譴責了侵略中國，"躬為獸行"的西方列強，表述了他對中國文化的傾慕之情，同時也對中國今後的道路發表了意見。他說：

> 支那近歲中，浮躁之倫，以新黨自標，以為改革支那，不外仿行西法。有言建代議政體者，有言興陸海軍者，有言振西法之商工業者。眾議紛囂，如蜩如螗。此非惟淺拙之談也，抑亦至愚之解。以予所知於支那者論之，此制實與支那民族大相馳背。今舉法制、軍制、工業諸大端，惟西人之是效，不過使支那農業生活喪失於一旦耳。

托爾斯泰指出：西方的所謂"代議政體"，不過是使一切權力由"少數強權"（君主、貴族）移於"多數強權"（議員）之手。中國人民"斷不宜取法西人"，應該"保守農業生活，信從儒、釋、道三教，則禍患自消"。

托爾斯泰此信在歐洲發表時，似乎沒有引起多大反響；而當 1907 年初在日本發表時，卻立刻引起中國革命黨人的注意。宋教仁認為此信所言"支那人不可學歐洲人之武裝及代議政治"等，"亦有至理"。另一個革命黨人張繼則準備把它翻譯出來，登在同盟會的機關刊物《民報》上。宋教仁贊成張繼的這一想法，並自任翻譯。他說幹就幹，第二天就譯出了第一節，"大抵痛詆歐洲人之

* 本文錄自楊天石《哲人與文士》，中國人民大學出版社 2007 年版；原載《光明日報》，1987 年 5 月 3 日。

殘忍、鄙利、暴戾，而謂支那人有沉靜、忍耐之德"云云。但是後來，《民報》只發表了托爾斯泰的肖像，題為《俄國之新聖杜爾斯兌》；直到 1907 年 11 月，它才發表在由何震出面而實際上由劉師培主持的《天義報》上。一共發表了兩次，第一次是節譯；到了 1908 年春，又發表了全譯的一部分；與此同時，則出版了單行本。有的學者認為，該信 1911 年在上海《東方》雜誌上刊出時，它才第一次與中國讀者見面，這是不確切的。

《天義報》是一份無政府主義的刊物。它的編者當時正認為，中國"西化"將威脅農民和手工業者的生活，只有克魯泡特金的"共產無政府主義"才是救中國的"不二法門"。因此，對托爾斯泰的信極為重視，每次發表時都加了按語。第一次的按語說："此書之意，在於使中國人民不復仿行西法，其言最為沉切。至其要歸，則在中國實行無政府。" 第二次的按語說："俄托爾斯德《致中國人書》，其大旨在於使中國人民實行消極無政府主義，不可效泰西代議政體，較之巴枯寧之昌破壞，苦魯巴金（指克魯泡特金 —— 筆者注）之言共產，雖有殊異，然其重農數端，則固中國人民所當遵守者也。"

托爾斯泰晚年，俄國剛從農奴制度下解放出來，農村正在經受資本的殘酷洗劫，農民面臨破產和喪失土地的危險。與巨大的財政資本、大規模的工商業出現的同時，貧困、飢餓、野蠻、賣淫以及梅毒等"原始積累時代"的一切災難也就隨之降臨。托爾斯泰反對資本主義在俄國的發展，以"最深沉的感情和最強烈的憤怒對資本主義進行了不斷的揭露"，自然，他也不願意中國走上同樣的道路。《致一個中國人的信》正是在這一思想基礎上寫作的。這一時期，托爾斯泰還給日本《報知新聞》寫過一封信。在該信中，托爾斯泰批評當時的日本，"凡百事業，悉以歐人為模範"。他認為，即使中國像日本一樣，全盤"輸入歐人之制度"，也不可能驅逐那些入侵中國的"歐人"，其結果只能使中國人民"所處之地位，亦漸次而趨於困難"。他不了解，中國人只有走現代化的求富求強之道，才能擺脫貧窮，避免落後捱打。他也不了解，對於西方文明所創造出來的一切，可以有選擇，有批判地吸收，"取那善果，避那惡果"（孫中山語）。

托爾斯泰既是一個偉大的藝術家，又是一個"發狂地篤信基督的地主"。他的觀點充滿著矛盾，既是深刻的，又是保守和反動的。就其無情地批判資本主義剝削，揭露西方資產階級民主的虛偽一面來說，是深刻的；就其企圖永恆保持東方農業社會和儒、釋、道等“亞洲制度的思想體系”，鼓吹“勿以暴力抗惡”來說，是保守和反動的。這兩方面，在他的《致一個中國人的信》裏，都有所表現。《民報》之所以沒有刊出這封信，其原因大概就在於此！

1911 年的拒英、拒法、拒俄運動 *

1911 年初，我國邊疆地區警報頻傳：1 月 3 日，英國派兵侵佔我國雲南西北邊境要地片馬；2 月，英法合辦的隆興公司強索雲南七府礦產開採權，法國藉口保護鐵路而陳兵滇邊；同月，沙俄藉修訂《伊犁條約》及所屬《改訂陸路通商條約》之機，企圖攫取新疆、蒙古、張家口等地的自由貿易權、免稅權、土地所有權和在中國全境的治外法權。這些事件的接連發生，標誌著中國民族危機的進一步加深。於是，由立憲派和革命黨人分頭發動，掀起了一場以拒英、拒法、拒俄為主要內容的反帝愛國運動。它是轟轟烈烈的保路運動的前奏，在輿論、組織、武裝等方面為辛亥革命作了準備。

關於這一運動，日本學者小島淑男以留日學生與國民會為中心進行多年研究，其成果已結集為專書。[1] 但是國內迄今還沒有專著討論這一問題，有關辛亥革命史的著作對此也很少涉及。本文將從更廣闊的角度審視這一運動，並著重考察同盟會在其中的作用及其鬥爭策略。

一、雲南諮議局的 "保界" 呼籲與各地立憲派的回應

1911 年的拒英、拒法、拒俄運動發端於雲南諮議局的呼籲。

1 月 28 日，雲南諮議局致電全國報館："英人派兵據我片馬，勢將北進，扼蜀、藏咽喉，窺長江流域，大局危甚。擬先文明對待，不賣英貨，請轉各商協力進行。"[2] 同時，又上書雲貴總督李經羲，要求他一面與政府協力爭議，一面在騰越、思茅等地編練重兵，以備不時之用。[3]2 月 7 日，雲南紳商在諮議局開

---

* 本文錄自楊天石《晚清史事》，中國人民大學出版社 2007 年版；原載《中國社會科學院研究生院學報》1991 年第 5 期。

1 《留日学生の辛亥革命》，日本東京青木書店 1989 年版。

2 《民立報》，1911 年 2 月 4 日。

3 《申報》，1911 年 3 月 2 日。

會，議決成立中國保界會。該會決定：第一，聯合全國各報館、各宣講所，分別著論演說，號召人民起而鬥爭；聯合各省志士仁人，上書外務部，請與英人嚴正交涉，並以此案發交海牙和平會裁判。第二，在買賣貨物、乘載輪船、僱作傭工等方面對英國進行限制，同時獎勵並補助自設工廠和輪船公司。宣言要求全國及海外華人在各自駐地普遍設立保界會，並特別聲明："我國現值積弱，只宜用文明之抵制，不可為野蠻之舉動。"[1] 2 月 11 日，商會集會，決定抵制英貨，以當月 23 日為"不賣英貨日期"，"過期如有再買賣英貨者，即公同議罰"[2]。

雲南諮議局的呼籲迅速得到各省諮議局的回應。貴州諮議局復電稱："英據片馬，先以不賣英貨抵制，各界協議，表同情，並電政府力拒。"陝西諮議局復電稱："非人自為兵，無以救亡"，建議以 3 月 9 日為期，聯絡各省諮議局，同時致電資政院，奏請就地開辦團練。[3] 當時，俄國政府企圖藉修訂《伊犁條約》擴大侵略權益的陰謀已經暴露，因此，各諮議局除通電拒英外，又大力呼籲拒俄。江寧諮議局議長張謇致電全國各諮議局，提議聯合各局議長，上書清政府，表示"俄舊約萬不可徇"[4]。3 月 11 日，國會請願同志會發表長篇文章，指責"俄人之陰險狡詐"和清政府的"畏葸無能"[5]，要求各方人士聯電政府力爭。20 日，福建諮議局在得到山西、江西等省諮議局的支援後，致電清政府軍機處，要求召開資政院臨時大會，以民氣為外交後盾。

在各省立憲派的鼓噪聲中，資政院在京議員聯名上書總裁溥倫，認為"修訂中俄商約一事，實關係西北大局"，要求溥倫根據院章，奏請召開臨時會議，但溥倫置之不答。[6] 議員們赴溥倫住宅求見，溥倫又閉門不納。儘管如此，清政府仍然認為溥倫等壓制議員不力，於 3 月 22 日下令撤去溥倫、沈家本的資政院正副總裁職務。其間，議員們不肯死心，再次上書，說明各省諮議局紛紛申請開會，不可置之不理。[7] 書上後，清政府的內閣大員們連看也不想看，"溫諭阻

1 《雲南保界會之宣言書》，《帝國日報》，1911 年 3 月 7 日、8 日。
2 《千鈞一髮之雲南》，《帝國日報》，1911 年 3 月 13 日。
3 以上引文均見 1911 年 3 月 13 日《帝國日報》。
4 《議長之救亡電》，《民立報》，1911 年 3 月 2 日。
5 《神州日報》，1911 年 11 月 12 日。
6 《資政臨時會小產》，《民立報》，1911 年 3 月 21 日。
7 《還說什麼臨時會》，《神州日報》，1911 年 3 月 27 日。

拒"[1]。

新的民族危機也使海外的立憲派不能安坐,企圖借此發動第五次國會請願運動。2月下旬,在美國的中華帝國憲政會致電國內各團體,聲稱:"敵迫,國會遲必亡,速五請。"[2]但是,國內立憲派由於對清政府鎮壓四次國會請願運動的記憶猶新,不願再行自找沒趣,帝國憲政會的呼籲沒有引起任何反響。

當時,立憲派的興趣在於提前召開各省諮議局聯合會。按規定,該會會期應在夏曆六月(7月),現因召開資政院臨時會無望,遂由福建諮議局提議提前召開聯合會。5月12日,該會在北京開幕,到會的各省諮議局議長、議員及資政院議員共63人,以譚延闓為主席、湯化龍為審查長。會上,代表們普遍提議編練民兵,保衛邊疆,反映出立憲派對清政府的憤懣、絕望,以及憂患意識的加深和自保要求的增強。據該會整理的資料,在全部27個議題中,與編練民兵或救亡相關的議題即達14件。[3]討論中,代表們一致同意,編練民兵,主要用於對外,宗旨在於救亡;在定名上,代表們上書都察院,指出當今世界各國均採"國民皆兵"主義,要求各省、廳、州、縣會同自治團體,選擇土著而有職業者編練"備補兵","取民兵之意,而變通練軍之法",同時,號召各省諮議局議員協同各團體,組織體育社,召選學生學習步兵操法、射擊教範等科目,以"提倡尚武精神,補助軍事教育"。[4]

聯合會開會期間,雲南籍資政院議員顧視高、張之霖提出片馬一案,湯化龍認為:"上奏亦無效,不如作為我輩攻擊政府之資料"[5],此後,片馬問題即成為立憲派射向皇族內閣的有力子彈。6月13日,聯合會致電各省諮議局等稱:"片馬交涉,政府主延宕、退讓兩說,喪權誤國,請徑電內閣,力爭重勘。"[6]6月18日,雲南諮議局議長段宇清及資政院議員李增到京出席聯合會。段稱:"仍懇諸公念片馬非雲南之片馬,乃全國之片馬,片馬失,則雲南失,雲南失,

---

1　《民立報》,1911年5月17日。

2　《申報》,1911年2月24日。

3　《直省諮議局議員聯合會第二屆報告書》,第6—7頁。

4　《直省諮議局議員聯合會第二屆報告書》,第71、95頁。

5　《直省諮議局議員聯合會第二屆報告書》,第50頁。

6　《片馬事往來電》,《民立報》,1911年7月15日。

則中國不保。"[1] 24 日，聯合會通過由湖北省諮議局副議長張國溶起草的《通告全國人民書》，全面抨擊皇族內閣的內外政策。當時，清政府曾準備同意英國前駐騰越領事烈敦的要求，"永遠租借片馬"。對此，通告書評論說："夫永遠租借實割讓土地之變名詞。"[2] 26 日，聯合會又上書外務部，要求將片馬問題提交內閣，請另派大臣重行勘界，以固國防。

皇族內閣準備租讓片馬的消息激起了雲南各界的強烈憤怒。8 月，雲南諮議局再次致電各省諮議局，呼籲採取聯合行動："片馬案，閣議永租，請協力電爭，力爭重勘。"[3] 9 月又電內閣稱："片馬讓租，民情憤激，懇勿退讓，中國幸甚！並請從速解決，再遲恐為禍愈烈。"[4] 當時，保界會一類組織遍佈雲南各地，"會員之泣血斷指，誓以死爭者前後相繼。"[5] 據時在雲南的清軍第 38 協統領曲同豐報告，"每接見紳耆，彼無不諄諄以片馬為詞"，"中心憤懣，詞意遂多不平"[6]。這種種跡象表明，與立憲派的願望相反，一場革命風暴就要來臨了。

二、留日中國國民會的成立及其與使館的衝突

留日學界一向是近代中國反帝愛國運動的重要策源地。1911 年 2 月 25 日，豫晉秦隴協會於中國留學生會館集會，籌議行動辦法。次日，東京中國留學生遍發傳單，召開全體大會，到會者 1200 餘人。會上同盟會員鄒資州、劉揆一、陳策三人提議："對於中俄條約，俄國殊屬無理，此事萬一政府含糊答應，於吾國北省殊有損害。吾輩當竭力設法警告內地及各省諮議局，拒絕此約，且須運動各省諮議局成獨立機關，組織國民軍，以防外敵。"[7] 會議決議在一星期內成立救亡機關，向內地及歐美、南洋華僑發送警告書及電報，同時成立國民軍，請駐日公使汪大燮代電政府，要求拒俄。會後，河南留學生、同盟會員劉

1 《直省諮議局議員聯合會報告書》，第 58 頁。
2 《直省諮議局議員聯合會第二屆報告書》，第 101—102 頁。
3 《片馬之爭》，《民立報》，1911 年 8 月 15 日。
4 《民立報》，1911 年 9 月 29 日。
5 《直省諮議局議員聯合會第二屆報告書》，第 84 頁。
6 中國社會科學院近代史研究所藏：《曲同豐上陸軍部呈》，秘字第 258 號。
7 《東京留學生大會》，《時報》，1911 年 3 月 11 日。

基炎提議到使館要求贊助經費，得到熱烈贊同。於是，他被推為總隊長，率領全體人員列隊向使館進發。

汪大燮懼於學生的浩大聲勢，表示贊助國民軍，並認捐日幣 1000 元。當時參加遊行的自費生及官費生紛紛認捐，談妥官費生每人認捐 10 元，由使署預支，以後月扣 2 元，並由汪大燮簽字為信。

27 日，留學生總會召開臨時各省職員會。會後，以留東全體學生名義向上海《民立報》及 21 省諮議局發電："俄侵伊犁，英佔片馬，法強索滇礦，若稍退步，全國淪亡。政府無望，已集全力，捐現金兩萬餘，設立救國機關。"[1] 電報要求各省諮議局，"開臨時會，組織國民軍，以救滅亡。"[1] 同時，又致電爪哇中國會館，要求南洋各埠華僑"協力進行"[2]。

3 月 5 日，留日各省同鄉會約 80 名代表集會，在熊越山主持下達成了"武力救國"的一致意見。[3] 會議決定不用"國民軍"名義，而稱中國國民會，推舉同盟會員李肇甫、傅夢豪、陳策、袁麟閣四人為章程起草員。8 月，國民會全體職員集會，通過《留日中國國民會草綱》，確定該會宗旨為"以提倡國民軍為主，並研究政治、教育、實業"[4]。同時決定各省於 12 日前推舉代表二人組成演說團，共為五團，分往 21 省演說，宣傳救亡。13 日，又以留日全體學生名義公佈《中國危亡警告書》，陳述俄、英、法侵略中國的嚴重局勢，說明治標之法是"要求政府嚴拒俄人之請"，治本之法是"聯合各省速創國民軍"，本中之本是"革政治、勵教育、興實業"。[5]

當中國國民會組建之際，留日女學生也建立了專門的愛國組織。3 月 5 日，同盟會員林演存、劉其超、唐群英及朱光鳳四人發起召開留日女界全體大會，到會者百餘人。會議選舉唐群英為會長。

駐日使館雖然答應了學生的愛國要求，但並不準備兌現。3 月 13 日，留日學生代表赴使館領取官費生捐款，並要求會見汪大燮，但汪大燮拒而不見。會

1　《民立報》，1911 年 3 月 1 日。
2　日本外務省檔案：《清國留學生各省代表者會合／件》，1911 年 3 月 12 日。
3　《留學生愛國大會補記》，《民立報》，1911 年 3 月 12 日。
4　日本外務省檔案：《清國留學生關係雜纂》。
5　日本外務省檔案：MT16141。

計課長吳某稱：如欲領款，非各人簽名捺印不可。這實際上是一個無法辦到的條件，因為留日學生分散在 100 多所學校裏，南到長崎，北至北海道，不可能人人辦理這一手續。學生代表據理力爭也沒有結果。15 日，留學生召開評議會，報告 13 日交涉結果，並決定再次向使館交涉，但汪大燮已先期避走橫濱。參贊吳兆麟稱：原允墊付的經費由公使作主，已不能付給。於是，48 名代表即決定模仿北京國會請願團在慶親王門前長立一夜的例子，在公使館靜坐，直至天明。

3 月 16 日，各校留學生聞訊趕來的已達五六百人，當即在使館內集會，群情激憤，有人主張晝夜死守，"不得款勿歸"，有人主張 "自由行動"，但始終沒有擾亂行為。[1] 汪大燮不得已，委託橫濱總領事傳言，要求學生推舉少數代表次日在橫濱相見。學生對此表示同意，並於晚 8 時撤離使館。

3 月 16 日下午，國民會理事長李肇甫、幹事熊越山、職員馬伯援（同盟會會員）、顏振茲四人赴橫濱領事館見汪大燮。汪稱："此次舉動非爾等所應為。" 學生答以 "留東全體，同此忠悃，非某等一二人私意。" 汪繼稱："派代表回國一事，須查明所派之人及演說內容，始能決定。" 他還建議將國民會改為愛國會，並再次強調，官費捐必須每人蓋印，要求李肇甫等將國民會辦法詳細錄呈，次日至使館相見。[2]

李肇甫等向汪大燮告退後即得悉，當日下午三點，使館指責熊越山等 "挾眾要求，徹夜不散，殊屬無理取鬧"，要求學生們 "篤志劬修，確循繩尺"[3]。使館態度的變化根源於清政府的強硬立場。當日，學部致電使館，聲稱 "學生干預政治，例禁綦嚴"，"倘有抗拒情事，仍應從嚴究辦"[4]。外務部也致電汪大燮，嚴詞指責其處理不當，聲稱倘再聽任學生等 "輕佻跋扈"，將予以革職處分[5]。18 日，汪大燮接見李肇甫、熊越山、馬伯援三人，出示外務部及學部電報，要求解散國民會。同日，留學生監督處發表禁止國民會佈告，聲稱 "此中情形，必

1 《留日中國國民會臨時哀告內外同胞意見書》，《神州日報》，見 1911 年 4 月 6 日—14 日。
2 《留東國民會始末記》，《民立報》，1911 年 3 月 30 日。
3 《留日中國國防大學民會近況》，《神州日報》，1911 年 3 月 30 日。
4 日本外務省檔案：《清國留學生／行動》，明治四十四年（1911）三月二十一日。
5 日本外務省檔案：《中國國民會總會／件》，明治四十四年（1911）三月二十三日。

係貪人敗類，借題生事"。[1]

3月19日，中國國民會全體職員開會。有人提議開大會與使館宣戰，熊越山力主以慎重態度處理各事，李肇甫稱：公使既不接受我等要求，強迫亦迥非本會宗旨，今後除依賴各人出資，講究活動方法外，別無他法。[2]最後決議：（1）募集自由捐；（2）根據金額數量，組織演說團赴各省演講；（3）派代表赴東三省、雲南、上海三處；（4）在上海創辦日報，作為總機關，聯絡各省諮議局及公共團體，力圖救亡。散會時到會諸人重簽姓名，相互勉勵說："凡我中國男兒，當有決心，無論前途有如何危險障礙，吾輩必毅然行之。"[3]

4月6日，發佈《留日中國國民臨時哀告內外同胞意見書》，詳述成立經過及與使署交涉情形，批駁對該會的種種謠諑和誤解。《意見書》放棄了組織"國民軍"的提法，聲稱國民會的宗旨在於"興團練，辦體育"，"人以武力來，我不可不以武力應"，要求清政府"許民間以講武之路"。[4]同日，又發佈了經修訂的《中國國民會章程》，宣稱"以提倡尚武精神，養成軍國民資格為主，並研究政治、教育、實業諸大端"[5]。18日，歸國代表、同盟會員黃嘉梁（雲南）、蕭德明（四川）、蔣洗凡（山東）、金樹汾（東三省）、王葆真（直隸）、傅夢豪（浙江）等六人由東京啟程，分赴雲南、東三省及上海，國內外運動開始合流。

第一批代表歸國之後，留日學界只平靜了幾天，一個新的高潮又出現了。

4月上旬，上海《時報》、《民立報》陸續刊載了一項驚人的消息，列強派大員在巴黎集會，商議瓜分中國。這則消息來源不明，很可能是革命黨人為鼓舞民氣而有意編造的。果然，留日學界憂心如焚，寢食不安，由拒英、拒法、拒俄發展為全面反對瓜分的愛國運動。23日，留日學生總會、留日學生國民會再次召開大會。在會上，雲南留學生趙某指責清政府為"外人之走狗"。直隸學生王某說："有一言告滿族兄弟，今日中國處此瓜分時代，滿人也要亡了，漢人也要亡了，滿漢皆亡，爭持什麼呀！"他表示："今日要救國，第一是泯除滿

---

1 《留日中國國民人近況》，《神州日報》，1911年3月31日。
2 《中國國民會總會／件》。
3 《留東國民會始末記》，《民立報》，1911年3月30日。
4 《神州日報》，1911年4月6日—14日。
5 《民立報》，1911年4月24日。

漢。"[1] 會議作出 11 項決議，其主要者為：（1）清政府禁止國民會，當以不納稅相抗；（2）發動中國勞動者反抗政府；（3）不言滿漢二字，以免侵犯滿漢一致之權利；（4）再次派遣代表歸國，聯絡各省諮議局，協力工作；（5）向世界各國華商團體募集國民會之基本金。[2] 顯然，與會者正確地認識到，在瓜分危機面前，滿漢民族有著一致的利益，因而能將"滿族兄弟"和清政府加以區分，對"滿族兄弟"，強調"一致之權利"；對清政府，強調發動中國勞動者"反抗"。這是正確的決策。

會議前後，各省同鄉會陸續選出歸國代表約 57 人。他們歸國後有力地推動了國內運動。

除留日學生外，留德、留美學生也表現了強烈的愛國熱忱。2 月 21 日，留德學會致電京滬各報，聲稱："俄以兵要約，掠地、侵權，時勢危急，各國亦不直俄，望速籌救亡，並迫求政府力抗。"[3] 3 月 3 日，再電上海《神州日報》等，指責"當局昏庸誤國"[4]。與此同時，歐美留學生也擺脫了國會請願運動的影響，於 4 月初致電上海《民立報》及各省諮議局稱："俄約敗，瓜分著，速鼓民氣，倡民捐，練民兵，為國效死。"[5] 從而表明他們和留日學界以及國內運動發展相一致了。5 月，由伊利諾斯大學中國學生會發起，成立軍國民期成會，提倡尚武。29 日，10 所大學的中國留學生在芝加哥召開會議，議決改名為愛國會，以"保全主權，聯絡友國"為主旨。[6]

清末時，雲南有一批學生在越南求學，當他們得悉法軍陳兵滇邊的消息後，立即致電清政府，要求迅速調撥北洋新軍迎敵。其後，又刊發小冊子，報告法國處心積慮地準備侵略雲南的情況，作者沉痛地問道："行將被人宰殺，被人淫辱，被人芟夷，被人掠奪"，"我父老思此，其能忍乎？"建議就地徵兵，編練新軍，以便保衛鄉邦。[7]

1　《民立報》，1911 年 5 月 4 日。
2　日本外務省檔案：《清國留學生大會》，明治四十四年（1911）四月二十三日。
3　《柏林華學生公電》，《時報》，1911 年 2 月 22 日。
4　《留德學會電》，《神州日報》，1911 年 4 月 2 日。
5　《留美學生公電》，《民立報》，1911 年 4 月 4 日。
6　《美洲通信》，《民立報》，1911 年 8 月 23 日、9 月 2 日。
7　中國社會科學院近代史研究所藏：《雲南警告》。

三大洲的中國留學生同聲相應，同氣相求，這是以前的反帝愛國運動中很少見過的事例。

三、民族資產階級的奮起與國民總會的成立

繼留日學生之後，上海各界奮起響應。其中，新生的民族資產階級尤為活躍。

2 月 26 日留日學生全體大會召開後，雲南留學生、同盟會雲南分會會長楊大鑄及會員王九齡即束裝歸國。3 月 5 日，到達上海，至《民立報》社會晤宋教仁。旋即發佈《通告書》，力陳保衛片馬的重要性，指出“我國人不欲為亡國民，則必預備死戰”，“我國人欲死戰，則必先練民兵”[1]。9 日，馬良、王河屏等人響應雲南諮議局的號召，發起組織中國保界會上海分會，並稱此舉欲“聯四百兆有用之身”，“以為政府後盾”[2]。11 日，分會在張園集會，到會者約千人，會議公推豆米業資本家、滬南商會委員、同盟會員葉惠鈞為臨時議長，同盟會員朱少屏、王九齡、沈縵雲和女醫生張竹君等相繼發表演說。銀行家、工業資本家沈縵雲稱：“前保礦會、路保會等都無實力，以致未能收效。此次應準備實力，庶幾收穫巨效。”[3] 會後，馬良再次發表公告，宣佈改名為國界調查會。

3 月 12 日，上海民族資產階級頭面人物沈縵雲、王一亭（銀行家、工業家、同盟會員）、虞洽卿（輪船公司創辦人、銀行家、工業家）、胡寄梅（錢商）、周豹元、葉惠鈞、顧馨一（銀行、麵粉業投資者）、袁恆之（布商）等聯合發表致南北商團啟事，聲言“西北風雲迫在眉睫，同人等現擬組織義勇隊”，組織全國商團聯合會，俟各處商團成立，再行組織義勇隊，以達“人自為兵”之目的。宋教仁在會上闡述了片馬事件及《伊犁條約》修約諸問題的由來，認為“小之關乎一地，大之關乎全國，亡滅瓜分之禍，悉係此焉。”[4] 會後，即以南市毛家弄商團公會為全國商團事務所，一面分函各省商團，一面接受工商各

---

1 《滇代表通告書》，《帝國日報》，1911 年 8 月 14 日、15 日。
2 《時報》，1911 年 3 月 10 日。
3 《中國保界大會記事》，《時報》，1911 年 3 月 12 日。
4 《記全國商團聯合會》，《神州日報》，1911 年 3 月 13 日。

界報名。至 3 月 19 日，工、商、學、紳各界報名者達二百餘人。

商餘學會是上海商界最早響應的團體。3 月 17 日，它通告招收 16 歲以上青年進行兵學、徒手、器械、槍操等各種訓練。培養 "商戰人材"，"建立商團基礎"。[1]

與組織商團同時，上海同濟大學學生朱家驊等發起組織敢死團，並於 3 月 3 日發表公啟，宣稱："外患日迫，強鄰脅我以兵，處此危急之秋，非有死士起而捐軀，毀家紓難，斷難救祖國危亡。"[2] 至 4 月 20 日前後，報名男女共 150 人。該團以朱家驊為團長，團址設於張靜江的通義銀行內。它得到了同盟會員陳其美、戴季陶、于右任、宋教仁、范光啟等人的積極支持。

為資助商團，夏月珊、潘月樵等藝人在新舞台演出《國民愛國》新劇，將所得戲資均作為全國商團聯合會經費。演出中，觀眾感泣，爭先向台上擲捐。沈縵雲即席發表演說稱："今日並不願來觀新舞台之《國民愛國》，實願來觀諸君之愛國。"[3]4 月 9 日，全國商團聯合會在新舞台開會歡迎新會友，選舉李平書為會長，沈縵雲、葉惠鈞為副會長，虞洽卿為名譽副會長，名譽正會長暫缺。張瑞蘭在會上發表演說："四民之中，士農工三者均無團，惟吾商團發起聯合會，可知商在民中，最為熱心有志者。"[4] 會後公佈簡章，規定商團須由各省商會發起，全國凡人煙稠密、商業薈萃之區均應組織商團；上海設總事務所，各省設事務所，各府廳州縣等設分事務所。[5]

商團最初只是商民維護地方治安的組織。全國商團聯合會的成立標誌著中國資產階級政治覺悟和階級覺悟的提高，表明這個階級已經不滿足於從事一般的政治活動，正在準備以武裝力量保衛階級利益和民族利益。

受全國商團聯合會成立的影響，4 月 23 日，朱伯為等在西園開會，組織中國學界聯合會。到會者七百餘人。沈縵雲代表全國商團聯合會致詞，他說："當今時代，當固結團體，一手保衛自己，一手抵禦外侮，則列強不能侵入。" 剛

---

1 《神州日報》，1911 年 3 月 17 日。

2 《全國同胞公鑒》，《神州日報》，1911 年 3 月 13 日。

3 《麗麗所觀劇記》，《民立報》，1911 年 3 月 21 日—22 日。

4 《商團之風雲大會》，《民立報》，1911 年 4 月 10 日。

5 《全國商團聯合會緣起》，《民立報》，1911 年 4 月 12 日—17 日。

剛歸國的留東國民會代表傅夢豪、黃嘉梁也在會上力陳外患日亟，建議各省普遍成立民團，加速準備武裝。[1]

傅夢豪等到滬後，立即展開活動。4 月 26 日，他們舉行招待會，上海知識界及商界頭面人物沈敦和、王一亭、沈縵雲、楊千里、陳其美、包天笑、朱少屏等二十餘人出席。傅夢豪在答詞中表示："願聯合各界組成一大團體，作總機關，以激發全國。"[2]

5 月 7 日，由上海日報公會、嘉定旅滬同鄉會、全國商團聯合會、福建學生會、全國學界聯合會、湖北旅滬同鄉會、中國精武體操會、雲貴旅滬同鄉會、江西旅滬學會、四川旅滬同鄉會十團體發起召開歡迎國民會代表的大會。會上，傅夢豪再次提出："全國團體總機關之設，為我人不可刻緩之任務。"[3]11 日，傅夢豪及山東歸國代表蔣洗凡邀請上海各團體及報館記者集會，討論成立事務所。6 月 11 日，上海各界 4 千人在張園召開大會，宣佈中國國民總會成立，以沈縵雲為正會長，馬相伯為副會長，葉惠鈞為坐辦。15 日發佈宣言，聲稱："以提倡尚武精神，興辦團練，實行國民應盡義務為宗旨。"[4]次日，又佈告全國，要求各地迅速設立分會。為了支援國民總會，留日中國國民會並派同盟會員章梓到上海工作。

自全國商團聯合會成立，上海商團發展迅速。書業、參藥業、豆米業、珠玉業、水果業及閘北、滬南、回教等商團紛紛成立並開操。根據 7 月 26 日葉惠鈞在滬南商團體育研究社開幕典禮上的講話，當時上海商團已發展到 2000 人之多，是一支可觀的武裝力量了。[5]

全國商團聯合會成立後，福建、南昌、營口等地陸續建立商團，通州商團還派人到上海聯絡。《時報》有一篇文章說："上海為通商之大埠，上海商學界之舉動，國人恆取為模範。今滬商既有義勇隊之組織，全國商學界必競相效法，將來我國民兵之基礎，或因是以立，未可知也。"[6]作者也許過於樂觀了，

1　《全國學界聯合會事》，《民立報》，1911 年 4 月 24 日。
2　《國民會代表記事》，《民立報》，1911 年 4 月 27 日。
3　《歡迎國民代表》，《民立報》，1911 年 5 月 9 日。
4　《民立報》，1911 年 6 月 15 日。
5　《商團體育開幕記》，《光華日報》，1911 年 8 月 19 日。
6　宣（林白水）：《論上海華商組織義勇隊事》，《時報》，1911 年 3 月 10 日。

但是，如果引導得法，商團在全國範圍內得到更大發展並非沒有可能。

四、清政府的禁阻與運動向各省的擴展

運動首先引起了帝國主義的不安。

俄國駐華公使廓索維慈照會外務部，聲稱京外各報，登載中俄交涉事，"肆意詆毀，搖惑人心，請設法抑止"[1]。同時，日本駐華代理公使也照會外務部，反對中國人民普練民團。照會說："近來奉吉各處商民，嘯聚日多，日夜操練，名為防匪，實係排外，若不即時查禁，恐又肇拳匪之禍，務請設法解散，以遏亂萌。"[2]

清政府秉承帝國主義的意旨。3 月 1 日，外務部致電各省督撫，指責外間報紙關於片馬、伊犁的交涉"言多失實"，又指責留日學生的舉動"搖惑人心，牽動全域"，要求各省督撫"解釋謠言，嚴密防範，勿任釀成事端"。[3] 同時，汪大燮也密電外務部，聲稱東京留學生"其勢洶洶，不可復遏，誠恐激成暴動，關係大局，請轉致學部、陸軍部設法預防"[4]。其後，清政府學部、陸軍部、政務處紛紛致電各省督撫，要求"切實查禁"，"嚴加防範"，甚至聲色俱厲地表示："嗣後倘有前項情事，惟各該主管是問。"[5] 在清政府的嚴詞督責下，各省督撫及有關官吏紛紛照辦。

首先是控制輿論。早在 2 月下旬，兩廣總督張鳴岐就根據清政府新近公佈的報律，出示禁止各報登載中英、中俄、蒙藏交涉各事，違者罰款，或將記者監禁六個月。[6]3 月初，漢口某報登載留日學生來電，湖廣總督瑞澂立命巡警道傳諭各報館，不准刊登有關函件，違者按律究罰。[7]

其次是禁止開會集議。瑞澂稱："邊務交涉，朝廷自有主持，豈容無知學生

1　《嗚呼中國人之言論自由權》，《帝國日報》，1911 年 3 月 16 日。
2　《國民軍乎碰拳匪乎》，《神州日報》，1911 年 3 月 18 日。
3　《外務部致各督撫英人進兵片馬事報傳失實請解釋電》，《清宣統朝外交史料》，第 19 卷。
4　《汪大燮電告外務部》，《時報》，1911 年 3 月 13 日。
5　《電報中之國民軍》，《民立報》，1911 年 4 月 13 日。
6　《時報》，1911 年 2 月 23 日。
7　《瑞督飭禁組織國民軍》，《時報》，1911 年 3 月 10 日。

開會干預。"[1] 陸軍部要求各省陸軍學堂嚴禁學生預聞。保定陸軍學堂有幾個學生試圖開會，竟被誣以"將據火藥庫作亂"[2] 而遭逮捕。

清政府尤為恐怖的是結社。當時，清政府雖已頒佈結社律，但那不過是一種裝飾。保界會向清政府申請立案時，清政府即以"國家政事不准干預"為理由，通電各省禁止。[3] 對於敢死團，清政府更為惶恐，密電江督，"嚴查團內主名，速行驅散"[4]。4 月 27 日黃花崗起義後，駐日使館向清政府報告，"廣東革黨起事，確係國民會主謀"，要求拿辦歸國代表。於是，皇族內閣立即電令各省嚴防國民會員至內地"煽惑"，並查禁國民軍。[5] 但是，這些禁令並未起多大作用，運動還是在一些省份內得到了發展。

東北 留日中國國民會派赴東三省的代表王葆真（卓山）、金樹芬（鼎勳）於 4 月下旬抵達奉天後，即從事公開和秘密兩方面的活動。公開活動有：會見東三省總督趙爾巽，聯絡諮議局、教育會、商會、農會各團體，組織體育會及國民會奉天總會，同時又注意團結滿族、蒙古族愛國人士。他們還在旗籍人士廣鐵生、關天生的積極支持下，創辦《國民報》。秘密活動有：會見陳幹、商震、劉藝舟等同盟會骨幹，決定分頭聯絡同志，促進革命運動。[6] 9 月 14 日，國民會吉林分會成立，以蒙古族人士慶山、楊夢齡為會長，滿族人士松毓為副會長，金樹芬為幹事長。[7]

福建 3 月中旬，福州城鄉大量出現速辦團練的傳單，陳述英、法、俄侵略中國的危急形勢，聲稱"在今日欲求自保之道，莫如籌辦鄉團"。傳單還要求"鄉鄉有團，人人能兵"，"由一鄉而一縣，由一縣而一府，由一府而一省"，形成鄉團的大聯合。22 日，福建商務總會召開特別大會，議決仿照上海辦法，籌辦福州商團公會，規定每一商號至少須出一人入會操練[8]。26 日，閩縣城鎮自

---

1 《瑞督飭禁組織國民軍》，《時報》，1911 年 3 月 10 日。

2 《保定消息》，《神州日報》，1911 年 3 月 22 日。

3 《保界會又將查禁》，《民立報》，1911 年 3 月 22 日。

4 《敢死團消息》，《神州日報》，1911 年 3 月 26 日。

5 《民立報》，1911 年 5 月 12 日，《光華日報》，1911 年 7 月 4 日。

6 王葆真：《灤州起義及北方革命運動簡述》，見《辛亥革命回憶錄》（五），第 398—401 頁。

7 《吉林通訊》，《民立報》，1911 年 9 月 18 日、29 日。

8 以上引文見日本外務省檔案：《時局ニ関スル神州民間運動模樣報告ノ件》，明治四十四年（1911 年）3 月 31 日。

治聯合會提議市區組織商團，近郊組織體操會，鄉村組織農團[1]。4月7日，上海福建學生會急電福州《建言報》，聲稱各國在巴黎密議瓜分中國，要求故鄉父老"速辦民團，圖死抗"。此後，《建言報》連續發表《嗚呼福建》、《再告我福建同胞》等文章，號召福建人民行動起來，拯救福建[2]。5月上旬，留日中國國民會代表孫容居等30人及福建旅滬同鄉會、學生會代表等結伴歸閩，訪問諮議局議議長及常駐議員。22日，諮議局、教育總會、商會、實業協會等團體集會，議決用個人名義簽稟呈遞閩督，請求速辦民團。

在各方倡議下，廈門體育會、建寧府體育會、福州商團、霞浦團練籌備會、福建團練期成會等先後成立。

浙江 6月上旬，留日學生代表俞景朗、詹麟來、吳玉、李砥、李復真及旅滬同鄉代表許開甫等回浙，訪問諮議局議長沈鈞儒。15日，在法學協會集會，決定組織全浙國民尚武分會，推沈鈞儒起草章程。該會發起人除沈鈞儒外，還有同盟會員陳訓正（布雷）、許炳堃、褚輔成及地方知名人士經亨頤等[3]。30日，該會召開成立大會，以徐班侯為會長，褚輔成為副會長；上海國民總會代表章梓、陳其美自滬蒞會，以示支持。

全浙國民尚武分會要求各府州縣普遍設立學團、商團、工團、農團。成立會後，俞景朗、李砥、吳玉、陳訓正等分赴紹興、台州、湖州、衢州、寧波、嘉興、嚴州、金華、嘉善、石門等地活動，陸續建起了一部分國民尚武分會和民團。

運動發展得較為順利的還有山東、江蘇等省。留日山東國民分會所派代表丁惟汾、顏仲文於6月1日抵達濟南，遍訪紳學各界，先後在諮議局、教育總會等處召開談話會，決定成立山東國民分會。江蘇由於工商業、教育業較為發達，因此，無錫、南通、蘇州、宜興、江都、丹徒、丹陽等地普遍建立了國民分會、商業體操會、體育會、商團體育會一類組織。此外，運動在雲南、廣西、廣東、湖北、直隸等省也有不同程度的反應。

---

1 《閩人報告之風雲》，《民立報》，1911年3月31日。

2 《建言報》剪報，見日本外務省檔案，MT16141，677—688。

3 《浙江國民會又盛》，《民立報》，1911年6月11日。

海外華僑積極支援國內反帝運動的發展。3 月份，秘魯僑商何賀民等致電粵商自治會稱：秘報盛傳瓜分中國，僑民震悼，迄速電復，並分呈各界。[1] 同月，橫濱華僑致電北京資政院及各省諮議局，聲稱 "列強無理要求，南北進兵據擾"，要求 "籌策對待救亡"[2]。5 月 28 日，橫濱富商張澤廣、繆菊辰、鄧浩輝等人發起召開在日華僑大會，邀請李肇甫、馬伯援、夏重民等參加，呼籲創設國民軍，並募集經費。僑商們表示："能救中國者，吾輩願生死供養之。"[3] 同月下旬，泗水華僑散佈傳單，主張 "有力者出力，有財者出財，聯合各省民團，傾覆惡劣政府"[4]。6 月初，泗水書報社發起籌集救亡捐款，以之作為國民軍的後盾[5]。不少華僑表示："區區軍費，當竭力相助。"

上述事實說明，只要帝國主義的侵略存在，只要清政府堅持媚外賣國政策，那麼，中國人民的反帝愛國運動就必然是不可阻遏的。在拒英、拒法、拒俄運動之後不久，保路運動又以更大的規模爆發，並且迅速演變為推翻清王朝的全國性武裝起義。

五、同盟會在運動中的作用及其鬥爭策略

同盟會領導層在 1907 年春夏之後，即處於嚴重的分裂狀態。孫中山長期對東京同盟會本部灰心失望，並一度產生過拋棄同盟會，另建新黨的打算[6]。這種情況到 1910 年冬才有所改變。當年 6 月，孫中山經檀香山到日本後，陸續會見了同盟會骨幹。11 月，又命劉揆一復興同盟會本部。自劉揆一被推為庶務，一批新人進入本部後，同盟會本部的工作出現了轉機。

中國同盟會成立後，專注於發動武裝起義，就其主要方面來說是正確的。但是，忽視合法鬥爭，忽視群眾運動，也是一個嚴重的缺點。當 1911 年拒英、拒法、拒俄運動發生、發展時，孫中山正在美國，一心一意為籌備中的武裝起

1　《秘魯華僑來電》，《時報》，1911 年 3 月 6 日。

2　《橫濱公電》，《時報》，1911 年 3 月 5 日。

3　《華僑創設國民軍》，《光華日報》，1911 年 6 月 27 日。

4　《民族思想之發達》，《光華日報》，1911 年 5 月 26 日。

5　《光華日報》，1911 年 6 月 7 日、7 月 8 日。

6　參閱拙作《同盟會的分裂與光復的重建》。

義募集經費。他既對國內情況隔膜，又懷疑群眾熱情的持久性。曾經有人向他彙報上海敢死團的情況，但他卻絲毫不感興趣，聲稱："上海之發生團體向無能堅持長久者，料此團亦不能免蹈此弊。"[1] 當然，不能認為孫中山的批評完全沒有道理，但也必須指出，孫中山不懂得將群眾的熱情鼓舞起來，使之堅持下去，正是革命政黨的任務；軍事起義必須與群眾運動相結合，才能波起浪湧，相互促進。和孫中山一樣，黃興也未能對運動給予應有的關注。如曾經有人建議，革命黨應利用人們反對英軍佔領片馬的愛國情緒，在雲南發動起義，但黃興由於顧慮會引起國際糾紛，決意將起義改在廣州發動。[2] 起義失敗後，他為復仇主義情緒所支配，力主以個人之力進行暗殺，仍然忽視對運動的領導或指導。

儘管如此，熊樾山、李肇甫、劉揆一、宋教仁、陳其美、沈縵雲、葉惠鈞、劉基炎、陳策、夏重民、孫竹丹、傅夢豪、黃嘉梁、楊大鑄、蔣洗凡、蕭德明、王葆真、袁越閣、陳訓正、褚輔成等一批同盟會員仍然積極參與並領導了運動。他們不僅在各類組織、各類活動中發揮了骨幹作用，而且善於利用合法鬥爭，團結盟友，表現出一定的鬥爭藝術。

辛亥革命前夕，清政府雖然衰朽不堪，但鎮壓革命黨人和革命活動仍然十分堅決。2 月 26 日的留學生大會，決議成立國民軍，其後改名國民會，廢棄組織國民軍的提法，這是一項正確的決策。因為既名之為 "軍"，則不僅在日本無法活動，在清政府統治下也無法活動。運動中，同盟會沒有公開出面，而是通過國民會這一群眾性組織進行活動。部分激進分子曾經主張拋棄國民會，"以破竹之勢與滿洲政府肉搏"[3]。但是，這一主張沒有得到採納。參加國民會領導的同盟會員們力爭不提出激烈的口號，不超出合法鬥爭所許可的範圍，一切都在愛國主義的旗號下進行。以 "留日全體學生公啟" 名義發出的《中國危亡警告書》特意加上 "聖上御極"、"兩朝聖后，憂國愛民" 一類的保護性字眼，參加國民會領導的同盟會員們還力圖說明："國民會唯一之目的在救國，國為大家共有，則救之之道須大家努力。"[4] 此外，《哀告同胞書》聲明國民會不提倡革命，

1　《孫中山全集》，第 1 卷，中華書局 1981 年版，第 521 頁。

2　《黃毓英傳》，《南社》第 10 集。

3　日本外務省檔案：《清國留學各省代表者會合ノ件》。

4　《國民會代表記事》，《民立報》，1911 年 4 月 27 日。

300

歸國代表的活動也規定為不得鼓吹革命。所有這些，都便於爭取廣大的同情者，並使清政府的鎮壓失去有力的藉口。歸國代表們之所以能在國內開展某些活動，這是原因之一。

同盟會的本部設於海外，其活動方式一般為在海外策劃，在邊疆或沿海地區發動起義。這種"輸入式"的革命便於從海外獲得武器和軍餉，其缺點是難於和國內群眾發生緊密的聯繫，缺少立足生根之地。留日中國國民會決定將中國國民總會設於上海，在各地設立分會，這就將革命工作的重心從國外轉入國內，從邊疆轉入腹地，從而有利於國內革命運動和群眾運動的發展。後來，同盟會中部總會將本部設於上海，在各地設分會，顯然也出於同一考慮。

同盟會領導的武裝起義，前期著重利用會黨。會黨雖和社會下層聯繫密切，但散漫、落後，易於見利忘義，所以同盟會後期轉而依靠新軍。新軍掌握現代武器，組織性、紀律性強，但因其處在清政府的嚴密控制下，發動不易。在拒英、拒法、拒俄運動中，同盟會員們號召發展商團、民團以至體育會一類組織，這就開闢了新的武裝力量的源泉。商團、民團是一種早已存在的地方自保性的武裝組織，既為清政府所允許，也易於為各界所接受。在籌建過程中，同盟會員們又特別說明，其目的在於"為政府之後援"，"為國家宣力"，努力以合法的外衣包裹不合法的內容，這就便於為起義積蓄力量。事實證明，在武昌起義後的各地光復中，上海、福建等地的商團、民團都發揮了重要作用。

諮議局的議員們一般主張君主立憲，維護清王朝，在政治路線上和革命派對立。但是，立憲派又因反對帝國主義侵略，要求挽救民族危機，和革命派有一致之處。運動中，同盟會員們沒有把立憲派和諮議局看成敵對勢力，而是以之為盟友，利用諮議局進行工作。2月26日的留學生全體大會的三個發起人中間，夏重民是同盟會員，胡源匯則是立憲派。會議決定發動各省諮議局參加抗爭。3月3日，雲南諮議局即復電贊同，聲稱雙方的救亡辦法"名異實同"[1]。其後，留日中國國民會和各省諮議局之間函電往來，互通聲氣，互相支持。歸國代表們一般也都和諮議局聯繫，在諮議局的贊同下，或以諮議局的名義組織各

---

1 《雲南公電》，《時報》，1911年3月5日。

項活動。諮議局和紳、商、學各界聯繫密切，又是清政府承認的機構，這就為同盟會員們的活動提供了方便條件。

運動中，同盟會員們還注意爭取地方督撫如趙爾巽、增韞等人的支持，從而取得了公開活動的條件。

上海民族資產階級在全國有較大的影響。辛亥革命前，這一階級在各項政治活動中日益活躍。留日中國國民會注意聯絡上海民族資產階級的頭面人物和各地商界人士，這是正確的。但是中國民族資產階級發展不足，力量微弱，僅僅依靠這一階級決不足以成事。4 月 23 日留學生全體大會上，同盟會員夏重民提議發動勞動者反抗清政府，會議並就此作出了相應決議，這就找到了推翻舊制度的真正強大動力。遺憾的是，革命黨人始終未能貫徹這一決議，在辛亥革命的全過程中，他們始終找不到動員和組織勞動者的有效辦法。

在運動中，某些同盟會員還提出了一些很好的主張。例如劉揆一於 3 月上旬發表的《提倡漢滿蒙回藏民黨會意見書》，主張"融和漢、滿、蒙、回、藏之民黨"。意見書克服了革命黨人中長期存在的狹隘種族主義思想，強調各民族人民在反對瓜分問題上的一致性。意見書說："使滿人而知斷送滿洲桑梓地者為滿洲皇族也，知漢族不強滿族亦隨而亡也，知非建立共和政府，滿漢種族之意見終不能融洽也，吾恐漢人雖不革命，滿人猶當首先排去其皇族而傾倒其政府矣。"意見書提出了在各族人民之間"通氣誼"、"通業學"等計劃，認為這樣"內可傾倒政府，而建設共和國家，外可鞏固邊疆而抵抗東西強權"[1]。這是革命黨人在認識上的一個大飛躍。

《民立報》是革命黨人在上海的重要宣傳機關。宋教仁、于右任、范光啟等人在該報上發表了大量文字，宣揚愛國主義，為運動推波助瀾，其中，以宋教仁的作品為最突出。他先後發表《滇西之禍源篇》、《二百年來之俄患》、《承化寺說》、《現今中國外交形勢論》、《俄人何足畏哉》、《討俄橫議》等文，從世界大勢、邊疆地理、對外交涉等方面立論，說明"對英劃界"、"對俄改約"，是"近日存亡攸關"的大問題。他指責清政府"聾聵成性"、"冥頑不靈"，不

1　日本外務省檔案，MT16141，512—513。

知 "國際政局推移變化之理"，號召國民 "急起直追，以自為計"[1]。他和陳其美等一起，在聯絡上海資產階級、推動商團建設上發揮了重要作用。

同盟會成立後，在鼓吹和實行革命方面取得了巨大成績，但自 1907 年以後，它的弱點、缺點也已充分暴露，到了不能不變的地步。拒英、拒法、拒俄運動中，參加國民會領導的同盟會員的上述做法就體現了這種轉變；稍後，宋教仁等建立同盟會中部總會也是為了進行這種轉變。但是，形勢不等人，在同盟會尚未完成這種轉變的時候，武昌起義的炮聲就響起來了。

1　《現今中國外交形勢論》，《民立報》，1911 年 3 月 16 日。按，《宋教仁集》對此文及《俄人何足畏哉》均失收。

從 "排滿革命" 到 "聯滿革命" *

　　辛亥革命準備時期有個響亮的口號，叫 "排滿革命"，由於滿洲貴族集團對外投降帝國主義，對內實行民族歧視和壓迫政策，頑固地拒絕改革，因此，這一口號贏得了廣泛的社會同情，頗有 "一言排滿，舉國同聲" 之概。但是，到了辛亥革命前夜，卻出現了 "聯滿革命" 的主張，其代表作是同盟會會員劉揆一的《提倡漢滿蒙回藏民黨會意見書》，這是個迄今尚未有人論及，但卻值得大書特書的文件。

　　劉揆一（1878—1950），字霖生，湖南湘潭人。1903 年留學日本。1904 年在長沙與黃興等共同發起組織華興會，1907 年在東京加入同盟會，任執行部庶務幹事，代行總理職務。1911 年 3 月，因反對俄國侵略伊犁、英國侵佔片馬，東京留學生帶頭掀起反帝救亡運動。在此期間，劉揆一以傳單形式散發了這一文件，原件現存日本外務省檔案館。

　　該文一開始就說明主旨："吾人欲挽救今日中國瓜分之局，非改革今日之君主立憲未獲奏功，欲改革今日之立憲，非融和漢、滿、蒙、回、藏之民黨，亦有缺憾。" 接著，該文分析了中國面臨的危急形勢，認為中國只有實行共和，才能挽救危亡，與列強並立於世界。該文說：

> 　　浸假吾人而能傾倒政府，建立共和國家，則新中國之民氣，實足震懾全球，而彼時之德、美諸國，必可與之聯盟，英、法、俄、日之野心，亦必因而退步。

但是，為什麼革命黨人長期奮鬥而不見效果呢？該文認為，其原因之一就在於 "滿漢民黨種族之見存，未能舉國一致"。該文說：

---

*　本文錄自楊天石《晚清史事》，中國人民大學出版社 2007 年版；原載《團結報》，1988 年 2 月 9 日。

使漢人、滿人而各知愛國家、愛種族也，則是現今之君主政治，無論其為專制，為立憲，皆不足以救危亡，即無論其為滿人，為漢人，皆當排去之者也；且使滿人而知斷送滿洲桑梓地者為滿洲皇族也，知漢族不強滿族亦隨而亡也，知非建立共和政府，滿漢種族之意見終不能融洽也，吾恐漢人雖不革命，滿人猶當首先排去其皇族而傾倒其政府矣。

劉揆一不是階級論者，他不懂得階級分析。但他能將一般“滿人”和“滿洲皇族”區分開來，認為漢滿兩族有著共同的利害關係，“滿洲皇族”的賣國政策不僅違背了“漢人”的利益，而且也違背了“滿人”的利益，“滿人”應當“首先排去其皇族而傾倒其政府”，這不能不是一個相當深刻而正確的見解。

劉揆一進一步指出，在帝國主義的瓜分危機面前，不僅滿漢之間，其他各族之間也應該團結一致，他說：

滿、蒙失，則東北各省不易保全；回、藏失，則西北各省亦難揩揩，是吾人欲保守漢人土地，尤當以保守滿、蒙、回、藏之土地為先務。

他建議，中國各族人民之間廣泛展開交流，在此基礎上組織一個包含各民族的革命政黨 ——“漢、滿、蒙、回、藏民黨會”，共同進行革命。文章說：

為今之計，刻不容緩，先擇蒙、回、藏人之有知識者，與吾漢人及滿人通其氣誼，通其學業，然後多殖漢人、滿人於蒙、回、藏地，以改良其政俗；多移蒙、回、藏人於腹地，以聯絡其聲援，庶內可傾倒政府，而建設共和國家，外可鞏固邊疆，而抵抗東西強敵，此予提倡漢滿蒙回藏民黨會之大意也。

文章完全沒有早期革命黨人那種狹隘的種族主義情緒。主張“聯滿”、“聯蒙”、“聯回”、“聯藏”，把中國各族人民都看成是推倒清朝政府的革命力量，這是一個極為重大的進步，也是這一文獻在辛亥革命史上的價值所在。

為有炮聲動地來 *

—— 清末報紙對武昌起義的反應

80 年前，黃鶴樓側一聲炮響，立即震動了中國大地，各報紛紛以之為頭條新聞發表消息和評論。由於辦報人的觀點、態度、識見彼此相異，因此，對這次起義的反應也就各不相同。80 年過去了，重新檢讀當時的報紙，會獲得不少饒有意味的啟迪。

一、《民立報》

1910 年 10 月 11 日創刊於上海。前身是《民呼報》、《民籲報》。創辦人為于右任。它是革命黨人在上海的重要宣傳機關。1911 年 10 月 12 日（八月二十一日），該報在第二版專電欄內共刊出起義消息 11 條，茲錄其主要者如下：

> 十九日武昌兵變，聞有革黨乘勢起事，武漢間交通已斷。（二十日漢口電）
>
> 省城變起，聞因十八晚有黨人三名，身服陸軍制服，被統帶疑有不軌，捕解督署，立時正法，軍隊及黨人之在城內者遂即起事，以炸彈拋擲督署。聞督署及財政局、電報局均已被毀。護衛兵出而彈壓，相搏甚猛烈。瑞督已不知所往。（同上）
>
> 武昌亂事，黨人宣佈並不排斥外人。各國軍艦停泊漢口，共有五艘，均未行動。各教士、旅客亦無驚恐者。（同上）
>
> 十九日漢口俄租界中先發見炸彈忽然爆烈，即查有革黨起事謀劃，此

---

* 本文錄自楊天石《晚清史事》，中國人民大學出版社 2007 年版；原載台北《歷史月刊》1991 年第 10 期，後連載於《團結報》，1991 年 10 月 19 日、23 日、30 日，11 月 2 日、9 日。

信即傳至武昌，嚴行搜捕，連拿三十餘人，半係兵士，且將中三人正法，因激成大變，不可制止。正在轟鬧之時，忽報有人以炸彈三枚拋擲督署，各衙及電局同時起火，聞武昌城外營房亦皆被焚。（同上）

根據武漢地區革命組織共進會、文學社聯合大會的決定，起義原定 10 月 6 日（中秋節）舉行，由於湖廣總督瑞澂已有戒備，起義總指揮部決定改期於 10 月 11 日（八月二十日）起事。但 10 月 9 日（八月十八日）中午，共進會負責人孫武在漢口俄租界寶善里 14 號機關裝配炸彈，不慎爆炸，多人牽連被捕。10 月 10 日（八月十九日）晨，彭楚藩、劉復基、楊宏勝三人被害。當晚，工程第八營響起了第一槍，起義全面爆發。10 月 11 日（八月二十日），起義軍攻佔督署，瑞澂逃往楚豫兵艦，第八鎮統制張彪逃往漢口，《民立報》的上述報導雖然簡略，但除少數情節有誤外，大體正確。

10 月 13 日，于右任以騷心為筆名撰寫了《長江上游之血水》的短論。文云：

> 秋風起兮馬肥，兵刃接兮血飛。蜀鵑啼血兮鬼哭神愁，黃鶴樓頭兮忽豎革命旗。噫！長江上下游，七、八月間真多事哉！吾其歌乎？吾其哭乎！

又云：

> 嗚呼！蜀江潮接漢江潮，波浪瀰天矣！吾昨日登吳淞江口，而俯視長流滾滾者皆血水也。此三日間天地為之變色矣！噫！
>
> 革命黨者，萬惡政府下之產兒，故有倒行逆施之政府，欲求天下不亂而不得。何也？製造革命黨也。
>
> 天乎！天乎！誰為禍首，使天下糜爛至此，政府尚不自罪！

武昌起義使于右任喜悅萬分，透過字裏行間，我們也彷彿可以看到他那顆怦然跳動的心。但是，上海當時還處在清政府的統治之下，因此，于右任的這篇文章又有寫得含蓄的一面。它主要指責清政府，而沒有直接表示支持革命。

14 日，《民立報》刊出署名漁父（宋教仁）的社論《交戰時之中立論》，歡呼"外國竟承認革命軍為交戰團體矣，竟為革命軍守中立矣"，同時，刊出黎元洪小照，支持革命的態度更趨明朗化。不僅如此，它還在專電欄刊出倫敦、東京兩地"關於中國變亂的要電"：《泰晤士報》稱："中國全國人民皆深藏反對不良政治之志，此次流血，實於中國救亡之前途大有裨益。"東京各報稱："此次湖北革命軍舉事之得機，進行敏捷，並稱其嚴行軍律，不擾害外人生命財產，保護人民治安，深合文明舉動，其程度實在土爾其、墨西哥之上。"在"中國變亂"的標題下，借外報之口宣傳武昌起義的正義愛國性質和"文明"程度之高，具見編者的匠心與苦心。

二、《時報》

1904 年 6 月 12 日創刊於上海，創辦人為狄葆賢，該報最初接受康有為、梁啟超資助，但言論並不盡為康、梁所滿意。從主要方面看，它是江浙立憲派的喉舌。武昌起義，對於該報說來，頗有事出意料之感。因為 10 月 11 日，它還發表文章，批評清政府湖北當局"疑心生鬼，庸人自擾"，但是起義畢竟發生了。10 月 12 日，該報發表了一組"專電"其主要者為：

> 湖北革命黨聯合第八鎮新軍，昨晚（十九夜）起事，向督署圍攻，拋擲炸彈，全署被毀。瑞督保衛隊保護出城，不至遇難，現移駐楚豫兵輪。（二十日午刻漢口專電）
>
> 先是革黨在武漢密謀舉事，數月前勾通軍隊，輸運軍械，種種佈置，本定於四月間與廣州同時回應，嗣因廣州失敗，鄂防嚴密，故暫靜狀。此次川亂，鄂軍紛調入川，省城空虛，故乘機起事。初定十五日，繼又改期十八，擬圍攻督署，旋為英、法、德領事偵悉，密向瑞督告變，十八日下午遂下令閉城搜拿，先在小朝街拿獲三十餘人，內有女黨二名，並搜出炸

彈多枚，訊明首要三人，先行正法。次日仍閉城查搜，革黨見謀已洩，故即於是日下午起事。(二十日戌刻漢口專電)

《時報》是大報館，它在漢口有記者，所以能從 10 月 11 日午刻至亥刻不斷發電。它所發的消息，也大體正確。

當日，該報發表了署名"冷"的時評——《意料之外》，文云：

> 德法不交戰而意土交戰，出人意料之外；湘粵不抗路而四川抗路，出人意料之外；成都不失守而武昌失守，尤出人意料之外；廣州不失守而武昌失守，更出人意料之外。嗚呼，自今以往，出人意料之事，豈第止此哉！然而政府則猶夢夢！

冷，即《時報》主筆陳冷血。他的這篇時評寫出了武昌起義給予人們的巨大震動，作者並預言，"出人意料之事"將不斷發生，表現了一個報人的特殊敏感。次日，作者再次發表題為《黃興與蔭昌》的時評，文云：

> 武昌失守，漢陽又危，革命軍既有兵隊，又有軍械，與政府儼然有對峙之勢矣，而政府亦以對峙相待，命陸軍大臣統近畿軍隊乘車而下，相見於江漢之間。是役也，南北戰歟？人民與政府戰歟？革命與專制戰歟？其勝其敗，勢將大異。

該文以提問的形式指出了戰爭的性質，並且預言它的勝敗將深刻地影響中國大局。

作為江浙立憲派的喉舌，《時報》不贊成武昌起義。10 月 13 日，它曾發表社論，要求清政府懲辦主張鐵路國有的盛宣懷等人以挽回民心，消弭革命。但是，江浙立憲派在四次國會請願運動均遭鎮壓，特別是清政府組成皇族內閣之後，又有同情革命的一面，因此該報 10 月 14 日起特闢專欄，報導武昌和各地起義情況，透露了這個政治派別向革命轉化的趨勢。

三、《申報》

1872 年創刊於上海，最初創辦人為外商，1906 年歸席子佩所有，它的政治態度較保守。10 月 12 日，該報在專電欄以《武昌失守》為題發表了一組電訊，其主要者為：

> 鄂垣節前即傳革黨起事，初定 16 日，因嚴防未得逞，旋改 18 日，又為密探偵悉，捕獲革黨 20 餘人，起出炸藥數十箱。黨人知事敗，19 日即約同新軍倉卒起事，城中兵單遂失守。
>
> 鄂省城內新軍全行叛變，前日調防督署之馬步工兵各一隊，於轟攻督署時倒戈而起，與署內防兵力戰，旋將防兵擊逃，署亦焚毀。
>
> 革黨轟攻各署，傳係黃興為首，各黨人均猛勇力前，雖死弗卻。

《申報》所發消息，雖然是客觀報導，但"未得逞"、"全行叛變"等字樣仍然表達了該報的立場。值得指出的是，該報有聞必發，並不純以編者喜惡決定去取。有些消息，如"各黨人均猛勇力前，雖死弗卻"，倒正確地反映了革命黨人的英勇無畏精神。

該報當日尚有《記本埠驚聞武昌失守情形》一文，陳述該報對該項消息由懷疑到相信的經過，頗堪一讀。中云：該報 10 月 11 日上午 11 點接湖北省訪員來電，僅"武昌失守"四字。該報不敢發表。下午上海"紛紛傳說"，該報"以此事關係甚巨"，發電湖北訪員詢問詳情，但漢口商電已禁阻不通。當晚 12 點，該報又接到湖北訪員來電數則，這才相信消息確實。文末該報編輯感慨說：

> 嗚呼！川亂未已，鄂亂又起，何今日禍變之多耶！夫春間粵亂猶在沿海，此次川亂偏於西隅，今則革黨勢力已蔓延於長江流域矣！其情形之危，更非川、粵亂可比。因紀昨日本埠紛擾情形於此，願當道者速有以敉平之也。

《申報》雖然反對革命，但是該報還是有眼光的。它看出此次事變發生在中國腹心地區，因此遠非"粵亂"、"川亂"可比。當然，它完全沒有想到，"當道者"再也無法"敉平"了。10月13日，該報以《武昌革命》為題，發表署名"無名"的評論說：

> 省城陷，總督走，督署毀，張彪傷，武昌之革命已成為一發難收之勢，此其事為革命黨舉事以來最為成功之事。

本文不稱"叛變"，而稱"革命"，顯示了作者對革命黨人有一定的理解和同情。自1895年廣州之役以來，革命黨的多次軍事行動都失敗了，武昌起義一開始就氣勢不凡，因此，作者譽為"革命黨舉事以來最為成功之事"。文章接著分析四川和廣東、湖南等地的情況，認為必將聯袂而起。文章說："滿地亂機，如散炸藥，今復動以武昌之變，安有不受燃而火發者！"這一估計，迅速為歷史的發展所證明。

13日，《申報》在專電欄內刊載了革命黨人一通告示的"大旨"，文稱：

> 凡有藏匿官員或傷害外人，或欺侮商民，或阻礙商務，或屠殺人民，或焚擊漢口外國義勇軍者，均須梟首；凡有接濟革黨糧食、軍火，或保護漢口外國租界及外國教堂，或以敵人行動報告革黨者，均有酬賞。下署黃帝4609年8月某日。

這通告示譯自外文，所以已經失去原文風格，但它卻是通過新聞媒介最早公之於世的湖北革命黨人文件。

四、《大公報》

1902年6月17日創刊於天津。創辦人為滿族人英斂之。該報主張愛國維新，實行君主立憲，反對革命共和。10月13日，該報在"要聞"欄內，以《武昌革黨起事之警電》為題，發表了瑞澂致內閣、軍諮部、陸軍部請代奏的電報，在"諭旨"欄內發表了攝政王代擬的"上諭"，指責瑞澂"毫無防範，預為佈置，竟至禍機猝發，省城失陷"，命其"戴罪圖功"。同日發表署名無妄的《聞評》說：

> 粵亂甫平，川亂旋起；川亂未已，鄂亂又生。亂機之伏，幾如遍地火星，隨處可以觸發。"我瞻四方，蹙蹙靡所騁。" 其今日之謂歟！

《大公報》的政治態度也較保守，因此，黃花崗起義、保路運動、武昌起義一概被視之為"亂"，但它指出當時中國的形勢："幾如遍地火星，隨處可以觸發"，這和《申報》的估計如出一轍，說明有識者已經普遍感到了一場風暴的來臨。

14日，該報以《武昌亂事近聞一束》為題刊發了一組消息，其較重要者有：

> 茲聞當工程營兵變時，張彪督隊開槍，其將士竟無應者。
>
> 又聞漢口昨日又有警報到京，略謂漢陽兵隊又與匪黨聯合，鐵工各廠已被佔據，該匪黨竟敢照會駐漢各領事並張貼告示，謂不害商民，不擾外人，違令者斬。
>
> 又聞此次謀亂之鄂軍，實係步隊二標、炮隊一標、工隊一隊，共有六千人。現馬隊、輜重隊恐難免愍愍通氣。叛軍佔據省垣後，兵械、倉棧、工廠，均在握中，叛軍炮隊，炮數略有一百餘尊，其中內一營係山炮，故槍械子彈極為豐富。
>
> 又聞革命領袖即籍隸湖南之黃興。黃興者，革命中最激烈之人物，粵滇舉事皆其主謀。本年攻擊粵督衙署，敗後逃至新嘉坡，募捐軍餉，再到上海，來往滬漢之間專務鼓勵同志、黨員。

在上述各項消息中，除一處稱"革黨"外，其他均移"革匪"、"匪黨"，可見該報的政治立場，亦可見北方高壓的嚴重。值得指出的是該報將黃興視為武昌起義的領導者，除了因黃興領導黃花崗起義聲名顯赫外，也和武昌文學社、共進會的負責人長期埋頭苦幹不為人知有關。

武昌起義後，清政府迅速決定命正在永平秋操的第四鎮統制王遇甲率二、四兩鎮新軍各一部星夜赴援，命陸軍大臣蔭昌迅速趕赴湖北指揮各軍撲滅起義，又命海軍提督薩鎮冰率領海軍和長江水師開赴武漢江面配合。《大公報》不贊成清政府的這些"以殺示威"的做法，於同日發表文章，要求清政府"幡然悔悟，實力改革，與國民相見以誠"，認為這樣才可以"奪去革命之標幟，而彌天大禍可或挽回。"

當日《大公報》有《京師戒嚴之所聞》一文，可見清政府張惶失措的狀況。文稱：

> 日昨政府以武昌失守，革黨勢甚洶湧，京師不得不先事預防，業經擬定數則：（一）責成民政、郵傳兩部對於京漢、京奉等火車，須嚴行取締偵查。（一）責成郵部對於外省到京電報信件如稍可疑即予扣留。（一）責成民部通飭各區警兵一律荷槍守望，遇有形跡可疑之人須嚴加盤問。（一）責成學部嚴密調查此次遊學生以及各省到京復試學生身家履歷，試畢即行出京，各回本籍。（一）責成軍諮府、陸軍部對於駐紮近畿陸軍嚴防暴動。以上各條辦法，當即分飭遵辦。

五、《盛京時報》

1906 年 10 月 18 日創刊於奉天（今瀋陽）。創辦人為日本人中山島真雄。1911 年 10 月 14 日，該報在《中外要電》欄內刊出了有關消息。一為《武昌叛亂志詳》，文稱：

> 據漢口來電，19 日傍晚，革命黨約 300 人潛伏武昌，突襲督署，並隨處縱火，督署及藩司署均被燬。瑞莘帥及岑西林均逃漢口，或謂瑞莘帥避

難軍艦。湖北新軍勾通革黨，經瑞督調遣，抗不應命。軍營秩序壞亂，統制張彪聞為部下兵弁之所槍斃。

一為《武昌叛亂續報》，發表消息十三則，均為自上海，茲錄其數則：

> 湖北新軍之叛亂者計炮隊二營、步隊一營及工程、輜重等隊，尚有官軍仍留武昌者，現已一併加入革命軍矣。
>
> 督署已被焚去，藩司亦被搗毀，所有庫藏盡為匪黨劫奪，現省城全為革軍之所佔據。
>
> 革命軍先鋒計 5000 人，現向漢陽猛攻。佔據漢陽鐵工廠，而漢陽遂失守。

在上述各條消息中，除一處稱"匪黨"外，其餘均稱"革命軍"，當與消息來源有關。

該報當日中外要電中還有一條《孫文在滬消息》，文云："傳聞革命領袖孫文潛在上海，現擬在某處相機起事，（上海）。"消息雖不準確，但卻說明了孫中山的影響。

除報導有關消息外，該報第一版以顯著地位發表了題為《論武昌失守事》的論說。論文首先說明武昌失守，並非"兵變"，而是革命黨"混跡於各軍隊中，因而乘機以起事"；接著說明，革黨的勢力有增無減，失敗一次，增加一次，決不可能一撲即滅。論文的主旨在督促清政府真正實行立憲，它說：

> 革命之勢方彌滿若是，求所以消弭之者，蓋惟促憲政之進行，須不復蒙飾假面具以欺惑人民，則亦其要事也。若事事求勝乎吾民，一切措施，又率反吾民之所欲，則人民傾向於革命之意思多，少數之效忠盡順，又復何能為狂瀾之挽也乎？

該文要求清政府"不復蒙飾假面具以欺惑人民"，可見清政府的所謂"預備立憲"云云，早已信用掃地，沒有什麼人當真了！

六、《正宗愛國報》

1906 年 11 月 16 日創刊於北京。創辦人丁國珍。該報以尊君、尊孔、尚實、提倡公益、勸學、勸工為宗旨，"淨用白話"。由於處地清王朝的輦轂之地，因而對武昌起義的報導極其謹慎。10 月 12 日，它在"電奏"欄內刊登了瑞澂 10 月 10 日到內閣、軍諮府、陸軍部的電報，在"宮門抄"、"電旨"欄內刊登了 10 月 11 日的"上諭"。除此之外，別無反應。10 月 13 日，它在《國事要聞》欄內刊發了題為《武昌失守之警聞》的報導，文云：

> 本報昨天所登湖廣總督電奏，聞係 19 日午前所發，樞府察閱來電，有"弭患於初萌，定亂於俄頃"等語，深為慶倖。故 20 日上諭，慰勉甚厚。不料是日忽得武昌失守消息，謂 19 日下午，武昌突有大幫匪徒，撲攻省城各署，所有駐省工程營，輜重隊等新軍，率皆叛附匪黨。總督瑞澂，經警隊保護出署，當晚即乘兵船，逃往漢口。
>
> 又一消息。昨日上午，樞府接到鄂督自漢口來電，係 19 日晚發，報告此事情形甚詳，末言身在疆吏，不敢以一死塞責，不得已暫駐漢口，擬收集散軍，力圖恢復。惟現僅警隊百餘名可資心腹，此外新軍，不敢謂人人通匪，亦不敢謂人人可用，迄速調派北洋勁旅數營來漢，藉供調遣等語。

上述報導，基本上根據清政府方面的官方文件，但是"大幫匪徒"、"率皆叛附匪黨"云云，卻相當真實地反映出革命黨人的巨大聲勢，瑞澂所稱"僅警隊百餘名可資心腹"等語更突出地反映了這位總督的狼狽處境。

同日，該報還在《本京要聞》欄內以《警廳注重治安》為題報導云：

> 內外廳丞因武昌革黨暴動，京城地區丞應先事預防，以保治安，日昨特頒緊急訓令，通飭各警區一律遵守，志其大略於下：（一）各區巡警一律

帶槍守望，應用槍子，有無缺少，隨時稟請頒給。（一）各區添設馬巡，嚴密梭緝。（一）各區界內王大臣府等添設守衛。（一）各府等出入隨從，均須懸掛腰牌，巡警得以隨時稽查。（一）添派馬巡，應給薪水一律加倍。

此項報導亦可見當日清政府張惶失措的情形。

在此之後，該報關於武昌起義的報導突然中斷，其原因，在於清政府下令"暫緩登載"。10月15日該報刊登"示諭"云：

> 外城巡警總廳本月22日奉民政部紮開，准陸軍部諮開，聞查鄂省近有匪徒滋事，意圖倡亂，現已派兵剿辦，京師五方雜處，誠恐無知愚民散佈謠言，希冀煽惑，應即嚴加防範，以鎮人心，相應諮行查照，預為防範，為希傳知在京各報館，關於此次鄂省匪徒倡亂情事，暫緩登載等因到部，紮飭遵照，仰即遵照，暫緩登載可也。切切此諭。

俗話說，紙裏包不住火。清政府的"上諭"、"電奏"等官方文件已經首先洩露了秘密。當時，郵電、新聞等行業又已經粗具規模，巡警總廳的老爺們以為一紙"示諭"就可以遮住天下人的耳目，真是愚蠢得可以。革命的雷霆之聲豈是捂得住的呢！

湯化龍密電辨訛 *

一、有關人士言之鑿鑿

湯化龍是清末資產階級立憲派的頭面人物，曾任湖北諮議局議長、各省諮議局聯會主席。武昌起義後，出任湖北軍政府總參議、秘書、政事部長等職。多年來，不少史學著作都把他定為兩面派，是一項重大反革命密謀的參與者[1]。其根據是：他一面參加湖北軍政府，表示擁護革命，另一面又串連多人，秘密打電報給清政府，表示盡忠，陰謀推翻革命政權。由於這一事件不僅關係到湯化龍這個歷史人物的評價，關係到對清末立憲派的認識，也關係到如何正確地分析湖北軍政府的內部鬥爭，因而，不得不作一番認真的考察。

湯化龍等密電清廷一事在武昌起義後不久即開始流傳，但見之於文字記載則較晚，胡祖舜《六十談往》一書說：

> 據其文案之同鄉人林某，於民國二十八年，在四川北碚東陽鎮語余及李翊東曰："當日逢時、連甲，曾密集諮議局議長湯化龍、武昌謙記土莊經理李國鏞（號鈺珊，沔陽人，人咸呼為李老闆者），並自稱黎元洪代表之蔡登高（自稱南洋某中學投效者）、張振標（張彪弁目）等（時此數人已附革命軍，出入於軍政府），開會數次，意圖剿滅革命軍，曾聯電清廷請兵，謂元洪係脅迫而出，其電文即由化龍起草。" 此其密謀，世人鮮有知者。[2]

---

* 本文錄自楊天石《晚清史事》，中國人民大學出版社 2007 年版；原載《復旦學報》1981 年第 5 期。文中小標題為此次編集時新加。

1 見李時岳：《辛亥革命時期兩湖地區的革命運動》，生活・讀書・新知三聯書店 1957 年版，第 18 頁；郭沫若主編：《中國史稿》第 4 冊，人民出版社 1962 年版，第 188 頁；章開沅《武昌起義》，中華書局 1964 年版，第 78 頁；王來棣：《辛亥革命時期湖北軍政府剖析》，《近代史研究》1980 年第 1 期，第 143 頁。

2 《六十談往》，1944 年版，第 29 頁。

這一段記載很具體，涉及者除湯化龍外，有清八省膏捐大臣柯逢時、湖北布政使連甲、鴉片商李國鏞、黎元洪代表蔡登高、清軍第八鎮統制張彪的弁目張振標等，共六人。情況的提供者則是柯逢時文案的同鄉林某，是他親自對胡祖舜和李翊東講的。胡祖舜並說：蔡登高、張振標利用在黎元洪身邊伺候的機會，暗中勾結原工程第八營後隊排長、軍政府衛隊司令方定國，陰謀叛亂。10月14日傍晚，有大漢持燈來，以紙條匆匆交給方定國，方閱後立即撕碎嚥下。事為當時任軍政府敘賞長的李翊東發覺，即時逮捕方定國。經審問，供出與蔡登高、張振標同謀。結果，三人被槍決。連甲因事敗，央求林某帶領，於10月16日夜自武昌漢陽門縋城逃出。[1]

李翊東是和胡祖舜同時聽林某談話的人。他回憶說：

> 柯逢時（膏捐局督辦大臣）與黎元洪暗通消息，陰謀反動，如果事情成功，由柯代黎向清政府講情；如果事情失敗，由黎庇護柯逢時。當時湯化龍（諮議局議長）、連甲（藩台）、馬吉樟（臬台）幾個人在柯家聚會，由湯代連甲擬電稿，大意是："鄂軍變，總督不知去向，請速派大軍南下，並另委總督。" 此電由林敬之（此人現尚在重慶行醫）發出，又由連甲乘夜越城到河南請兵。[2]

這一段回憶與胡祖舜的記述大體相同，不少地方進一步具體化了。如：有了聚議地點 —— 柯逢時家；參與密謀的又多了一個人 —— 提法使馬吉樟；湯化龍起草的電報有了具體內容；文案的同鄉林某名叫敬之，電報就是他發出的。李翊東還有另一段回憶，又進一步補充了若干細節：電報是打給清政府軍機處的，"化龍主稿，逢時領銜"，電文為 "鄂軍變，督撫、統制不知下落，黎元洪暫帶鄂軍，請速派大軍南下，以平此變"。除電報外，還有一個條陳，要求清政府大赦黨人，以漢人為總督，請以陳夔龍復任，總督湖廣，黎元洪升統制等。李翊東並指出，連甲躲在柯逢時家，是半夜改裝易服，由林靜（敬）之引導，自

1　《六十談往》，1944年版，第29頁。
2　《座談辛亥首義》，《辛亥首義回憶錄》（一），1957年版，第10—11頁。

平湖門縋城而出的。[1]

在胡祖舜、李翊東之外，章裕昆也談及此事。他說：

> 湖北省諮議局長湯化龍，當起義之夕，匿不敢出；至二十日知瑞澂、張彪已逃，革命軍搶佔武昌並擁出黎元洪，遂乘機而與革命黨周旋。又慮其不穩，乃於軍事未定之際潛往六省煙膏督辦署，向督辦柯逢時借用密電碼，電告清廷，謂湖北全軍兵變，化龍決不從逆云云。首鼠兩端，可恥孰甚！[2]

章裕昆的這段記載較為簡略，只補充了一個細節，密電碼是向柯逢時借用的。

上述記載，雖有相互齟齬之處，有些情節也有明顯的破綻，例如：李國鏞，作為一個鴉片商人，有什麼必要邀請他到會？張振標，只是張彪的弁目，又有什麼資格能和"大人物"們並列？但有關人士言之鑿鑿，因此，不少研究辛亥革命的史家均深信不疑，視為可靠的史料。但是，筆者經過考察，覺得有關說法純係訛傳，並不可信。

二、與事實不符

胡祖舜、李翊東的回憶都涉及連甲。在傳說中，他是柯宅反革命密謀的核心人物，密電的聯名者，又是越城請兵的使者。他在武昌起義之後的活動日程是怎樣的呢？

連甲 10 月 21 日《致內閣總、協理大臣電》云：

> 竊連甲自八月初一日到湖北藩司任，至十九日（10 月 10 日 —— 筆者

---

1 《武昌首義紀事》，《辛亥首義回憶錄》（四），第 39 頁。
2 《文學社武昌首義紀實》，1955 年 4 月第二次印刷本，第 45 頁。該書 1952 年第 1 次印刷本沒有這一段記載。1964 年，章裕昆在《有關孫中山先生民主革命史料片段》（全國政協文史資料未刊稿）中放棄了這一簡略的記載，改用胡祖舜說。但他故弄玄虛，聲稱是根據湖北革命實錄館所藏材料寫的。筆者查閱過現藏於湖北省博物館的全部實錄館材料，發現章裕昆實際上是根據居正《梅川日記》寫的，而居正又是聽胡祖舜說的。

注）即遭兵變，守庫護勇，僅念八名，督率竭力守禦。匪用大炮轟毀頭二門，幸大堂先備有土袋垛積，得以隱身抵禦，槍斃悍匪多人。奈子彈告罄，電話又斷，相持至曉，藩署攻破，不得已避至署後土膏大臣柯逢時宅，探得瑞督院（指湖廣總督瑞澂 —— 筆者注）已登兵輪，當恐印信有失，交與柯逢時敬謹收存，追出城外，奔赴兵輪，協圖恢復。蒙瑞督院飭委，督辦糧台。[1]

這封電報告訴我們，10 月 10 日夜革命黨人起義之後，連甲曾督率士兵守護布政使衙門和倉庫，一直打到 11 日早晨，衙門被攻破，隨即躲到近旁的柯逢時家。在那裏，打聽到總督瑞澂已經逃到長江兵輪上，連甲即將布政使的大印交給柯逢時保存，然後追出城外，奔赴瑞澂乘坐的兵輪，被委任為"糧台"，督辦糧草軍需。電報沒有說清逃離武昌的具體時間，但這是可以查考的。《歐陽萼致袁世凱書》云：

> 方伯困在危城，二十日之夕，始由柯紳逢時令其喬裝，遣人護送潛出。[2]

方伯，明、清時代對布政使的美稱，這裏即指連甲。二十日，即陽曆 10 月 11 日。信中說，連甲是聽了柯逢時的話，"喬裝"打扮，被人護送偷偷地出城的。這與胡祖舜、李詡東所說，連甲半夜改裝易服，由林敬之帶領，縋城而出是一致的。

又，《瑞澂等報告武昌失守請派援兵電》云：

> 湖北布政使連甲、提學司王壽彭、交涉使施炳燮、巡警道王履康，均已微服出城。[3]

1　中國第一歷史檔案館藏。
2　《近代史資料》1954 年第 1 期，第 78 頁。
3　中國第二歷史檔案館編：《中華民國史檔案資料彙編》第 1 輯，第 170 頁。

微服，也就是"喬裝"的意思。本電發於 10 月 12 日。兩相印照，可證連甲在
10 月 11 日夜已經逃離武昌。胡祖舜定為 10 月 16 日是錯誤的。如果湯化龍、柯
逢時、連甲、李國鏞、馬吉樟、蔡登高、張振標等確有一次聚會，那麼，只能
在 11 日晨至當夜連甲縋城而出之前。這一天上午，湯化龍先是在家中接待來邀
的革命黨人代表，後是應邀至諮議局討論推舉都督，成立湖北軍政府的問題，
下午，仍在諮議局討論各項進行策略，[1] 根本沒有時間到柯逢時家參與密謀。如果
是在當夜，湯化龍是有時間了，但一下子串連六七個人也很不容易。武昌起義
的槍聲剛剛停息，柯逢時們要摸清彼此的政治態度需要時間，當天晚上就召集
這樣的反革命黑會，怎麼可能呢？而且，軍政府剛剛成立半天，黎元洪就能與
柯逢時"暗通消息"，並有一"代表"蔡登高參加會議，這也是很難想像的。

　　在 10 月 11 日至 12 日之間，連甲確有一封電報打給清朝政府，全文云：

> 內閣王爺中堂鈞鑒：鄂垣內外兵士倒戈，甲隻身困守，命懸須臾。盼
> 救。火速。連甲。[2]

文內說："隻身困守，命懸須臾"，既不是在布政使衙門督率士兵拒守時的口
氣，也不可能是逃離武昌之後的產物。連甲在布政使衙門被攻破後就逃到了柯
逢時家，顯然，這是在柯宅惶急無措時草擬的。本電未署發報日期，清政府的
收報日期是 10 月 12 日。護送連甲出城的林敬之曾自述發過一封密電，那麼，
本電的發出者應該就是他。值得注意的是，這封電報的署名人只有一個連甲，
足證所謂六七人密謀並聯電，"化龍主稿，逢時領銜"之說，完全不可靠。而
且，這樣小小的一份電報，連甲又有什麼必要藉手於他人呢？

　　上引《瑞澂等報告武昌失守請派援兵電》又云：

> 刻由匪黨與湖北諮議局公推原派混成協統領黎元洪為首，並由議員為

1　向訏謨：《治國日記》云："（10 月 11 日）午後，偕同學等在諮議局院內齊集休啟，謨同傅、李二人至局，
　　與湯議長濟武（即湯化龍 —— 筆者注）、胡議員于笏、李君玉山、蔡同學國槙會議我軍進行策略。"稿本，
　　近代史研究所藏。
2　中國第一歷史檔案館藏。

之主謀，安民告示即用鄂省大都督稱，並懸白旗，上書興漢滅滿，懸賞拿官字樣。[1]

此電特別說明，黎元洪係"匪黨與湖北諮議局公推"，"並由議員為之主謀"。瑞澂發這封電報時，連甲已經"微服出城"，並且顯然已經到了瑞澂身邊，他當然會向瑞澂報告自己在武昌的活動情況。如果作為諮議局議長，又參加了"公推"黎元洪的軍政府成立會的湯化龍確曾和連甲有過密謀，並聯名發電，那麼，瑞澂這裏怎麼會狠咬"諮議局"及其"議員"們一口？

連甲後來還有一份呈文遞給受清廷之命，主持湖北軍務的袁世凱，內容、文字與前引《致內閣總、協理大臣電》大體相同，自述在柯宅的一段則較為詳細，中云：

> 相持至黎明，藩署始被攻破。復擬赴督署，為亂兵所阻。繞至統捐大臣柯逢時宅，正在懸賞募人通信。適探瑞督已登兵輪，柯大臣即囑趨赴舟次，同謀恢復。又恐印信有失，交由柯大臣敬謹收存。連甲間道出城，奔赴兵輪，稟商一切。[2]

這份材料說明了，在連甲逃到柯宅之後，柯逢時先是"懸賞募人通信"，後又探得"瑞督已登兵輪"，再又囑連甲"趨赴舟次，同謀恢復"，二人之間確有密謀。但是，這份呈文連同前引《致內閣總、協理大臣電》都絕口未提召集湯化龍、李國鏞、馬吉樟、蔡登高、張振標密謀並聯名發電事，這當然不會是疏忽。第一，有湯化龍這樣身份的人物打入湖北軍政府，這是最重要的軍事情報；第二，連甲是管理湖北財政、民政的大吏，"庫儲失陷，究屬罪有應得"。[3]如果確有其事，他當然會向清政府和袁世凱報告，藉以邀功抵罪。試看他在電文中如何自述"竭力守禦"，"槍斃悍匪多人"即可以明白其心理。但是，在柯宅的經

---

1 《中華民國史檔案資料彙編》第1輯，第169頁。部分文字據中國第一歷史檔案館所藏原件校正。

2 轉引自《袁世凱致內閣請奏電》，《近代史資料》1954年第1期。

3 連甲：《致內閣總、協理大臣電》。

歷，卻只提了柯逢時一人。這就說明，在 10 月 11 日上午至當夜，根本不曾有過傳說中的那樣一次反革命密謀會。至於所謂"開會數次"，更加不可能。以後，連甲即受瑞澂委託，"督辦糧台"，也不曾潛入武昌，和柯逢時、湯化龍等有過什麼串連。

三、湯化龍的真實政治態度

至此，連甲、湯化龍之間不曾有過什麼密謀，這一點已經很清楚了。但是，還存在著一種可能：會不會是湯化龍、柯逢時、李國鏞等人之間有過密謀，而誤傳為連甲在內呢？這就必須進一步考察湯化龍等人在革命前後的情況和政治態度了。

作為君主立憲派，湯化龍不贊成革命。但是，人是會變化的。湯化龍原是立憲運動中的激進派，在維護川、粵、漢路權上和清政府存在著尖銳的矛盾。1909 年 11 月，他在漢口聯絡紳、商、軍、學各界組織商辦鐵路協會，和清政府出賣路權的行為進行鬥爭。當時人回憶說：在湖北鐵路協會成立大會上，湯化龍曾歷數時政的腐敗，特別嚴厲抨擊郵傳部大臣盛宣懷，認為郵傳部把張之洞費了很大力氣收回來的川、粵、漢鐵路建築權重又送給外人，無非是想在借款時攫取巨額回扣，是媚外肥私，喪權賣國。他號召湖北全同胞踴躍籌集築路款項，抵制外債，爭回路權，以救亡圖存。[1] 1910 年 11 月，立憲派所發動的第三次國會請願運動失敗，清政府發佈上諭稱："所有各省代表人等，著民政部及各省督撫剴切曉諭，令其即日散歸，各安職業。"[2] 這樣，國會請願代表團便被迫解散，立憲派分子對清政府的憤懣增加了。湯化龍與四川立憲派頭子蒲殿俊等在北京密議："若日後遇有可以發難之問題，則各省同志應即竭力回應，援助起義獨立。"[3] 此後，湯化龍開始向革命派靠攏。1911 年春，文學社革命黨人劉堯澂通過李廉方介紹，曾經和湯化龍有過一次晤談。其間，劉、李二人談起，

1　李建侯：《武昌首義前後憶事八則》，《辛亥革命回憶錄》（二），第 80 頁。
2　《宣統政紀》，第 45 卷，第 4—5 頁。
3　參見《徐佛蘇記梁任公先生逸事》，《梁任公先生年譜長編初稿》，上冊，台北版，第 314—315 頁；伍憲子：《中國民主立憲政黨黨史》，香港版，第 16 頁。

有人去武勝關"察看"，缺乏路費。湯化龍聽說，立即資助二十元。[1] 劉堯澂的身份，湯化龍不會不清楚；去軍事要地武勝關"察看"什麼，湯化龍也不會不明白。他拿出的錢數雖不多，但卻表現了思想上的一個重大變化。

同年 5 月，清政府成立皇族內閣。6 月，各省諮議局聯合會在北京召開第二次會議。湯化龍於入京前，在漢口車站發表了慷慨激烈的演說。此後，聯合會曾兩次上書清政府，反對皇族內閣，都遭到清政府呵斥。這樣，湯化龍等和清朝貴族分享政權的幻夢最後破滅。在此同時，保路運動發生，蒲殿俊一度表示："國內政治已無可為，政府已彰明較著不要人民了。吾人欲救中國，捨革命無他法。"他派出代表與湖南、湖北、廣東各省諮議局聯繫，聲言："四川準備已甚充足，以袍哥、棒客為基礎，人數眾多，遍佈全川。將來舉事時，尚求各省協助，以祈早日成功。"[2] 9 月 7 日，蒲殿俊等被四川總督趙爾豐誘捕，湯化龍等對清政府的憤懣就更為強烈。有人回憶說：

> 川漢鐵路問題發生……革命有一觸即發之勢，因與其平日最親信的胡瑞霖、阮毓崧等在時象晉家商議（都是諮議局議員）數次，時受其子功玖（留學日本，參加同盟會）的影響，思想較為進步，主張革命爆發，我們應該參加，不應該避開。湯計乃決。[3]

這裏所反映的情況完全符合湯化龍的思想發展邏輯，說明在武昌起義前，湯化龍已經有了附和或參加革命的準備。10 月 11 日，他在湖北軍政府成立會上說："對於革命，鄙人素表贊成。"[4] 這裏固然有對自己的美化，但也不完全是違心之言。

武昌起義之後，湯化龍主要做了下述工作：

1. 參與創立和支持湖北軍政府。10 月 11 日上午，革命黨人邀湯化龍到諮議局開會，建議他出任都督。湯化龍考慮到時局未定，猶豫過，也心動過，"未

1　參見李廉方：《辛亥武昌首義記》，第 15 頁；《前文學社同人公啟》，《辛亥革命》（五），第 4 頁。
2　粟勘時：《湘路案》，《辛亥革命》（四），第 551—552 頁。
3　彭伯勳：《我所知道的湯化龍》，全國政協文史資料未刊稿。
4　曹亞伯：《武昌革命真史》正編，第 36 頁。

有絕對拒絕意"[1]，但他考慮到清政府必定迅速派兵來鄂，進攻起義軍，因而建議首先通電各省，請一致回應，同時表示："此時正是軍事時代，兄弟非軍人，不知用兵，關於軍事，請諸位籌劃，兄弟無不盡力幫忙。"[2] 這些意見，應該說是認真的、積極的。下午會議結束前，胡瑞霖發言對起義軍的嚴明紀律表示欽佩，自動聲言："諸同志如需用款項，諮議局可先墊借五萬元。"[3] 當晚，胡瑞霖即送來大銀寶一百四十九個，小銀錠十五個。[4] 胡瑞霖與湯化龍是兒女親家，多年來政治活動的老搭檔。他的這一舉動自然是徵得湯化龍同意的結果。此外，湯化龍還控制著漢口各團體聯合會，該會擁有一支商團性質的武裝，配備著兩千條毛瑟槍。在光復和保衛漢口的戰爭中，漢口各團體聯合會出錢、出糧、出人，發揮了很大作用。[5] 這顯然也與湯化龍的態度有關。

2. 以諮議局名義通電全國。電文說："清廷無道，自召滅亡，化龍知禍至之無日，曾連合諸公奔赴京都，籲請立憲。乃偽為九年之約，實無改革之誠。溥儀豎子黃口，攝政愚謬昏庸。兵財大權，存亡所繫，而竟摒棄漢人，悉授親貴。" 又說："維新絕望，大陸將沉。吾皇皇神明之裔，豈能與之偕亡？楚雖三戶，勢必亡秦；非曰復仇，實求自救。武漢義旗一舉，軍民振臂一呼，滿酋瑞澂，倉皇宵遁。長江重鎮，日月重光。立乾坤締造之丕基，待舉國同心之回應。特此通電告慰，望即不俟劍履，奮起揮戈，還我神州，可不血刃。"[6] 該電主要譴責清政府的假立憲和皇族內閣，確係請願運動失敗之後立憲派心理的表現。應該承認，這份電報在動員各省諮議局人士附和革命上是起了作用的。

3. 演說鼓動。除 10 月 11 日下午軍政府成立會外，湯化龍還在諮議局台階上發表過一次演說，略云："本局為國民代表，原有興復責任。既經諸君推舉。事已成局，自當盡死報命，成則共圖勳名，敗則生靈塗炭。我漢人從此揚眉吐氣，在此一舉，我漢人萬劫不復，亦在此一舉。"[7] 當時，有一個在武昌的清朝

1　李廉方：《辛亥武昌首義紀》，第 103 頁。

2　曹亞伯：《武昌革命真史》正編，第 36 頁。

3　李春萱（作棟）：《辛亥首義紀事本末》，《辛亥首義回憶錄》（二），第 169 頁。

4　向訏記：《治國日報》稿本，近代史研究所藏。

5　朱正齋、李猿公：《清末漢口各團體聯合會的組織、發展及其在武昌起義中的作用》，全國政協文史資料未刊稿。

6　張國淦：《辛亥革命史料》，第 101 頁；參見《李國鏞起義日記》，第 3 頁。

7　《時報》，辛亥年八月二十八日；部分文字據《各省獨立史別裁》（1912 年 4 月版）校正。

官僚記載說："湯化龍等到處演說，以'某省已陷，某軍同黨，第六鎮（指吳祿貞所率隊伍 —— 筆者注）來，已備歡迎'等語，借維眾心。"[1] 可見，湯化龍發表演說還不止一兩次，他對鼓舞和安定人心是重視的。

4. 對外宣佈政策。10 月 13 日，美國領事訪問湖北軍政府，湯化龍隨同黎元洪接見。美國領事問及擬採何種政體，湯化龍明確答覆："共和。"[2]

5. 動員海軍起義。10 月 12 日，清海軍提督薩鎮冰率艦隊抵鄂。薩是黎元洪的老師，湯化龍曾建議以黎的名義致書薩鎮冰，動員海軍起義。[3]11 月，薩鎮冰率艦隊東下，湯化龍的弟弟、海軍高級參謀湯薌銘等在九江起義。九江軍政府向武昌請示，湖北軍政府即派革命黨人李作棟帶著湯化龍的私函前去聯繫。[4]不久，湯薌銘即率艦隊航返武昌，參加對清軍的作戰。

6. 反對譚延闓任湖南都督。10 月 31 日，湖南發生兵變，革命黨人焦達峰、陳作新被殺，立憲派頭子、湖南諮議局議長譚延闓出任都督。11 月 1 日，湖北軍政府接得湖南另舉都督的來電，當時，還不知道焦、陳已經被殺，黃興、宋教仁都反對捨焦達峰而另舉他人。湯化龍雖和譚延闓是國會請願運動中的老夥伴，但他也不以譚出任都督為然。他說："軍事緊急之秋，一省都督，不宜文士，當用武人。"當黎元洪表示"吾輩但賀新都督，不問舊都督"時，湯化龍和黃興、宋教仁一起離開了會場。[5]

7. 參與制訂《鄂州約法》。《鄂州約法》是按照共和國理想制訂的第一個地方法律。它的執筆是宋教仁，但湯化龍曾參加討論，"相與讚賞"。[6]

湯化龍在湖北軍政府任職期間也有嚴重錯誤。其一為排斥革命黨人。參加軍政府工作的革命黨人大多為新軍士兵和青年學生，政治上不成熟，缺乏經驗。因此，軍政府一度出現過較嚴重的忙亂現象。湯化龍藉機對軍政府進行改

1 王孝繩：《辛亥武昌兵變旅行記》，《辛亥前後》（盛宣懷檔案編），第 204 頁。

2 黃中愷：《辛壬聞見錄》，近代史研究所藏抄件。

3 《李欽甫略》："請黎都督以師生之誼勸其投誠，都督然之，請化龍書一件，欽持書偕胡鄂公往投。"見湖北省博物館藏原湖北革命實錄館檔案，（三）110 號；朱峙三：《歷變記》稿本同此說。胡鄂公：《武昌起義三十五日記》則云："化龍請黎公致函薩鎮冰及各艦艦長，黎公允之，予遂推薦秘書草擬信稿。"見《辛亥武昌首義史編》，台北版，第 996 頁。

4 李春萱（作棟）：《辛亥首義紀事本末》，《辛亥首義回憶錄》（二），第 206 頁。

5 《武昌革命真史》正編，第 225—226 頁。

6 黃中愷：《辛壬聞見錄》，近代史研究所藏抄件。

組，大量任用原立憲派，遭到革命黨人的反擊。其二，在和袁世凱議和過程中態度有某種動搖。漢口被清軍馮國璋部攻陷後，袁世凱派蔡廷幹、劉承恩二人到武昌議和。湯化龍曾為黎元洪起草過一份給袁世凱的復函，中稱："嗣又奉讀條件，諄諄以立憲為言，時至二十世紀，無論君主國、民主國、君民共主國，皆莫不有憲法，特其性質稍有差異，然均謂之立憲。將來各省派員會議，視其程度如何，當採取何等政體，其結果自不外立憲二字。特揆諸輿情，滿清恐難參與其間耳。"[1] 這裏，在是否必須實行共和政體上語意模棱，但在反對清政府這一點上，態度仍是堅決明確的。

綜上所述，在武昌起義前夕，湯化龍已經對清政府絕望，有了參加或附和革命的思想準備；起義之後，他有過猶豫，但從總的方面看，對這場革命的到來是歡迎的、支持的。這樣的人，當然不會密電清廷，參與反革命的串連。

"密電"案還牽涉到李國鏞。在有些史學家的著作中，他也是個壞人。但事實是，他雖屬立憲派，但卻早與吳祿貞等革命黨人有來往，曾受到地方紳士控告，稱他"藉辦學之名，內部宗旨恐不純正"。[2] 湖北地區的革命團體科學補習所、日知會開辦時，他都曾捐款支持。關於這一方面的情況，1965年章裕昆發函向張難先調查，其子張徹生答覆說：

> 四月二十一日信已念給家父聽了，說所詢李國鏞之捐財資援革命事，因渠個性慷慨，出財資助日知會與科學補習所是事實。在我出獄時，他還送我一點錢的。[3]

1907年初，清政府封禁日知會，張難先是和劉靜庵等一起被捕的九個革命黨人之一，後被保釋出獄。李國鏞對科學補習所和日知會的內情不一定很了解，但他在張難先出獄後，仍然肯於資助，這說明他是一個有進步傾向的人，而不是一個維護清朝政府統治的狂熱分子。李國鏞曾經寫過一本《起義日記》，

---

1 《黎元洪等致袁世凱書》，《近代史資料》1954年第1期，第73頁。所據原件，據字跡判斷，認為是湯化龍所寫。
2 《李國鏞起義日記》，第2頁。
3 湖北省博物館藏，（三）555號。

敘述他在湖北軍政府成立以後贊成革命的情況，雖不無自我誇耀之處，但和其他史料對勘，不少事情還是可信的。這樣的人，當然也不會參與推翻湖北軍政府的串連。

有些回憶還提到馬吉樟。他是清朝官吏，但其人昏庸愚怯。武昌起義後，他先是穿好服裝頂戴，坐在提法使大堂上，說是等革命黨人來殺，"庶得殉節"[1]，隨即又派人打聽向民軍的"投降手續"[2]。顯然，也不會參與密謀。

至於蔡登高和張振標，根據現有資料看，他們確實和清方有勾結，也有陰謀，但既與湯化龍、黎元洪無關，也與柯逢時、連甲沒有牽連，他們是清軍第八旗統制張彪派來的。關於此，李翊東回憶說：

> 廿一晚（10月12日），有一大漢手持燈籠，倉皇奔至方定國前處，遞一紙條。方閱後即撕，嚥口內，該大漢轉身欲逃……翊東乃令將該漢抓住，訊知其為旗兵，並供出同謀者有江〔張〕振標、蔡登高等十餘人……翊東以方定國通敵證實，遂將方之徽章、軍刀及手槍摘下，押入邢伯謙同志軍裝處辦公室。當場又下令將江〔張〕振標、蔡登高及要（姓名忘之）等三人拿獲。比即訊知，江〔張〕係張彪馬弁，蔡登高皆張派來之偵探。[3]

李翊東是破案人和主審人，此文寫於1930年，是他關於這件事的最早回憶，還沒有受到"密電"說的影響，應該是可信的。

前引材料已經證明，柯逢時是反對革命的。但他原來是個連辦洋務也反對的頑固分子。[4] 後來出任江西、廣西巡撫、八省膏捐局督辦大臣等職。"性刻薄，善聚斂"，名聲不好。[5] 他和湯化龍政治上並不是一派，平時交往也不多。武昌起義後不久，他們就能推心置腹，冒險作反革命的串連，這是與情理不合的。[6] 附

1　黃中愷：《辛壬回憶錄》，近代史研究所藏抄件。
2　黃中愷：《辛壬回憶錄》，近代史研究所藏抄件。
3　《書吳醒漢武昌三日記後》，手稿，上海圖書館藏。
4　1899年，西太后召見柯逢時，問他："洋務該如何辦？"柯逢時答道："洋務可不必辦。近來辦洋務之人未必有心國家，總要取心術純正者辦理為是。"見《柯逢時日記》，湖北省博物館藏稿本。
5　胡祖舜：《六十談往》，第28頁。
6　居正：《梅川日記》提到的"密電"案參與者還有陳夔龍，其實，陳於1909年已自湖廣調任直隸總督，一直未離任。

帶指出，隨著形勢的發展，柯逢時的態度也有了某些變化。10 月 21 日，他出任"守中立"的武昌保安社社長，只求"保安"身家了。

綜合上述各點考察，筆者認為，所傳湯化龍"密電"一案不足憑信。

四、以訛傳訛

現在，須要進一步考察"密電"說的由來。

俗話說，無風不起浪，完全荒誕的謠言是不會有市場的。某些訛傳之所以能擴散，常常是因為它確有某些真實或似乎合理的部分，有特定的背景，結果，以訛傳訛，加進去的想像、猜測愈來愈多，距離事實真相也就愈來愈遠了。

筆者認為，湯化龍"密電"案就是這樣一種訛傳。

如前所述，連甲在 11 日躲到柯逢時家中，二人之間確有密謀，連甲給清政府發有密電，他是在改裝之後由柯逢時派林敬之送出武昌的。這是事實。

武昌起義之後，柯逢時也給清政府發過電報。《時報》記載說："聞柯逢時有電至京，糾參鄂督瑞澂辜恩溺職，非明正典刑，不足以折服人心。"[1]

湯化龍也確實起草過給清政府的電報。湖北軍政府首任交通部部長李作棟回憶說："（湯化龍）為了表示心無別意，說柯逢時家中有與清廷軍機處通電的'辰密'電碼，建議我們利用這個密碼，藉瑞澂名義向各省打電求援，在電文中誇大革命軍聲勢，以造成清方的混亂。我們贊成這個意見，就由我與陳雨蒼兩人到柯家取出密碼，由湯化龍擬電稿，由夏維崧送往漢口俄領事館發出，對俄領事只說這是民軍方面的密電。"[2]當時任交通部副部長的李欽則說："當獲武昌電局送皖撫朱家寶詢鄂中革命情形致瑞澂密電一通，欽率人向柯逢時索取密碼，當即據來電以瑞澂名義覆去，力述革命黨勢焰甚盛，請即派兵助剿。"[3]李欽的這段敘述比較簡略，但他補充了一個細節，即是由安徽巡撫朱家寶詢問鄂中情形的來電引起的。除李作棟、李欽外，李廉方也從湯化龍、胡瑞霖處聽說

---

1 《時報》，辛亥年九月四日。

2 《座談辛亥首義》，《辛亥首義回憶錄》（一），第 14 頁。

3 《李欽事略》，湖北革命實錄館檔案，湖北省博物館藏，（三）110 號。

過這件事。他又補充了幾個細節：電文內容大意為，瑞澂聲言"退駐兵艦，死守待援"；夏維崧向俄領事商洽發報，是冒充瑞澂委託等。[1]

武昌起義初期，各省還處在清廷控制下，要擴散武昌起義的影響，對清朝統治者和各省官吏進行攻心戰，湯化龍所提建議不失為一個有效的辦法；於此亦可見湯化龍傾向革命的苦心。據當時在清軍諮府任副使的哈漢章說："清廷從俄國公使館接得轉來的電報後，大為驚慌，立即召開御前會議，竟商量如何退往熱河的問題。[2]

李作棟、李欽、李廉方都是當事的革命黨人，所述自亦可信。此外，現存文獻材料也可以提供一點證明。在中國第一歷史檔案館所存未刊檔案中，有河南巡撫寶棻10月14日的一封電報，中云：

> 內閣、軍諮府、陸軍部、度支部、郵傳部、各省制台、撫台鑒：辰。武昌失陷，督署密碼電本恐已為賊所得，昨晚敝處接漢口車站發來辰密電一件，既未標明辰密字樣，下署瑞澂又無印字，種種均與京外通告電式不合，且有借款購糧，運送劉家廟，備大軍之用等語，詞意支離，尤為可疑。此事關係甚巨，格外留意為幸。棻。漾。

寶棻接得的漢口瑞澂來電為"辰密"，李作棟從柯逢時處借得，由湯化龍擬稿發出的也是"辰密"，二者相合。"種種均與京外通告電式不合"，"詞意支離，尤為可疑"，這些地方，說明寶棻接得的可能就是湯化龍所作的贗品。

筆者認為，所傳湯化龍"密電"案即上述幾件事的訛傳。它有某些"真實"的部分，又有若干猜測和想像。

湯化龍原來是立憲派。武昌起義之後，他雖然得到一部分革命黨人的信任，但也受到一部分革命黨人的猜忌。湖北軍政府成立不久，軍政府中就發生了衛隊司令方定國等人的謀叛案，湖南發生了譚延闓謀殺焦達峰、陳作新案，湯化龍本人又確有向革命黨人奪權的舉動。這些地方，都會加強革命黨人對湯

1　《辛亥武昌首義紀》，第105—106頁。
2　《座談辛亥首義》，《辛亥首義回憶錄》（一），第14—15頁。

化龍的警惕。10 月下旬，在清陸軍部任代司長的革命黨人蔣作賓南下武昌，由湯化龍單獨迎接。一部分革命黨人不了解蔣作賓的身份，懷疑他的來意，也懷疑湯、蔣之間的關係。[1] 在上述種種情況下，由某些片斷事實和蛛絲馬跡而敷演出"密電"說，是很自然的；而護送連甲出城的林敬之，由於他了解某些事實，而又不了解全部事實，則很容易參加"密電"說的創作並成為它的證明者。

五、"密電"案不足憑信

筆者無意於全面為湯化龍辯護。在武昌起義前後，湯化龍的活動有功也有過，這是需要另作分析的，本文只想指出，所傳"密電"案不足憑信，湯化龍並未與柯逢時、連甲、黎元洪等串連，陰謀推翻湖北軍政府，據此判定他是兩面派是不符合事實的。

附記：本文收集材料過程中，得到中國第一歷史檔案館和《歷史檔案》編輯部方裕謹同志等的熱情支持，謹致謝意。

1　胡祖舜：《六十談往》，第 35 頁。

康有為的聯滿倒袁計劃 *

——讀台灣所藏梁啟超未刊函稿

一、梁啟超的一份重要密函

台北"中研院"近代史研究所檔案館藏有梁啟超致康有為未刊函件多通，其中有一通反映出 1911 年武昌起義後康有為的重要政治計劃，值得認真加以釋讀。

函云：

今日第一義在先決吾黨行止。弟子於北行之事總有不能釋然者。前此有所希於公路，今彼乃如此，亦幸而未與共事耳！今日所希者，恐亦猶是。蓋總不免求之在人，恐斷未有能行吾志者。時〔昨〕覺頓攜來一紙，可謂纖悉周備，而弟子猶有深念者數事：

一、滿人果可與共事否？

袁若去，則鐵良、良弼等必出。此輩素以排漢為事，恐未必能推心於我。

一、即能共事，其利害若何？

如此必明與民族主義為敵，代人受矢，以後興望盡失。

一、我輩果能得全權如今袁氏否？

恐不能。彼有兵而我無之，臨時聯絡，基礎甚薄，不為人所憚，且彼今方擬引趙爾巽、陳夔龍輩，此輩又豈可共事者。

一、袁倒後我乃往乎？抑先往乃與各團共倒之乎？

---

* 本文錄自楊天石《晚清史事》，中國人民大學出版社 2007 年版；原載《復旦學報》1997 年第 6 期。

先往自倒之，則可得實權，以後一切措施皆易，然漫然張空拳以當南北極強之敵，恐無此辦法。若待彼倒後乃往，其可慮者有二：（一）袁倒後旬日間都中人無所恃，恐秩序全破，已為莠民所乘，不復可收拾。（二）若彼中有人能維持秩序，則其人必甚才，既有才人，則輿望歸之，而彼之相需於吾輩者必不甚殷。我之歸否，彼不甚以為重，即歸亦寄彼籬下耳。而以後一切為彼分過，是否值得？質言之，則袁去後若能維持秩序，則其人必非趙、陳輩而鐵、弼輩也。我寄鐵、弼輩籬下是否得策？將來是否能有所轉圜，以收暫時已失之人心，最當熟計。捨此則惟有即日起行親往倒袁耳，然似太險。

一、我即能得全權，如今之袁氏，能否得天下之賢才相與共事？

現在海內同志無一人不以沉幾觀變相勉，我若驟出，恐最親信之人亦且量而後進。他勿論，即孺博、佛蘇、覺頓，亦恐不肯相助。佛蘇忽來一電沮北行，又昨有一電，亦言切勿往。竊計此皆都中同志，頗知蒙王等及其他各團體有敦迫消息，恐吾輩貿貿然應之，故皇急相沮也。藍志先亦有□（電）來，言都中盛傳吾二人已至，且有登報問住址者，彼擬登報代辨云云，黨中不欲吾輩輕出，幾成輿論。若排眾議而往，必盡失黨人之心，以後誰與共大事者？

一、北軍究竟能戰與否，實屬疑問。

餉項如何，已屬極可憂。就令稍可支，而北中各處蠢動，防不勝防，兵力分疲於守禦進攻，慮非可恃。

函中，梁啟超對康有為拒絕承認現實的主觀主義的思想方法提出了嚴厲的批評。函云：

師所論或亦有之。然遽斷其必如是，得毋太武！漢陽復後，英日出而調停，此眾目所共見者。英美商團請遜位，其建言書亦見各報，何由盡指為偽？吾師論事論學，凡既標一說，則一切與己說反對者，輒思抹殺之，論理學所謂隱匿證據是也。似此最易失其平。

偶因茲事，更申昨函所言。至此事果為塚骨造論與否，原可備一說，但願師勿持己腦中所構造之事實以誤真相。凡論一切，皆謹於此耳！

末署兩渾。

本函未署年月。函中言，"漢陽復後"，按，馮國璋攻佔漢陽，時在 1911 年 11 月 7 日。此函必作於其後。函中又言："袁若去，則鐵良、良弼等必出。"按，良弼於 1912 年 1 月 26 日被革命黨人彭家珍炸傷，兩天後死去，此函必作於良弼被炸，死訊公佈之前。函中所稱 "公路"、"塚中枯骨"，均指袁世凱。"覺頓"，指湯覺頓，康有為弟子。函稱："時〔昨〕覺頓攜來一紙，可謂纖悉周備。" 湯覺頓帶給梁啟超的 "一紙" 當是康有為的計劃，本函是對康有為計劃的問難。它反映出，1911 年武昌起義後，康有為曾企圖聯絡滿蒙親貴，搞掉袁世凱，控制中央政權。

二、武昌起義前後康、梁等人的宮廷政變密謀

康有為、梁啟超因擔心大規模的武裝起事會造成社會動亂，因此，在自立軍失敗後，即逐漸轉向推動立憲運動，企圖動員社會輿論，迫使清政府接受改革；同時，在有機可乘之時，康、梁等也積極策劃宮廷政變，以期用最不引起社會震動、損失最小的方式取得最大的收穫。1909 年，溥儀登基，載灃攝政，為改良派帶來了新希望。梁啟超等人即積極聯絡滿族親貴，和掌管軍諮處事務的郡王載濤及載洵建立聯繫。當時，載濤和慶親王奕劻、貝子載澤有矛盾，向改良派打入北京作地下工作的潘若海問計，潘建議他一面收撫禁衛軍，一面拉攏駐紮保定的新軍第六軍統制吳祿貞，準備在 1911 年夏曆九十月間，裏應外合，發動政變，消滅奕劻與載澤等，掌握政權。[1] 計定，梁啟超即利用華僑捐獻的大量金錢，收買禁衛軍，幾乎將 1910 年各方所得全部投入，以致啞巴吃黃連，無法回答同黨的詰問。武昌起義後，清軍第二十鎮統制張紹曾和第二混成

---

1 《梁啟超年譜長編》，上海人民出版社 1983 年版，第 554 頁。

協協統藍天蔚計劃在灤州舉行兵諫，聯名要求清廷改組皇族內閣，召開國會，實行立憲。梁啟超即準備急馳回國，利用禁衛軍實現上述計劃，擁立時已擔任軍諮府大臣的載濤為總理，收撫革命黨人，消弭起義。康有為同意梁啟超的這一計劃。10 月 26 日，他在致徐勤密函中說：

> 適有機會，北中兵事，有熟人，亦有親貴，欲脅以改政府，即以資政院改國會，併合十八省諮政局議員，且罷征討軍令，往撫之。已發要人數四，入北運動。若不得，則欲募壯士數百為之，否則土頭亦必自專，亦無我等回翔地矣！事之成否，書到已見，遠亦決行。亡國恆於斯，得國恆於斯。[1]

這裏所說的"北中兵事，有熟人"，即指吳祿貞等；所說"亦有親貴"，指載濤等；"土頭"，指袁世凱；所說"遠"，指梁啟超。本函表明，康有為企圖搶在袁世凱成氣候之前取得政權。"事之成否，書到已見。"張紹曾、藍天蔚計劃發動的日期為 10 月 29 日，故云。

　　然而，就在梁啟超整裝待發之際，忽然得到"袁黨"調毅軍統領姜貴題率兵入衛京師的消息，政變計劃橫生阻礙，急得梁啟超大喊"真是魔障"。這樣，他就猶豫起來了。

　　政治鬥爭中沒有一成不變的固定敵人。戊戌政變後，梁啟超等雖然把袁世凱視為不共戴天的仇敵，力謀去之而後快，但是，這以後，袁世凱的勢力急劇膨脹，已經去之不能。姜貴題帶兵入京後，梁啟超即有與袁世凱"言和"，共同對付革命軍的考慮。張紹曾等在灤州舉事後，清政府於次日下詔罪己，表示將"維新更始，實行憲政"，同時，宣佈開放黨禁，赦免黨人。這一切，使梁啟超處於久未有過的興奮中。11 月 3 日，梁啟超致函徐勤，確定"和袁、慰革、逼滿、服漢"的八字方針，然後懷著要指揮一場大戰的心情自日本回國。[2] 他準備先到灤州住一宿，然後帶百數十個軍人入京，完成大事。11 月 9 日，梁啟超

---

1 《民立報》，1912 年 12 月 27、28 日。
2 《梁啟超年譜長編》，第 558 頁。

抵達大連，受到當地官吏的歡迎，滿耳所聞，都是張紹曾已經入都一類的好消息，因此，更加躊躇滿志，覺得事在必成，給長女函稱："入都後若塚骨尚有人心，當與共勘大難，否則取而代之，取否惟我所欲耳！"[1]

吳祿貞是與保皇黨和革命派都有聯繫的清軍將領。1910 年任新軍第六軍統制，掌握著一支用新式武器配備的精銳軍隊。1911 年秋，梁啟超曾特派潘若海持函見吳，函中，梁啟超大談軍人在中國的巨大作用，聲稱"今後之中國，其所以起其衰而措諸安者，捨瑰偉絕特之軍人莫屬也"，由此，梁啟超又進一步對吳大灌米湯："天下蒼生所望於公者，豈有量哉！"[2]潘若海與吳祿貞會面的情況如何，由於文獻無徵，具體情況不得而知，但二人間有某種協議是肯定的。梁啟超回國時之所以如此躊躇滿志，與他和吳祿貞、張紹曾之間的聯繫顯然有關。但是，11 月 7 日，吳祿貞在石家莊突然被袁世凱派人刺死，張紹曾嚇得躲進天津租界，這樣，康有為、梁啟超實行宮廷政變的兩大軍事力量都已不能依靠。同時，又傳說藍天蔚擁護革命，有不利於梁啟超的計劃，梁不得不倉促返回日本。

此後，康有為即醞釀新的政變計劃。

三、梁啟超密函的歷史內涵及其顯示的意義

湯覺頓帶給梁啟超的康有為"一紙"，至今尚未發現，因此，筆者無從得知其細節，但是，其主要內容可以從梁啟超對康有為的問難中推知。

梁啟超提出："滿人果可與共事否？""即能共事，其利害若何？"據此可知，康有為計劃的內容之一是聯絡滿族親貴。

梁啟超提出："袁倒後我乃往乎？抑先往乃與各團共倒之乎？"據此可知，康有為計劃的內容之二是搞掉已經掌握清政府實權的袁世凱。

梁啟超提出："我輩果能得全權如今袁氏否？""我即能得全權，如今之袁氏，能否得天下之賢才相與共事？"據此可知，康有為計劃的內容之三是掌握

---

1 《梁啟超年譜長編》，第 559 頁。
2 《梁啟超年譜長編》，第 562 頁。

中央政權的實際權力。

聯絡滿族親貴，推倒作為內閣總理大臣的袁世凱，由改良派掌握中央"全權"，三者結合，構成了一份完整的政變綱領。它是康有為武昌起義後的一份新的應變計劃。

武昌起義後，清政府單憑自身的力量已不足以鎮壓革命黨，不得不起用罷黜在家的袁世凱。袁世凱最初作態不出，藉以抬高身價。而在出山之後，即首先向滿族親貴開刀。11 月 1 日，載灃授袁世凱為內閣總理大臣。13 日，袁世凱入京。16 日，成立內閣，先是罷免軍諮府大臣載濤和毓朗，接著，於 12 月 6日逼迫攝政王載灃交出大印，退回藩邸，並由隆裕太后聲明，親貴不得預聞政事。1912 年 1 月 16 日，袁世凱與內閣諸大臣聯銜密奏清廷，聲稱大局危迫已極，民軍堅持共和，別無可議，要求召開皇族會議，決定方策，宣佈共和。17日，隆裕召開近支王公親貴會議，爭議甚烈。19 日，隆裕再開近支王公御前會議，國務大臣趙秉鈞秉承袁世凱意旨，提出取消北京、南京兩個政府，設臨時政府於天津。親貴們更加強烈地反對，紛紛哄鬧。趙秉鈞則稱：若不採納，內閣將全體辭職。第二天，袁世凱即稱病不朝。

袁世凱出山時，清廷中即有一部分人不滿意於袁世凱，寄希望於康、梁。1911 年 12 月 13 日，羅惇曧（癭公）致梁啟超函云："北省一般輿論有不滿意於袁者，甚盼康梁內閣，謂繼袁非康不可。"[1] 袁世凱出山後，他利用民軍壓迫清廷，奪取權力的行為引起滿蒙王公親貴的強烈不滿。恭親王溥偉就曾面奏隆裕太后說："革命黨，無非是些年幼無知的人，本不足懼。臣最憂者，是亂臣藉革命黨勢力，恫嚇朝廷。"[2] 溥偉這裏所指的"亂臣"，顯然就是袁世凱。與此同時，宗社黨良弼等人則發佈宣言或公啟，指責袁世凱"蔑視綱常，損辱國體"，"其居心更不可問"。[3] 在這一情況下，有一部分滿蒙親貴主張聽任袁世凱辭職，由鐵良組織內閣。[4] 還有一部分親貴則準備聯合康、梁等改良派，共同搞掉袁世凱。《梁啟超年譜長編》收有蒙古王公那彥圖等人給梁啟超的一通電報，中云：

1　《梁啟超年譜長編》，第 576 頁。

2　《讓國御前會議日記》，《辛亥革命》（八），上海人民出版社 1957 年版，第 114 頁。

3　《北京旗漢軍民公啟》（原件），《大樹堂來鴻集》，第 1 冊，北京大學圖書館藏。

4　《梁啟超年譜長編》，第 589—590 頁。

公倡議保皇，熱心祖國，內外蒙藩部落，俱表同情。既因君位存亡，危在旦夕，請公等速歸，共籌匡濟之策。

電稱："扶沖主而慰先皇，唯公是賴。蒙古合境上馬，願執鞭〔弭〕以從。"那等並要梁啟超將此意轉達康有為。末署"北京蒙古王公那彥圖等同叩"。當時，在北京的以那彥圖為首的蒙古王公是一支堅決的保皇力量，他們既堅決反對共和，也反對袁世凱篡權，曾準備組織勤王軍，並曾準備派人赴日本，迎接康、梁回國，共同保皇。[1]顯然，正是那彥圖等人的電報及類似訊息點燃起了康有為的熱情，促使他產生聯絡滿蒙王公、排袁保皇的幻想，並且要求梁啟超立即入都實行。上引梁函云："他勿論，即孺博、佛蘇、覺頓，亦恐不肯相助。佛蘇忽來一電沮北行。又昨有一電，亦言切勿往。竊計此皆都中同志，頗知蒙王等及其他各團體有敦迫消息，恐吾輩貿貿然應之，故皇急相沮也。"這裏所說的"蒙王"，當即指那彥圖親王；"敦迫"云云，即指要求康、梁歸國。

梁啟超不贊成康有為的聯滿倒袁計劃。從上引梁函的問難可以看出：1. 他不信任鐵良、良弼等"素以排漢為能事"的滿族親貴，認為不足與共事。2. 手中無兵，不能掌握倒袁的領導權，倒袁之後不會撈到多大好處，只能寄人籬下。3. 梁已經認識到，革命黨人所宣導的民族主義已不可抗拒，不願代人受矢，成為輿論反對的目標。4. 梁已經看到，清政府面臨財政、軍事諸多困難，未必能戰。5. 梁擔心首都和北方的秩序被破壞，"為莠民所乘"，出現不可收拾的局面。

本函反映出梁啟超思想的新動向，即準備承認清政府實際上被推翻的現實，也準備承認袁世凱掌握權力的現實，藉以維持社會秩序，避免動亂。

袁世凱成立內閣時，即任命梁啟超為法律副大臣，這一職務除了給袁內閣裝潢門面外，不會有別的作用，因此，梁啟超不肯就職。儘管如此，梁啟超還是通過羅惇曧等人和袁談判，兜售他的"虛君共和"理論，即保留清朝皇帝的

---

1 《蒙古王公反對共和之堅決》，《大公報》，1912 年 1 月 25 日；《那邸派員赴日消息》，《大公報》，1912 年 1 月 30 日。

名位，但使之"無否決之權，無調海陸軍之權"。[1] 他向袁世凱表示，與其當官，不如讓他辦報，他自負地說："鄙人無他長處，然察國民心理之微，發言抓著癢處，使人移情於不覺，竊謂舉國中無人能逮我者。"[2] 這時候，梁啟超是準備和袁世凱"推心握手"，"分勞戮力"，共圖天下事的。

辛亥革命前，梁啟超基本上跟著康有為走。1903 年前後，梁啟超一度有贊成"孫黨"革命之說的傾向，經康有為嚴詞教訓，梁啟超作了檢討，重新皈依師門。但是，在辛亥革命這樣重大的歷史事件發生後，梁啟超就再也不肯對老師百依百順了。本函除了對康有為的政變計劃提出質疑外，還對康有為的剛愎自用的主觀主義的思想方法提出了熱辣辣的批評。"既標一說，則一切與己說反對者，輒思抹殺之"，"持己腦中所構造之事實以誤真相"，云云，都是打中了康有為的要害的。這一切顯示出，他的思想已經和康有為有了重大分歧。此後，師徒之間，就分道揚鑣，各走各的路了。

康有為遺物中，還保留著梁啟超的另一通函件，中云：

> 昨多冒犯，平旦思之，惟有皇恐。頃得北京蒙古王公一電云（上有官電印記），謹抄呈。復之真難。如何之處，尚乞賜教，勿以昨之辭直而所咎，幸甚幸甚！[3]

本函所稱"北京蒙古王公一電"，當即上引那彥圖等致梁啟超電。那電發於 1912 年 1 月 24 日，則上引梁函當作於此後的幾天之內。當時，康有為、梁啟超同居於日本神戶須磨，共同商量或函札往來都是極為方便的。"昨多冒犯"云云，可見梁對康的意見，已多所反對了。

從上引梁函可以看出，除梁外，麥夢華（孺博）、徐佛蘇、湯覺頓、藍公武（志先）等人也都不贊成康有為的計劃。

1912 年 2 月 3 日，張浩、梁柄光、何天柱等致函梁啟超，指斥康有為的計

1　《梁啟超年譜長編》，第 567 頁。
2　《梁啟超年譜長編》，第 570 頁。
3　蔣貴麟編：《萬木草堂遺稿外編》（下），台北成文出版社 1978 年版，第 863—864 頁。

劃"偏僻迂謬，不切時勢，萬無服從之理"。張等主張聯袁，函稱："本初早已贊成共和，南北磋商今復就緒，遜位之事發表在即。吾黨不欲登舞台則已，如其欲之，必須早與本初攜手，方能達其目的。"[1] 2 月 5 日，羅惇曧致梁啟超函也說："試思須磨所策劃，均以為完滿，一出發後，機局全然改變；無益費精神，亦大可不必矣。"[2] 須磨，指須磨村，梁啟超在日本神戶的住址。須磨所計劃，即指上文所述擁戴載濤為總理的政變計劃。羅惇曧認為，既然那個計劃已因機局變化而流產，當此時局變遷更為劇烈之際，何必白費精神呢！

分化不僅表現於康、梁之間，而且更廣泛地表現於昔日的維新、保皇黨人之間，各派政治力量正在圍繞著辛亥革命這一大主題重新組合，醞釀著新的角逐和鬥爭。

1 《梁啟超年譜長編》，第 598 頁。
2 《梁啟超年譜長編》，第 591 頁。

清末，中國的改良道路為何沒有走通 *

多年來，學術界、社會各界對辛亥革命從來是持肯定態度的，認為辛亥革命有必要。但是最近若干年，學術界提出了一種新的看法，認為辛亥革命沒有必要。這部分學者認為康有為、梁啟超提出的改良道路非常之好，這條道路沒有暴力，沒有流血，社會沒有大的破壞，可以很平穩地、很和平地實現中國社會的轉型；搞革命的結果打斷了清朝政府改革的進程，造成了中國軍閥割據、非常混亂的局面。這部分學者把辛亥革命以後國家四分五裂的局面歸咎於辛亥革命。有學者提出了一個很著名的理論叫"告別革命"；今年紀念辛亥百年，有學者就進一步提出了一個思想，叫"告別辛亥革命"。出版界出了一大批著作，出了 1400 餘種關於辛亥革命的圖書，其中有的書很明確地提出來，清朝政府的"新政"搞得不錯，社會安定、財政富裕，搞得很好。按照這個路子往前走就可以了，為什麼要革命呢？

所以今天我第一個問題要講的是，中國當時何以沒有走上改良之路。

鴉片戰爭前夕，進步的思想家龔自珍曾經設想過兩種改革道路，龔自珍講："一祖之法無不敝，千夫之議無不靡。與其贈來者以勁改革，孰若自改革？"就是說，老祖宗所制定的規章制度、方針政策最後都要衰敗，沒有不衰敗的。"千夫"就是很多人、眾人，他們的議論、他們的思想最後也沒有不衰敗的；"勁改革"，是一種強力的甚至是一種暴力的改革。龔自珍說，與其給未來的人提供一個暴力改革、強力改革的機會的話，還不如自改革，由清朝統治者自己來改革。龔自珍提出的"自改革"，就是體制內的溫和的自我改革。第二種改革叫"來者之勁改革"，我把它稱之為體制外的強力改革。

為什麼清朝末年中國沒有走上這種溫和的"自改革"道路呢？應該說革命

---

* 本文是 2011 年 12 月 13 日在國家博物館所做的報告，原題《辛亥革命再研究》，這裏僅取其第一部分，略改原題。其他《是誰領導了辛亥革命》、《辛亥革命成功迅速，代價很小》等部分，因另有專文，從略。又，本人曾在湖南瀟湘講堂以同題講過三個單元，做過一個九集文獻片。附記於此。

黨人最早設計的、最早企圖走的，也是一條溫和的自改革的道路。大家都知道孫中山在 1894 年曾經跟他的一個好朋友陸皓東（1868—1895）到天津，向當時清朝政府的改革派的首領北洋大臣李鴻章提出過改革的建議。孫中山提出的改革建議核心，是“人能盡其材，地能盡其利，物能盡其用，貨能暢其流”。這是一個溫和的自我改革的主張。但是很遺憾，當時李鴻章忙於要準備和日本打仗，忙於甲午戰爭的準備，沒有能夠見孫中山。孫中山在未能見到李鴻章以後，曾經到北京來做過考察，孫中山考察的結論是，北京清政府當時的腐敗情況比他在廣東所見的情況更加嚴重。孫中山覺得中國非革命不可。到了 1898 年，清朝政府鎮壓了康有為、譚嗣同、梁啟超他們領導的維新運動，體制內的改革失敗了。

清政府是在什麼時候重啟改革的呢？

光緒二十五年（1900 年），八國聯軍入侵，慈禧太后挾光緒帝倉促西逃，國破家亡、顛沛流離的生活不能不對慈禧太后的思想發生影響。光緒二十六年十二月十日（1901 年 1 月 29 日），慈禧在西安以光緒帝的名義下詔，聲稱“不易者三綱五常，昭然如日月之照世；而可變者令甲令乙，不妨如琴瑟之改弦”。詔書指責康有為所講“新法”，乃是“亂法”，辯稱皇太后所為，乃是“剪除叛逆”，並非“不許更新”，要求軍機大臣、各省督撫等，各舉所知，各抒所見，在兩個月內詳悉條議。這才算是重新開啟了改革之門。不過，這以後的“自改革”，不叫維新，也不叫變法，而是稱為“新政”了。

對於新政，若干年前我們的學術界基本上是否定的，認為這是清朝政府的假改革，是欺騙。這些年來學術界肯定了新政的成績，我覺得清廷的改革是具有資本主義現代化性質的改革，有成績，對於這個成績，人們不應該否定。新政的改革主要的是四個方面：

1. 編練新軍

光緒二十七年（1901 年）七月，清廷下令自明年始，停止武科考試，傳統的弓箭刀矛等冷兵器被淘汰。光緒二十九年（1903 年）十月十六日，清政府接受袁世凱建議，設立練兵處，統一領導訓練新軍事宜。至宣統三年（1911 年）武昌起義前夕，全國各省共編練新軍 14 鎮，18 協，4 標，外禁衛軍 2 協，總兵力約 20 萬人。

新軍仍採傳統的募兵制，但已不同於舊軍。它採用日本操法訓練；全部裝備近代武器，步、馬、炮、工程、輜重等兵種混合編組；士兵文化程度較高；軍官大多畢業於新式軍事學堂，年齡較輕，具有近代軍事知識和技能。因此，這是迥別於綠營、巡防的一支新式武裝。

2. 廢科舉，興學堂

變法失敗後，清廷一度復活八股取士制度，但為時不久，即宣佈廢除。光緒二十七年（1901 年）七月，清廷下令自明年始，鄉試、會試均用策論。光緒二十九年十一月（1904 年 1 月），張百熙、榮慶、張之洞聯合奏請 "遞減科舉，注重學堂"，建議自丙午（1906 年）科起，每科遞減名額三分之一。光緒三十一年（1905 年）八月，袁世凱等再次聯合上奏，聲稱 "欲補救時艱，必自推廣學校始，而欲推廣學校，必自先停科舉始"。同月，清廷下令自丙午（1906）年開始，停止所有鄉試、會試及歲考，一切士子皆由學堂出身。中國的科舉制度始於隋朝大業三年（607 年），至此，已推行一千三百餘年。它的廢除，是中國教育史和文化史上的大事。

清廷在逐步廢科舉的同時，不斷推動新式學堂的興辦。光緒二十七年（1901 年）八月，清廷命各省將省城書院改為大學堂，各府書院改為中學堂，各縣書院改為小學堂。次年七月，清廷頒佈管學大臣張百熙所擬《欽定學堂章程》，將教育分為初等、中等、高等三段七級，被稱為 "壬寅學制"，但公佈後並未實行。光緒二十九年十一月（1904 年 1 月），清廷批准張百熙、榮慶、張之洞三人共同擬定的《奏定學堂章程》，規定蒙養院四年，初等教育九年（初等小學五年、高等小學四年）、中等教育五年、高等教育十一年至十二年（預科性質的高等學堂三年、分科大學堂三至四年、研究院性質的通儒院五年）。學生從進入小學至通儒院畢業約需二十五至二十六年。普通教育之外，另有師範、實業兩個教育系統。這一教育制度，通稱 "癸卯學制"，一直實行到辛亥革命發生。

在座有很多女士，我想向女士們提一個問題，你們知道中國最早的提倡辦女子學堂的是誰嗎？是西太后。光緒三十二年（1906 年）一月，慈禧太后指示學部振興女學。次年，頒佈《女子學堂章程》和《女子師範學堂章程》，女子教育取得合法地位。至宣統三年（1911 年），允許初等小學堂男女合校。這也是一種進步。

清廷向由禮部管理科舉，國子監管理國學，此外就沒有管理教育的機構。光緒二十七年（1901 年），清廷以張百熙為管學大臣，管理京師大學堂及全國學務。光緒三十一年（1905 年）十一月，清廷設立學部，以榮慶為尚書，管理全國教育。次年，各省設提學使司，管理全省教育，在府州縣廳設勸學所，下分若干學區，每區設勸學員。

清廷雖然決定興辦學堂，邁開了教育現代化的步子，但是，清廷又在《奏定學堂章程》中明確規定：“無論何等學堂，均以忠孝為本，以中國經史之學為基，俾學生心術一歸於正，而後以西學淪其智識，練其藝能。”學部成立後，進一步規定以“忠君、尊孔、尚公、尚武、尚實”為教育宗旨。這就決定了清末的教育仍然有濃厚的封建性。

在各方推動下，清末學校教育發展迅速。光緒二十九年（1903 年），有學校 719 所；宣統元年（1910 年），發展至 52000 多所，增加 73 倍。光緒二十八年（1902 年），有學生 6943 人；宣統元年（1910 年），發展至 1562170 人，增加 225 倍。

在興辦學堂同時，清廷開始較多地向國外派遣留學生。光緒二十七年（1901 年），清廷通令各省選派學生出洋留學，同時規定，對自費留學，獲得優等憑照歸國的學生可以一體獎勵，“分別賞給進士、舉人各項出身，以備任用”。由於日本鄰近中國，因此，大批學生湧向扶桑三島。光緒二十七年（1901 年）為 274 人，光緒二十八年（1902 年）為 608 人，光緒三十一年（1905 年）即發展至 8000 人，次年，增加至 12000 人。但是，據學者研究，當時有不少學生兼有數校學籍，其實際人數約在 8600 人左右。

3. 經濟改革，獎勵實業

光緒二十九年（1903 年）七月，清廷應華僑資本家張振勳奏請，設立商部，以載振為尚書，伍廷芳、陳璧為左右侍郎。光緒三十二年（1906 年），清廷將工部併入商部，改設農工商部。商部和農工商部都陸續公佈過一系列鼓勵發展實業的章程,如《商人通例》、《公司律》、《公司註冊試辦章程》、《商標註冊暫擬章程》、《破產律》等。其中《公司律》共 11 節 131 條,規定凡向商部註冊的局、廠、行號、店舖均享 "一體保護之利益";各項公司,不論官辦、商辦、官商合辦,"均應遵守商部定例辦理";凡 "附股人"(投資者),不論官階大小,有職無職,皆 "利益均沾","無稍立異"。《商標註冊章程》共 28 條,為商標製作、註冊、註銷、保護、懲罰等方面的問題作了詳細規定。《破產律》共 69 條,規定了申報破產條件及處理辦法。三者在中國法律史上均屬首創。

為了鼓勵民間投資近代企業,商部、農工商部陸續頒佈過《獎勵公司章程》、《華商辦理實業爵賞章程》等條例,規定可根據集股額多寡,分別賞給不同的官銜,如光緒三十三年(1907 年)農工商部頒佈的《改定獎勵華商公司章程》規定,集股 800 萬元,可獲商部頭等顧問官頭銜,加頭品頂戴;集股 300 萬元,可任命為商部頭等商務議員,加五品頂戴。為了獎勵發明、創造,農工商部於光緒三十二年(1906 年)頒佈《獎勵商勳章程》,規定凡能製造新式機器者,獎一等商勳,加二品頂戴;有特別發明、創造者,破格獎勵。光緒三十三年(1907 年),張謇獲頭等議員稱號,許鼎霖其他等人則分獲三等至五等議員稱號。據此,民間開工廠、辦企業,不僅有錢可賺,還有官可做,爵位可得。這是前所未有的措施。

新政允許商人組織各種商業團體。光緒二十九年(1903 年),商部頒佈《商會簡明章程》。光緒三十年(1904 年),商部頒佈《試辦銀行章程》。度支部於光緒三十四年(1908 年)頒佈《大清銀行則例》和《銀行通行則例》,對認股、發行紙幣、經營金銀、外匯等問題作出規定。

清廷實施獎勵實業的政策後,民用新式企業發展加快。如光緒二十一年(1895 年)的資本額為 100,則光緒三十一年(1905 年)為 300,光緒三十二年(1906 年)即發展至 700 以上。光緒三十四年(1908 年)時,全國各地商會發展到近 300 個。

4. 法制改革

光緒三十年(1904 年)四月一日,修訂法律館開館,首先翻譯外國法律,如:德意志《刑法》、《裁判法》,俄羅斯《刑法》,日本《現行刑法》、《改正刑法》、《陸軍刑法》、《海軍刑法》、《裁判所構成法》等，同時，著手刪修《大清律例》。該律例沿襲明律，順治以後陸續增益，死罪竟多至 840 餘條，成為中國有史以來苛繁律例之最。光緒三十一年（1905 年）三月，沈家本、伍廷芳奏請刪除凌遲、梟首、戮屍、緣坐、刺字等重刑、酷刑，並建議輕罪不准刑訊，笞杖改為罰銀或勞役，都得到清政府批准。次年，沈、伍奏請試行《刑事民事訴訟法》，設立陪審員及律師。《刑事民事訴訟法》多達 5 章 260 條，是此前中國不曾有過的法律。著名學者李澤厚先生認為，"清朝末年已經形成了一整套很完備的法律系統"。確實如此，例如清朝政府甚至於連《破產法》這樣的法律都制定了。

清末，沈家本等完成的另一項工作是《刑事訴訟律草案》。該稿提出原、被告待遇同等，允許被告人用辯護人及輔佐人，審判公開，以及不服一審、二審，均可上控等現代審判原則。清廷發交憲政編查館覆核。第二年，因辛亥革命爆發，未能頒行。

清朝政府以上四個方面的改革，應該說是具有資本主義色彩、向現代化前進的改革，不能否定它的成績。新政實施的結果之一是，資本主義現代化經濟有所發展；之二是促進了新型知識分子階層的形成，也促進了一支新型軍隊的發展。它表明，清廷雖然頑固，終於無法抵禦歷史潮流，不得不在某些方面順應時勢。清政府想不到的是，這一文一武兩支隊伍，不久以後，都成了清政府的掘墓人。

一切頑固派都是頑而不固。清朝政府改這改那，就是拒不進行政體改革。1905 年 7 月，清朝派五個大臣出洋考察，表示要學習西方的君主立憲那一套。第二年，五大臣出洋考察歸來，清朝政府宣佈要預備立憲。什麼叫做"預備立憲"？說立憲是個好東西，但是中國的條件不夠，要預備。清朝政府怎麼講的呢？說搞了立憲以後，"大權統於朝廷"，但是還要"庶政公諸輿論"。就是說，國家怎麼治理，還要聽聽老百姓意見，其實就是不想放權。清朝政府、滿洲貴族希望用立憲這個辦法，來確定"國家萬年有道"的基礎。這樣，清朝政府搞立憲的本質暴露無遺。

1908 年 8 月，清朝政府頒佈了一個"憲法大綱"，由於這個憲法大綱是西太后批准的，所以我們經常加兩個字叫做《欽定憲法大綱》。《欽定憲法大綱》裏的第一條：“大清皇帝統治大清帝國，萬世一系，永永尊戴。”這句話的意思是說，大清皇帝統治中國這塊土地，那是千年萬載不能改變的。什麼叫做“萬世一系”？皇帝是愛新覺羅家族，以後中國的皇帝永遠只能是愛新覺羅家族的人來做，這個叫做“萬世一系”。第二條叫做“君上神聖尊嚴不可侵犯”，這一條確立了皇帝的最高的神聖的地位，其他還有許多條，我下面舉的是最核心的幾條：一條是用人權，“操之君上”，掌握在皇帝手上。既然要立憲，當然就要有議院；但“憲法大綱”明確規定，議院不能干涉皇帝的用人權。下面一條是“一切軍事，皆非議院所得干預”。就是軍隊的權力、軍事上的權力，國會沒有權力干涉。“司法之權，操諸君上”，也是掌握在皇帝手上。最後一條是緊急的時候，皇帝可以用命令來限制老百姓的自由。

《欽定憲法大綱》完全是一個鞏固皇權專制的憲法，這個憲法大綱其實完完全全是從日本的憲法抄過來的，日本是天皇制，但是抄的時候，凡是日本憲法裏限制天皇的那些條文一條也不要，把日本憲法裏推崇天皇的東西全抄下來了。清朝政府要立憲，當然要答應老百姓有各種各樣的自由。剛才我講了李澤厚教授說清朝制定了一套完整的法律制度，不錯。我們就看它的《集會結社律》，清朝政府也規定了老百姓有言論、著作、出版、集會、結社的自由，從這條來說，清朝政府的法律和西方各國的法律一樣。但是《集會結社律》說：“凡宗旨不正、違反規則、滋生事端、妨害風俗者，均在取締之列。”只要結社集會遊行，民政部、地方督撫、巡警道員、地方官吏，都可以用維持公安的理由下令解散。清政府也很先進，訂了一個法律叫做《大清報律》，就是新聞出版法。這一點好像清朝政府比我們還先進，我們到現在還沒有報律。但是清朝政府的報律是怎麼規定的呢？說報紙有些是不能登的，“詆毀宮廷”，罵皇族、罵皇帝是不行的；“淆亂政體”，批評君主制度不好也不行；“擾害公安”、“破壞風俗”的內容，報紙是不能登的。而且所有的報紙、所有的出版物，都需要在出版發行之前一天中午，送給“該管巡警或者地方官吏”審查。如果你明天出版一本書，今天中午十二點之前要送給公安機關和地方當局去審查。所以說，清朝政府的這些法律雖然很完備，但是實際上並沒有給你自由，而是給了清朝政府官吏管理你、壓制你的最大的自由。

　　1909 年，各省在普遍選舉的基礎上成立諮議局。這些地方，已經超出了戊戌時期維新派的要求。但是，當時革命黨人的要求是建立民主共和政體，立憲派的要求是立即召開國會，清政府的些微進步已經不能滿足人們的要求。1911年，清朝政府進行政府改革，成立了一個內閣，這個內閣有 13 個內閣成員，就是 13 個部長，這個機構看來還是很精簡的。部長是 13 個，其中漢人 4 個，滿人 9 個。9 個滿人裏，皇族，就是愛新覺羅家族有 7 個人。由於裏邊的皇族太多，所以我們史學界把這個內閣叫“皇族內閣”。這是歷史的倒退。清朝初年的時候，滿洲貴族從東北入關以後，曾經實行一個政策叫“均衡滿漢”，就是在滿族和漢族之間採取平衡的政策，例如內閣大學士規定滿族、漢族各 2 人，協辦大學士滿漢各 1 人，六部尚書，就是六個部的部長，滿漢各 1 人，侍郎，就是副部長，4 個人，滿漢各半。可見清朝初年滿洲貴族入關以後還是相當重視滿人和漢人之間的平等，但是到了 1911 年，“皇族內閣”裏 13 個內閣大臣，居然滿人是 9 人，其中皇族是 7 人。這樣，國家大權就進一步集中到少數滿洲貴族身上。人們對少數滿洲權貴的憤恨已經到達頂點了。

　　這時候，“立憲運動”已有相當聲勢，各地紛紛要求迅速召開國會，清政府卻將其時間定為宣統五年，不能更改，提前一年都不行。因此，各地的老百姓、各地的官僚士紳就紛紛到北京來請願、上書，甚至於在攝政王王府前面靜坐，從白天到黑夜靜坐，要求清朝政府提前召開國會，清政府的態度是“即日散歸”，要求請願者趕快回家，而且提出來“不准再行聯名要求瀆奏”，連搞簽名都不行。開始時，只表示“開導彈壓”。後來就表示“查拿嚴辦”、“隨時彈壓”、“從嚴懲辦”。也就是說，清政府對於民間掀起的國會請願運動，這種和平的呼籲，採取高強度的鎮壓。北京的鄰近城市天津，比北京、比其他各地稍微激進了一點，除簽名、上書、到北京來請願之外，還上街遊行，要求清朝政府提前召開國會。清朝政府除了鎮壓請願的學生之外，竟把普育女子學堂創辦人，一個叫溫世霖的校長送到新疆充軍去了，理由是，說你是校長，沒有把學生管住。清朝政府成立了皇族內閣，滿洲貴族佔了那麼多的位置，老百姓當然反對。攝政王載灃卻說，用人權在皇帝手上，這一點，《欽定憲法大綱》裏已經講得很清楚，這是皇帝的權力，連議員都不能干涉，你們這些人卻一再申請、要求，你們的議論一天比一天囂張，這還了得！就在清朝政府下令解散國會請願團的當天晚上，各省到北京來請願的代表們秘密商議，對清政府的政治絕望，大家決定"密謀革命"。"革命"本來是孫中山這一派人的主張，現在連一些搞和平請願的立憲黨人也主張要革命，可見革命已經成了歷史發展的趨勢，成了大家共同的要求。

是改良還是革命，與其說決定於革命黨人，不如說決定於清朝統治者。由於滿洲貴族千方百計地拒絕政體改革，不惜花樣翻新地維護君主專制制度，企圖以此維護愛新覺羅家族的核心利益，萬世一系地當皇帝。這樣，中國人民除了以武力推翻其統治外，別無他途，革命就成為不可避免的了。

康有為選擇的道路本來是一條和平改革、緩慢前進的道路，社會成本最小，引起的震盪、震動也最小。它的失敗就刺激了人們走另一條道路，武裝革命，這樣做，社會成本，所引起的震動、震盪就大得多了。1894 年，孫中山創建興中會，提出十六字綱領，最初，應者寥寥，而在戊戌變法失敗後，力量迅速擴大。到 1911 年辛亥革命成功，只用了 17 年時間。

策劃編輯　　李　斌

責任編輯　　王婉珠

裝幀設計　　a_kun

書籍排版　　楊　錄

書籍校對　　胡啟高

書　　名　　晚清史要

著　　者　　楊天石

出　　版　　三聯書店（香港）有限公司
　　　　　　香港北角英皇道 499 號北角工業大廈 20 樓
　　　　　　Joint Publishing (H.K.) Co., Ltd.
　　　　　　20/F., North Point Industrial Building,
　　　　　　499 King's Road, North Point, Hong Kong

香港發行　　香港聯合書刊物流有限公司
　　　　　　香港新界荃灣德士古道 220–248 號 16 樓

印　　刷　　美雅印刷製本有限公司
　　　　　　香港九龍觀塘榮業街 6 號 4 樓 A 室

版　　次　　2022 年 7 月香港第一版第一次印刷
　　　　　　2024 年 3 月香港第一版第二次印刷

規　　格　　16 開（170 × 230 mm）360 面

國際書號　　ISBN 978-962-04-4979-6